AÇÃO COLETIVA NA VISÃO DE JUÍZES E PROCURADORES DO TRABALHO

José Hortêncio Ribeiro Júnior
Juliana Vignoli Cordeiro
Marcos Neves Fava
Sebastião Vieira Caixeta
organizadores

AÇÃO COLETIVA NA VISÃO DE JUÍZES E PROCURADORES DO TRABALHO

LTr 70 anos 2006

ANPT

ANAMATRA

Dados Internacionais de Catalogação na Publicação (CIP)
(Câmara Brasileira do Livro, SP, Brasil)

Ação coletiva na visão de juízes e procuradores do trabalho / José Hortêncio Ribeiro Júnior... [et al.], organizadores. -- São Paulo: LTr, 2006.

Bibliografia
Outros organizadores: Juliana Vignoli Cordeiro, Marcos Neves Fava, Sebastião Vieira Caixeta
ISBN 85-361-0816-9

1. Ação coletiva trabalhista 2. Direito processual do trabalho -- Brasil I. Ribeiro Júnior. José Hortêncio. II. Cordeiro, Juliana Vignoli. III. Fava, Marcos Neves. IV. Caixeta, Sebastião Vieira.

06-2372 CDU-347.922:331 (81)

Índice para catálogo sistemático:

1. Brasil: Ação coletiva: Processo trabalhista
347.922:331 (81)

Produção Gráfica e Editoração Eletrônica: **IMOS LASER**
Capa: **ELIANA C. COSTA**
Impressão: **HR GRÁFICA E EDITORA**

(Cód. 3273.0)

LTr®

EDITORA LTDA.

Rua Apa, 165 — CEP 01201-904 — Fone (11) 3826-2788 — Fax (11) 3826-9180
São Paulo, SP — Brasil — www.ltr.com.br

Abril, 2006

Este livro é dedicado, por homenagem,
ao trabalhador brasileiro, cidadão-sem-rosto,
a quem se destina a tutela propiciada pelas ações coletivas.

Colaboradores

Carlos Henrique Bezerra Leite — Procurador Regional do Ministério Público do Trabalho. Mestre e Doutor em Direito pela PUC/SP. Professor Adjunto de Direito do Trabalho e Direitos Humanos da UFES. Membro da Academia Nacional de Direito do Trabalho.

Edilton Meireles — Juiz do Trabalho da 34ª Vara do Trabalho/SSa/Ba. Mestre e Doutor em Direito (PUC/SP). Professor de Processo Civil na UNIFACS/Ba. Professor no Mestrado e Doutorado na UFBa. Membro da Associacion Iberoamcricana de Derecho del Trabajo, do Instituto Baiano de Direito do Trabalho, do Instituto Brasileiro de Direito Social Cesarino Júnior, do Instituto Brasileiro de Direito Processual e da Academia Brasileira de Direito Processual Civil.

Eduardo Henrique Raymundo von Adamovich — Juiz do Trabalho na 1ª Região (Estado do Rio de Janeiro). Professor Adjunto do Departamento de Direito Comercial e do Trabalho da Faculdade de Direito da UERJ.

Fábio Leal Cardoso — Procurador do Trabalho na 10ª Região.

Homero Batista Mateus da Silva — Juiz Titular da 88ª Vara do Trabalho de São Paulo.

José Cláudio Monteiro de Brito Filho — Procurador Regional do Trabalho, atualmente na Chefia da PRT/8ª Região. Doutor em Direito das Relações Sociais (PUC/SP). Professor Adjunto IV da Universidade Federal do Pará. jclaudio@prt8.mpt.gov.br.

José Hortêncio Ribeiro Júnior — Juiz do Trabalho Titular da Vara de Barra do Garças-MT. Diretor de Ensino e Cultura da Associação dos Magistrados da Justiça do Trabalho.

Luís Antônio Camargo de Melo — Subprocurador-Geral do Trabalho. Coordenador Nacional de Erradicação do Trabalho Escravo do Ministério Público do Trabalho.

Marcos Neves Fava — Juiz do Trabalho Substituto em São Paulo (2ª Região).

Paulo Guilherme Santos Périssé — Juiz do Trabalho da 1ª Região. Membro do Centro de Estudos Direito e Sociedade — CEDES/IUPERJ. Mestre e Doutorando do IUPERJ.

Raimundo Simão de Melo — Procurador Regional do Trabalho. Mestre e Doutor em Direito das Relações Sociais pela PUC/SP. Especialista em Direito do Trabalho pela Universidade de São Paulo. Professor de Direito e de Processo do Trabalho. Membro da Academia Nacional de Direito do Trabalho.

Rodrigo de Lacerda Carelli — Procurador do Trabalho. Coordenador Nacional de Combate às Fraudes nas Relações de Trabalho. Mestre em Direito e Sociologia pela Universidade Federal Fluminense. Doutorando em Sociologia pelo IUPERJ. Membro do CEDES — Centro de Estudos Direito e Sociedade do IUPERJ.

Ronaldo Lima dos Santos — Procurador do Trabalho da PRT/2ª Região — São Paulo. Mestre e Doutor em Direito do Trabalho pela Faculdade de Direito da Universidade de São Paulo (USP). Professor Universitário.

Viviann Rodriguez Mattos — Procuradora do Trabalho — MPT/PRT 2ª Região (São Paulo). Vice-Coordenadora Nacional da Coordenadoria Nacional de Combate às Irregularidades Trabalhistas na Administração Pública — CONAP/MPT. Especialista em Direitos Difusos e Coletivos pela Escola Superior do Ministério Público do Estado de São Paulo. Mestre em Direitos Econômicos Especiais pela Universidade Ibirapuera — UNIB. Mestranda em Direito Administrativo pela PUC/SP.

Wolney de Macedo Cordeiro — Juiz do Trabalho da 13ª Região. Mestre em Direito e Professor do UNIPÊ e da Escola Superior da Magistratura Trabalhista da Paraíba — ESMAT/PB.

Xisto Tiago de Medeiros Neto — Procurador Regional do Trabalho. Mestre em Direito Público. Professor do Curso de Direito da Universidade Federal do Rio Grande do Norte — UFRN (graduação e pós-graduação) e da Fundação Escola Superior do Ministério Público.

Sumário

Apresentação

A obra "Ação civil pública na visão de juízes e procuradores do trabalho" é fruto da preocupação dos profissionais diretamente envolvidos no exercício da função estatal de garantir ao ser humano condições dignas de vida, e somente poderia ter sido publicada graças à virtuosa parceria entre a Associação Nacional dos Magistrados da Justiça do Trabalho — ANAMATRA e a Associação Nacional dos Procuradores do Trabalho — ANPT.

O reconhecimento de que quanto mais complexa a sociedade maior a tarefa de conciliar a disparidade de interesses que a perpassam — alguns dos quais capazes de ensejar o *conflito máximo* da doutrina italiana —, exige do juiz e do procurador do trabalho o enfrentamento dos desafios ao ordenamento jurídico de contemplar medidas que assegurem a eficácia das garantias e dos direitos que não mais se circunscrevem ao âmbito dos interesses individuais.

Ao lado da crítica à insuficiência da distinção entre interesse público e interesse privado para atender à atual dimensão do grupamento social contemporâneo, a percepção do surgimento de uma nova intensidade de conflitos, decorrentes dos interesses de caráter *metaindividual, transindividual, superindividual* ou *supraindividual*, determina a reflexão propositiva acerca do sistema judiciário posto, do papel das formações sociais intermediárias e agências de defesa desses novos tipos de interesse e dos próprios instrumentos estatais de proteção coletiva.

Neste mister, a obra, coordenada pelos juízes do Trabalho *José Hortêncio Ribeiro* e *Marcos Neves Fava* e os procuradores do Trabalho *Juliana Vignoli Cordeiro* e *Sebastião Vieira Caixeta*, reúne artigos de membros da Magistratura e do Ministério Público do Trabalho, os quais, no bojo do pensamento acadêmico, trazem consubstanciado o processo de forja na atuação cotidiana em lides coletivas, realidade que impõe ao jurista o uso da razão, criatividade e, sobretudo, sensibilidade para garantir dignidade e cidadania ao trabalhador brasileiro.

A obra, enfim, alcança o duplo propósito de oferecer-se, na perspectiva da vanguarda associativa, como acervo doutrinário (tentei escólio/repositório, mas não gostei; peço ajuda aos universitários, quer dizer, ao professor universitário *Marcos Fava*) para estudantes, bacharéis em Direito e interessados no tema, e de revelar-se como mais um passo fundamental na harmonização dialogada dos interesses legítimos de juízes e procuradores do Trabalho e de suas entidades representativas.

Brasília, março de 2006.

José Nilton Pandelot
Presidente da ANAMATRA
Sebastião Vieira Caixeta
Presidente da ANPT

Prefácio

A partir da era moderna da industrialização, sofremos a profícua influência de *Taylor,* que em 1896 formulou estudo conhecido como "Princípios de administração científica". Tratava-se de proposta de racionalização da produção, objetivando uma maior produtividade com o mínimo de perda de tempo. Surgiram, então, as "esteiras de taylor" onde o operário tinha que realizar operações repetidas e sincronizadas de acordo com a velocidade das esteiras passadas em sua frente.

Duas décadas mais tarde, *Henry Ford* introduziu com afinco as idéias tayloristas em sua fábrica de automóveis. De uma produção originariamente artesanal e com custo mais elevado, *Ford* passou a parcelar a produção, fazendo com que o operário realizasse apenas uma parte do processo de fabricação. Por óbvio que a qualificação da mão-de-obra caiu, contudo o mais importante foi alcançado: o aumento da produtividade. O carro construído em série passou a ter um valor final menor, tornando-se mais acessível a todos os consumidores, sobretudo aos próprios operários que dele construíram uma parte. Nascia a era *fordista.*

Veja-se que nesse modelo *fordista* havia uma compensação para a classe trabalhadora que, ao mesmo tempo em que se inseria no processo capitalista, obtinha a vantagem de um bom salário, emprego com garantias sociais e, principalmente, a possibilidade de consumir o produto do capitalismo. Era, pois, importante seduzir a classe operária e persuadir o movimento sindical para que eles desistissem da idéia de colocar o *socialismo* como item da pauta reivindicatória.

Três décadas para frente, nos idos de 1950, o Japão, em sua fantástica fase de reconstrução do pós-guerra, revoluciona o processo de produção. A empresa Toyota altera as bases do sistema Fordista, introduzindo a *produção flexível.* A produção deixa de ser *just in case* e passa a ser *just in time;* vale dizer: produz-se sob medida, de acordo com as necessidades do consumidor que passa a ter mais opções de modelos. Eis a fase do *toyotismo* até hoje em voga.

Algumas diferenças entre a linha de produção *fordista* e a *toyotista* merecem ser destacadas para melhor compreensão: na estrutura *fordista* o trabalho é fragmentado sendo construído em série e sem grandes modificações de seus modelos *standard*. A produção é estocada e a empresa é verticalizada, controlando todas as áreas e fases da produção num único local geográfico, desde a matéria-prima até o transporte dos seus produtos. Quanto maior a empresa, melhor (*the big is beautiful*).

No *toyotismo,* a produção é sob medida *(just in time),* de acordo com a demanda e exigências do consumidor. Não há sobra e, portanto, não há necessidade de estocagem, o que diminui o custo. As empresas são horizontalizadas, terceirizando e subcontratando a maior quantidade possível de setores da produção.

No *fordismo,* o trabalhador atua numa única parte da produção, de forma repetitiva, rápida e estressante. Há categorias profissionais definidas de trabalhadores semiqualificados. O gerenciamento e o controle de qualidade estão centralizados na pessoa de um superior hierárquico.

O trabalhador é polivalente e versátil no *toyotismo*, devendo estar apto a operar várias máquinas e a desempenhar múltiplas funções simultaneamente. As tarefas múltiplas são também repetitivas, rápidas e ainda mais estressantes que o *fordismo*, em face da maior responsabilidade e menor porosidade da jornada de trabalho. Passa-se a implantar os CCQs — Círculos de Controle de Qualidade e os CQTs — Controles de Qualidade Total, ficando os próprios grupos de empregados incumbidos da fiscalização mútua, desaparecendo a figura do gerente superior hierárquico.

Por último, importa lembrar que enquanto no *fordismo* a integração dos trabalhadores na economia capitalista se dava pelo consumismo ensejado pelo aumento de salário, no *toyotismo* a situação é diferente. Não há qualquer compensação ou atrativo para a classe trabalhadora que progressivamente tem seus proventos aplacados. O desemprego estrutural e a dificuldade de acesso ao consumo são marcas de um novo tempo, em que o modelo flexível do modo de produção implicou na precariedade e no desemprego, máxime pela política de otimização e enxugamento de mão-de-obra (*downsize).*

Nesse esteira, apontem-se as últimas medidas legislativas de âmbito nacional e internacional que flexibilizaram os critérios de admissão, pagamento de salário, compensação de jornada, alteração, suspensão e rescisão do contrato de trabalho. Até mesmo a fraude à lei trabalhista tornou-se amiúde em relação às formas de contratação de trabalhadores subordinados sob rótulos dissimulados: cooperativas, terceirização, estágio, representação comercial, trabalho autônomo, voluntário etc.

Conforme bem assevera *Maria Gomes Redinha*, a flexibilização da utilização da força de trabalho implica necessariamente em *precariedade*, na medida em que nela se está embutida uma "síndrome de insegurança, incerteza e efemeridade". Lamenta a jurista lusitana que "o *emprego precário* tenha deixado de se confinar a um reduto marginal (destinado às necessidades esporádicas de mão-de-obra), para invadir a zona do emprego estável ou permanente"[(1)].

A flexibilização é um primeiro passo do ideário neoliberal que visa a total desregulamentação do direito do trabalho. O fenômeno que já se inicia faz parte de um receituário encetado no Consenso de Washington, o qual propugna pela diminuição do custo operacional e pela destruição dos direitos sociais.

Conforme se percebe, o novel quadrante Neoliberal ao priorizar a lei de mercado acabou por imprimir um sistema autopoiético, cujo único horizonte é a reprodução do capital, sem qualquer espaço para um diálogo com a ética. A ética, como é sabido, não se funda em juízos (subjetivos) de valor, mas em juízos de fatos universais, dentre eles o do direito à vida[(2)].

Registre-se o quadro de tensão existente entre dois extremos. Enquanto a avassaladora ideologia neoliberal, encampada pelo capital financeiro e por boa parte da mídia, impõe a total submissão do social ao econômico, há, como pano de fundo dessa realidade, uma Carta Republicana que propugna por uma ordem econômica pautada na dignidade do trabalho, na função social da propriedade e na busca do pleno emprego (art. 170, da CF).

A Constituição da República de 1988 inaugurou um novo e importante paradigma: o solidarismo, capaz de reconhecer o outro, assegu-

---

(1) REDINHA, Maria Gomes. *A relação laboral fragmentada*. Coimbra: Coimbra Editora, 1995, p. 47.

(2) DUSSEL, Enrique. "Fora do mercado não há salvação". *In*: *Novos Estudos CEBRAP*, n. 45, julho/96, p. 130-132. Acrescente, a propósito da *vida* como valor ético, as palavras de Jesus Cristo: "eu vim para que todos tenham vida, e a tenham em abundância". Esta sinalização deixada por nosso arquétipo-mor, deveria ser ponderada a cada instante por aqueles em que a lei da *usura* e da exploração valem mais do que a lei do amor e respeito à classe dos fracos e excluídos.

rando dignidade a toda pessoa humana. Nessa esteira, a coletivização dos interesses passou a ser tutelada de forma inovadora, seja por meio das associações e sindicatos na representação de seus associados, seja pelo alargamento da função do Ministério Público, máxime a de promover a defesa da ordem jurídica, do regime democrático e dos interesses sociais e individuais indisponíveis do cidadão[3].

Nesse cenário, exsurgem alguns desafios ao operador do Direito. O primeiro incide na busca de uma legislação trabalhista mais includente, a fim de que cada vez mais empregados e subempregados sejam por ela protegidos, eliminando a idéia de "espectro legal" restrito a poucas categorias organizadas. A jurisprudência também encerra função importante nesta proposta, devendo buscar a *exegese* mais abrangente possível dentro da órbita da tutela legal trabalhista.

A segunda proposta é de buscar a máxima eficácia possível das normas constitucionais que asseguram não só direitos trabalhistas (arts. 7º a 11), mas direito *ao trabalho pleno e digno* (arts. 6º, 170 e 193). Com efeito, a Constituição Federal deve ser utilizada pelo operador jurídico como guia maior, devendo seus valores e princípios vincularem o hermeneuta.

Nesse quadro, ganha importância fundamental o papel das ações coletivas como forma de tutela aos direitos transindividuais e as macrolesões próprias de um tempo em que as relações se massificam, sobretudo nos grandes centros urbanos.

Observa-se que é no Código de Defesa do Consumidor que a expressão *ações coletivas* encontra-se colocada de forma adequada, vez que ampla e em sintonia com o quadro axiológico da Constituição. Posteriormente, com a edição da Lei Complementar n. 75/93, instituiu-se expressamente a prerrogativa do Ministério Público do Trabalho propor Ação Civil Pública na defesa dos direitos sociais. A expressão "interesses coletivos", mencionada no inciso III, do art. 83, deve ser vista em sua dimensão larga, abrangendo tanto os direitos difusos e coletivos em sentido estrito, como os direitos individuais homogêneos que se enquadram dentro do interesse coletivo em sentido amplo. Tal exegese ampla é reforçada pela leitura do *caput* do art. 84 desta mesma Lei Complementar. Logo, não remanescem mais dúvidas de que os chamados direitos individuais homogêneos encontram-se igualmente incluídos nessa espécie de ação coletiva.

---

(3) Respectivamente, artigos 8º e 127 da Constituição Federal de 1988.

Pela dicção do art. 6º, VII, *d*, da LC n. 75/93, o termo *Ação Civil Pública* é utilizado para salvaguardar os direitos coletivos e difusos, enquanto o art. 84 combinado com o art. 6º, XII, da mesma Lei, estabelece que a expressão *Ação Civil Coletiva* deve ser usada para a tutela dos direitos individuais homogêneos. Ambas as espécies compõem o gênero, Ações Coletivas, tema que constitui o objeto da presente obra científica.

Não se pode deixar de prestigiar a interpretação sistêmica da Constituição, mormente aquela decorrente da interlocução de seus artigos 129, IX, e 127, *caput*, combinado com o art. 1º do CDC. Nessa mesma esteira hermenêutica, é importante que se diga que não existe taxatividade quando se fala em proteger interesses metaindividuais. Se com a vigência do art. 1º, da Lei n. 7.347/85, a abrangência da ACP restringia-se na defesa de danos morais e materiais causados ao meio ambiente, ao consumidor e a bens e direitos de valor artístico, estético, histórico, turístico e paisagístico, a partir da Constituição Federal de 1988 a ação civil pública ingressou na esfera trabalhista de forma ampla e efetiva.

Assim, aludida ação coletiva interposta na Justiça do Trabalho constitui remédio jurídico adequado para salvaguardar direitos sociais, sejam esses vistos em sua dimensão coletiva, difusa ou como direitos individuais homogêneos. No início de sua previsão legal, a Ação Civil Pública foi utilizada basicamente para combater o trabalho escravo, proteger o meio ambiente do trabalho e combater o trabalho da criança e do adolescente. Com o passar do tempo, verificou-se um crescente e elogiável alargamento da atuação do Ministério Público do Trabalho, que vem ajuizando Ações Civis Públicas para combater as fraudes na intermediação de mão-de-obra, notadamente nas falsas cooperativas de trabalho; fraudes nas Comissões de Conciliação Prévia utilizadas de modo irregular como forma de obter eficácia liberatória geral de quitação do contrato de trabalho; e ainda no combate às dispensas discriminatórias de trabalhadores.

Ricardo Tadeu Marques da Fonseca registra como importante alicerce da democracia brasileira a independência funcional do Ministério Público, conquistada a partir da edição da Carta Política de 88. Desde então, assinala o procurador jurista, romperam-se os grilhões que atavam o *Parquet* ao Poder Executivo e sua atuação passou a se voltar para a defesa do Estado Democrático de Direito, da ordem pública e dos interesses sociais e individuais indisponíveis.

> "Essa inovação repercutiu profundamente na Justiça do Trabalho que, no modelo de organização tradicional, corporativista, acostu-

mou-se como Ministério Público pautado pela firme defesa dos interesses do Estado, sendo expressa sua vinculação ao Poder Executivo, conforme preceituava o art. 736 da Consolidação das Leis do Trabalho. No antigo modelo, o Ministério Público do Trabalho tinha o papel primordial de emitir pareceres nos processos em segunda e terceira instâncias, promover a representação de crianças e adolescentes na primeira instância, na falta de representantes legais, fiscalizar eleições sindicais e, acima de tudo, coibir a greve..."[(4)].

Impende consignar que, especificamente no processo do trabalho, as ações coletivas são ainda mais profícuas e eficientes, pois, consoante observa *Marcos Neves Fava*, elas funcionam como uma espécie de "ação sem rosto", disponibilizando proteção genérica e de caráter transindividual, sem comprometimento do emprego em curso em relação aos trabalhadores nelas albergados[(5)]. O mesmo magistrado, um dos juristas que mais conhece o tema, elenca e sistematiza as seguintes razões que justificam a existência de um processo coletivo do trabalho: a) inviabilidade de comparecimento dos interessados em juízo, dada a massificação dos litígios; b) necessidade de decisões unívocas, tanto quanto possível, para tratamento de lides semelhantes, a bem da segurança jurídica e a fim de impedir decisões contraditórias para iguais situações fático-jurídicas; c) impedir o desestímulo da busca pela tutela judicial, que decorre da pulverização dos "interesses-átomo" ou da ineficácia da reação individual contra a lesão transindividual e, por último, d) a necessidade de apresentar um modelo que possibilite a tutela, sem prejuízo da mantença do contrato[(6)].

A legitimidade para propor Ação Civil Pública encontra-se estabelecida pela legislação de forma ampla (art. 82, IV, do CDC, e art. 5º, I e II, da LACP), devendo também ser ampla a interpretação de tais normas processuais em face do propósito que a ação coletiva colima, qual seja a salvaguarda dos interesses coletivos, difusos e individuais homogêneos. Contudo, é preciso observar que, na esfera trabalhista, duas dessas entidades legalmente legítimas para a interposição da ACP merecem

---

(4) FONSECA, Ricardo Tadeu Marques da. "Por uma atuação eficaz do Ministério Público na Justiça do Trabalho: algumas reflexões sobre a lei e o trabalho dos procuradores". *In: Temas da Ação Civil Pública Trabalhista*. Coordenadores: Aldacy Rachid Coutinho e Thereza Cristina Gosdal. Curitiba: Genesis Editora, 2003.

(5) FAVA, Marcos Neves. *Ação civil pública trabalhista*. São Paulo: LTr, 2005, p. 102.

(6) *Idem*.

ser analisadas de forma pormenorizada. A primeira é o Ministério Público do Trabalho, o qual, já observamos, detém função inata e primordial no manejo dessas ditas Ações Coletivas. A segunda entidade que possui legitimidade para propor Ação Civil Pública é a associação constituída há mais de um ano e com expressa previsão em seus estatutos acerca da tutela de interesses abrangidos no objeto da ACP. Aqui incluem-se os sindicatos de classe. Na prática, contudo, quase não se vê as entidades sindicais utilizando-se de tão nobre e relevante remédio. Tal desinteresse explica-se pela própria conjuntura socioeconômica que se atravessa. Senão vejamos.

Observa-se que num primeiro momento histórico — primeira metade do século XX —, os precursores do Neoliberalismo elegeram o sindicalismo de combate como bode expiatório do desenvolvimento econômico[7]. Atualmente, esses mesmos teóricos capitalistas tencionam dar poder de negociação ao movimento sindical. Por que razão?

Tudo não passa de uma postura estratégica, vez que, no atual cenário, o movimento sindical obreiro desarticulou-se de tal maneira que praticamente esvaziou por completo o seu poder reivindicatório. A desmobilização dos sindicatos obreiros, no atual modelo *toyotista,* se dá, sobretudo, em face do fenômeno da descentralização da produção, em que se abriu amplo espaço para as empresas terceirizadas em detrimento do espaço antes ocupado pela empresa-mãe. Some-se ainda, como fator de desarticulação do movimento sindical, o crescente desaparecimento de categorias profissionais estanques e definidas. O trabalhador da atual sociedade pós-industrial tem que ser versátil e multifuncional[8], o que lhe faz perder a referência de enquadramento sindical. Tais fatores, aliados ao desemprego estrutural, ensejaram a sensível *desarticulação e fragmentação* dos sindicatos profissionais[9].

---

(7) Consoante assinala Perry ANDERSON, os neoliberais elegeram o poder sindical e os movimentos operários como os culpados da crise econômica e da alta inflação. "Balanço do Neoliberalismo". *In*: *Pós-neoliberalismo*. Rio de Janeiro: Paz e Terra, 1995, p. 9-16.

(8) Veja-se que o próprio termo "empregado multifuncional" já vem grafado na recente Lei Portuária.

(9) A propósito, observa-se que as assembléias sindicais encontram-se tão desprestigiadas que muitas vezes é preciso apelar para sorteios de carros e outros prêmios no propósito de atrair a presença da classe trabalhadora, e isso quando convém, pois dependendo do assunto a ser tratado a diretoria prefere simplesmente que ninguém compareça.

Nesse quadro atual, surge até mesmo o inusitado: a classe patronal que outrora (modelo *fordista*) ficava numa posição apenas defensiva, agora (no atual contexto *toyotista* flexível), adota postura de ataque, apresentando até mesmo "pauta de reivindicação"(10), tanto nas negociações coletivas quanto no Congresso Nacional.

A partir desta fragilidade, a liderança do movimento sindical está mais preocupada em manter-se no poder do que efetivamente cumprir sua função institucional de defesa dos direitos sociais da categoria. O que se vê, na maioria das vezes, são instrumentos normativos que apenas repetem normas protetivas já contempladas na CLT e outras cláusulas que suprimem direitos trabalhistas, aproveitando-se de uma interpretação distorcida do art. 7º, incisos VI e XXVI, da Constituição Federal, acreditando ser possível a redução pura e simples de salário sem qualquer compensação social no conjunto das condições fincadas no estatuto coletivo (teoria do conglobamento). Diante disso, por questão de estratégia, passou a ser interessante ao ideário neoliberal defender a *solução negociada* em detrimento da *solução legislada*. Tal análise conjuntural também explica por que razão os sindicatos simplesmente estão deixando de lado o uso da Ação Civil Pública na defesa dos direitos sociais da categoria profissional que representam.

A obra de iniciativa da ANAMATRA, sob a competente coordenação dos juristas *Marcos Neves Fava, Juliana Vignoli Cordeiro, Sebastião Vieira Caixeta e José Hortêncio Ribeiro Júnior* — dois deles representando a classe dos magistrados e os outros dois a classe dos procuradores do trabalho — surge num momento histórico importante. Uma época de reformas e de alargamento da competência material da Justiça do Trabalho, dada pela Emenda Constitucional n. 45. Nesse instante de tensão entre a realidade econômica globalizada e financeirizada, de um lado, e a Constituição Cidadã, vanguardista e emancipadora de direitos socias, de outro, estamos nós, os operadores jurídicos. Há clara agitação e movimento em direção oposta, conforme retrata fartamente a jurisprudência. De um lado aqueles que se seduzem pelo discurso capitalista da "modernidade", defendendo a necessidade premente de mudanças com o fito de submeter o social ao econômico. De outro lado, aqueles pensadores sensíveis — magistrados, procurado-

(10) BARBAGELATA, Héctor-Hugo. *O particularismo do direito do trabalho.* Tradução de Edilson Alkmim Cunha. Revisão técnica Irany Ferrari. São Paulo: LTr, 1996, p. 140.

res e advogados —, que enxergam a realidade brasileira não de forma perfunctória, mas de modo profundo e ontológico, concluindo que o discurso articulado da modernidade é falacioso na medida que visa apenas proteger uma minoria que detém a força do capital em detrimento de um enorme contingente de trabalhadores subempregados, desempregados ou que laboram em condições precárias.

É preciso fomentar o uso das Ações Coletivas e sua relevante função de defesa dos direitos sociais. Para tanto é preciso conhecer a fundo o alcance e os limites da Ação Civil Pública. Esse é o desiderato cultural da presente obra coletiva, "Ação coletiva na visão de juízes e procuradores do trabalho", publicada pela festejada LTr Editora. Não há dúvida que a obra cumpre seu objetivo, seja pela qualidade de seus coautores, seja pela abordagem proficiente de relevantes temas controvertidos que circunscrevem o assunto, seja pelo enfoque multiinstitucional que envolve tanto a Magistratura quanto o Ministério Público, seja pela motivação e sensibilidade social de todos que colaboraram para concretizar esse projeto.

José Affonso Dallegrave Neto

Mestre e Doutor em Direito das Relações Sociais pela Universidade Federal do Paraná, Professor de Direito do Trabalho da Faculdade de Direito de Curitiba, Advogado Trabalhista, Membro do Instituto dos Advogados Brasileiros, Membro da Academia Nacional de Direito do Trabalho e da Associação dos Juristas Luso-brasileiros do Direito do Trabalho.

Os belos copos de vinho da vovó?(*) *— Elementos de História do Processo Coletivo para solução de alguns problemas supostamente intrincados*

Eduardo Henrique Raymundo von Adamovich(**)

1. Introdução

Poderiam ser escritas muitas, belas e bem cuidadas páginas justificando a importância do estudo da História do Direito, sobretudo em tema de Direito Processual, disciplina na qual o valor da experiência jurídica e social assume destacado papel. Muito se poderia dizer também para ressaltar o valor dos estudos históricos para ilustração daqueles que lidam com os delicados institutos do processo coletivo. Ácidas críticas poderiam ser dirigidas àqueles que supõem ser o Direito um instrumento inteiramente renovável ao exclusivo arbítrio do legislador, no qual teria relevo apenas o conhecimento das leis e institutos em vigor.

Não são estes, contudo, os propósitos deste trabalho.

Poderia também um artigo acadêmico sobre a História do Processo Coletivo constituir-se em longa e detalhada peça, recheada de dados históricos, políticos e econômicos, salpicada de divertidas curiosidades e com alguma suspeita de nostalgia. Muito se poderia dizer sobre a obra magnânima dos romanistas e estudiosos do Direito Antigo que pontificaram na Europa Central do século XIX, de Berlim a Viena, ou de Amsterdã a Praga. Outro tanto valeria a obra dos medievalistas, sobretudo do século XX, nem que fosse, com Régine Pernoud, "*pour en finir avec le Moyen Age*"(1). Seria de inestimável valor uma dissertação sobre as origens inglesas do sistema da *Common Law* e as raízes das ações coletivas norte-americanas.

(*) O título foi inspirado no falar popular alemão — "Omas schöne Weingläser?" —, expressão que é normalmente usada em tom interrogativo ou até de exclamação, para ressaltar a inutilidade ou o caráter bizantino de certos objetos ou providências.

(**) Juiz do Trabalho na 1ª Região (Estado do Rio de Janeiro). Professor Adjunto do Departamento de Direito Comercial e do Trabalho da Faculdade de Direito da UERJ.

(1) PERNOUD, Régine. *Pour en finir avec le Moyen Age.* Paris: Editions du Seuil, 1977.

Não é este também o método que se pretende seguir aqui.

Quer-se apenas pontuar determinadas questões de trato quase sempre polêmico e que vêm dificultando o progresso da aplicação dos processos coletivos na solução de graves e profundos problemas sociais, para demonstrar como a consideração de determinadas lições elementares passadas pela História do Direito e do Processo, ou mesmo pelo Direito Comparado, são úteis para afastar-nos de conceitualismos e visões meramente didáticas daquelas questões, permitindo que se libere o espírito de uma concepção estritamente positivista e burguesa do Direito, primeiro passo para a compreensão desta forma de processos, reminiscência do mundo antigo e medieval que saltou viva e pulsante para a Pós-Modernidade.

Foi escolhida como linha central deste escrito elementar a relação que é o fio condutor do processo, partindo dos direitos, passando pelas ações, o processo com a causa de pedir, o objeto e coisa julgada, tudo sob a ótica preponderante do processo do trabalho. Em nome da objetividade e da concisão de estilo, foram dados como demonstrados fatos e referências já antes expostos em obra mais extensa e aprofundada(2), tendo-se limitado o presente a indicar as fontes estritamente indispensáveis para compreensão do texto ou que mais recentemente se veio a ter acesso, aprimorando as idéias e reforçando teoricamente as conclusões.

2. Os direitos na Antigüidade: proporções

Se os estudos mais aprofundados e autorizados remetem para as raízes religiosas de boa parte das regras sociais de conduta privada, aqueles outros das mais antigas formas de processo costumam ressaltar o caráter eqüitativo dos julgamentos e a criação judicial dos direitos, num universo de poucas leis. Assim contam os mais bem fundados estudos sobre o processo sumério, babilônico antigo, grego antigo, ou romano clássico(3).

(2) Para uma visão mais abrangente da história do processo coletivo e da adequação sistemática de seus avanços no processo civil ao processo do trabalho, ADAMOVICH, Eduardo Henrique Raymundo von. *Sistema da ação civil pública no processo do trabalho.* São Paulo: LTr, 2005.

(3) Confira-se, em trabalho relativamente recente, resumidamente objetivo e com sólida indicação bibliográfica, SEALEY, Raphael. *The Justice of the Greeks.* Ann Arbor: The Univertsity of Michigan Press, 1994, p. 145-149, ou, quanto ao Direito Romano Clássico, SCHIAVONE, Aldo. *Ius — L'invenzione del diritto in Occidente.* Turim: Einaudi, 2005, p. 115, ou ainda Cfe. SCHULZ, Fritz. *I principii del diritto romano.* Florença: Casa Editrice Le Lettere, 1995, p. 15.

Sem compreender-se o papel do poder criador da jurisdição no processo antigo, dificilmente se chegará a entender as ações coletivas. Não que com isto se encontre resposta para a questão da precedência de direitos sobre o processo ou deste sobre aqueles, a qual *Raphael Sealey*(4) bem compara à velha questão do ovo e da galinha. Não, o importante é perceber que o processo antigo separava o Direito dos demais setores da vida, tais como a Economia, a Moral ou a Religião, assim como distinguia também os conceitos de *lex* e *ius*, ou lei e direito, que parecem sinônimos para os positivistas de formação mais didática.

Era então função da jurisdição a distribuição proporcional dos bens, cargos e honrarias, ou a correção de proporcionalidades erroneamente estabelecidas(5). Os direitos existiam enquanto práticas sociais e, quando trazidos à discussão em juízo, dependiam primeiro da identificação de um mecanismo processual para a sua tutela (*actio* ou *exceptio*). No processo, constituíam-se *iura*, direitos, que eram então devolvidos à vida social. A dimensão da lei não era a da vida privada, própria do *ius civile*, contando-se nos vários séculos de história romana poucas leis que invadiram este último.

O período formulário do processo romano, que é reputado clássico, bem caracteriza as idéias acima destacadas. O processo subdivide-se, então, em duas fases. A primeira, perante o pretor, que certificava a existência de ações para a tutela de determinadas situações de fato e, no mais das vezes, as criava com amparo em seu édito, e a segunda, sob as funções de um árbitro privado (*iudex*), que era o responsável pela decisão do *meritum causae* e, portanto, dos contornos finais dos direitos.

Os romanos talvez não se tenham preocupado com a distinção completa e definitiva entre ação e direito, porque julgariam que as partes trazem à discussão em juízo não especificamente direitos prontos e acabados, mas relações de fato, cujas possibilidades de tutela são construídas processualmente, entregues depois à decisão eqüidistante de um árbitro privado, que julgava então se a situação de fato, passível em tese de proteção, de fato a mereceria ou não e, no primeiro caso, em que medida.

É provável que tenham intuído, sabendo que a tutela processual é casuística, que não seria possível esgotar o catálogo de ações, tanto

(4) *Op. cit.*, p. 138-139.
(5) SEALEY, Raphael. *Op. cit.*, p. 154.

que toda a evolução descrita pela História do processo romano, do período das ações da lei até o formulário, é a do alargamento das hipóteses de tutela aos direitos por via da construção de várias espécies ou tipos de ações.

É razoável supor que os romanos tenham entendido que não seria possível aprisionar o poder criador, típico da jurisdição, nos restritos limites da lei, pois tantas são as espécies de soluções jurisdicionais quantas são as de atos humanos ou de conflitos sociais.

É normal pensar-se que tenham constatado que, no meio social, os direitos simplesmente existem, na medida em que as pessoas não vivem e se relacionam em razão de leis ou códigos, mas sim de suas necessidades, seus valores, crenças e idiossincrasias, e, quando levam a juízo tais situações de fato, buscam enquadrá-las em um arquétipo, um modelo, uma ação, que abra as portas da tutela jurisdicional, tanto quanto o réu busca encontrar o tipo, a exceção, que autorize, que alforrie sua resistência das pretensões do autor.

Os direitos que exsurgem do processo não correspondem exata e necessariamente às pretensões do autor ou à resistência do réu, mas sim e no mais das vezes a uma fusão de ambas, cunhada no ambiente dialético do processo, a partir do qual se projetam no tempo e no espaço, novamente no ambiente social de vida dos direitos.

Dotados que eram os romanos deste sistema extremamente prático e objetivo, eles não se preocuparam com o aprofundamento teórico-filosófico dos estudos de Direito Processual, ou sequer em reconhecer a disciplina como tal, muito embora tivessem experimentado muito das situações que hoje justificam tutela da espécie, até mesmo em sede de direitos mais tarde denominados transindividuais.

É sabido que Roma contou com sistema público de águas e esgotos, tendo concebido a proteção aos rios e mananciais por via de ações populares, as quais serviram desde para a punição de determinados delitos, até a reparação material dos prejuízos que tenham causado, ou ainda para preservação do patrimônio público, ou para a proteção de sentimentos religiosos em relação aos mortos.

Se o caráter individualista e pragmático do romano talvez o tenha impedido de fundamentar teoricamente suas construções no plano transindividual, é fato que Roma tenha conhecido e bem desenvolvido tal dimensão da vida, até mesmo porque, se não o tivesse feito, dificilmente teria alcançado a grandeza e a expansão que sua civilização experimentou. Se os romanos fossem apenas um amontoado de individualistas caoticamente reunidos, jamais teriam podido dar vida tão longa à sua Civilização.

A lição passada pela Antigüidade, em resumo, é de que o processo situa-se numa dimensão geométrica e não apenas linear. Não é apenas um sistema de tutela por ações a direitos previamente contemplados legalmente, mas também um espaço legítimo e dialético no qual criam-se, conservam-se, alteram-se ou extinguem-se os direitos, com suas ações e exceções, proporcionalmente às dimensões dos conflitos e aos méritos das pessoas neles envolvidas, para serem novamente devolvidos à dinâmica social de suas vidas.

Para bem compreender-se a problemática processual dos direitos transindividuais, talvez a primeira lição esteja em perceber esta dimensão geométrica dos direitos e, por conseqüência, da justiça, impossível de ser reduzida e simplificada ao mecanismo linear e didático da subsunção dos fatos às normas legais previamente existentes, numa tarefa destituída de qualquer função criadora, como ao gosto do Normativismo mais estrito.

3. As ações coletivas: pretensões em movimento

Saltando do estudo da História Antiga para aquele outro da História Moderna, é conhecida a constatação de que os regimes liberais-burgueses, resultantes sobretudo das revoluções inglesa, norte-americana e francesa abominavam a dimensão coletiva das relações sociais. Entendiam que os estamentos e corporações constituíam-se em verdadeiros anteparos de desigualdade entre os cidadãos e na relação destes para com o Estado.

O sistema liberal, propugnando o império da lei, ou tendo substituído a figura do monarca pela da lei, preferia as relações diretas entre os indivíduos ou entre estes e o Estado, sustentando que, num regime de igualdade de todos perante a lei, não haveria necessidade do recurso à dimensão associativa ou corporativa para fazer valer os interesses de cada um. Daí o grande apego à atributividade individual dos direitos, devendo-se demonstrar bem claramente para cada um deles quem seria o seu titular.

O Direito Medieval, ao contrário, não dá demonstrações de que tenha havido grande preocupação com esta questão da atributividade individual ao seu tempo. Julgavam-se pleitos movidos individualmente para defesa de interesses que hoje são reconhecidos como transindividuais, ou mesmo movidos por umas coletividades em face de outras, sem que esta questão tenha sido habitualmente entendida como óbice para o exercício válido da atividade jurisdicional de mérito.

Não estando presos à idéia de que os direitos devem merecer contemplação legal prévia para que possam vir a ser postulados em juízo por aquela pessoa a quem a lei atribua a sua titularidade, como se pudesse haver um catálogo, um código, de direitos pelo qual seria possível conhecê-los a todos e bem identificar os seus titulares como condição para fazê-los valer em juízo, ou, em outras palavras, como condição da ação, os magistrados e juristas medievais preocupavam-se diretamente com os direitos que poderiam ou não ser objeto de tutela.

A ação medieval parece ter sido, em uma palavra, a verdadeira pretensão em ação, ao contrário do sistema liberal, que antepôs ao exame das pretensões a sua contemplação na figura legal de um tipo jurídico, que seria guarnecido por uma ação genérica, esvaziada de qualquer conteúdo material. No primeiro caso, verdadeiramente, a cada direito há de corresponder uma ação, com cargas, ritos e efeitos específicos delas, ao passo que, no segundo, somente aqueles direitos que se consigam tipificar poderão ser merecedores de uma forma de cognição vazia e abstrata, privada em regra de efeitos imediatos e, portanto, sem um canal de interação direta com a vida dos direitos.

A Justiça, no sistema liberal-burguês, privilegia o processo individual e a ação abstrata que sua ciência positivista foi capaz de construir, afastando-se, no pressuposto de eqüidistância e de segurança, da dinâmica viva dos direitos, situação que está na raiz da hoje denominada crise da Justiça e do Direito, uma vez que ainda não se conseguiu soldar novamente a enorme fratura aberta naquele tempo entre o Direito e a Justiça e a vida, fazendo-os descer de um plano cientificamente estéril e distante, privado de conseqüências mais imediatas, para a dimensão concreta, rica de valores e dinâmica da vida dos direitos em sociedade.

Sendo as ações coletivas reminiscências ultimamente aplicadas no Direito Medieval e que foram ressuscitadas, resgatadas pelo Direito Operário e depois aperfeiçoadas pelos movimentos de massa em defesa dos direitos civis a partir dos anos 60 do século passado, sempre mostraram certa dificuldade de assimilação pelo sistema liberal-burguês que quase as fez sucumbir em fins do século XVIII. O problema é justamente a diversidade de enfoques sobre o direito de ação que se dá num e noutro sistema, como acima assinalado.

O processo liberal-burguês, individualista, para resolver o problema da postulação dos direitos transindividuais em juízo e da necessidade de satisfação daquelas condições que antepôs ao exame de mérito das pretensões, fundadas na atributividade individual dos direitos, valeu-se primeiro da personificação das coletividades, atribuindo-lhes representação em juízo, esquema que se inspira na personificação das entidades comerciais, que foi desenvolvida na Idade Média italiana, muito embora intuída desde o Direito Romano.

Havendo ainda inúmeras situações em que os direitos, notadamente os difusos, não comportam personificação representativa em entidades coletivas, assimilou a figura romana das ações populares, que entre nós vieram do Direito Português, recorrendo, de outro lado, nas questões que envolvam direitos individuais homogêneos à figura da substituição processual, dando assim por resolvida a personificação dos direitos transindividuais para postulação à semelhança do processo individual.

O esquema eleito, entretanto, cria inúmeros problemas e dificulta a tutela dos direitos transindividuais, sujeitando-o à satisfação de condições que não foram concebidas para eles, mas para um modelo de processo fundado em uma ação genérica e abstrata, individualmente atribuível e limitada aos arquétipos de um código de leis.

Legitimidade e interesse de agir não parecem ter preocupado os juristas e magistrados medievais, porque ocupavam-se da questão de fundo, sobretudo numa época em que ainda não teria sido teorizado o conceito de relação processual, que teria dado seus primeiros passos na obra do alemão Daniel Nettelbladt, em fins do século XVIII. Ficava fácil conceber então no processo os direitos diretamente em movimento, sem maiores preocupações com a figura de quem os postulava e da necessidade que poderia demonstrar ou não do provimento jurisdicional para pretendê-lo.

Não tendo os direitos transindividuais, em regra, titulares, na medida em que se situam num plano logicamente antecedente da atributividade individual dos direitos, nasce ai o difícil problema para o emprego do esquema liberal-burguês para a sua tutela. Os direitos difusos e coletivos em sentido estrito, por indivisíveis que são, não comportam atributividade individual, reclamando tutela única e comum a todas as pessoas que deles se beneficiam, mas não podem ser individualizadas como seus "titulares". Os direitos individuais homogêneos, conquanto possam ser individualmente distribuídos, para que possam merecer a tutela processual coletiva, devem ser considerados aqui somente naquilo que têm de comum, mesmo que por ficção jurídica, afastando assim também a individualização.

A postulação transindividual, em outras palavras, é o exercício da pretensão da mesma espécie por um representante, isto é, aquele que faz as vezes, que faz o papel dos diversos ou incontáveis "titulares" destes direitos. A figura do representante faz no processo coletivo o papel do autor, ou do réu em caso das chamadas *defandent class suits*, mas não pode levar à confusão de supor-se que faz o papel dos "titulares" aglutinados de tais direitos. Em tema de direitos transindividuais melhor seria talvez falar-se em beneficiários dos direitos tutelados, porque, na verdade, os direitos que se tutelam no plano transindividual de forma única e indivisível é que dão causa a inúmeros outros direitos dessas pessoas, não havendo hipótese de que a tutela coletiva constitua para eles direta e automaticamente direitos.

Pense-se, por exemplo, em uma hipótese corriqueira do Direito Coletivo do Trabalho, que é o reconhecimento pelo Tribunal, em dissídio coletivo, do direito a determinado percentual de reajuste para determinada categoria de trabalhadores. O direito a este percentual, enquanto em discussão no processo coletivo, é indivisível e, como tal, é atribuído genericamente à categoria e não a cada um dos trabalhadores. Estes é que, julgando-se depois inseridos na regra que constitui o provimento do dissídio coletivo, podem pleitear para si, como direito individual e, portanto, divisível, o percentual de reajuste coletivamente alcançado, ficando assim bem claro que, no momento da postulação coletiva, não eram eles titulares de direito algum, estando a exercer a entidade sindical representativa, isto sim, uma pretensão coletiva, indivisível, que viria somente de futuro a beneficiá-los.

Os críticos desta forma de ver as pretensões em movimento no processo coletivo certamente haverão de objetar que inúmeras vezes as postulações da espécie limitam-se a pretender a implementação de providências ou a satisfação de direitos adrede garantidos em lei, que poderiam dar lugar também a pretensões individuais em muitos casos, ou, mesmo que assim não fosse possível, não constituiria a sua representação em juízo nenhuma novidade para o ordenamento, porque nada de novo no processo se criaria.

Não estando eles esquecidos da lição de Rui Barbosa, que bem sabia que "O direito não jaz na letra morta das leis: vive na tradição judiciária que as atrofia, ou desenvolve".[6], bem poderiam considerar também que as pretensões que se exercem não são frias reproduções dos textos legais, mas sim vivas interpretações deles, que podem vingar ou não segundo a prática judiciária de cada lugar e em cada época.

É que os que supõem o Direito esgotado nas leis, não admitindo outras fontes para os direitos, partem do pressuposto de que as pretensões exercidas com as diversas ações são simples e diretas reproduções da forma como concebidos em lei determinados direitos, esquecendo-se que as ações veiculam pretensões e que estas não reproduzem os direitos, mas procuram apenas espelhá-los, em uma construção que não é quase nunca direta e linear, mas envolve a conjugação de fatos, valores e normas[7] de forma singular, peculiar a cada caso, ainda que entre eles se possam estabelecer pontos de similaridade que auxiliam na decisão mais rápida e efetiva.

E nesta sutil diferença entre a visão da pretensão como reprodução fiel de um direito garantido na lei e como uma reprodução espelhada de direitos extraídos de um complexo de fatos, valores e normas é que parece estar toda a dificuldade em explicar o exercício do direito de ação pelos que depois a vêem julgada improcedente. Para os que crêem que os direitos se esgotam nas leis, foi preciso cunhar uma figura abstrata de ação, vazia, neutra, passível de ser manejada tanto por aquele tenha como por aquele que não tenha razão. Já os que preferem uma visão mais concreta da ação, percebem que ela envolve o exercício de uma pretensão singular que, no curso dialético do processo, pode vir a ser acolhida ou não, no todo ou em parte, resultando, em caso de acolhimento, num processo da assimilação da figura de direito concebida pelo autor pelo ordenamento jurídico.

Em uma palavra, em toda atividade jurisdicional há criação, negativa ou positiva, corriqueira ou inovadora. E no processo coletivo, parece estar bem assentado deste a época medieval, que tal atividade criativa se dá num plano anterior ao pessoal, num plano transindividual, do qual resulta um provimento jurídico, um diroito, de caráter indivisível, isto é, com um grau de generalidade e abstração semelhante ao dos

---

(6) BARBOSA, Rui. *Posse de direitos pessoais*. São Paulo: Martin Claret, 2005, p. 57.

(7) A teoria tridimensional do Direito, do célebre Prof. Miguel Reale, parece revelar-se aqui também, em mais este espaço de criação do Direito, que é o processo, idéia que aqui se deve creditar ao caro Prof. Estêvão Mallet, de quem se pode ouvir tal observação em conversa sobre o tema dos juízos de eqüidade no processo coletivo.

atos normativos de um modo geral, ao qual virão ajustar-se as diversas situações individuais.

Daí por que, desde as ações populares romanas, passando pela larga aplicação que teve o critério no Direito Medieval e o aperfeiçoamento que ganhou mais recentemente no processo norte-americano, a postulação dos direitos individuais se mostre mais eficaz quando aberta a qualquer povo integrante da classe ou categoria, ficando para uma fase processual prévia de certificação a verificação das efetivas condições que tenha ou não o representante de levar a bom termo a postulação de classe. Talvez por isso o Anteprojeto de Código de Processos Coletivos, que se acha agora já no Ministério da Justiça, momento prévio do encaminhamento ao Congresso Nacional, tenha assimilado uma fase de certificação no início do processo, para avaliação da adequação de legitimidade do representante de classe.

4. O processo no papel principal: causa de pedir e objeto

4.1. Considerações iniciais

Pode causar espécie, sobretudo aos brasileiros, tão acostumados com o caráter verdadeiramente didático de nosso Código de Processo Civil, obra do gênio de um dos maiores conhecedores de História do Processo que aqui já se teve, o Prof. *Alfredo Buzaid*, que a pátria do Direito Processual, a Alemanha, não cuide em sua ancestral *ZPO*, inúmeras vezes reformada, do tema das condições da ação, de resto não aplicado naquele país, que se tem satisfeito com a teoria dos pressupostos processuais.

Pode incomodar-nos talvez ainda mais saber que a teoria das condições da ação de *Enrico Liebman*, vinda a público na célebre Aula do professor de várias gerações de processualistas brasileiros na Universidade de Turim, em 1949, conta com diversas outras concorrentes no solo peninsular, as quais não têm lá o caráter meramente secundário que se costuma querer reservar aqui a seus críticos, mercê do imenso poder que lhe atribui a inserção destacada em nosso Código de Processo Civil. Contam-se na Itália várias teorias da ação e de suas condições, valendo, para lembrar apenas dois, dizer que são muitas vezes obras de autores da altura de *Emilio Betti* ou *Salvatore Satta*, que nada ficam a dever em currículo, profundidade e brilhantismo intelectual ao célebre professor que tanto nos influenciou e que, por justiça reconheça-se, tanto deve a evolução científica do Direito Processual no Brasil.

Pode-se vir a ficar ainda mais atormentado, quando se constata que, mesmo para discípulos brasileiros muito caros ao grande professor italiano, a ação não cumpre mais o papel central do processo. Se a construção da sua teoria foi para nós o ápice de uma visão do processo que reservava à ação o papel principal e, talvez, tenha sido o primeiro movimento, por seu caráter colótico, a deixar-nos abertas as portas para uma releitura do grande mestre de *Liebman* que foi *Chiovenda*, com sua visão concretista da ação, é imperioso constatar que ela hoje não satisfaz aos novos horizontes do Direito, para os quais, aliás, fazendo-se dele a leitura mais fiel às origens, o processo do trabalho já parecia em certa medida preparado.

A ação perdeu o papel central no processo ao constatar-se que, esvaziada de conteúdo, esterilizada, ela é muito semelhante ao genérico direito de petição, que se esgota com o seu só exercício, ao passo que, tomada em uma feição mais concreta, na dimensão de uma pretensão que espelha direitos extraídos de um conjunção de fatos, valores e normas, os problemas que suscita melhor se resolvem nos pilares fundamentais dos pressupostos processuais e na teoria central do objeto do processo, não se chegando a resultado de grande relevância e efetividade com a perda de precioso tempo na investigação de suas condições.

É forçoso constatar também, no terreno dos pressupostos, a relatividade da importância do conceito carneluttiano de lide para o processo transindividual, a qual se espelha diretamente no alargamento do terreno da causa de pedir e, conseqüentemente, numa visão mais aberta do objeto do processo, proporcional à dimensão dos direitos que nele se discutem e, por isso, muitas vezes verdadeiramente cósmica.

4.2. Relatividade da importância do conceito de lide para o processo coletivo em matéria de direitos indisponíveis

É praticamente isenta de controvérsia entre os estudiosos do processo romano a raiz interdital das ações populares, constatação que merece alguma reflexão. Os interditos, como é sabido, brotaram da força criadora do pretor romano na tutela de situações emergenciais, ou para regramento da conduta das partes no processo, ou ainda em situações de gritante injustiça não contempladas pelo *ius civile*. Em outras palavras, pode-se constatar que o pretor ao prover de forma interdital exercia uma espécie de poder de polícia que hoje é próprio também da jurisdição enquanto emanação do Estado para regular os conflitos e restabelecer a paz social, ainda que àquele tempo se pudesse estabelecer a distinção entre *iurisdictio* e *imperium*, inaugurando longa discussão sobre a natureza deste seu poder e seus limites, a qual, no entanto, não se inscreve dentro do objeto deste trabalho.

Basta para os propósitos que animam este pequeno e resumido estudo sublinhar que as ações populares têm raiz interdital, a qual correspondia, em certa medida, ao exercício do poder de *imperium* pelo pretor, próprio da *iurisdicitio* ou não, mas que hoje se apresenta, indubitavelmente, sob a forma de poder de polícia processual, agora sim como atributo da jurisdição estatal, terreno no qual o espaço para o exercício das pretensões privadas é reduzido, na medida em que a preocupação do juiz está centrada na efetivação da ordem jurídica.

O percurso histórico percorrido pelas ações coletivas, igualmente, não nega este aspecto. Desde as paróquias medievais, quando serviram para tutelar os direitos das coletividades em face dos exageros, sobretudo tributários, de certos curas e abades, nobres ou monarcas, até os movimentos populares em defesa dos direitos civis da segunda metade do século XX nos Estados Unidos da América, o exercício das ações coletivas sempre envolveu diretamente o restabelecimento ou a releitura para renovação da ordem jurídica, ancestral, costumeira ou puramente legislada, aí não importa a origem das regras.

Não é demais perceber também que o processo coletivo ganhou em seguida destacado papel em uma relação com o Direito Ambiental, o Direito do Consumidor e, ainda mais recentemente, com as normas de proteção à pessoa do trabalhador, desde a dignidade humana até o chamado meio-ambiente do trabalho, com a preocupação com o implemento coletivo das regras de proteção à saúde e à segurança no trabalho.

Interessante destacar, por derradeiro, ao menos nesta última fase evolutiva, que o Ministério Público vem sendo o principal ator na promoção da defesa daqueles interesses, sobretudo os difusos e os coletivos em sentido estrito, assumindo verdadeiramente um papel de promotor e garante da ordem jurídica e protetor das coletividades privadas de organização representativa ou povoadas por interesses conflituosos no seio desta representação.

Tal percurso evolutivo não pode deixar de chamar a atenção para um determinado ponto essencial: em processo coletivo, conquanto haja evidentemente interesses em conflito, até mesmo entre os integrantes de uma mesma classe de direitos, não é sobre este conflito que está centrado o exercício da atividade jurisdicional ou a ação promotora do Ministério Público, mas sim sobre a efetivação da ordem jurídica em sede de direitos indisponíveis.

No esquema do processo individual, cunhado para a tutela de situações na ordem privada e presidido, ao menos em regra geral, pelo princípio da disponibilidade dos direitos nesta mesma ordem, é essencial que reste muito bem delineada no processo a figura da lide, isto é, a exposição da pretensão do autor e as razões pelas quais o réu resiste a elas, limites dentro dos quais o juiz haverá de exercer a sua cognição e exarar seu provimento tutelar. Ainda que se pudessem supor várias outras conotações para as questões discutidas, com tantas implicações e talvez até prejuízos ou maiores e melhores proveitos para os litigantes, não cabe, em face de direitos disponíveis na ordem privada e em processo individual, alargar os limites da lide e, portanto, dos lindes do provimento jurisdicional.

Quando se fala, entretanto, de direitos indisponíveis, o enfoque muda, não sendo tão relevantes assim os contornos do litígio, mas sim a conformidade da solução ao sistema jurídico. Tanto isto é verdade que em face de tais direitos a atividade jurisdicional ganha reforçada feição inquisitorial, admitindo-se, por exemplo, provimentos cautelares ou até antecipatórios de passados de ofício, ou mesmo vindo-se a abstrair a própria figura da lide, como são os casos da jurisdição voluntária ou das ações penais públicas incondicionadas, nos quais só por ficção meramente adaptativa, numa algo exagerada tentativa de preservar o esquema privatístico de uma teoria discutivelmente geral do processo, se pode pensar em "lide" entre o Ministério Público e as pessoas envolvidas.

A relatividade do conceito de lide em face de direitos indisponíveis alarga evidentemente os limites da atividade jurisdicional, permitindo aí que dela resultem até provimentos não pensados ao tempo da propositura da ação ou não queridos, ou sequer sugeridos por nenhuma das partes. O juiz que recebe a petição inicial de uma ação coletiva em tema de direitos indisponíveis não tem apenas um litígio a resolver, com a relevante, mas ainda relativamente simples missão de pacificar um conflito intersubjetivo. Tem em mãos, à semelhança do processo penal ou, em certa medida, do processo do trabalho, uma queixa, uma reclamação por violação da ordem jurídica, a qual a ele cabe, não apenas nos estritos limites do pedido, mas na sua plenitude restabelecer.

Tal constatação, como já se pode supor, é riquíssima de efeitos para o trato do processo coletivo, sacudindo vários pilares do processo individual que têm subjacente o princípio da disponibilidade. São os casos, por exemplo, da causa de pedir e do pedido, que jamais haverão de entender-se de forma tão estrita quanto no processo individual de interesses privados disponíveis; de institutos tais como a revelia ou a transação no curso do processo, ou ainda dos limites da sentença e da própria imutabilidade da coisa julgada. Em poucas palavras, a ação deixa de ser o centro da atividade jurisdicional, que se desloca para o processo de forma dialética, na acepção própria do termo. O processo converte-se em ambiente de verdadeira efetivação da ordem jurídica e não da simples pacificação de conflitos e a tarefa do juiz, ao invés de esmerar-se na conferência do regular exercício do direito de ação pelas partes e na rígida certificação de prazos, ritos e formas, para que do processo não resulte provimento inválido ou até antijurídico, deve conferir prioridade à garantia deste ambiente dialético, que se expressa sobretudo na amplitude de defesa e na igualdade de tratamento para as partes no processo.

4.3. Causa de pedir e objeto: limites do poder criador da jurisdição

Examinando-se toda a evolução do estudo do tema da causa de pedir e do objeto do processo, assunto que foi muito debatido na doutrina alemã[(8)] e que, no Brasil, por todos, pode ser referido no magistral trabalho de *Alfredo Buzaid*[(9)], de grande aprofundamento histórico, fácil será recordar que a causa, na causa de pedir, é a cousa, de todos tão conhecida na linguagem literária machadiana, ou, mais modernamente, a coisa, a coisa litigiosa ou sobre a qual se pede o provimento jurisdicional. Objeto, nesta linha de raciocínio, é a *res in iudicium deducta*, ou, em outras palavras, a coisa posta em juízo, a causa deduzida em juízo para ser decidida.

Em se tratando de um litígio privado, de natureza individual, fácil é perceber que a coisa litigiosa não raro é a coisa mesmo, isto é, uma

---

(8) Para um apanhado geral e conciso das diversas teorias e posições da doutrina alemã na matéria, consulte-se GRUNSKY, Wolfgang. *Grundlagen des Verfahrensrechts*, 2. ed. Bielefeld: Gieseking, 1974.

(9) BUZAID, Alfredo. "Da lide: estudo sobre o objeto litigioso", *in Estudos e pareceres de direito processual civil*, com notas de adaptação ao direito vigente de Ada Pellegrini Grinover e Flávio Luiz Yarshell. São Paulo: Revista dos Tribunais, 2002.

soma de dinheiro, um imóvel ou uma máquina. Outras vezes, são coisas incorpóreas, direitos, como os consideravam as raízes portuguesas de nosso Direito. Quando se fala em processo coletivo, entretanto, força será perceber que não raro não há propriamente individualizada e bem definida uma "coisa" e nem sempre bem ela se pode dizer "litigiosa". Basta pensar-se, por exemplo, em ação coletiva em que se peça tutela contra a poluição do ar ou da água. Ainda que haja um autor para o processo, normalmente na figura institucional do Ministério Público, e de outro lado o réu, uma empresa cuja atividade despeje detritos nos rios ou poluentes no ar, não se poderá falar propriamente em lide, nem em "coisa litigiosa".

Não se haverá de supor, logicamente, que a lide vá se instaurar entre um representante do Ministério Público que não quer o ar ou a água poluídos e uma empresa que se sinta no direito de fazê-lo, pois esta visão mais rudimentar do conflito é logo afastada pela constatação de que o Ministério Público cumpre com sua ação uma missão institucional, que pouco ou nada tem a ver com o querer individual de quem exerce tal representação, reproduzindo com sua ação, na verdade, a pretensão a uma determinada construção extraída do ordenamento em matéria de preservação do ar e da água, ao passo que a empresa ré estará, em largas pinceladas, a defender a sua liberdade de iniciativa e/ou a propriedade privada que, conferidas a ela também pelo ordenamento, autorizariam o exercício da supostamente nefasta atividade.

A "lide" que se possa enxergar aí, ainda que se preferia continuar a empregar o termo, haverá de reconhecer-se, não se situa, nem pode ser decidida nos mesmos limites que os litígios individuais. Pouca diferença faz para a coletividade se, no litígio entre Antônio e Manuel, sairá vencedor o primeiro ou o segundo, ficando com a soma de dinheiro litigiosa. Muita diferença para a coletividade fará, no entanto, se a Justiça rechaçar a ação do Ministério Público e considerar legítima, por exemplo, a atividade empresarial nociva à saúde de diversos operários e outras tantas pessoas em contato com o mesmo ambiente fabril Haverá um pesado custo social a ser suportado por toda a coletividade neste último caso, do mesmo modo em que a decisão tomada não poderá ficar confinada nos limites territoriais da fábrica ou até do juízo que proferiu a decisão, sabendo-se que não é possível restringir assim os efeitos da poluição ou despoluição do ar ou da água. Não se perca de vista aqui a célebre e sempre lembrada frase de *Rivero*: "*La nature se rit des décrets*".

É da estrutura dos direitos difusos e coletivos, por definição indivisíveis, que a "lide" sobre eles se estabeleça de forma mais larga, mais aberta, levando, conseqüentemente, a um campo mais largo de decisão jurisdicional, o qual associado à constatação de que as decisões judiciais não podem ser rígidas e uniformes como a lei, uma vez que os atos humanos variam por incontáveis maneiras, não havendo justiça em aplicar-se sempre do mesmo modo a mesma lei para todos os casos, mas sim na virtude da eqüidade (*São Tomás de Aquino*), é que se pode afirmar que haja poder normativo, ou quase normativo, destacados nas decisões do processo coletivo.

Não se perdendo de vista a comparação entre a atividade das partes no processo e os debates parlamentares (*Calamandrei*), força será perceber que, no processo coletivo, as semelhanças entre os dois casos tornam-se ainda mais evidentes, na medida em que, alargada a "lide" para um plano transindividual, vale dizer, quase institucional, o tom dos debates, o embate entre as forças e o alcance das decisões vitoriosas alcance magnitude proporcionalmente mais próxima também dos embates parlamentares. Não por acaso, do mesmo modo, pode-se estabelecer a comparação entre a representação parlamentar e a representação dos interesses transindividuais, dizendo-se que esta está a meio caminho entre a primeira e o contrato de mandato civil.

Como bem se pode perceber o poder criador da jurisdição e seu caráter mais ou menos difuso no processo coletivo tem explicação muito mais estrutural do que política (*Oliveira Viana*), não se tratando de qualquer abalo à teoria da separação dos Poderes, como sustentava *Waldemar Ferreira* em sua conhecida polêmica com o antes referido defensor da criação da Justiça do Trabalho e de seu poder normativo. A bem dizer, o poder criador é inerente a todas as formas de jurisdição, de modo mais ou menos largo, mais ou menos profundo, de acordo não com a vontade política do legislador, mas sim com as dimensões do direito e a profundidade da crise cuja solução é pedida.

Foi a infelicidade da associação deste poder normativo a um determinado regime político autoritário, de uma determinada época, cujos efeitos nefastos prolongaram-se sensivelmente entre nós por conta da assimilação pela burocracia estatal e até por certos estamentos então inseridos na dimensão do Poder Judiciário da forma autoritária de tratar as relações coletivas de trabalho, que levaram a uma confusão entre este suposto "poder" e o regime que o instituiu, passando-se logo em seguida a imaginar que a sua explicação poderia ser meramente política.

Num momento histórico em que se procura sepultar os resquícios deste passado autoritário, seria intuitivo pretender-se também eliminar este suposto traço de autoritarismo do exercício da jurisdição, o qual o estudo da técnica e da História do Processo logo mostram não ser tão simples assim. Ao contrário do que se pode supor, a se eliminar o poder criador que, repita-se é inerente a toda a jurisdição, liquidar se iam também com os juízos de eqüidade, criando-se, por conseqüência, um regime, ele sim, de profundo autoritarismo e irrefletida desigualdade.

E que não assanhem, por derradeiro, os espíritos que se movem na penumbra, porque é igualmente bem sabido que este poder criador da jurisdição comporta limites, os quais, ao contrário do que supõem, não são dados pura e simplesmente pelo querer do legislador, mas sim pelos próprios limites do ordenamento jurídico no tempo e no espaço que, em outras palavras, não são mais do que o estágio civilizatório de cada época, a pujança econômica de cada povo em cada momento, ou a chamada reserva do possível de que fala a doutrina de língua alemã desde fins dos anos sessenta do século passado, e ainda a conjuntura política na mesma dimensão espaço-temporal para tutela dos direitos por via jurisdicional.

5. Sentença e coisa julgada: rebus sic stantibus e na medida do razoável

Nos sistemas jurídicos em que a ruptura com o poder monárquico absolutista não foi tão traumática quanto o foi na Europa Continental e na América, praticamente não se conhecendo lá e cá exemplo de pais que não enfrentou sucessivas revoluções e contra-revoluções até alcançar um regime de separação mais ou menos rígida das funções de governo, ou, caso se prefira, de Poderes do Estado, não é tão difícil compreender-se a natureza da sentença e seus efeitos, muito embora deva-se, desde logo, ressalvar a diversidade de forma como é compreendida a coisa julgada naqueles diversos sistemas, que talvez bem fique destacada na distinção semântica entre *res iudicata*, dos povos de fala latina de um modo geral, e *Rechtskraft* dos alemães que, literalmente, quer dizer força do direito, ou, por extensão à concepção latina, força vinculativa do decidido.

Se revolvermos as origens do sistema jurídico inglês, no qual a mencionada ruptura não foi tão brusca, mas lenta e gradual ao ponto de preservar a feição monárquica de alguns institutos em substância inteiramente transformados, ressalvados, é claro, os momentos culminantes como a Revolução Gloriosa, vamos encontrar lá a figura do *writ* que, em acepção originária guarda, como denuncia a grafia do termo, relação com o verbo *to write,* querendo dizer literalmente escrito, o escrito que era dirigido pelo monarca inicialmente aos diversos servidores administrativos para restabelecer a ordem em determinado setor e, mais tarde, às diversas cortes de justiça do reino para que julgassem ou revissem de determinado modo um caso já julgado, restabelecendo com isto a justiça da decisão.

Sabendo-se que em nosso ordenamento a figura do monarca, a derradeira dinastia reinante, foi substituída pela entidade abstrata que é a República, expressão do Estado brasileiro, que se governa por suas diversas funções ou Poderes, mal comparando, pode-se perceber que, assim como o *writ,* a sentença é uma emanação do Estado, com a diferença de que lá a ordem era dirigida aos funcionários administrativos e às cortes para que, através deles, o caso viesse a ser resolvido e aqui a sentença, como ato estatal, expressa um comando direto aos litigantes ou destinatários do provimento jurisdicional para solução do caso submetido à Justiça.

Como ato do Estado que é, a sentença é também, em sentido amplo, um ato administrativo e, como tal, nasce apta a produzir seus efeitos, revestida, de forma igualmente geral, dos mesmos efeitos próprios dos atos administrativos. Constitui um equívoco supor que a sentença nasça sujeita a uma espécie de condição suspensiva para a produção dos seus efeitos, que se levantaria com a preclusão ou exaustão das vias recursais e a formação da coisa julgada. A sentença, como ato do Estado que é, nasce auto-executória, tanto que há necessidade de comandos legais específicos para atribuir efeito suspensivo aos diversos recursos(10).

Como bem pôde perceber o célebre fundador da escola paulista de processo, a coisa julgada não é um efeito da sentença, mas sim uma qualidade dos seus efeitos, isto é, a qualidade de imutabilidade que os efeitos da sentença adquirem pela exaustão ou preclusão das vias recursais. O comando emanado do Estado para entrega do serviço judiciário adquire imutabilidade, porém, vale dizer, *rebus sic stantibus*(11).

---

(10) LIEBMAN, Enrico Tullio. *Eficácia e autoridade da sentença e outros escritos sobre a coisa julgada (com aditamentos relativos ao direito brasileiro).* Trad. de Alfredo Buzaid e Benvindo Aires; trad. dos textos posteriores à edição de 1945 e notas relativas ao direito brasileiro vigente de Ada Pellegrini Grinover, 3. ed. Rio de Janeiro: Forense, 1984, *passim.*

(11) *Idem*, em notas de Ada Pellegrini Grinover.

Como resulta de escrito dos mais iluminados de um dos mais cultos processualistas nacionais, a relação jurídica composta com a sentença, a regra que dela resulta ou a pretensão por ela acolhida no ordenamento jurídico, imutável enquanto tal, é devolvida à dinâmica da vida dos direitos, sujeita, a partir daí, a todas as variações, acidentes e incidentes próprios desta dinâmica[12].

O alcance e a vinculação dos efeitos da sentença, outrossim, não se limitam às partes, como se pode supor por uma leitura mais apressada do art. 472, do CPC. A sentença, com efeito, é imutável entre as partes que foi proferida, mas não vincula apenas a elas. Todos os demais ficam obrigados a respeitar o comando que emana da sentença, na medida do direito que dela resulta, não estando, no entanto, privados, em regra geral, de rediscutir com qualquer das partes ou ambas judicialmente a questão que sobre tal direito tenha.

Tais constatações científicas, adrede conhecidas sobre a sentença e a coisa julgada e, em certa medida, conflitantes com os dogmas e mitos que sobre elas se desenvolveram na prática do sistema anacrônico que lhes deu o Código de Processo Civil de 1973, devem ser mantidas em destaque quando se fala de processo coletivo, sentença e coisa julgada nele.

Voltando-se o enfoque mais diretamente para o processo do trabalho, é preciso não esquecer também que, ao contrário dos direitos na regra geral da órbita civil, que são disponíveis no plano individual, mas indisponíveis no plano da representação transindividual deles, são indisponíveis nas relações individuais de trabalho e negociáveis, nos limites da chamada autonomia negocial coletiva, no plano da representação sindical (Const., art. 7º, XXVI).

Em Direito Coletivo do Trabalho nunca se duvidou seriamente de que pudessem as entidades sindicais, em sede de direitos de natureza patrimonial excedente do mínimo legal, transacionar com as entidades representativas do empresariado ou até dar quitação a determinadas pretensões, prevenindo litígios individuais futuros, tudo no exercício da mesma autonomia negocial coletiva.

Não é demais perceber, portanto, que em processo coletivo do trabalho, em se tratando de direitos da mesma espécie acima destaca-

---

(12) MOREIRA, José Carlos Barbosa. "Ainda e sempre a coisa julgada", *in Direito processual civil (ensaios e pareceres).* Rio de Janeiro: Borsoi, 1971.

da, que a coisa julgada forme-se *pro et contra*, atingindo até mesmo as pretensões individuais dos trabalhadores, salvo, é claro, no caso de improcedência por insuficiência de provas, afastada, assim, a aplicação da regra do art. 103, §1º, do Código de Defesa do Consumidor, nestes casos.

A coisa julgada que se forma em processo coletivo do trabalho torna imutáveis os provimentos dele resultantes, os quais, incidindo sobre direitos indivisíveis, difusos ou pertinentes a determinada categoria, possuem, sejam os mesmos provimentos passados em ação civil público ou em dissídio coletivo, não importa, idênticos efeitos normativos ou criadores.

Na mesma linha, passados como todos os provimentos judiciais, com cláusula *rebus sic stantibus*, nascem para durar o mesmo tempo que as condições de fato e de direito que deram origem a eles, tornandose, caso estas se modifiquem substancialmente, igualmente passíveis de alteração.

Os provimentos em sede de processo coletivo, na verdade, chamam a atenção para um problema que hoje se acha na pauta do dia, que é o da dita relativização da coisa julgada, assunto que mais uma vez deixa patente a indispensabilidade da análise histórica, à luz da lógica da vida em sociedade, para que se possa alcançar as respostas mais adequadas, sem grave abalo aos pilares de segurança que sustentam o instituto da coisa julgada no centro do sistema constitucional de direitos e garantias (Const., art. 5º, XXXVI).

É evidente que não bastará a exaustão de todas as vias recursais, ou mesmo a concordância das partes com a mais bem elaborada das decisões judiciais para que fique autorizada, por exemplo, a poluição de determinada região ou a destruição de preciosos hectares de floresta. Não há valor mais alto para o Direito do que a vida humana e a preservação da espécie e, logicamente, o ordenamento jurídico tem que encontrar respostas satisfatórias para aquelas questões em que as decisões judiciais ultrapassam severamente os limites da razão, ou os da própria Humanidade, ainda que o tenham feito de forma tecnicamente perfeita.

Tem-se sustentado, com muita competência técnica e erudição, a figura da coisa julgada inconstitucional, visando enfrentar problemas da espécie, ou outros de gritante injustiça como aqueles da afirmação judicial de paternidade de quem biologicamente demonstra que não o é, ou o de escandalosos prejuízos ocasionados ao Erário com decisões igualmente exorbitantes dos limites do razoável. Afirma-se que a decisão contrária à Constituição jamais subsistiria, configurando-se, em verdade, em sentença nula.

Não se podendo aceitar a prevalência de soluções injustas, bem se sabendo o valor da segurança jurídica para a estabilidade das relações sociais e conhecendo-se a magnitude que os problemas assumem em sede de processo coletivo, a História do Processo aliada à Teoria do Direito parece apontar para uma solução ideal, que já se teve ocasião de propor de forma mais detalhada em outras ocasiões.

Primeiro, parece ser importante perceber que muitos sistemas jurídicos em que se tem cunhado a figura da chamada coisa julgada inconstitucional são aqueles em que a coisa julgada se costuma formar com a exaustão apenas das vias recursais ordinárias, como é o caso do sistema português. O sistema brasileiro, diferentemente, abandonou o critério da preclusão ou exaustão das vias ordinárias para formação da coisa julgada desde a elaboração de nosso primeiro Código Civil, que deixou de distinguir entre recursos ordinários e extraordinários na matéria, até que o art. 467, do CPC de 1973, culminou por dizer formada a coisa julgada da decisão da qual não caiba mais recurso ordinário ou extraordinário.

A diferença aí faz-se porque, formando-se a coisa julgada com a preclusão ou exaustão das vias ordinárias e extraordinárias, é de se supor que o controle legal e constitucional da decisão tenha sido exercido ou podido exercer pelos Tribunais Superiores ou o Excelso Pretório, de modo que aí se esteja autorizado a entender que a mesma decisao se revista de presunção de conformidade com a lei e a constituição, presunção esta de caráter, no mínimo formal.

Destacando-se em segundo lugar que há normas de estatura constitucional que não estão escritas no corpo da Constituição e que, por outro lado, há neste daquelas que não merecem tão elevado posto, assim como há normas materialmente constitucionais e outras formalmente apenas, é razoável supor que, formada a coisa julgada em nosso sistema, ao menos da presunção de conformidade às normas formalmente constitucionais se haja de revestir ela, a qual, para prestígio da segurança jurídica, não parece ser razoável autorizar a quebra.

É no terreno das normas material, ou substancialmente constitucionais, que integram o chamado núcleo duro da Constituição, ou, mais restritivamente ainda, aquelas que dizem respeito aos nossos valores civilizatórios mais altos, como a dignidade humana, a República, ou a preservação do meio-ambiente indispensável à vida no planeta, que se deve situar a relativização da coisa julgada, sabendo-se que todas as decisões judiciais, assim como as leis ou todo e qualquer ato jurídico, devem conformar-se razoavelmente àqueles valores, sob pena de invalidade, que pode apresentar-se não apenas no grau da nulidade, mas até naquele da inexistência, dependendo, é claro, da profundidade da afronta àqueles valores fundamentais.

6. Conclusão

Se em História não há conclusão que resista ao tempo em que se acaba de redigi-la, as muitas palavras que poderiam ser ditas para terminar um resumido estudo de pretensa inspiração histórico-comparativa não parecem aqui fortes o bastante se até aqui não se foi capaz de fazer ver ao leitor a atualidade do processo coletivo e sua forte ligação com as novas formas de ver o Direito. Superado o primado dos monarcas, assim como o das leis em sentido estrito e até mesmo a idéia da Constituição como fonte principal dos direitos, estes parecem ter ganho o papel central, estruturados fortemente na constatação de que o ordenamento jurídico se constrói na conjugação de fatos, valores e normas, numa tridimensionalidade que há de estar presente não apenas no processo de formação das leis, ou na concepção privada dos direitos, mas também no processo com ambiente dialético da criação, conservação, modificação e extinção de direitos.

Se não se tiver feito ver ao leitor estas idéias, que apontam para uma nova época do processo coletivo do trabalho, livre de antigas amarras e sem despir-se da roupagem cuja beleza e consistência as manchas do autoritarismo não foram capazes de ocultar definitivamente; se tudo o que se disse não serviu para mostrar ao leitor o caráter urgente e indispensável dos estudos de História do Direito e Direito Processual Comparado para um conhecimento mais sólido de problemas supostamente intrincados; se o texto até aqui não serviu para tirar de alguém a venda dos conceitualismos e afastá-lo das armadilhas de uma visão cientificista e racionalista, supostamente progressista e liberal; se a História não serviu para nada, terá servido ao menos para distrair-nos (*Marc Bloch*).

Que venham os belos copos de vinho da vovó e que se possa ter a grandeza de perceber o quanto de vida eles carregam!

Competência na Ação Coletiva Trabalhista

Fábio Leal Cardoso[(*)]

1. Introdução

Recentemente comemoramos os vinte anos da Lei n. 7.347/85, diploma legal que criou um dos mais notáveis e eficazes instrumentos de proteção de interesses coletivos *lato sensu*, a ação civil pública.

A tutela de interesses metaindividuais embora tenha sido significativamente ampliada pela Lei de Ação Civil Pública[(1)], somente veio a alcançar a sua plenitude com a promulgação da Constituição de 1988, que elevou a ação civil ao patamar de ação constitucional, bem como com o advento do Código de Defesa do Consumidor que, em conjunto com a LACP, criou a base normativa para o processo coletivo brasileiro, denominado de *sistema da ação civil pública.*

Após duas décadas de larga utilização das ações coletivas, ainda existe polêmica na doutrina e inconsistência na jurisprudência sobre a competência territorial-funcional para a promoção da tutela judicial de interesses supraindividuais.

A finalidade desse trabalho é justamente provocar a discussão e a reflexão em torno de tema tão relevante para a sociedade, além de promover uma análise crítica da Orientação Jurisprudencial 130, do Tribunal Superior do Trabalho, verbete sumular que, paradoxalmente, ao revés de pacificar a matéria, provocou mais controvérsia no âmbito dos co-legitimados para o ajuizamento das ações coletivas trabalhistas.

2. Competência territorial e tutela coletiva

A lei processual estabelece os critérios de distribuição de competência entre os órgãos investidos de jurisdição, com a finalidade de ra-

---

(*) Procurador do Trabalho na 10ª Região.

(1) A ação popular e o dissídio coletivo já promoviam a proteção dos interesses difusos e coletivos em sentido estrito mesmo antes da edição da Lei n. 7.347/85.

cionalizar e aperfeiçoar o exercício dessa função estatal. Os critérios de fixação de competência variam de acordo com a preponderância do interesse da própria função jurisdicional (que leva em conta razões de política judiciária e o próprio interesse público primário), hipótese de competência absoluta, ou da mera conveniência das partes litigantes, casos em que a natureza da competência é relativa.

Além das regras de competência, a efetividade da prestação jurisdicional depende, para sua eficácia, de mecanismos que disciplinam a legitimação para a causa, os limites objetivos e subjetivos da coisa julgada e um processo de execução que viabilize o cumprimento das decisões judiciais em tempo razoável.

Todo o complexo normativo derivado do Código de Processo Civil e da Consolidação das Leis do Trabalho foi produzido para dirimir conflitos individuais de interesses, e esse direito foi positivado numa época em que a ciência jurídica ainda não tinha reconhecido a relevância social dos interesses metaindividuais(2). Havia, destarte, a necessidade de superar esse modelo *liberal-não-intervencionista*, criando instrumentos eficazes de tutela dos direitos transindividuais, de cuja preservação efetiva depende a existência da própria coletividade. Nesse sentido, o *sistema da ação civil pública* atendeu satisfatoriamente à essa demanda social, criando um mecanismo de defesa judicial e extraprocessual dos interesses coletivos que rompe tradição do Código de Processo Civil.

Desse modo, o processo coletivo conta com regras especiais de competência territorial, que refogem ao âmbito da mera conveniência das partes litigantes, disciplina a legitimação ativa com base na *representação adequada*, abandonando o viés liberal-individualista do processo civil tradicional de fazer coincidir, ordinariamente(3), a legitimação para a causa com a titularidade do direito material, e possui norma peculiar que dota a coisa julgada coletiva de efeitos *erga omnes* ou *ultra partes*, estendendo os seus limites subjetivos até àqueles que não foram parte no processo. No que concerne ainda à coisa julgada, o legislador adotou os modelos *secundum evententum litis* e *in utilibus*.

---

(2) Segundo Nelson Nery Junior, as *actiones populares* destinavam-se à proteção dos interesses transindividuais. *Ação Civil Pública — Lei n. 7.347/85 — 15 anos*, Coordenação Edis Milaré, Editora Revista dos Tribunais, São Paulo, 2000.

(3) A legitimação extraordinária constitui exceção a essa regra geral.

No que tange às ações coletivas, a lei firmou a competência *do foro do local onde ocorrer o dano, cujo juízo terá competência funcional para processar e julgar a causa*[4]. Embora a Lei n. 7.347/85 tenha optado pelo critério territorial para distribuir a jurisdição visando a solução dos conflitos de interesses coletivos, a utilização da expressão *funcional* revela a *preocupação do legislador em criar regra de competência absoluta, indisponível e improrrogável, mercê das repercussões sociais advindas de mencionadas ações*[5]. Não obstante tenha repartido a jurisdição utilizando-se da medida territorial, a LACP, ao agregar a expressão *funcional*, afastou qualquer possibilidade de modificação dessa competência por razões de conveniência e oportunidade das partes.

Assim, a competência para julgar as ações coletivas é de cunho *territorial-funcional* e tem fundamento na maior aptidão do juiz que se encontra dentro do perímetro geográfico do dano metaindividual, magistrado que está inegavelmente mais bem aparelhado para promover a coleta das provas e aferir os impactos sociais provocados pela agressão desferida na coletividade, sopesando a melhor maneira de obter a sua reparação e prevenção.

Estabelecida como premissa inafastável, a competência exclusiva do juiz da localidade onde ocorreu, ou esteja prestes a ocorrer, o dano transindividual para conhecer da ação coletiva, podemos concluir, *contrario sensu,* que o juízo que não está no *local do dano* é absolutamente incompetente. Essa conclusão, embora óbvia, será de capital importância quando analisarmos o conteúdo da OJ 130, do TST.

Para a maioria dos operadores do direito, o advento do Código de Defesa do Consumidor não alterou essa sistemática, tendo, a parte processual da Lei n. 8.078/90, reafirmado a regra geral da competência do *local do dano* para a tutela de interesses metaindividuais, introduzindo, contudo, algumas inovações quando o prejuízo coletivo extrapolar a competência *territorial-funcional* de um ou de vários órgãos jurisdicionais. A nossa tarefa é saber se o art. 93, do CDC tem aplicação supletiva à Lei de Ação Civil Pública, mercê do dispositivo legal encartado no seu art. 21 e, em caso positivo, qual é a real extensão do preceito em análise.

---

(4) Art. 2º, da LACP

(5) CIOCCHETTI DE SOUZA, Moutari, *Ação Civil Pública — Competência e Efeitos da Coisa Julgada*. São Paulo: Editora Malheiros, 2003.

3. Do Sistema da Ação Civil Pública — Aplicação do art. 93, do CDC, à tutela de interesses difusos e coletivos stricto sensu

Segundo Marcelo *Abelha Rodrigues*(6), *não há como se estudar a ação civil pública munido apenas da Lei n. 7.347/85. Seria como andar com uma perna só.* Como já foi dito em linhas transatas, a LACP e o CDC reúnem um conjunto de normas processuais que impulsiona a tutela jurisdicional coletiva. A legislação consumerista reintroduziu vários dispositivos extirpados da Lei de Ação Civil Pública por meio de veto presidencial em 1985, buscando tornar mais efetiva e eficaz a proteção dos interesses metaindividuais. Estabeleceu o legislador uma via de *mão dupla* entre os mencionados diplomas legais, que faculta ao seu intérprete trânsito livre nesse caminho.

Nesse sentido o art. 21, da Lei da Ação Civil Pública, introduzido pelo CDC, disciplina, *verbis:*

> *"Art. 21. Aplicam-se à defesa dos direitos e interesses difusos, coletivos e individuais, no que for cabível, os dispositivos do Título III da lei que instituiu o Código de Defesa do Consumidor."*

Portanto, para promovermos a integração da LACP com o CDC, em matéria de competência para a ação coletiva, basta que haja compatibilidade entre os preceitos em relação aos quais se busca a reciprocidade proclamada no art. 117, da Lei do Consumidor.

Para a ampla maioria da doutrina, o Título III, do CDC se aplica indistintamente à tutela coletiva, seja o objeto da ação a defesa de interesses difusos, coletivos ou individuais homogêneos. Sufragam essa tese, dentre outros estudiosos, *Ada Pellegrini Grinover*(7), *Athos Gusmão Carneiro*(8), *Marcello Ribeiro Silva*(9) e *Marcelo Abelha Rodrigues*(10). É consensual na doutrina, a concepção de que o Título III, da Lei n. 8.078/90, inclusive o seu Capítulo II, embora enuncie regras que disciplinam a defesa judicial dos interesses do consumidor, não se restringe apenas a

---

(6) ABELHA RODRIGUES, Marcelo, *Ações Constitucionais,* organização de Fredie Diddier Jr. Editora Podvim, 2006, p. 273.

(7) GRINOVER, Ada Pellegrini e outros, *Código de Defesa do Consumidor Comentado* pelos Autores do Anteprojeto. Rio de Janeiro: Editora Forense, 1996, p. 549.

(8) CARNEIRO, Athos Gusmão, *Jurisdição e Competência.* São Paulo: Editora Saraiva, 1996, p. 104.

(9) RIBEIRO SILVA, Marcelo, *A Ação Civil Pública e o Processo do Trabalho.* Ribeirão Preto: Editora Nacional de Direito, 2001, p. 64-65.

(10) ABELHA RODRIGUES, Marcelo, *Op. cit.,* p. 274.

essa relevante missão, estendendo as suas disposições também à proteção dos interesses difusos e dos coletivos (esses em sentido estrito).

Assim, nos casos em que o dano coletivo se consume em área geográfica que exceda a competência territorial-funcional de um, ou de vários órgãos, a competência será fixada com base no inciso II, do art. 93, do CDC. O art. 2º, da LACP teria aplicação apenas nas hipóteses de dano estritamente local.

Há vozes dissonantes, entretanto, que entendem que o art. 93, do Código do Consumidor não tem incidência quando a ação civil pública busca a proteção de interesses difusos e coletivos, concluindo que o preceito legal em debate aplica-se com exclusividade à ação civil coletiva para a defesa de interesses individuais homogêneos dos consumidores. Essa corrente entende não existir a reciprocidade preconizada pelo art. 21, da LACP, porque as regras do Capítulo II, destinadas a regular as *ações coletivas para defesa de interesses individuais homogêneos* seriam incompatíveis com as demais ações coletivas, especialmente diante da peculiar *divisibilidade* dos interesses definidos pelo art. 81, III, do Código do Consumidor e do caráter *reparatório-individual* que anima as ações civis coletivas. Argumentam que o interesse individual homogêneo é materialmente e essencialmente individual, sendo coletivo apenas na sua forma defesa judicial. Apontam que a legitimação para propor as ações do Capítulo II, do CDC é extraordinária, ao passo que nas ações civis públicas para a tutela de interesses difusos e coletivos existe a *legitimação autônoma para a condução do processo,* de nítida feição ordinária. Sustentam ainda, que o legislador consumerista, ao não agregar a expressão *funcional,* criou regra de competência relativa, incompatível com a competência absoluta capitulada no art. 2º, da LACP.

Essas diversidades estruturais, na visão de Motauri Ciocchetti de Souza resultariam na *inaplicabilidade do disposto no art. 93, do Código do Consumidor à defesa de interesses metaindividuais,* que no seu enfoque *trouxe regra de competência típica para o julgamento de ações que tenham por escopo a tutela de interesses individuais homogêneos*(11). Destarte, na hipótese do dano coletivo ultrapassar os limites territoriais de uma ou de muitas Varas do Trabalho, haveria competência concorrente entre esses órgãos e a definição do Juízo competente se daria pela aplicação do critério da prevenção.

(11) CIOCCHETI DE SOUZA, Moutari, *Op. cit.*, p. 274.

Confrontando-se as duas posições doutrinárias acima lançadas, podemos concluir ser irrefutável a aplicação do art. 93, do Código do Consumidor à tutela de quaisquer espécies de interesses supraindividuais, inclusive os difusos e coletivos *stricto sensu.*

Nesse sentido, não há dúvida de que os interesses individuais homogêneos são divisíveis e os seus titulares podem e devem, sob pena de inviabilizar a reparação da lesão, serem identificados. Também é correta a idéia de que a feição da legitimação para a causa na defesa do interesse individual homogêneo é extraordinária, contrastando com a legitimação ordinária típica das ações civis para tutela de interesse difusos e coletivos. Mas esses aspectos *de per si* não justificam a idéia da inaplicabilidade do CDC, como preconizada pela doutrina dissidente. Ora, as regras de competência *data venia* não são fixadas de acordo com a natureza da legitimação para a causa. No que tange às peculiaridades do interesse individual homogêneo, não se pode olvidar, que embora essencialmente individual, foi legalmente elevado ao *status* de interesse metaindividual para fins de tutela jurisdicional coletiva, diante das evidentes repercussões sociais advindas das suas vulnerações. Assim, não existe fundamento para justificar essa dicotomia que segrega os interesses difusos e coletivos, dos individuais homogêneos, para efeito de repartição de competência.

Por outro lado, embora o art. 93, do CDC não faça expressa alusão à competência funcional, estamos seguros em afirmar a natureza absoluta dessa competência. Sob esse prisma, é importante lembrar que o *sistema da ação civil pública* não se perfaz a partir da aplicação subsidiária de um diploma legal em relação ao outro. Na supletividade exige-se o pressuposto da omissão de um texto, e a aplicação de uma regra exclui a incidência da outra. Ao reverso, no regime processual coletivo criado pela LACP e pelo CDC há verdadeira simbiose entre as duas disciplinas, que *estabelecem um sistema de complementação e integração recíprocas*(12). Assim, como *os dispositivos de um são complementados pelo outro e vice e versa*(13), não é adequado afirmar que a competência disciplinada pelo art. 93, do Código do Consumidor é relativa, diante da sua reciprocidade com art. 2º, da Lei n. 7.347/85.

Existem razões de política judiciária que também laboram a favor da fixação da competência do foro da capital federal ou das capitais dos

(12) SANTOS, Cristiane Chaves, *Ações Coletivas e Coisa Julgada*, Curitiba: Editora Juruá, 2004, p.135.
(13) ABELHA RODRIGUES, Marcelo, *Op. cit.*, p. 273.

Estados, para conhecer da ação civil objetivando a proteção dos interesses coletivos de âmbito regional ou nacional. Sob esse enfoque, é notório o fato de que as capitais são unidades administrativas dotadas de melhores condições técnicas e de recursos humanos mais bem qualificados, que podem contribuir de maneira decisiva para a solução da lide coletiva.

Mas a idéia de que o art. 93, do CDC não regula a tutela de interesses difusos e coletivos e que a competência territorial-funcional da Vara do Trabalho deve ser estabelecida pelo critério exclusivo da prevenção nos danos de dimensão regional ou nacional, pode até mesmo permitir que um dos co-legitimados para provocar a jurisdição coletiva escolha qual Juiz vai julgar a sua ação, comprometendo definitivamente o princípio do juiz natural.

Nesse sentido, o legitimado coletivo pode *optar* pelo ajuizamento da ação em uma determinada Vara do Trabalho, conhecendo de antemão o posicionamento do magistrado que irá julgar a sua ação coletiva. Também pode o autor, conhecendo o perfil deste ou daquele Tribunal Regional do Trabalho, *escolher* em qual TRT irá fazer a discussão da matéria fática, ciente de que o debate acerca do complexo probatório da ação civil pública encerra-se na instância ordinária, em razão do entendimento sumulado no Enunciado 126, do TST. Vejamos o caso de uma ação civil proposta em face de dispositivo constante de regulamento de empresa de âmbito nacional, que discriminasse o empregado que tivesse ajuizado ação trabalhista, para efeito de ascensão funcional. O Ministério Público, o Sindicato, qualquer legitimado enfim, poderia ajuizar a ação civil na Vara do Trabalho em que lhe fosse mais clara a possibilidade de êxito (já que todas as Varas do Trabalho do Brasil estão situadas no local do dano ou da sua ameaça). Esse procedimento, ainda que hipotético, faria letra morta do princípio do juiz natural. Ademais, a faculdade de propor-se a ação coletiva em qualquer órgão jurisdicional localizado *no local do dano,* poderia gerar um ônus injustificado à parte acionada para exercer o seu direito de defesa.

Assim, considerando-se que a incidência do CDC em relação à LACP (e vice e versa) não se dá pelo regime da supletividade, mas sim a título da complementação e da integração necessárias para a construção do *sistema da ação civil pública,* acreditamos ser o art. 93, do Código do Consumidor aplicável a quaisquer espécies de interesses metaindividuais.

4. Da Orientação Jurisprudencial n. 130 da SBDI-2, do Tribunal Superior do Trabalho

O Tribunal Superior do Trabalho também acolheu a tese da aplicação recíproca do Código do Consumidor para a fixação da competência territorial-funcional na ação coletiva preventiva ou reparatória de gravame metaindividual, que exceda os limites territoriais de uma ou de várias Varas do Trabalho. A Corte Superior sumulou o seguinte entendimento, *verbis:*

> ***"130. AÇÃO CIVIL PÚBLICA. COMPETÊNCIA TERRITORIAL. EXTENSÃO DO DANO CAUSADO OU A SER REPARADO. APLICAÇÃO ANALÓGICA DO ART. 93 DO CÓDIGO DE DEFESA DO CONSUMIDOR.*** *Para a fixação da competência territorial em sede de ação civil pública, cumpre tomar em conta a extensão do dano causado ou a ser reparado, pautando-se pela incidência analógica do art. 93 do Código de Defesa do Consumidor. Assim, se a extensão do dano a ser reparado limitar-se ao âmbito regional, a competência é de uma das Varas do Trabalho da Capital do Estado; se for de âmbito supra-regional ou nacional, o foro é o do Distrito Federal."*

Embora contenha alguns equívocos, pelo menos um imperdoável, cremos que o advento da orientação jurisprudencial representou um avanço para a tutela coletiva. Nesse sentido, ela sepulta de vez a discussão em torno da esdrúxula e inconstitucional limitação dos efeitos da coisa julgada coletiva dentro dos limites territoriais do seu juízo prolator[14]. Por outro lado, a OJ 130 SBDI.2, ao estabelecer um foro especial para as ações civis públicas que envolvam o dano de dimensão nacional, também pôs fim a uma série de incidentes processuais que acabavam por retardar a entrega da prestação jurisdicional coletiva por longos anos. Com essa orientação o TST também reafirmou a competência originária dos órgãos de primeiro grau para a ação coletiva, embora tal entendimento já fosse quase uma unanimidade na doutrina.

Antes, porém, de uma análise não tão perfunctória da orientação jurisprudencial, devemos classificar os tipos de danos metaindividuais em relação à sua extensão territorial, já que a competência para as ações coletivas tem seu fundamento nesse aspecto.

---

(14) Introduzida no art. 16, da LACP, pela Lei n. 9.494/90.

Márcio Roberto de Freitas Evangelista[15] enfrenta o tema propondo a seguinte classificação, *verbis:*

"a) dano de âmbito local: assim entendido aquele que está confinado aos limites territoriais de um único e determinado foro;

b) dano de âmbito regional: o quê, em sua dimensão ou em seus reflexos, atinge localidades abarcadas pela competência territorial de foros diversos, mas pertencentes a um mesmo Estado da Federação;

c) dano de âmbito nacional: aquele que se projeta sobre localidades situadas em dois ou mais Estados da Federação ou o que afeta todo o território do País.

Os membros da Procuradoria Regional do Trabalho da 3ª Região[16] consideram a seguinte taxonomia:

"a) dano local: adstrito a uma ou a várias Varas do Trabalho de um Estado;

b) dano regional: o que, alcança mais de um Estado da Federação, mas não todos;

c) dano nacional: aquele que envolve todos ou quase todos Estados do País."

Enfoque semelhante ao da PRT da 3ª Região é o de *Hugo Nigro Mazzilli*[17], *verbis:*

"Se os danos se estenderem a mais de um foro mas não chegarem a ter caráter estadual ou nacional, o inquérito civil deverá ser instaurado e a ação civil pública proposta seguindo os critérios da prevenção; se os danos se estenderem ao território estadual, ou nacional, o inquérito civil deverá ser instaurado e a ação civil pública proposta na respectiva Capital."

---

(15) FREITAS EVANGELISTA, Márcio Roberto, *In Competência Territorial em Ação Civil Pública — Necessidade de Imediata Revisão da Orientação Jurisprudencial n. 130 da SBDI-2, do TST*, artigo publicado no repertório IOB de jurisprudência — edição da 2ª quinzena de julho de 2004.

(16) Em consulta nacionalmente realizada entre os membros do Ministério Público do Trabalho, sobre a OJ130, SBDI.2, pela Câmara de Coordenação e Revisão do órgão.

(17) MAZZILI, Hugo Nigro. *A Defesa dos Interesses Difusos em Juízo*, 13. ed. São Paulo: Saraiva, 2001, p. 211.

O TST, por sua vez, criou uma nova espécie de dano não previsto legalmente, o dano *supraregional,* dificultando ainda mais o trabalho do intérprete do art. 93, do CDC.

De todas as posições lançadas, ficamos com aquela que conceitua o *dano local* como aquele que gera seus efeitos ou sua ameaça por uma ou mais Varas do Trabalho, sem que o gravame se estenda por todo território estadual, o *dano regional* sendo o que se espraia por todo Estado, ou mesmo dentro da totalidade dos limites territoriais de um Tribunal Regional do Trabalho (nos casos de Estado que tenha mais de um TRT), e o *dano nacional* o que afeta dois ou mais Estados em sua totalidade, ou mesmo todo o País. É, portanto, com base nessa classificação que vamos fazer a exegese do art. 93, do CDC e a análise da OJ 130 SBDI.2.

Conhecidos alguns posicionamentos acerca da dimensão geográfica dos danos coletivos tuteláveis na ação civil pública, estamos aptos, agora, para aferir onde a jurisprudência do TST pecou, uma vez que os contornos positivos da OJ 130 SBDI.2 já foram ressaltados anteriormente.

O primeiro equívoco é de ordem meramente semântica, já que a orientação jurisprudencial fala em *aplicação analógica* do art. 93, do Código do Consumidor, quando podemos afirmar que a incidência do CDC para a fixação da competência territorial na ação coletiva se dá mediante a *complementariedade* e a *reciprocidade* existente entre as normas que compõem o *sistema de ação civil pública.* Mas esse é um erro perfeitamente escusável que por si só não comprometeria a construção jurisprudencial em análise.

A OJ 130 SBDI.2, contudo, cometeu imprecisões que carecem de urgente revisão e adequação, especialmente no que concerne à competência exclusiva do foro de Brasília para o julgamento de ações que envolvam a prevenção e/ou a reparação de danos de âmbito *nacional* e *supraregional.* A orientação jurisprudencial, nesse ponto, ignorou a previsão legal que estabelece a competência concorrente entre os foros das capitais dos Estados e o do Distrito Federal nos danos de expressão regional e nacional, o que na prática está causando sérios transtornos para a provocação e para o exercício da tutela coletiva.

A OJ equivocou-se também ao criar uma espécie de dano não previsto na lei, e desconhecido pela doutrina, alterando a sistemática do Código do Consumidor baseada na tríplice divisão dos gravames coletivos — *local/regional/nacional.*

Nesse sentido, tomando-se como ponto de partida a premissa de que só tem competência absoluta para a ação civil pública o juiz do *local do dano,* e estabelecendo-se a regra inflexível de que o magistrado que se encontra fora dos limites geográficos do prejuízo coletivo é *absolutamente incompetente,* somos obrigados a reconhecer que, pela sistemática da súmula, em alguns casos concretos o conflito de competência será solvido justamente em favor do órgão jurisdicional desprovido da competência absoluta de caráter *territorial-funcional.*

Essa distorção ocorreu inclusive no julgamento de alguns precedentes que deram suporte à edição do verbete em análise. Esse é o caso do processo TST-ACP-92.867/93.1. A ação foi ajuizada pelo Ministério Público do Trabalho em face de Petróleo Brasileiro S.A. — PETROBRÁS e de outras empresas de prestação de serviços subaquáticos. No tocante à PETROBRÁS, o autor postulou: *a) imposição da obrigação de não exercer controle direto sobre o pessoal contratado pelas prestadoras de serviços subaquáticos*; e *b) imposição da obrigação de transportar de helicóptero seus empregados e o pessoal contratado pelas prestadoras de serviços subaquáticos às plataformas petrolíferas*. No que diz respeito às empresas de prestação de serviços subaquáticos, pleiteou o Autor a imposição de obrigação de fazer consistente em: *a) limitar a seis horas diárias a jornada de trabalho dos mergulhadores saturados, dos mergulhadores rasos em atividade diurna e noturna ininterrupta, das equipes de apoio ao mergulho saturado e dos subaquáticos que atuem na operação ROV e RCV (salvo negociação coletiva)*; e *b) limitar a oito horas diárias a jornada de trabalho dos mergulhadores rasos que laborem apenas no período diurno (salvo negociação coletiva).*

Verifica-se, pela transcrição dos pedidos acima, que o eventual dano transindividual, de caráter nitidamente *local*[(18)], proveniente da inobservância de normas de proteção ao trabalho subaquático, está circunscrito ao labor de mergulhadores nas plataformas petrolíferas situadas no litoral brasileiro. Nesse caso concreto, invocado como precedente para a edição da orientação jurisprudencial, o TST firmou a competência exclusiva do foro da Capital Federal. Ora, é fato notório que as Varas do Trabalho de Brasília não têm competência territorial

(18) O dano metaindividual ocorre somente nos limites territoriais de algumas Varas do Trabalho de Estados em que existe prospecção de petróleo em plataformas atracadas na Plataforma Continental, como RJ, BA, SE, RN, não abrangendo todo o Território Nacional. O prejuízo coletivo não alcança a totalidade desses Estados.

sobre o Oceano Atlântico. Por outro lado, no Lago Paranoá, que embeleza a capital, não existe exploração de petróleo ou trabalho de mergulhadores da PETROBRÁS, ou das suas contratadas. Portanto, o foro do Distrito Federal não está tangenciado pelo prejuízo coletivo, ainda que potencialmente. O foro especial de ação civil pública criado pela jurisprudência do TST, nessa hipótese, não está situado no *local do dano,* sendo juízo absolutamente incompetente. Observe-se, nesse caso, que nem mesmo as capitais dos Estados onde exista a exploração da atividade da empresa promovida teriam competência territorial *exclusiva*[19] para conhecer da ação civil mencionada. Com efeito, o procedimento ilegal questionado circunscreve-se ao âmbito territorial de umas poucas Varas do Trabalho, não tendo impacto sobre todo o território dos Estados onde há a extração de petróleo e derivados a partir da exploração submarina, o que caracteriza, na espécie, o dano de âmbito local (na conceituação acima sugerida).

Não seria equivocado afirmar, destarte, que o julgamento precedente do verbete sumular 130 SBDI.2 *violou a literalidade* do art. 2º da LACP, ao atribuir competência a juiz situado *fora do local do dano.* No caso sob exame, eram competentes concorrentemente todas as Varas do Trabalho que estavam atingidas pelos danos coletivos gerados pelo procedimento ilegal dos réus, devendo aplicar-se o critério da prevenção para a fixação do órgão competente.

A solução desse impasse transita pela revisão da orientação jurisprudencial. Sob esse prisma, deve ser imediata e definitivamente abandonada a idéia do dano *supraregional,* impondo-se a admissão, de forma expressa no verbete, da existência de competência concorrente nas três espécies de danos disciplinados no art. 93, do CDC. Na hipótese do dano estritamente *local,* entendido como aquele que embora ultrapasse os limites territoriais de um órgão jurisdicional, não ostente o caráter regional ou nacional, a fixação da competência obedeceria ao critério exclusivo da prevenção. Quanto aos danos *regional* e *nacional,* haveria competência também concorrente entre as Varas do Trabalho das capitais dos Estados e as do foro do Distrito Federal, desde é claro que essas capitais estejam localizadas no perímetro geográfico do dano metaindividual.

---

(19) Ressalvada a hipótese de competência meramente concorrente com as demais Varas que também se encontram no local do dano.

5. Conclusão

Da análise dos elementos doutrinários e jurisprudenciais trazidos a confronto, concluímos que, para a fixação da competência territorial-funcional nas ações coletivas, o Capítulo II, do Título III, do CDC é aplicável a toda gama de interesses coletivos lá disciplinados. Verificamos também a necessidade de revisão da Orientação Jurisprudencial n. 130, da SBDI-2, do Tribunal Superior do Trabalho, seja para permitir a competência concorrente entre as varas das capitais dos Estados com os órgãos do foro do Distrito Federal, nas hipóteses de dano regional ou nacional, seja para resgatar-se a amplitude geográfica dos danos supraindividuais, como prevista no art. 93, da Lei do Consumidor.

Contudo, não devemos esquecer, jamais, que o processo coletivo somente alcançará a finalidade idealizada pelo legislador se for célere, econômico, efetivo, instrumental e mandamental, não comportando longas discussões sobre a exação de fórmulas processuais elaboradas sob a lente do conflito individual de interesses, devendo o juiz superar, sempre, o rigor da forma em prol da entrega da tutela coletiva.

Referências bibliográficas

— RODRIGUES, Marcelo Abelha. *Ações Constitucionais*, organização de Fredie Diddier Jr. Editora Podvim, 2006.

— CARNEIRO, Athos Gusmão. *Jurisdição e Competência*. São Paulo: Editora Saraiva, 1996.

— SOUZA, Moutari Ciocchetti de. *Ação Civil Pública — Competência e Efeitos da Coisa Julgada*, São Paulo: Editora Malheiros, 2003.

— EVANGELISTA, Márcio Roberto Freitas. *Competência Territorial em Ação Civil Pública* — Necessidade de Imediata Revisão da Orientação Jurisprudencial n. 130 da SBDI-2, do TST, artigo publicado no Repertório IOB de Jurisprudência — edição da 2ª quinzena de julho de 2004.

— GRINOVER, Ada Pellegrini e outros. *Código de Defesa do Consumidor* Comentado pelos Autores do Anteprojeto, Rio de Janeiro: Editora Forense, 1996.

— MAZZILI, Hugo Nigro. *A Defesa dos Interesses Difusos em Juízo*. 13. ed. São Paulo: Saraiva, 2001.

— MILARÉ, Edis. *Ação Civil Pública — Lei n. 7.347/85 — 15 anos*, Coordenação Edis Milaré, Editora Revista dos Tribunais, São Paulo, 2000.

— SILVA, Marcelo Ribeiro. *A Ação Civil Pública e o Processo do Trabalho*. Ribeirão Preto: Editora Nacional de Direito, 2001.

— SANTOS, Cristiane Chaves. *Ações Coletivas e Coisa Julgada*. Curitiba: Editora Juruá, Curitiba, 2004.

Limites da Legitimidade Ativa do MPT em Ação Coletiva

José Cláudio Monteiro de Brito Filho(*)

1. Generalidades

A década de 1980 produziu verdadeira revolução na prestação jurisdicional. O que era, então, uma tutela quase que exclusiva de interesses individuais, pouco alterada por iniciativas legislativas esparsas, como a prevista na Lei da Ação Popular, passou a contemplar a tutela de interesses que iam para além do indivíduo, não se confundindo, tampouco, com a defesa do interesse público: os interesses coletivos.

Começou com a Lei n. 7.347/85, que ampliou consideravelmente os limites da Ação Civil pública(1), alcançando patamar irreversível em 1988, com a Constituição da República que, no artigo 129, III, garantiu a defesa dos interesses metaindividuais difusos e coletivos pelo Ministério Público, por intermédio da Ação Civil Pública.

A década seguinte foi de consolidação legislativa. A Lei n. 8.078, de 1990, conhecida como Código de Defesa do Consumidor (CDC), que reforçou a defesa coletiva e a Lei da Ação Civil Pública, teve, pelo menos, três grandes méritos.

Primeiro, sistematizou o processo coletivo, dando-lhe feição própria. Essa iniciativa foi importante porque a defesa coletiva já havia alcançado patamar que não permitia sua utilização com base em legislações esparsas e por demais específicas. Era necessário corpo próprio, de onde pudesse ser extraída visão geral.

Essa iniciativa mostrou-se acertada e, mais, possibilitou a proteção dos interesses dos grupos em todas as esferas do Direito. Nesse sentido,

---

(*) Procurador Regional do Trabalho, atualmente na Chefia da PRT/8ª Região. Doutor em Direito das Relações Sociais (PUC/SP). Professor Adjunto IV da Universidade Federal do Pará. jclaudio@prt8.mpt.gov.br.

(1) Já havia referência à Ação Civil Pública desde 1981, com a Lei Complementar n. 40, mas seus limites eram por demais restritos.

a parte processual do Código de Defesa do Consumidor deve ser vista autonomamente, no tocante ao Direito Consumerista, sob o prisma de que seus princípios e regras servem à defesa de todos os interesses coletivos, não somente dos voltados às relações de consumo.

Segundo, criou nova espécie de ação, a ação civil coletiva, específica para reparar lesões fixas no tempo a interesses individuais homogêneos. Com isso, garantiu rito mais adequado para a reparação desse tipo de lesão, com um processo de conhecimento célere e genérico, ficando as discussões do ponto de vista individual para um segundo momento, nas execuções(2).

Terceiro, ampliou a defesa coletiva, agregando terceira espécie de interesses que podem ser por ela defendidos: os interesses individuais homogêneos, referidos imediatamente acima. Com isso, legitimou diversos entes e pessoas, já aptas para a defesa de interesses difusos e coletivos, para proteger grupos de indivíduos lesados de forma idêntica, o que é típico na sociedade de massa em que vivemos, impedindo que as empresas e o próprio Estado sirvam-se das lesões a grandes grupos para obter vantagens indevidas(3).

Um dos legitimados para a ação coletiva, todavia, ainda enfrentava questionamentos a respeito de sua legitimidade, o Ministério Público do

---

(2) Aqui não se pode perder a oportunidade de fazer um comentário a respeito da confusão que às vezes é feita em relação à ação civil coletiva e à ação civil pública, no tocante à sua utilização. Na verdade, definir o uso das duas ações é bem simples. Quando o caso é de reparar lesão a interesses individuais homogêneos, em que esta lesão é fixa no tempo, ou seja, já ocorreu, em lesão única ou não, mas não mais se verifica, utiliza-se a ação civil coletiva, pois seu objetivo é reparar lesões passadas. Por outro lado, quando o caso é de proteger interesses difusos e/ou coletivos, ou até individuais homogêneos, objetivando não apenas a reparação, mas sua proteção, no futuro, cabe ação civil pública, em razão do artigo 3º da Lei n. 7.347/85, que permite tanto a reparação com a criação de obrigações de fazer e de não fazer (ver a respeito, *v.g.*, o nosso *Discriminação no trabalho*, São Paulo: LTr, 2002, p. 81-83).

(3) É que quando, mesmo havendo idêntica lesão a diversas pessoas, a reparação só podia ocorrer na esfera tipicamente individual, lesar em massa, na perspectiva de uma baixa procura por reparação, podia servir como política, embora ilícita, perfeitamente aceitável na perspectiva da obtenção de maiores recursos. Imagine-se o empresário que, com grande contingente de trabalhadores, por exemplo, na indústria da construção, deixava de registrá-los e de pagar todos os direitos trabalhistas. Ele, e algumas vezes vimos isto, mesmo sendo acionado "a posteriori", no "perde-ganha" das ações trabalhistas individuais, ainda obtinha vantagens em agir irregularmente, pois dificilmente era condenado à totalidade das verbas devidas, em todas as ações. Com a possibilidade de ser a reparação exigida por inteiro, em única ação, de natureza coletiva, essa perspectiva sofre considerável abalo.

Trabalho (MPT), embora não houvesse razão plausível, pois o texto constitucional não excepcionava esse ramo do Ministério Público da União.

Esses questionamentos foram espancados com a edição da Lei Complementar n. 75/93, a Lei Orgânica do Ministério Público da União que, no artigo 83, III, prescreve a utilização da Ação Civil Pública pelo MPT para a defesa de interesses coletivos.

Espancados em parte, porém. Ainda hoje há quem, pelos mais variados motivos, creia haver limitações à legitimidade do Ministério Público do Trabalho, em diversos aspectos.

O objetivo deste breve texto é verificar exatamente esse aspecto, ou seja, os limites da legitimidade do MPT nas ações coletivas. Essa verificação, observe-se, não ficará presa às questões simplesmente processuais, procurando demonstrar, no plano do Direito e da Justiça, como a questão deve ser enfrentada.

2. O Ministério Público do Trabalho — Atuação

Para isso, iniciamos relembrando, de forma resumida, a atuação do Ministério público do Trabalho.

O Ministério Público do Trabalho, que integra o Ministério Público da União tem, a partir do texto constitucional e, principalmente, da Lei complementar n. 75/93, múltiplas atribuições, bem como diversas formas e instrumentos para sua atuação.

Sinteticamente, pode-se afirmar que a atuação do MPT ocorre, primordialmente, na defesa do trabalho e dos trabalhadores, não obstante seu espectro de atuação envolva outras matérias, por conta de sua obrigações institucionais, bem como por sua atuação ocorrer, basicamente, perante a Justiça do Trabalho, o que atrai para si, nos limites que serão fixados logo adiante, todas as matérias de competência da Justiça do Trabalho.

Assim é que ao MPT cabe atuar, por exemplo, nas questões sindicais, em todos os seus aspectos, e nas questões que envolvam as penalidades administrativas impostas aos tomadores de serviço pelos órgãos de fiscalização das relações de trabalho.

Atua, ainda, nas discussões a respeito de contribuições sociais, quando decorrentes das decisões do Judiciário Trabalhista.

Presentemente, também vem ganhando corpo o posicionamento que defende a competência penal da Justiça do trabalho, especialmente para os crimes contra a organização do trabalho, o que já é fato no âmbito dos Tribunais Trabalhistas da 2ª e da 12ª Região, pelo que forçoso reconhecer que, vingando esse entendimento, passa o MPT a deter atribuição criminal.

Por outro lado, a atuação ministerial ocorre de duas formas básicas. Como órgão interveniente, quando atua fiscalizando o correto andamento das lides trabalhistas, emitindo parecer, requerendo a produção de provas e recorrendo, em feitos em que não ocupa a condição de parte.

E como órgão agente, quando, nas esferas extrajudicial e judicial, investiga irregularidades denunciadas e ajuiza as ações que forem necessárias para a preservação da ordem jurídica e dos interesses que lhe cabe defender.

Esses interesses são múltiplos, mas o destaque vai para os interesses coletivos, em gênero, não somente porque a questão interessa ao tema deste ensaio, mas também porque é esta parte da atuação que, atualmente, ocupa a maior parte dos esforços dos membros do Ministério Público do Trabalho.

3. Os interesses coletivos defendidos pelo MPT — Vencendo falsos dilemas

Como vimos ao início, os interesses coletivos, para fins de defesa, são três: difusos, coletivos e individuais homogêneos[(4)].

Por outro lado, sua defesa pelo Ministério Público, o do Trabalho incluído, está definida expressamente, como já adiantamos, pelo artigo 129, III, da constituição da República, que prescreve que, são funções institucionais do Ministério Público, "promover o inquérito civil e a ação civil pública, para a proteção do patrimônio público e social, do meio ambiente e de outros interesses difusos e coletivos".

(4) Os dois primeiros, os difusos e os coletivos, são claramente transindividuais, pois estão para além dos indivíduos, sendo seus titulares coletividades, determinadas ou não. Os últimos, os individuais homogêneos, não são coletivos em sua forma e em sua substância, pois configuram um feixe de interesses individuais com a mesma origem, sendo coletivos somente para fins defesa.

Note-se que não há referência, na Constituição de República, aos interesses individuais homogêneos. Isso não é, todavia, motivo para estranheza. O Código de Defesa do Consumidor é posterior ao texto constitucional, e nele é que foi prevista a defesa coletiva dos interesses individuais homogêneos, como já explicado.

E sua defesa é tarefa, sim, do Ministério Público, como está descrito no artigo 82, inciso I, que elenca o Ministério Público com o primeiro legitimado para a defesa coletiva de todos os interesses definidos no artigo anterior, o 81, entre eles o definido no parágrafo único, inciso III, os individuais homogêneos.

Há quem pense, ainda assim, que essa legitimidade do Ministério Público, em geral, não estaria afeta ao Ministério Público do Trabalho, pois no artigo 83, III, da Lei Complementar n. 75/93, também já mencionada, estaria prevista somente a defesa dos interesses coletivos.

Em verdade, a menção a interesses coletivos na norma citada deve ser lida como a defesa de todas as espécies do gênero interesses coletivos, ou seja, os que se prestam à defesa coletiva, que são, repetimos, os difusos, os coletivos (em espécie), e os individuais homogêneos.

Incabível ainda o entendimento de que, no caso dos interesses individuais homogêneos em matéria trabalhista a legitimidade seria do sindicato que, nos termos do artigo 8º, III, é responsável pela defesa dos interesses individuais e coletivos da categoria.

O posicionamento é falho no sentido de excluir a legitimidade do Ministério Público do Trabalho porque legitimado o sindicato. É que a legitimidade, como consta do artigo 82 do CDC é concorrente, pelo que a defesa coletiva tanto pode ser exercida pelo sindicato como pelo Ministério Público do Trabalho(5).

E essa legitimidade concorrente, na prática, existe em intensidade desprezível. A defesa coletiva no âmbito trabalhista é hoje produzida pelo Ministério Público do Trabalho, pois são escassas as ações coletivas ajuizadas pelos sindicatos, até porque preferem a via fácil de denunciar irregularidades e lesões coletivas ao MPT, a ter de buscar as provas necessárias para o ajuizamento das ações.

---

(5) Isso no caso dos interesses coletivos, em espécie, e dos individuais homogêneos, pois, em relação aos difusos, a legitimidade é apenas do MPT. É que o sindicato só pode atuar no âmbito da defesa dos interesses dos integrantes da categoria que representa, não podendo ir além deles, defendendo interesses de coletividades de pessoas indeterminadas.

A esse respeito, poder-se-ia afirmar que tal prática decorre do poder investigatório do Ministério Público do Trabalho, por conta das necessárias e eficientes normas da Lei Complementar n. 75/93, e da Lei da Ação Civil Pública que, até, no artigo 10, cuida de tipificar como crime "a recusa, o retardamento ou a omissão de dados técnicos indispensáveis à propositura da ação civil, quando requisitados pelo Ministério Público", e que garantem à Instituição poder maior de obter as provas necessárias para instruir a ação coletiva.

Isso em parte é verdade, mas somente em parte. É que, ao lado de lesões que necessitam de colheita difícil de provas, em que o poder investigatório do Ministério Público representa a melhor, e às vezes a única opção, há casos em que as provas são de responsabilidade dos tomadores de serviço, pelo que bastaria propor a ação e esperar que estes respondessem ao seu ônus de provar, como seria o caso, por exemplo, de uma ação em que se discutissem questões de natureza patrimonial, onde a obrigação de guarda dos documentos comprobatórios dos pagamentos cabe ao empregador. Não se vê os sindicatos atuando também nesses casos; ao menos não com a freqüência necessária.

Na verdade, é a fraqueza das entidades sindicais, regra geral, mais por culpa de um modelo de organização sindical ultrapassado e que conduz à ineficiência, que as leva a buscar a defesa dos interesses da categoria pelo Ministério Público do Trabalho[6].

Há, por fim, outra falsa questão a respeito da atuação do Ministério Público nas ações coletivas, que resulta da tentativa de dividir a defesa coletiva em duas ações distintas, de forma diversa da que apresentamos antes, em nota.

Como a defesa dos interesses difusos e coletivos pode ser feita pela ação civil pública por conta de alteração na Lei n. 7.347/85 (inciso IV) determinada pelo artigo 110, do CDC, é possível encontrar entendimento de que os interesses individuais homogêneos não poderiam ser protegidos pela ação civil pública, mas apenas pela ação civil coletiva, uma vez que a alteração na Lei da Ação Civil Pública não os contemplou.

Não é assim. Embora a inclusão dos interesses difusos e coletivos, e não dos individuais homogêneos, como podendo ser defendidos pela ação civil pública, tenha ocorrido por determinação prevista no CDC,

(6) Não é objetivo deste estudo discutir o modelo de organização sindical brasileiro, pelo que remetemos à leitura do nosso *Direito sindical* (São Paulo: LTr, 2000, 448 p.).

essa enumeração deve ser vista como não impeditiva da defesa dos últimos por esta ação, pois o artigo 83, do mesmo CDC dispõe que: "Para a defesa dos direitos e interesses protegidos por esta Código são admissíveis todas as espécies de ações capazes de propiciar sua adequada e efetiva tutela".

Assim, o que determina qual açao a utilizar para a defesa coletiva são os limites para o provimento jurisdicional que se busca em cada ação, aliados à máxima eficiência pretendida. Só dessa forma, ressalte-se, será possível garantir, de forma plena, o acesso à justiça, princípio maior a proteger.

Não há impedimentos jurídicos, dessa feita, para o reconhecimento da legitimidade plena do Ministério público do trabalho para a propositura das ações coletivas, quaisquer que sejam os interesses coletivos a defender.

4. A atuação prioritária mas não limitadora da legitimidade do MPT

Há questões de conveniência, todavia, que devem ser discutidas.

O Ministério Público do Trabalho, como qualquer instituição pública, mais ainda em país com grandes mazelas, trabalha com planejamento e metas. As metas são necessárias para definir o espectro principal de atuação do MPT, sendo fixadas pelo consenso de seus membros e considerando os principais focos de irregularidade a combater.

As metas prioritárias do MPT, em sua atuação institucional, são: o combate ao trabalho escravo; o combate à discriminação e a busca da igualdade no trabalho; o combate à exploração do trabalho das crianças e dos adolescentes; a defesa de um meio ambiente do trabalho saudável e equilibrado; o combate às irregularidades trabalhistas na Administração pública; o combate às fraudes nas relações de trabalho; e o combate à exploração do trabalho portuário e aquaviário

São elas perseguidas em nível nacional, a partir de Coordenadorias Nacionais, ligadas diretamente ao Procurador-Geral do Trabalho, e com membros designados em todas as Procuradorias Regionais e na Procuradoria-Geral(7).

---

(7) Esses membros das Coordenadorias, nas Regionais, e na geral, não têm, via de regra, atuação exclusiva na defesa dos interesses próprios de sua área. Sua tarefa

Elas concentram a atuação prioritária do Ministério Público do Trabalho, pois representam os mais graves problemas existentes no mundo do trabalho, sendo justificável a dedicação maior que se tem em favor delas, no âmbito do MPT.

Mais que isso, elas se confundem, quase que na totalidade, com a busca da Instituição pelo estabelecimento do mínimo de condições de trabalho que configuram o "trabalho decente", que é o conjunto mínimo de direitos do ser humano trabalhador, ou os direitos humanos no trabalho(8).

É que vem sendo cada vez mais difundida a idéia do Ministério público como Instituição voltada para a defesa dos Direitos Humanos, pela necessidade que se tem de proteger, no melhor nível possível, o mínimo de direitos que precisa o ser humano para ver afirmado seu maior atributo, que é a dignidade.

Pelas características do Ministério Público, é natural sua vocação para a tarefa. Nada mais óbvio que estejam seus esforços voltados para essa atuação.

Isso não torna o Ministério Público legitimado exclusivamente para a defesa de Direitos Humanos, e, por via de conseqüência, não restringe sua atuação.

No plano coletivo, sua legitimidade é ampla, do ponto de vista jurídico, como vimos no item anterior, e negá-la significa retirar da sociedade um defensor legítimo de seus interesses.

E essa é questão que não deve ser desprezada. A defesa das coletividades, organizadas ou não, repetimos, salvo iniciativas pontuais dos sindicatos, é, nos últimos 16 anos, principalmente de 1993 em diante, a partir da Lei Orgânica do Ministério Público da União, tarefa quase que exclusiva do Ministério Público do Trabalho.

Ele, que não tem interesses próprios, é o guardião dos interesses dos trabalhadores e da sociedade. Privá-lo dessa atuação, e até reduzir

---

é mais a de aglutinar esforços e difundir informações a respeito da questão. A defesa dos mais caros interesses dos trabalhadores é tarefa de todos no âmbito do Ministério Público do Trabalho. Esse, aliás, o sentimento que deve fluir do princípio da unidade do Ministério Público, que só pode significar que todos atuamos na busca do cumprimento de nossa missão constitucional, que é de defender a ordem jurídica, o regime democrático, e os direitos sociais e individuais indisponíveis.

(8) Para o conceito de trabalho decente, seu fundamento, sua divisão, bem como para o início de uma discussão a respeito das piores forma de exploração do trabalho humano, ver o nosso Trabalho decente (São Paulo: LTr, 2004, 134 p.).

sua legitimidade, é punir a massa de trabalhadores por ele defendidos, bem como toda a comunidade.

O fato de alguns interesses serem prioritários e outros não, por outro lado, não diminui a importância dos últimos, nem retira do Ministério Público do Trabalho sua legitimidade, apenas serve, teoricamente, para direcionar a atuação dos membros da Instituição, jamais para impedi-los de atuar.

É que, diante de tantas e graves irregularidades, evidente que deve o MPT voltar seus olhos para as mais graves e, por uma questão estratégica, diante de outro legitimado para a ação coletiva, para as de mais difícil apuração.

É que as apurações mais simples[9] podem ser facilmente conduzidas pelos sindicatos, que são defensores dos interesses individuais e coletivos dos integrantes de sua categoria. Ainda assim, não há essa atuação pelos sindicatos no nível necessário, pelo que, mesmo que essa divisão não escrita de tarefas seja a ideal, por uma questão de conveniência (ou de necessidade), finda o Ministério público do Trabalho por atuar em todas as questões coletivas.

Não há problemas porque, como concluímos no subitem anterior, no plano do Direito a possibilidade de isto ocorrer é expressa.

5. Conclusões

Diante do tudo que foi visto nos dois itens anteriores, é possível concluir da seguinte forma:

Em uma sociedade de massa, e onde a relação com os bens da vida não se faz somente no nível individual, é preciso que exista, no plano do Direito, uma política consistente de proteção dos interesses coletivos, que não são apenas os transindividuais, mas também os relativos a grande número de pessoas, desde que com a mesma origem.

Para que essa consistência exista, é preciso conferir legitimidade a entes e pessoas que detenham instrumental adequado para a proteção, sob pena de não se ter eficiência na defesa.

No que toca ao mundo do trabalho, o ente melhor aparelhado para a defesa é o Ministério Público do Trabalho, detentor de um corpo de

(9) Simples no sentido de exigir um poder de investigação menor.

Procuradores especializados, e com mecanismos legais que facilitam sua atuação.

Há correspondência, por outro lado, entre essas circunstâncias favoráveis e o conjunto normativo existente, pois o ordenamento é bem claro ao conferir legitimidade ao Ministério público do Trabalho para a defesa de interesses por meio das ações coletivas.

E essa legitimidade é plena, quer porque o ordenamento jurídico não faz restrições, quer porque é do interesse de todos que a defesa dos trabalhadores e de toda a sociedade ocorra sem limitações.

Mais que isso, essa plenitude se justifica pelo fato de que, mesmo tendo o Ministério Público do Trabalho atuação prioritária em determinadas áreas, a baixa atuação das entidades sindicais faz com que seja o MPT obrigado a atuar em todas as frentes.

No futuro, talvez a atuação fique restrita aos aspectos mais importantes do mundo do trabalho, aqueles onde a ilicitudes são mais graves, ou produzem efeitos mais nefastos. Isso, todavia, jamais ocorrerá por uma questão jurídica — pois no plano do Direito, como vimos, não há limitações —, mas, talvez, simplesmente por questão da racionalidade. Isso dependerá da organização e da capacidade de reação da sociedade civil.

Belém-PA, 3 de março de 2006

A Classe no Pólo Passivo da Ação Coletiva(*)

Marcos Neves Fava(**)

"A capacidade de sim
que é incapaz de assentimento;
a incapacidade de ser,
ao fazer, massa e não fermento:
o incapaz de tocar a massa
sem lhe mudar o fazimento"
João Cabral de Melo Neto

1. Introdução

A praticidade da ação coletiva induz ao fácil argumento de que a classe possa figurar no pólo passivo das demandas transindividuais, objetivando-se, assim, a mesma amplitude da tutela dos interesses do grupo, para os que ao grupo subordinam.

Sonho de todo empregador — como é de todo fornecedor, na relação de consumo — uma ação coletiva com a classe na defesa implicaria o amplo benefício de, com pouco esforço processual, atingir-se o eldorado da improcedência geral. Imaginem-se, a exemplo, ação em que o empregador possa pleitear a declaração de licitude da contratação terceirizada, ou a conclusão da inexistência de insalubridade no ambiente da fábrica.

Examinar os limites de tal possibilidade, ainda não explicitada pelo sistema legal pátrio, é finalidade deste brevíssimo estudo.

2. Coletivização de direitos: necessidade imperiosa

O início da reflexão acerca das razões que levaram ao surgimento dos direitos coletivamente tomados e seus respectivos meios de prote-

---

(*) Este artigo é produzido, com ampliações, a partir do texto contido no livro do autor: *Ação Civil Pública Trabalhista*, São Paulo: LTr, 2005.

(**) Juiz do Trabalho Substituto em São Paulo (2ª Região).

ção deve identificar-se com a "disfunção do processo civil ordinário", como nomeia *Andrea Proto Pisani*[1]. O processualista italiano apontava dados da morosidade da justiça da península itálica, em que um processo, no final da década de sessenta e início da de setenta, durava 824 dias na primeira instância e 634 na segunda e, se conhecido o recurso para o Tribunal de Cassação, mais 800 dias, e concluía que Justiça assim "in materia di lavoro si risolve in um sostanziale diniego di giustizia". Eis o primeiro fundamento da transformação forçada do processo para as ações coletivas: o modelo tradicional de concretização da jurisdição não basta para apaziguar os conflitos, traduzindo-se, outrossim, em negação da própria justiça.

A situação pátria, em particular nos estados de maior concentração da atividade econômica e, conseqüentemente, de maior quantidade de demandas trabalhistas, em nada se afasta daquela vivida na Itália dos setenta. Estatística confeccionada pelo Tribunal Superior do Trabalho[2] informa que a Justiça do Trabalho brasileira solucionou, em 2002, 1.601.269 reclamações, 303.351 das quais tramitaram em São Paulo (Tribunal Regional do Trabalho da Segunda Região). Trinta anos atrás (1972), toda a Justiça do Trabalho solucionou 308.542, isto é, atualmente uma das Regiões decide num ano aquilo que era resolvido por todo o Judiciário Trabalhista. O resultado da divisão de tamanha carga de trabalho pelo reduzido número de magistrados, sem dificuldade de se chegar a tal conclusão, implica morosidade acentuada, que se aproxima da "negação de justiça" vislumbrada por *Andrea Proto Pisani*.

A ampliação custosíssima dos meios[3] não solve o problema, uma vez que se opera em progressão aritmética, enquanto o aumento da quantidade de processos dá-se em progressão geométrica. A similaridade entre os processos, o que se torna mais evidente se reunidos a partir da identidade de réus, autoriza a ilação de que sua reunião em ações

(1) Andrea Proto Pisani, ao identificar o surgimento do art. 28 da Lei n. 300 de 1970, que cuida com rigor das condutas anti-sindicais, nos seus *Studi di Diritto Processuale Del Lavoro*, Milão: Franco Angeli Editore, 1976, p. 14, refere à necessidade de "rendere effettica la tutela giurisdizionale Del diritto al lavoro garantito dall'art. 4 Constituzione".

(2) Internet: www.tst.gov.br/sseest/jt%201941/jtmovproc.htm, consultado em 23 de dezembro de 2003.

(3) Note-se que a Lei n. 10.770/2003, que criou 369 varas do trabalho em todo o País, tramitou, entre projetos e reapresentações legislativas, por cerca de onze anos, durante os quais a quantidade inicialmente apresentada pelos Regionais foi sucessivamente reduzida. Na Segunda Região, até 2008 (!) serão instaladas 22 varas, número insuficiente, até mesmo se a instalação ocorresse imediatamente.

coletivas ocuparia um lugar na reforma eficaz da distribuição da justiça. O ministro *Ronaldo José Lopes Leal* situa com clareza o problema: "Há cerca de vinte anos, lançamos as primeiras idéias sobre as lesões massivas no campo do direito do trabalho, ao observar que os meios tradicionais de tutela não se aprestam mais para tornar efetivos determinados direitos, especialmente aqueles que, embora integrem o patrimônio jurídico de um sujeito específico, integram também o de cada sujeito componente da mesma coletividade. Pertencem a todos e a cada um, hipótese em que, lesado o de um, lesados estarão os de todos os membros daquela coletividade."(4)

O volume intenso de procura do Poder Público, para soluto de litígios oriundos da relação capital-trabalho, figura, pois, como um dos elementos fundantes e uma das razões suficientes para ensejar a busca de um novel sistema judicial de resolução das lides, em plano mais abrangente e menos individual.

A par disto, a urbanização do mundo estampa sua marca na modificação em análise. *Mauro Cappelletti* aponta para o fenômeno da concentração das atividades do homem nas grandes cidades, antevendo: "a megalópolis que já é uma realidade de hoje, e a *ecumenópolis*, ou cidade universal, que se perfila sobre o horizonte de um próximo amanhã"(5). A concentração populacional nos centros urbanos empurrou o direito à consideração de que o interesse público não mais se confunde com o interesse do Estado, mas, paulatinamente, inaugura-se nova face do processo, política em sua essência, via da qual o fim colimado passa a ser a limitação do agir estatal. A administração tem seu foco modificado e a soberania, de seu conceito unitário, passa a ser limitada "pela soberania social atribuída aos grupos naturais e históricos que compõem a nação"(6).

Hanna Arendt destaca que a evolução histórica abandonou, no entanto, o caráter da natural inclinação para a proteção do bem comum,

(4) LEAL, Ronaldo José Lopes. "A jurisdição trabalhista e a tutela dos direitos coletivos". *In: Os Novos Paradigmas do Direito do Trabalho (homenagem a Valentin Carrion).* Org. SILVESTRE, Rita Maria e NASCIMENTO, Amauri Mascaro. São Paulo: Saraiva, 2001, p. 606.

(5) CAPPELLETTI, Mauro. "Formações sociais e interesses coletivos diante da justiça civil", *in*: *Revista de Processo*, volume 5. São Paulo: Revista dos Tribunais, p. 130.

(6) GRINOVER, Ada Pellegrini. "Significação social, política e jurídica da tutela dos interesses difusos". *In*: *A Marcha do Processo*. São Paulo: Forense Universitária, 2000, p. 18.

elucidando que: "o que chamamos anteriormente de ascensão do social coincidiu historicamente com a transformação da preocupação individual com a propriedade privada em preocupação pública. Logo que passou à esfera pública, a sociedade assumiu o disfarce de uma organização de proprietários que, ao invés de se arrogarem acesso à esfera pública em virtude de sua riqueza, exigiram dela proteção para o acúmulo de mais riqueza. Nas palavras de *Bödin*, o governo pertencia aos reis e a propriedade aos súditos, de sorte que o dever do rei era governar no interesse da propriedade de seus súditos"(7).

O segundo fator presente a exigir a construção de novo sistema de solução das lides pela perspectiva transindividual coincide, destarte, com a urbanização do universo. A vida útil desenvolve-se, e ali também o *labor* e o *trabalho*, no ambiente citadino.

A gestão social da coisa pública — intuída por *Ada Pellegrini Grinover*, em obra citada linhas acima — toma corpo mais denso na construção da sociedade contemporânea, traduzida como o ambiente dos movimentos de massa. Adverte *Mauro Cappelletti* que as "atividades e relações se referem sempre mais freqüentemente a categorias inteiras de indivíduos e não a qualquer indivíduo, sobretudo"(8), lembrando-se, com lista apenas exemplificativa, dos interesses relacionados com o ambiente natural, as belezas monumentais, a saúde e a segurança públicas, a proteção contra o desenvolvimento caótico dos meios urbanos, as fraudes financeiras e alimentares, as publicações enganosas, as discriminações religiosa, racial e social, numa palavra: nas instâncias difusas. Assevera o estudioso italiano que "não é necessário ser sociólogo de profissão para reconhecer que a sociedade (podemos usar a ambiciosa palavra: "civilização"?) na qual vivemos é uma sociedade ou civilização de produção em massa, de troca e de consumo de massa, bem como de conflitos ou conflituosidades de massa (em matéria de trabalho, de relações entre classes sociais, entre raças, entre religiões etc.)"(9). Daí deriva, prossegue *Cappelletti*, que "as situações de vida, que o Direito deve regular, são tornadas sempre mais complexas, enquanto, por sua vez, a tutela jurisdicional — a Justiça — será invocada não mais somente contra violações de caráter individual, mas sempre mais freqüente contra violações de caráter essencialmente coletivo, enquanto

(7) ARENDT, Hanna. *A condição humana*. São Paulo: Martins Fontes, 1982, p. 78.
(8) CAPPELLETTI, Mauro. *Formações sociais...*, cit., p. 131.
(9) CAPPELLETTI, Mauro, *ibidem*, p. 130.

envolvem grupos, classes e coletividades. Trata-se, em outras palavras, de *violações de massa*".

Noutro ensaio, esclarece *Cappelletti* que "gli interessi diffusi rappresentano un fenomeno tipico e di crescente rillievo, nelle società moderne, caratterizzate dal passaggio da un'economia in cui lavoro, produzione, scambi e consumi, ma anche educazione, turismo, comonicazioni, assistenza sociale e previdenziale ecc, sono fenomeni di massa"(10), complementando que a atuação "sul piano individuale, questo tipo di interessi resta, praticamente, privo di efficace tutela".

Na mesma esteira, pondera *Sérgio Cruz Arenhart*, "ninguém nega que o mundo globalizado conduz a que os interesses convirjam para mesmos bens e fruições. Em uma sociedade de massa, como a atual, é comum ver que os mesmos problemas e conflitos vivenciados por um são compartilhados por outros, já que se vinculam todos a uma só origem ou, o que é ainda mais típico, são interesses que não podem ser titulados exclusivamente por uma pessoa apenas, mas, ao contrário, pertencem indistintamente a toda a comunidade"(11).

Cuida-se, neste passo, do que chama o autor italiano de segunda onda do acesso à justiça(12), a preocupação da organização dos grupos na busca de proteção a seus interesses. Os heróis de hoje — preleciona — "não são mais, pois sim, os cavaleiros errantes da Idade Média, prontos a lutar sozinhos contra o prepotente em favor do fraco e inocente; mas são, mais ainda, os *Ralph Nader*, são os *Martin Luther King*, são aqueles, isto sim, que sabem organizar seus planos de luta em grupo em defesa dos interesses difusos, coletivos metaindividuais, tornando a submeter as tradicionais estruturas individualísticas de tutela — entre as quais aquelas judiciais — às necessidades novas, típicas da moderna sociedade de massa"(13).

---

(10) CAPPELLETTI, Mauro. *Dimensioni Della Giustizia Nelle Società Contemporanee*. Bolonha: Il Mulino, 1994, p. 80.

(11) ARENHART, Sérgio Cruz. *Perfis da Tutela Inibitória Coletiva*. São Paulo: Revista dos Tribunais, 2003, p. 137.

(12) CAPPELLETTI, Mauro e GARTH, Briant, em seu *Acesso à Justiça* (Porto Alegre: Sérgio Antônio Fabris, tradução de Ellen Grace Northleef, 1988) categorizam as alterações processuais em curso por três ondas de acesso à justiça, indicando como primeira, a solução das barreiras econômicas da aproximação do cidadão à Justiça, como segunda, a coletivização do processo e como terceira, o aperfeiçoamento dos instrumentos judiciais ou não judiciais de acesso à solução dos conflitos.

(13) CAPPELLETTI, Mauro "Formações sociais...", cit., p. 137.

Este fenômeno, de "*portata colossale*", inaugura uma onda de procura do acesso à justiça pelo combate à pobreza organizativa das partes, sem alternativa que restam, ante a ineficácia do sistema individual de regulação dos conflitos. Enxerga, o professor de Florença, que: "L'alternativa era inderogabile: o mantenere le regole millenarie, tipiche di una giustizia individualistica, e in tal caso rendere praticamente privi di tutela gli interessi diffusi, i 'new rights' tanto iomportanti nelle moderne società, oppure operare, appunto, quella metamorfosi che molti Paesi hanno, sia pure com molte e comprensibli esitazioni, ritenuto necessario di attuare. È appena il caso di dire che il movimento per l'acesso allá giustizia há abuto um importanza di primo piano nello studio e nell'attuazione di tale metamorfosi"[(14)].

Da "metamorfose" a que faz referência o mestre italiano, nasce o novo processo coletivo, cujo perfil se persegue delinear, páginas adiante. Há, para tanto, um terceiro motivo, agora identificado, a transposição da sociedade antiga, de ações e, conseqüentemente, conflitos, tipicamente individuais, para a sociedade contemporânea, de funcionamento a partir da organização dos fenômenos de massa. Permeia a transformação, entretanto, uma força identificável de natureza ideológica. O direito social combate, em nome da preservação da razão de ser do Estado Democrático de Direito, duas degradações nomeadas pelo autor italiano como o "capitalismo opressor" e o "socialismo concentrador"[(15)].

A busca do equilíbrio perdido no mercado econômico e na vida política e jurídica traduz o significado filosófico do movimento de acesso à justiça: de uma efetiva liberdade de mercado, que consista no encontro da livre escolha com o da livre intenção e nunca da imposição unilateral de vontade. A Justiça ocupa, também e deste modo, o espaço institucional de provedora de um serviço específico, do qual se exige eficácia e funcionamento correspondente à necessidade comunitária: "any institution providing a service — or a public service or one which has any hope of being successful in the market — ought to be designed and operated with strong attention to the needs of its users"[(16)].

---

(14) CAPPELLETTI, Mauro. *Dimensioni*, cit., p. 90.

(15) Arremata Cappelletti, seu ensaio "La dimensione sociale: l'acesso allá giustizia", inserido na obra suso referida, por esboçar a filosofia do acesso à Justiça como um critério de democracia, tornando indissociável a proteção de interesses dos grupos da realização da própria organização democrática das nações.

(16) THOMAS, Robert. "Civil Justice Review — Treating Litigants as Consumers". *In: Civil Justice Quarterly*, 1990, p. 58, *apud* CAPPELLETTI, Mauro, *op. cit.*, p. 101 e 102.

Do contrário, não chegará a seu objetivo último "e quindi la grande responsabilittà del giurista nella nostra epoca, è quello di riavvicinare il diritto allá società civile, che è fondamentale criterio di ogni reale democrazia"(17). Indissociáveis são democracia(18) e justiça, na medida em que o equilíbrio dos poderes na organização e na condução do interesse público apenas se concretiza mediante o controle severo de um aparelho judiciário livre, autônomo e eficaz. Se, como visto, o aprimoramento dos mecanismos de proteção dos interesses transindividuais é basal à eficácia plena do Judiciário, redunda daí a conclusão imperativa de que a revolução observada nestas linhas está intrinsecamente ligada à realização da democracia.

Por fim, o enfrentamento judicial em demanda trabalhista apresenta-se arriscado para o empregado. Frise-se, desde logo, que, nu de qualquer garantia de emprego, raramente o trabalhador ajuíza ação contra seu empregador no curso do contrato, temendo represálias. "Listas negras"(19) têm sido organizadas por empregadores inescrupulosos, nas quais se incluem os nomes dos trabalhadores que reclamam perante a Justiça do Trabalho, coibindo-lhes de nova colocação no mercado de trabalho. Surge dificuldade adicional à defesa dos interesses dos trabalhadores, inibidos, até mesmo, de reclamar após o fim do contrato. Neste passo, a ação transindividual, capitaneada por legitimado extraordinário, funciona como um rito sem rosto, defendendo os direitos violados, sem expor o titular da pretensão, evitando retaliação patronal ou perseguição futura.

A transformação do processo decorre, portanto, do aumento da quantidade de demandas, da urbanização dos conflitos e da massificação da atividade social contemporânea e da necessidade de um proce-

---

(17) CAPPELLETTI, Mauro, *op. cit.*, p. 102.

(18) Registre-se que a idéia de associação da Justiça a um serviço necessário não se confunde com o fundamento neoliberal de previsibilidade do resultado dos processos judiciais. A presente referência compõe o quadro indispensável de funcionamento da democracia, que restaria abalada sem a pronta eficácia do Judiciário.

(19) Grijalbo Fernandes Coutinho, presidente da Associação Nacional de Magistrados do Trabalho — ANAMATRA, no biênio 2003/05, em recente artigo: "Listas de perseguição e o capitalismo selvagem". *in*: *Jornal Trabalhista Consulex*, n. 954, p. 7-8, 2003, expõe a dura realidade dos que, recuperando parte de suas perdas através de ações propostas após o fim do contrato, vêem-se tolhidos de novas contratações, porque incluídos em listas de empregados reclamantes, organizadas por empregadores.

dimento que proteja o interessado contra a reação do empregador. Não se perca, seguindo-se a advertência de *Cappelletti*, entretanto, que às alterações do sistema está vinculada a eficácia da democracia, na medida em que o acesso à Justiça revela o adequado grau de proteção dos membros de dada comunidade social.

A transposição de sistemas, como a proposta para a nova realidade do processo de massas e que necessita da tutela jurisdicional transindividual, implica mudanças profundas de concepção ideológica, de finalidade dos instrumentos processuais, de hermenêutica, de comportamento prático e de crença na possibilidade de um ordenamento jurídico plausível, cuja efetivação encontre guarida na atividade de um Judiciário comprometido com a efetividade de sua atuação.

Qualquer percurso de mudança oferecerá riscos aos caminhantes, estimulando o apego ao conhecido[20] e a dura resistência de aceitação dos modelos em nascimento ou desenvolvimento, o que levou *Bertrand Russel* a identificar a tarefa como "piu difficile" para aqueles que tendam a advogar as transformações. Em matéria de transposição do processo clássico, individualista, para o coletivo, transindividual, aferram-se os operadores à segurança extrema que representam os cânones centenários da ciência processual, para não admitir, sem dor, as ampliações dos conceitos de legitimação, fixação da jurisdição, efeitos da coisa julgada e interesse de agir.

O perfil do processo transindividual mostra-se desafiador, exigindo — e recebendo — por isto críticas ferozes e apaixonadas, mas sem abdicar da criação de vias de solução para a inanição da intervenção jurisdicional contemporânea, em particular no Brasil. O novo processo descende da crise de efetividade da Justiça e, nesta condição, não deixa opções possíveis, senão a de inserir-se na prática quotidiana do foro, de comparecer às pautas com freqüência, de desenhar nova jurisprudência, de responder aos reclamos sociais. Mais fácil seria defender a *conservazione e l'ordine*, o que se tornaria viável apenas se a ciência processual se debruçasse sobre um objeto de teleologia tautológica, um objeto fim-de-si-próprio, como um fóssil, como um exercício de taxidermia, como uma autópsia.

---

(20) Caetano Veloso, compositor de MPB, tem, para identificar esse fenômeno, um verso na clássica canção "Sampa": "à mente apavora o que ainda não é mesmo velho".

3. Críticas ao uso abusivo das ações coletivas

Não obstante a clara demonstração da relevância — até mesmo da imprescindibilidade — do uso do novel sistema processual de tutela transindividual, poucos não são os que atacam o uso das ações coletivas, reputando-o de abusivo.

Como o Ministério Público tem sido o maior utilizador do instrumento de tutela de interesses transindividuais, contra ele, em geral, voltam-se as baterias críticas, na busca da redução das possibilidades de aplicação do novo processo. Neste sentido, a crítica de *Rogério Lauria Tucci*(21), segundo quem "não basta, com efeito, e *exempli gratia*, que lhe seja permitido o exercício do direito à jurisdição, visando à tutela de interesses difusos ou coletivos. Faz-se, outrossim, necessária a constatação de sua legitimidade, e, ainda, da possibilidade jurídica da sua atuação". Outros enxergam, no uso abusivo da ação civil pública, uma tendência necessária à adequação aos limites da novidade do instrumento coletivo, algo parecida com fenômeno anterior, relativo ao mandado de segurança, concluindo que "a exemplo do que ocorreu com o uso desmesurado do mandado de segurança, do qual se pretendeu fazer remédio para todos os males, como uma verdadeira panacéia, nos dias atuais, verifica-se, igualmente, forte tendência em generalizar a utilização da ação civil pública, sem que se atenda ao seu verdadeiro desígnio"(22).

José Ignácio Botelho de Mesquita(23) faz coro às críticas, asseverando: "que algumas interpretações extremistas se propõem a conjugar com o art. 83 do Código, para daí extrair a conclusão de que a ação civil pública se viu multiplicada por tantas outras ações, quantas forem as 'espécies de ações capazes de propiciar adequada e efetiva tutela' aos direitos e interesses protegidos por aquela lei". (...) A ninguém em são juízo, ocorrerá sustentar que, após a vigência do Código de Defesa do Consumidor e para defesa de direitos individuais homogêneos dos consumidores, possa o Ministério Público, em lugar da ação coletiva que lhes corresponde, vir a propor a ação civil pública".

---

(21) "A ação civil pública: abusiva utilização pelo MP e distorção pelo Poder Judiciário". *In:* WALD, Arnoldo. *Aspectos polêmicos da ação civil pública*, São Paulo: Saraiva, 2003, p. 378.

(22) TUCCI, José Rogério Cruz e. *Processo Civil Realidade...*, cit., p. 75.

(23) Parecer até então inédito transcrito por José Rogério Cruz e Tucci, *in: Processo Civil Realidade...*, cit., p. 71 e 72.

Restrição mais comum, no âmbito jurisprudencial, constitui a redução do espectro de atuação do Ministério Público, fundada, em verdade, na inadequação da via coletiva, que resta afastada indiretamente. Exemplo reducionista encontra-se na seguinte ementa oriunda do Tribunal Superior do Trabalho: *"Recurso de Revista — Ação Civil Pública — Ilegitimidade* Ad Causam *do Ministério Público do Trabalho — Tutela de Interesses Individuais Homogêneos* — O art. 83, III, da Lei Complementar n. 75/1993 confere competência ao Ministério Público do Trabalho para promover ação civil pública somente para a tutela de 'interesses coletivos, quando desrespeitados os direitos sociais, constitucionalmente garantidos', não se enquadrando nessa hipótese os direitos de empregados de determinada empresa, consistentes na anotação da CTPS e na efetivação do pagamento de rescisão contratual no prazo estabelecido no art. 477, § 6º, da CLT, bem como os depósitos fundiários oriundos dos respectivos contratos de trabalho postulados na condição de verba acessória, hipótese dos autos, por se tratarem de direitos individuais homogêneos, já que seus titulares podem ser facilmente individualizados" (TST — RR 1108 — 3ª T. — Relª Min. Conv. Dora Maria da Costa — DJU de 19.9.2003)

Rumoroso foi o litígio envolvendo o Ministério Público do Estado de São Paulo e as escolas particulares, em época de controle estatal dos aumentos das mensalidades, quando o *Parquet*, via ação coletiva, questionou a ilegalidade dos aumentos perpetrados e buscou sua cessação, obtendo sucesso na decisão de primeiro grau, mas enfrentando derrota fragorosa no acórdão do Tribunal de Justiça. Candente é a crítica formulada pelo relator(24) da decisão no segundo grau, vazada nos seguintes termos: "não parece ter sido essa em verdade a intenção do legislador constituinte, que de uma penada teria assim erigido o *Parquet* em Curador e *custos legis* universal, sem oitiva dos beneficiados, dispensando o concurso ou ao menos a presença obrigatória do advogado, visto que levado o alcance do posicionamento ministerial às suas culminâncias, todo e qualquer interesse pode ser tido e rotulado de difuso, na esteira do que disse alguém alhures, que tudo o que afeta o menor dos indivíduos a todos afeta...". Prossegue, em seu voto, o desembargador, para estender seu apoio e solidariedade protetiva à classe dos advogados,

(24) Desembargador Cunha de Abreu. Apelação 162.175-1/4 da Comarca de São Paulo. 4ª Câmara Cível, julgado em 12.12.1991. TUCCI, José Rogério Cruz e. *Processo Civil Realidade e Justiça 20 anos de vigência do CPC*. São Paulo: Saraiva, 1994, p. 75-76.

enxergando na ação coletiva um malefício à sobrevivência desses profissionais: "Por outro lado, não pode realmente o *Parquet* exercer o *munus* que a lei concedeu ao advogado, pena de insuportável usurpação e virtual obsolescência da nobre atividade, relegada que estearia ao rol das excentricidades das partes, não se vislumbrando porque alguém — refere-se aqui os não pobres no sentido da lei — iria procurar e *pagar* um advogado se pode ter seus interesses superiormente e *gratuitamente* defendidos por uma instituição do porte do Ministério Público de indiscutível ascendência e festejável nível intelectual". Ao comentar esta passagem da decisão, *José Rogério Cruz e Tucci* [25] evoca uma expressão retirada do julgamento da demanda proposta nos Estados Unidos entre Castano *X* The American Tobacco Company (23.5.1996), para caracterizar o uso abusivo da ação civil pública como *a form of legalized blackmail* — chantagem judicial!

Resumam-se os dois argumentos da decisão: qualquer interesse pode ser taxado de transindividual e o *Parquet* não pode invadir a reserva de mercado de trabalho dos advogados.

O segundo não merece muito mais do que uma linha. A simples existência do sistema judiciário, com ações coletivas, individuais, mandamentais, executórias, garantida a indispensabilidade do advogado (art. 133, Constituição Federal), refuta qualquer preocupação com a extinção da classe.

Quanto ao primeiro, mister diferenciar-se a importância social do direito tutelado, da importância de sua defesa social. Minúsculos interesses individuais — chamados de "interesses-átomo" — não guardam, em si, relevância social, mas, em face do completo abandono da garantia de efetivação desses mesmos interesses, ganha relevância a proteção coletiva que se lhes dá a ação transindividual. Repetidas vezes foram abordados, na doutrina e neste estudo, hipóteses em que o interesse tutelado tem facetas individuais homogêneas, coletivas e difusas. Recorde-se, por ora, da restrição ao fumo nos vôos comerciais, que é, para os passageiros de determinado percurso, interesse individual homogêneo, para os aeronautas, interesse coletivo, e para a sociedade, interesse difuso. Tal sobreposição não é maléfica, mas, do contrário, mostra-se consentânea à amplitude necessária à efetividade, que se deve dar à interpretação do sistema coletivo de processo. O aumento abusivo da mensalidade importa ao pagante do curso, sendo identificável

(25) *Processo Civil Realidade...*, cit., p. 75.

o sujeito e divisível o objeto da reparação. Sua pulverização entre milhares de alunos do ensino privado[26] dá conotação social aos mesmos interesses, exigindo tutela transindividual. Não foi diferente a solução encontrada pelo Supremo Tribunal Federal, ao julgar o recurso extraordinário contra a decisão do Tribunal de Justiça de São Paulo[27], destacando-se da extensa ementa: "Quer se afirme interesses coletivos ou particularmente interesses homogêneos, *stricto sensu*, ambos estão cingidos a uma mesma base jurídica, sendo coletivos, explicitamente dizendo, porque são relativos a grupos, categorias ou classes de pessoas, que conquanto digam respeito às pessoas isoladamente, *não se classificam como direitos individuais para o fim de ser vedada a sua defesa em ação civil pública, porque sua concepção finalística destina-se à proteção desses grupos, categorias ou classe de pessoas.* 5. As chamadas mensalidades escolares, quando abusivas ou ilegais, *podem ser impugnadas por via de ação civil pública, a requerimento do Órgão do Ministério Público, pois ainda que sejam interesses homogêneos de origem comum, são subespécies de interesses coletivos, tutelados pelo Estado por esse meio processual como dispõe o art. 129, inciso III, da Constituição Federal.* 5.1. Cuidando-se de tema ligado à educação, amparada constitucionalmente como dever do Estado e obrigação de todos (CF, art. 205), está o Ministério Público investido da capacidade postulatória, patente a legitimidade *ad causam*, quando *o bem que se busca resguardar se insere na órbita dos interesses coletivos, em segmento de extrema delicadeza e de conteúdo social tal que, acima de tudo, recomenda-se o abrigo estatal.* Recurso extraordinário conhecido e provido para, afastada a alegada ilegitimidade do Ministério Público, com vistas à defesa dos interesses de uma coletividade, determinar a remessa dos autos ao Tribunal de origem, para prosseguir no julgamento da ação" (sem grifos, no original).

Embora nenhum abuso seja tolerável, no âmbito de discussão do uso das ações coletivas, mister sopesar-se, com marcada força, o interesse social do amplo acesso à Justiça, de todo desprezado na pulveri-

---

(26) Situação grandemente agravada pela omissão estatal em cumprir o comando constitucional (art. 205) de garantia de educação a todos os cidadãos.

(27) Eis o cabeçalho da ementa: "RECURSO EXTRAORDINÁRIO — CONSTITUCIONAL — LEGITIMIDADE DO MINISTÉRIO PÚBLICO PARA PROMOVER AÇÃO CIVIL PÚBLICA EM DEFESA DOS INTERESSES DIFUSOS, COLETIVOS E HOMOGÊNEOS — MENSALIDADES ESCOLARES — CAPACIDADE POSTULATÓRIA DO *PARQUET* PARA DISCUTI-LAS EM JUÍZO" — RE. 163231 — SP — TP — Rel. Min. Maurício Corrêa — DJU de 29.6.2001 — p. 55.

zação das demandas *átomo* e recuperado em sua *molecularização* (expressões de *Kazuo Watanabe*[28]).

Para a correção dos rumos, dispõe o sistema de instrumentos rigorosos, aplicáveis indistintamente a todos os legitimados ativos da ação transindividual, consistente nos regramentos dos arts. 17 da LAC (redação truncada) e 87 do CDC, cuja parte final, após fixar regra de isenção das custas e despesas processuais na ação coletiva, estabelece a seguinte exceção: "salvo comprovada má-fé, em honorário de advogados, custas e despesas processuais". "Parágrafo único. Em caso de litigância de má-fé, a associação autora e os diretores responsáveis pela propositura da ação serão solidariamente condenados em honorários advocatícios e ao décuplo das custas, sem prejuízo da responsabilidade por perdas e danos". A imputação não se mostra barata, nem ineficaz, correspondendo à seriedade exigida do autor no manejo das ações coletivas.

No tocante à distinção promovida pelos artigos em comento no tangente à pessoa do Ministério Público, cumpre repudiá-la. Com efeito, a regra geral de isenção[29] do *Parquet* do pagamento de custas e despesas decorrentes da sucumbência encontra limite na normatização específica[30] contida no art. 81 do Código de Defesa do Consumidor, de seguinte dicção: "o Ministério Público exercerá o direito de ação nos casos previstos em lei, cabendo-lhe, no processo, os mesmos poderes e ônus que às partes". Repita-se: *os mesmos* ônus que às partes. Inafastável, portanto, que, havendo abuso na utilização do instrumento, ou mesmo litigância de má-fé por parte do Ministério Público, a ele devem ser atribuídas as punições legais expressas.

Confirma-se, de forma tímida, na jurisprudência, esta conclusão, como reporta *Rogério Lauria Tucci*[31], referindo decisões da Justiça Comum Estadual de Porto Alegre e São Paulo, tendência que não se detecta, ao contrário, se infirma, no âmbito dos tribunais do trabalho, por ora. O prestígio dos mecanismos insertos no sistema judiciário

(28) "Disposições Gerais", *in:* Ada Pellegrini Grinover *et al.*, cit., p. 502.

(29) No processo do trabalho, art. 790-A da CLT.

(30) Art. 2º, § 2º, Decreto-lei n. 4.657, de 1942.

(31) *Op. cit.*, p. 355. Menciona, sem indicar data de publicação: Ação Civil 59.200.668-8, da Comarca de Porto Alegre, Sentença em embargos declaratórios no Processo n. 817/93, 12ª Vara da Fazenda Pública de São Paulo, e as decisões do Tribunal de Justiça de São Paulo na Ação Civil n. 130.183.5/6-00, da Comarca de Nuporanga; e nos Embargos Infringentes n. 275.971-2/1-01, da Comarca de Matão.

pela coletivização das lides — processo transindividual, *retius* — será mais bem alcançado com a revisão da jurisprudência hoje dominante, atribuindo-se também ao Ministério Público as conseqüências da litigação irresponsável. Esta se mostra a via adequada da correção de eventuais abusos, afastando-se as restrições de legitimação ativa dos autores sociais.

4. Utilidade e superioridade do instrumento coletivo como mecanismo de realização da ordem jurídica justa. O importante papel dos juízes

O processo civil clássico estrutura-se sobre o trinômio autor-réu-juiz, que se imbricam em relacionamento dialético e polidirecional, com movimentos do juiz ao autor, do juiz ao réu, do réu ao autor e do autor ao réu. Para garantir a higidez sistêmica, importantes princípios fundam o ordenamento, dos quais merece destaque o do dispositivo.

Tal princípio consiste em "deixar-se às partes a tarefa ou função de delimitar o âmbito da *res in judictium deducta*"[(32)] e decorre da noção de imparcialidade imposta ao Estado na solução dos litígios submetidos à sua apreciação, elemento de garantia da eficácia da jurisdição. A necessidade de eqüidistância entre juiz e partes levou *José Frederico Marques*[(33)] a concluir "nada melhor que fixar às partes a tarefa de dar começo ao processo, fixar os limites da decisão e ter a iniciativa primordial de levar ao julgador os elementos de convicção de que necessita para fazer a aplicação do direito objetivo à pretensão ajuizada".

Marcadamente presente no ordenamento jurídico do mundo ocidental, por influência da origem romana da figura do magistrado, diversos brocardos estampam a importância ou o reflexo da idéia central do dispositivo, tais como: *ne procedat judex ex officio* (também *nemo judex sine actore*) — segundo o qual não há ação sem provocação do autor legitimamente interessado; *ne judex eat ultra petita partium* — que estabelece o limite da sentença nos moldes do pedido inicial (art. 460, CPC); *jura novit curia* — abrindo estrita exceção para que o juiz, a partir dos fatos submetidos à análise, não se prenda aos argumentos jurídicos debatidos no processo, valor também presente no ditado *narra mihi fac-*

(32) MARQUES, José Frederico, *op. cit.*, p. 101.
(33) *Op. cit*, p. 102.

tum, dabo tibi jus — e, ainda, *ubi partes sunt concordem nihil ab judicem* — admitido, com ressalvas, pelo Código de Processo Civil, art. 302.

Mesmo admitindo a mitigação da ordem de inércia ao juiz, as decisões no âmbito da justiça civil comum tendem a confirmar o princípio do dispositivo, do que é exemplo a seguinte ementa de decisão do Superior Tribunal de Justiça(34): *"Processual Civil — Prova Pericial — Determinação De Ofício Pelo Juiz — Possibilidade, Não Dever — Cerceamento De Defesa — Inocorrência* — 1. Os arts. 130 e 1.107 do CPC, mitigando o Princípio da Demanda, conferem poderes instrutórios ao Juiz, mas não lhe impõem o dever da investigação probatória. Mesmo porque, nos fatos constitutivos do direito, o ônus da prova cabe ao autor (CPC, art. 333, I). 2. A faculdade outorgada para instrução probatória do Juízo milita em favor duma melhor formação da convicção do Magistrado. No entanto, o Juiz não pode substituir as partes nos ônus que lhes competem, inda mais quando a perícia não se realizou por inércia da parte no pagamento dos honorários do perito. 3. Recurso improvido".

Abrandando-o, de forma bem tímida, a seguinte decisão do Tribunal de Justiça de São Paulo(35) dá relevo à atuação *pró-ativa* do magistrado, em face de relevante interesse público, apenas: "Participação do juiz na produção da prova. O processo de interdição (CPC 1.177) traz em si forte conteúdo de interesse público e não obriga o juiz a aceitar passivamente prova pericial feita com displicência do perito nomeado, ainda que os interessados sobre ela silenciem".

Opõe-se à idéia do dispositivo — que traduz a imobilidade do Estado-Juiz frente aos atos do processo — o princípio do inquisitório, tido por alguns como inexistente no ordenamento pátrio(36), decorre da autorização do sistema ao juiz para "impulsionar o processo e a ordenar diligências que dêem celeridade ao feito, mesmo que as partes se mostrem indiferentes a tais medidas"(37). Registre-se, ainda, que a garantia de julgamento justo implica a existência de tribunais imparciais, como assegura a Declaração Universal dos Direitos Humanos(38).

---

(34) STJ — RESP 471857 — ES — 1ª T. — Rel. Min. Humberto Gomes de Barros — DJU 17.11.2003 — p. 207.

(35) *Revista dos Tribunais*, v. 675, São Paulo: Revista dos Tribunais, p. 176.

(36) MARQUES, José Frederico, *op. cit.*, p. 103.

(38) SAAD, Eduardo Gabriel. *Direito Processual do Trabalho*, 3. ed. São Paulo: LTr, 2002, p. 90.

(37) Art. X, aprovado pela Resolução, n. 217-A de 10.12.1948. Também, no mesmo sentido, o art. 8.1. do Pacto de San José da Costa Rica. Ambos os textos encontram-se,

Variegados exemplos apontam-se na legislação do abrandamento do princípio do dispositivo — intrinsecamente vinculado ao da imparcialidade — e demonstram a ruptura da figura inerte do juiz, que se deve movimentar em direção à cabal instrução do processo. Assim determinam, por exemplo, os arts. 155, 156, 157, 168, 180, 181, 196, 201, 209, 234, 241, 242 e 425 do Código de Processo Penal e os arts. 765 e 878 da CLT (para o conhecimento e execução, respectivamente). A autorização para que o juiz decida por eqüidade revela amplitude na outorga de poderes ao magistrado, confirmando a referida quebra da inércia, desde que a lei o autorize — art. 127 do Código de Processo Civil — fato que ocorre expressamente no procedimento sumariíssimo do processo do trabalho (art. 852-D, CLT) e nas lides derivadas de relações de consumo (art. 7º, CDC).

Identifique-se, ainda, o inquisitório no mecanismo da busca da "verdade real", preponderante, é verdade, no âmbito do direito processual, mas amplamente acolhido pelo sistema das ações coletivas, do que é cabal demonstração a supressão dos efeitos da coisa julgada, em caso de improcedência da demanda por insuficiência de provas (art. 103, I e II, CDC). Na medida em que a inexistência da prova deixa de provocar o efeito da proibição de rediscussão da lide, a regra legal está incentivando a Justiça à busca da verdade real.

Em matéria de processo transindividual, o fundamento de sua própria existência amalgama-se à relevância do objeto tutelado e à sua importância social, o que exige a quebra da inércia[39] judicial em aproveitamento da eficácia da prestação jurisdicional. Exige-se, pois, do juiz, nova postura diante dos litígios que lhe são submetidos, não por força da quebra da imparcialidade, sustentáculo da dignidade das decisões da Justiça, mas pela condução firme do feito, com ampla visão das infinitas possibilidades de legitimação ativa, de extensão do objeto, de busca da verdade real. A transformação da organização social está por estabelecer uma comunidade apenas de organismos, como vaticina *José Eduardo Campos de Oliveira Faria*[40], segundo cujo ensinamento "numa situação-limite, portanto, a sociedade de homem acabaria sendo substituída

---

também, *in:* PIOVESAN, Flávia. *Direitos Humanos e o Direito Constitucional Internacional.* São Paulo: Max Limonad, 2002, apêndice.

(39) Figura identificada por Pedro Lenza, *op. cit.*, p. 287, como do "magistrado-estátua".

(40) "O Judiciário a Serviço da Sociedade", *Revista Ajuris* n. 60. Porto Alegre: Ajuris, novembro de 1994.

por uma 'sociedade de organizações', na medida em que cada cidadão terminar enquadrando sua vida, inclusive a política, a cultural e mesmo a familiar na(s) organização(ões) à(s) qual(is) pertence". Ora, numa *sociedade de organizações*, dar ouvidos de forma útil à busca de tutela judicial dos entes sociais — legitimados coletivos — é mais do que ampliar o acesso à Justiça, é garanti-lo.

Esse novo encargo, aborda-o com pertinência *Miguel Reale*(41), prelecionando: "é a razão pela qual, hoje em dia, só serve à sociedade o magistrado que exerce criteriosamente suas atividades à luz das fontes e dos modelos do Direito, prolatando uma decisão que entrelace, com certeza e segurança, o passado ao futuro, a justiça pedida e a justiça outorgada. Tanto como o próprio Direito, o Judiciário pode e deve ser concebido como *constans ac perpetua voluntas jus suum cuique tribuendi*". Em sentido idêntico ao assumido por *Francisco Antonio de Oliveira*(42), ao ponderar: "Para um processo sem preconceitos, com vocação cosmopolita, também se faz necessária a presença de Juízes despidos de preconceitos, com uma visão aguda do modelo social. Pois é o elemento social que dita regras, que transforma a realidade, que pressiona o legislador".

Francisco das Chagas Lima Filho(43) propõe a necessidade da "substituição de uma magistratura pretensamente neutra e imparcial por uma que atue de modo assumido politicamente, comprometida com os dramas da sociedade, o que à evidência não constitui uma contradição com a postura neutra em relação à solução do conflito, vale dizer, o juiz neutro como julgador, politicamente assumido como hermeneuta e produtor de direito. Exige-se, enfim, do juiz, intérprete do Direito, que absorva os dados referentes à cultura, à história e às próprias necessidades sociais do povo, para que, deixando de ser uma obstrução ao acesso à justiça — talvez a maior delas —, especialmente para os desfavorecidos, possa erigir uma técnica inovadora a ser aplicada em sua nobre tarefa de julgar, de forma a assegurar o equilíbrio a paz e a justiça". Aos juízes, "a consti-

---

(41) "Da Ação Civil Pública: instrumento de cidadania — inconstitucionalidade da Lei n. 9494 de 10.9.97", *in: Revista do Ministério Público do Trabalho em São Paulo*, n. 2, 1998, p. 139.
(42) "Da Ação Civil Pública: instrumento de cidadania — inconstitucionalidade da Lei n. 9494 de 10.9.97", *in: Revista do Ministério Público do Trabalho em São Paulo*, n. 2, 1998, p. 139.
(43) "Acesso à Justiça no Plano da Realização do Direito", *in: Revista Trabalhista*, Rio de Janeiro: Forense, volume VIII, outubro, novembro, dezembro de 2003, p. 51.

tuição cidadã também lhes atribui o papel político de agentes de transformação social", na avaliação correta de *Carlos Henrique Bezerra Leite*[44].

O papel renovado e renovador da jurisdição alardeia[45] o temor da discricionariedade, o medo do abuso do poder, o receio da sucumbência dos interesses públicos e relevantes à fragilidade do ser humano (o juiz). O alarme precisa ser desligado. Três garantias do processo — de assento constitucional — asseguram a transparência dos atos do magistrado, a bem da delimitação de eventuais abusos e da correção dos rumos desviados do abuso de poder, a saber: o efetivo contraditório[46], a revisibilidade das decisões judiciais, ou duplo[47] grau de jurisdição, e a fundamentação das decisões dos juízes. Acerca da estreita relação entre os poderes instrutórios dos magistrados e o dever de fundamentação de suas decisões, manifestou-se o Supremo Tribunal Federal[48], em litígio sobre a extensão dos limites às comissões parlamentares de inquérito (CPI's), concluindo: " (...) 2. Quebra ou transferência de sigilos bancário, fiscal e de registros telefônicos que, ainda quando se admita, em tese, susceptível de ser objeto de decreto de CPI — porque não coberta pela reserva absoluta de jurisdição que resguarda outras garantias constitucionais —, há de ser adequadamente fundamentada. aplicação no exercício pela CPI dos poderes instrutórios das autoridades judiciárias da exigência de motivação do art. 93, IX, da Constituição da República. 3. Sustados, pela concessão liminar, os efeitos da decisão questionada da CPI, a dissolução desta prejudica o pedido de mandado de segurança".

O sistema de freios deve mostrar-se suficiente aos desvios de uso da tutela coletiva, depurando as decisões judiciais, mas, para isto, a postura do Estado-Juiz há de ser arrojada, pró-ativa, inquisitória e ampla, acolhendo e julgando o mérito das demandas transindividuais, de forma corriqueira e quotidiana, sem peias formalísticas indesejáveis. Já que inequívoca é a superioridade do instrumento transindividual sobre a

(44) *Op. cit.*, p. 53.

(45) Defluente, na acertada análise de MOREIRA, José Carlos Barbosa, *in: Temas de Direito Processual Civil,* 2ª Série, "As Bases do Direito Processual Civil", página 11, "de uma acentuação mais forte do caráter publicista do processo civil".

(46) Como assinala, ressalvando, Mauro Cappelletti: "quello di una reale e non meramente formale, uguaglianza delle parti" *in Giudice Legislatori,* Bolonha: Il Mulino, 1994.

(47) Quase infinito, muito além de meramente duplo, no sistema atual.

(48) STF — MS 23480 — TP — Rel. Min. Sepúlveda Pertence — DJU de 15.9.2000 — p. 119.

tutela espargida e individual, como reconhece, em voto, o Ministro Lélio Bentes: "a defesa coletiva de direitos deve ser incentivada, como meio de ampliar o acesso à Justiça dos cidadãos trabalhadores"[(49)].

A eficiência não mais guarda lugar como acessório da Administração Pública, mas, força do art. 37 da Constituição Federal, estabeleceu sua sede na principiologia do Estado, porque "obedecerá — *em quaisquer dos Poderes da República* — aos princípios de legalidade, impessoalidade, moralidade, publicidade e eficiência. À Administração não é dado escolher, senão pelos atos e ações que visem à implementação do princípio da eficiência". A entrega da prestação jurisdicional reveste-se em serviço público essencial, impondo-se a ela a regra suso propalada: há de ser um serviço *eficiente*.

Sozinho não está, o juiz, nessa empreitada, porque a mudança radical ainda carece do concorrente esforço que desborda sua atividade isolada. Refere-se, aqui, às urgências de (a) reaparelhamento do Poder Judiciário, carente — para não dizer nu — de pessoal adequadamente treinado e em quantidade suficiente, maquinário apropriado e estruturas físicas compatíveis com suas atividades; (b) reforma das condições de trabalho dos próprios magistrados, sócios do Estado no fornecimento de computadores, livros, e, não raro, papel e tinta, na atividade judicante. O aumento expressivo de unidades jurisdicionais, para equivalência civilizada entre quantidade de jurisdicionados e de juízes é medida já de todo atrasada, por isto muito mais do que urgente, sem olvidar a manutenção de remuneração justa, suficiente e adequada, projetada em garantias previdenciárias que não ofusquem o caráter vitalício do cargo; e (c) aperfeiçoamento dos processos de seleção de magistrados. Os concursos públicos, constitucional e corretamente indispensáveis, tendem a ser, como se os vê a realidade, demasiado voltados para a apreensão de conteúdo do direito formal. Esboçam, quase sempre, um exercício inútil de memória, inquirindo-se o candidato acerca do acúmulo de informações objetivas que ele foi capaz de armazenar, sem qualquer preocupação com a formação ótica, filosófica e política do postulante a cargo de tanta relevância para o funcionamento da democracia.

As providências que transbordam da atividade isolada do juiz incumbem ao Poder Público, de forma mais ampla e geral, mostrando-se necessária a exigência social, por intermédio do voto, mediante a orga-

---

(49) Recurso de Revista n. 464.392/1998, noticiado no site do Tribunal Superior do Trabalho — www.tst.gov.br, acessado em 22.12.2003.

nização comunitária, pelas ações de interferência na condução das políticas públicas. Ao lado dessas, segue-se indispensável, que o magistrado assuma, no cenário dos processos transindividuais e da jurisdição contemporânea, o exercício de uma hermenêutica que deixe de se limitar à aplicação fria e estéril da lei ao caso concreto, mas que se aproxime e se apropríe da efetividade.

Uma *hermenêutica da efetividade do processo* ateará fogo no estopim das transformações que o Poder Judiciário haverá de enfrentar — e já enfrenta, a qualquer custo — para permanecer esteio do Estado Democrático de Direito, Poder da República e fundamento indispensável à democracia. Hermenêutica que não pode vacilar na aplicação de (a) tutelas de urgência; (b) tutelas mandamentais; e (c) tutelas específicas, lançando mão de todo o aparato disponível para a efetividade da interferência judicial. Memorável, neste passo, a lição de *Luiz Eulálio de Bueno Vidigal*[50], "o direito existe para se realizar. Todo o seu valor reside na possibilidade prática de sua realização".

5. A defesa da classe ou a **defendant class action**

Das razões de ser do processo transindividual do trabalho[51], a necessidade de decisões judiciais unívocas para casos semelhantes e a inviabilidade de reunião dos interessados, ante a amplitude das lesões de massa, encetam a conclusão de que a o *legitimado social* poderia ocupar o pólo passivo da demanda coletiva. A figura vem prevista no sistema norte-americano[52] da ação coletiva e se identifica pela expressão *defendant class action*.

Partindo-se da premissa contida no art. 83 do Código de Defesa do Consumidor, segundo a qual "para a defesa dos direitos e interesses

---

(50) *Da execução Direta das Obrigações de Prestar Declaração de Vontade.* São Paulo: Revista dos Tribunais, 1940, p. 9.

(51) Resumidas linhas acima, item 2.3.5., capítulo IV, como: "a) inviabilidade de comparecimento dos interessados em juízo, dada a massificação dos litígios; b) necessidade de decisões unívocas, tanto quanto possível, para tratamento de lides semelhantes, a bem da segurança jurídica, impedindo-se decisões contraditórias para situações fático-jurídicas idênticas; c) impedir o desestímulo da busca pela tutela judicial, que decorre da pulverização dos interesses-átomo ou da ineficácia da reação individual contra a lesão transindividual; e d) particularmente na relação de emprego, a urgência de se perseguir um modelo que possibilite a tutela, sem prejuízo da mantença do contrato".

(52) Alínea "a" "3" da *Rule 23*, das *Federal Rues of Civil Procedure.*

protegidos por este Código são admissíveis todas as espécies de ações capazes de propiciar sua adequada e efetiva tutela" e tendo em vista a expressão utilizada pelo § 2º do art. 5º da Lei da Ação Civil Pública: "fica facultado ao Poder Público e a outras associações legitimadas nos termos deste artigo habilitar-se como litisconsorte de qualquer das partes", impõe-se admissível a existência da ação coletiva que tenha, no pólo passivo, um dos legitimados extraordinários da classe, ao menos em tese.

Admitem a possibilidade, com maior ou menor amplitude, *Hugo Nigro Mazzilli*[(53)], *Rodolfo de Camargo Mancuso*[(54)], *Pedro Lenza*[(55)], *Kazuo Watanabe* e *Ada Pellegrini Grinover*[(56)], mas repelem-na *Antonio Augusto Mello de Camargo Ferraz, Édis Millaré* e *Nélson Nery Júnior*[(57)]. Noutra obra, o último autor citado sustenta que o litisconsórcio referido no § 2º do art. 5º da LAC refere-se à hipótese de um dos co-legitimados sociais terem interesses próprios seus a defenderem na lide coletiva, como, por exemplo, se a União — que é legitimada legal da ação coletiva — for co-autora do dano, ou responsável pela sua correção[(58)]. Neste caso, a pessoa do legitimado constante do rol ativo não figura em representação ou no interesse da categoria ou da comunidade, mas defende, apenas e estritamente, direitos próprios. Os reflexos da decisão, se lhe forem negativos, não implicarão prejuízos aos representados, posição que, de todo, parece mais adequada à ideologia do sistema protetivo transindividual em geral, e do processo metaindividual do processo do trabalho, em particular.

Vincenzo Vigoritti[(59)] aceita a proposição, abstratamente, ponderando "si potrebbero, ad esempio, configurare azioni di mero accertamento (positivo o negativo) promosse da un imprenditore, o da altri soggetti comunque interessati, e dirette ad eliminare incertezze sulla legittimità e sull'adeguatezza di impianti di depurazione, sulla sufficienza dei mezzi adottati per tutelare la salute dei membri di una comunità, o di

---

(53) *Op. cit.*, p. 217/218.
(54) *Interesses Difusos:...*, cit., p. 167.
(55) *Op. cit.*, p. 205.
(56) *In:* "Ações Coletivas Ibero-americanas:..., cit., p. 6. A última autora reporta palestra do precedente doutrinador.
(57) *Ação civil pública e a tutela jurisdicional dos interesses difusos.* São Paulo: Saraiva, 1984, p. 76.
(58) *Código de Processo...*, cit., p. 1321, nota 21.
(59) *Interessi Colletivi e Processo: la Legitimazione ad Agire.* Milão: A. Giuffrè, 1979, p. 99 e 100.

un'impresa, ecc" e conclui que, embora o espaço para hipóteses concretas seja limitado, é "difficile negarlo de tutto". Na mesma linha dos exemplos figurados pelo processualista italiano, são as situações propostas pelos autores brasileiros mencionados no parágrafo antecedente: ação contra uma associação de moradores que resolvesse interditar determinada rua do bairro ao trânsito de veículos; ação que visasse a impedir o acesso aos estádios de futebol pelas violentas torcidas organizadas; outra que visasse a impedir a OAB de propagar adesivos para vidros de veículos com referências negativas a outras profissões; ação declaratória de validade genérica de uma cláusula padrão de certo contrato de adesão; ação proibitória da pesca de determinado crustáceo, movida contra a associação nacional dos pescadores profissionais; ação declaratória de que a indústria já tenha tomado as medidas úteis e possíveis para não mais poluir o ambiente (na cidade de Cubatão). A estes, podem acrescer-se, em matéria de trabalho, a ação declaratória da inexistência de insalubridade ou periculosidade no ambiente de trabalho; de declaração da inexistência de certo direito, aplicável a outros trabalhadores ou contratos; para identificar a extensão e a interpretação de cláusula contratual ou de norma do regimento interno da empresa; para declarar lícito o desconto salarial imposto para cobertura de gastos com o plano de saúde, fornecido espontaneamente pelo empregador.

O Tribunal Superior do Trabalho vem admitindo a atribuição do pólo passivo na ação rescisória ao sindicato autor, por substituição processual, da demanda rescindenda, de que se faz exemplo a seguinte ementa, em recurso ordinário de ação rescisória, na qual se discutia a composição do pólo negativo da lide, cujo objeto era a rescisão de ação de cumprimento, movida, originalmente, pelo sindicato. O relator conclui, não só pela adequação do pólo, como pela impossibilidade de mover-se a ação contra os empregados substituídos, em favor de quem, afinal, fora pronunciado o primeiro provimento: "Sindicato que Atuou como Substituto Processual no Processo que Resultou na Decisão Rescindenda — O art. 487, I, do CPC é de clareza solar ao estabelecer que tem legitimidade para propor ação rescisória quem tiver sido parte no processo que deu origem à decisão rescindenda. Ora, se pode propor a ação rescisória, pode também figurar no pólo passivo. Quem não pode figurar como Réu na ação rescisória de sentença proferida em ação de cumprimento promovida por Sindicato é o empregado substituído processualmente, pois não foi parte na ação de cumprimento. Nesse sentido seguem os precedentes atuais desta Corte. Recurso ordinário provido"[(60)].

A matéria foi sumulada pela Seção de Dissídios Individuais II do Tribunal Superior do Trabalho, nos seguintes termos: "OJ 110. Ação Rescisória. Réu Sindicato. Substituto Processual na Ação Originária. Legitimidade passiva *ad causam*. Inexistência de Litisconsórcio Passivo Necessário. O Sindicato, substituto processual e autor da reclamação trabalhista, em cujos autos fora proferida a decisão rescindenda, possui legitimidade para figurar como réu na ação rescisória, sendo descabida a exigência de citação de todos os empregados substituídos, porquanto inexistente litisconsórcio passivo necessário".

Funda-se, o entendimento, na lógica perversa e antiquada do falecido Enunciado n. 310, porque apenas considera que todos os "substituídos" tenham sido relacionados na petição inicial da demanda originária. Ocorre, no entanto, que, pelo sistema das ações coletivas, a ação coletiva para tutela de interesses difusos homogêneos permite a opção pela exclusão dos efeitos, desde que o interessado individual, ciente nos autos da existência da lide coletiva, não postule, em trinta dias, o sobrestamento de sua demanda individual, nos termos do art. 104 do Código de Defesa do Consumidor.

Faz-se mister distinguir-se, nas finalidades do processo transindividual, o fundamento da utilidade para aquele que tem o interesse tutelado socialmente, e o interesse geral à segurança jurídica. Ambos são fenômenos contidos na teleologia da ação coletiva, mas o primeiro se sobrepõe ao segundo. Vale dizer, a nuclear razão de transindividualização do processo consiste na tutela adequada do interesse coletivo, e não do interesse individual. Tal premissa impede que se apliquem, sem modificação legislativa, os mecanismos de coletivização para a fácil reunião, no pólo passivo, de toda a sociedade, de largas comunidades, de categorias inteiras de trabalhadores.

Mesmo que assim não fosse, para que se aplique apenas o sistema como disponível, adequada mostra-se a proposição de *Ada Pellegrini Grinover*[(61)] que, após reconhecer a possibilidade da *defendant class action* no ordenamento pátrio, sustenta que se imporia mudança de sen-

---

(60) TST — ROAR 712030 — SBDI 2 — Rel. Min. Ives Gandra Martins Filho — DJU de 15.3.2002.

(61) *In:* Ações Coletivas Ibero-americanas:..., cit., p. 11.

tido na regra contida no art. 103 do Código de Defesa do Consumidor. Destarte, a coisa julgada negativa operar-se-ia apenas quanto aos legitimados sociais, isto é, os entes autorizados a representar a classe não mais poderiam, via de ação coletiva, pleitear os interesses já rejeitados pelo Judiciário, após instrução exaurente. Os membros da classe representada manter-se-iam, noutras palavras, plenamente autorizados a manejarem ações individuais para questionar os mesmos interesses.

É certo, ainda, que não há distinção dos legitimados sociais, que podem, concorrente e disjuntivamente, propor as ações coletivas, sem dependência ou litisconsórcio com os demais. Nesse passo, considerada a aceitação da *defendant class action* brasileira, o autor poderia optar por eleger o réu na formatação do pólo passivo da demanda(62). Ao lado da providência ponderada por *Ada Pellegrini Grinover*, apontada no parágrafo anterior, impõe-se acrescentar, explicitamente, o direito-dever do juiz em definir a qualidade da representação adequada da *class*, como se dá no direito norte-americano e, como visto linhas acima, de forma mitigada no brasileiro, porque em regra a qualidade do legitimado verifica-se *ope legis*. Cuida-se, assim, de interpor mais uma barreira efetiva para a aperfeiçoada defesa dos interesses sociais, na medida em que o discernimento judicial afastaria a estratégia de aforar-se a demanda em face de representante insuficiente dos interessados finais.

Aplicável, em suas linhas gerais e *mutatis mutandis*, a lição de *Arnaldo Süssekind*(63), para quem "a autonomia da vontade funcionar para ampliar os direitos resultantes de normas cogentes ou para conceder vantagens nelas não previstas". A premissa construída para o direito material coletivo esboça-se útil à intelecção da existência e da finalidade das modificações impostas pelo processo transindividual do trabalho: aprimorar a defesa dos interesses sociais, não prejudicá-los.

6. Síntese conclusiva

Inicie-se por repetir que a dicotomia tradicional que separa legitimação ordinária de extraordinária, simplesmente pela titularidade do di-

---

(62) Questão que se tornaria mais grave no ambiente de total liberdade, com pluralidade sindical. Imagina-se que, se ao empregador fosse dado escolher contra qual sindicato, de todos os representantes da classe, ajuizaria a demanda, a escolha seria feita contra o menos aparelhados para a adequada defesa dos interesses em litígio.

(63) *Curso de Direito do Trabalho.* Rio de Janeiro-São Paulo: Renovar, 2002, p. 29.

reito material correspondente ao objeto da tutela não se amolda às necessidades do processo coletivo. Neste, diversamente do que ocorre no clássico, a titularidade do direito de ação do ente legitimado em favor da coletividade não decorre de vinculação a interesse próprio, *stricto sensu*, mas de um largo interesse, ligado umbilicalmente às suas funções institucionais. O Sindicato não tem direito material às horas extraordinárias, mas lhe pertence o ônus de ajuizar ação coletiva em busca da regularização da jornada dos trabalhadores de determinada empresa, renitente em corretamente aplicar o texto legal correspondente. O promotor de justiça pode ser ou não — e se o for será apenas um — um das centenas de milhares de usuários do sistema de cartão de crédito, mas dever funcional o impele a cuidar do inquérito civil e, se for o caso, do aforamento da ação civil pública, exigindo supressão de cláusula abusiva a partir do perfil contratual do Código de Defesa do Consumidor.

Neste passo, mister distinguir-se entre o direito mesmo e restrito, próprio do último beneficiado, o trabalhador, o cidadão, a sociedade, e o mesmo interesse tomado por sua importância coletiva. Ordinário é o intuito de defender seu próprio interesse, olhando-se a questão a partir do ponto de vista do cidadão. Extraordinário, se alguém o fizer em seu nome (art. 6º, Código de Processo Civil). Tomando-se o mesmo problema tutelável por meio de ação coletiva, a legitimação para proteger por esta via não pertence a ninguém, senão aos indicados pela lei. Qualquer um defende seu direito trabalhista. Ninguém individualmente defende o interesse do grupo. Daí ser impositiva a conclusão de que, para direitos coletivamente tuteláveis — coletivos, difusos e individuais homogêneos — a legitimação não seja ordinária ou extraordinária, mas autônoma, vocábulo tomado da processualística alemã (*selbständige Prozeâführungsbefungnis* — legitimação autônoma para condução do processo)[64]. No mesmo sentido e correta a ponderação, de *José Carlos Barbosa Moreira*[65], de que "em certo número de casos, a legitimação extraordinária confere ao respectivo titular a possibilidade de atuar em Juízo com total independência em relação à pessoa que ordinariamente seria legitimada, e em posição análoga à que a esta caberia se ordinário fosse o critério adotado pela lei para definir a situação legitimante". A presença

(64) NERY, Nélson e NERY, Rosa. *Código de Processo...*, cit., p. 1319, nota 2 ao art. 5º da LAC.

(65) "Apontamentos para um estudo Sistemático da Legitimação Extraordinária", *in: Revista dos Tribunais*, São Paulo: Revista dos Tribunais, junho de 1989, n. 404, p. 10.

do titular do direito material para aperfeiçoamento do contraditório torna-se, assim, plenamente dispensável. Como só o legitimado social dispõe de autorização legal para intentar a defesa dos interesses coletivos *lato sensu*, cumpre caracterizar sua legitimação, também, como exclusiva, porque o "substituído", em sentido amplo, "é excluído como parte principal no processo"[66].

Por outro lado, preservado sempre o direito individual de ação para tutela do interesse objetivo em litígio, surge aparente conflito entre a legitimação do ente social (legitimado extraordinário, na doutrina convencional) e o titular do direito material, impondo-se o questionamento da hierarquia ou da subordinação de uma espécie de legitimação à outra. Soluciona-se o paradoxo, só aparente, pela classificação da legitimação coletiva como concorrente, na medida em que não exclui o poder subjetivo do cidadão, pelo simples manejo da ação coletiva. Concorrem, em pé de igualdade, ambas as legitimações, como identifica *José Carlos Barbosa Moreira*: "de outras vezes, mais numerosas, a legitimação extraordinária não cancela a legitimação ordinária do titular da situação jurídica litigiosa, nem lhe produz o rebaixamento de nível" (...) "tão-somente concorre com ela, tornando indiferente para a verificação da regularidade do contraditório, que no processo figure apenas o legitimado extraordinário, apenas o ordinário, ou ambos"[67].

De outra perspectiva, ainda, tira-se diferente característica para a legitimação de agir no processo coletivo, decorrente da múltipla garantia atribuída à sociedade, da ampla variedade de titulares legitimados para o uso desse instrumento processual. Cada qual e todos podem propor a ação cabível, sem relação de subordinação ou dependência da atuação ou da autorização do outro. Neste traço típico da legitimação em análise a adjetivação é disjuntiva. Eventual formação de litisconsórcio será facultativa. *Pedro Lenza*, com acerto, conclui "qualquer entidade poderá propor a ação sozinha, sem a anuência, intervenção ou autorização dos demais". A solução legislativa visa a tutelar o interesse social, protegendo-o contra o risco de transformar os corpos intermediários em "verdadeiros centros de poder e de opressão", por isto houve apreciável cautela em "legitimar concorrentemente várias entidades, públicas e privadas"[68].

---

(66) LENZA, Pedro, *op. cit.*, p. 186.

(67) Apontamentos para um estudo..., cit., p. 11.

(68) GIDI, Antonio. *Coisa Julgada e Litispendência nas Ações Coletivas.* São Paulo: Saraiva, 1995, p. 36.

Some-se a esta, a relevante garantia de funcionamento, já vista, obrigatória do Ministério Público como fiscal da lei, quando não funcionar como parte no processo.

Autônoma, porque independe da quebra de inércia por parte do titular do direito, concorrente, porque não exclui outras vias de defesa do mesmo interesse, e disjuntiva, porque não há hierarquia ou condição entre os entes legitimados sociais, mostra-se, em síntese, a legitimação para agir no processo coletivo. Apenas nos casos de ação coletiva para tutela de direitos individuais homogêneos ocorrerá a legitimação extraordinária, via da substituição processual, identificando-se os sujeitos como substituídos, a quem se atribuirá, com a prestação jurisdicional, sua parcela divisível do interesse.

A preservação do inalienável direito individual de ação soma-se à existência de vários legitimados para fazer surgir problema de necessária análise, que é o da litispendência em processo coletivo.

Instrumento de cidadania, a coletivização dos processos, em seara trabalhista, não pode converter-se em simples mecanismo de redução dos custos da defesa dos interesses do capital. Todo o espectro teórico de que se reveste o instituto, como bem construído no sistema nacional, volta-se a propiciar ampliação do acesso à Justiça, e não sua redução.

Admitir a colocação da classe, por seus representantes legitimados sociais no pólo passivo das demandas é providência admissível, sempre com a preservação do interesse do trabalhador, à vista da consagrada proteção constitucional ao valor social do trabalho e à dignidade humana.

A legitimidade passiva do administrador público em Ações Coletivas Trabalhistas

Viviann Rodriguez Mattos(*)

1. Introdução

Segundo a processualística brasileira, toda pessoa capaz de direitos e deveres pode ser sujeito de uma relação processual, pois tem a capacidade de ser parte em juízo.

Na lição de *Dinamarco*, para a conceituação de parte não tem a menor importância a posição em face do direito material, o que já não ocorre numa relação jurídica de direito processual, que exige a outorga legal da qualificação para estar em juízo na defesa de direitos e interesses, seja propondo a demanda, seja para que em relação a elas a demanda seja proposta(1). Deste modo, serão legítimas para figurar nos pólos processuais as partes indicadas como titular do direito, por um lado, e como responsável pela lesão ou ameaça de lesão a direito, do outro. Respectivamente, o autor e o réu.

Em se tratando, porém, de lesão ou ameaça de lesão causada por agente público, no exercício da função pública, a legitimidade passiva para responder objetivamente pelo dano a terceiros, via ação civil, por exceção constitucional (CF, art. 37, § 6º), é da pessoa jurídica de direito público ou da de direito privado prestadora de serviço público, e não do agente público, que, limita-se a responder regressivamente em casos de dolo ou culpa, porque, conforme ensina *Hely Lopes Meirelles*:

(*) Procuradora do Trabalho — MPT/PRT 2ª Região (São Paulo). Vice-Coordenadora Nacional da Coordenadoria Nacional de Combate às Irregularidades Trabalhistas na Administração Pública — CONAP/MPT. Especialista em Direitos Difusos e Coletivos pela Escola Superior do Ministério Público do Estado de São Paulo. Mestre em Direitos Econômicos Especiais pela Universidade Ibirapuera — UNIB. Mestranda em Direito Administrativo pela PUC/SP.

(1) DINAMARCO, Cândido Rangel. *Instituições de Direito Processual Civil*, Volume II. São Paulo: Malheiros, 2002, p. 247.

"os agentes públicos têm plena liberdade funcional, equiparável à independência dos juízes nos seus julgamentos e, para tanto, ficam a salvo de responsabilização civil por seus eventuais erros de atuação, a menos que tenham agido com culpa grosseira, má-fé ou abuso de poder.

Realmente, a situação dos que governam e decidem é bem diversa da dos que simplesmente administram e executam encargos técnicos e profissionais, sem responsabilidade de decisão e de opções políticas. Daí por que os agentes políticos precisam de ampla liberdade funcional e maior resguardo para o desempenho de suas funções. As prerrogativas que se concedem aos agentes políticos não são privilégios pessoais; são garantias necessárias ao pleno exercício de suas altas e complexas funções governamentais e decisórias. Sem essas prerrogativas funcionais, os agentes políticos ficariam tolhidos na sua liberdade de opção e de decisão, ante o temor da responsabilização pelos padrões comuns da culpa civil e do erro técnico a que ficam sujeitos os funcionários profissionalizados."[(2)]

Não obstante, a teoria do risco administrativo ou mais precisamente a responsabilidade objetiva do Estado, preceito de cunho constitucional que visa respaldar os direitos dos particulares, que, no trato com a administração pública, venham a ser por esta prejudicada por atos de seus agentes, como regra excepcional, não se presta a chancelar iniqüidades ou irregularidades administrativas, nem muito menos serve para transferir responsabilidades que são próprias daqueles que exercem função pública.

Assim, o Estado será responsável apenas quanto aos atos funcionais dos agentes administrativos, ao passo que o administrador é responsável, portanto, legitimado passivamente, por sua conduta contrária aos princípios constitucional e legalmente elencados ainda que deles não advenha prejuízo patrimonial para o Estado ou para terceiros.

Saliente-se que a responsabilidade civil do Estado e a responsabilidade do agente público ou de terceiro que atente contra a probidade da Administração Pública não se confundem: aquela almeja reparar o dano injustamente sofrido por terceiros oriundos do agir da Administração, enquanto esta visa zelar pela lisura, legalidade e moralidade do desem-

---

(2) MEIRELLES, Hely Lopes. *Direito administrativo brasileiro,* 25. ed. São Paulo: Malheiros, 2000.

penho da função pública, sendo suas sanções de natureza política, administrativa e patrimonial elencadas no § 4º do artigo 37 da CF.

Interessa-nos, para o objetivo deste trabalho, a responsabilização do administrador por improbidade administrativa, em virtude das diversas irregularidades cometidas na política de administração de pessoal das pessoas jurídicas de direito público, que envolvem situações como a não realização de concurso público nos casos previstos em lei, o desvirtuamento das formas de contratação, os desvios de finalidades e a frustração de direitos trabalhistas na formalização e no curso do contrato de trabalho, cuja apreciação acaba por recair na Justiça do Trabalho.

2. Considerações iniciais sobre a improbidade administrativa

A Administração Pública não exerce suas atividades e direitos com a mesma autonomia e liberdade com que os particulares exercem os seus, pois, enquanto a atuação dos particulares é movida pelo princípio da autonomia da vontade, a atuação do Poder Público é orientada pelos princípios da legalidade, da supremacia do interesse público sobre o privado, da indisponibilidade dos interesses públicos, da moralidade, da impessoalidade, da publicidade e da eficiência (CF, art. 37).

Como pondera *Hely Lopes Meirelles*, "*na Administração Pública não há liberdade nem vontade pessoal. Enquanto na Administração particular é lícito fazer tudo que a lei não proíbe, na Administração Pública só é permitido fazer o que a lei autoriza*"(3). Isto porque a Administração Pública não pode dispor dos interesses públicos, por serem estes inapropriáveis.

Em decorrência da indisponibilidade do interesse público, o princípio da legalidade exige que o administrador, no exercício de sua função, deva limitar-se às exigências previstas em lei, de modo que o agente público poderá somente fazer o que ela permitir-lhe.

Nesse sentido, *Romeu Felipe Bacellar Filho* pontifica que a Administração Pública, antes de tudo, está presa ao princípio da legalidade, princípio este que: "*não é um pressuposto*"— como assinala, com grande propriedade, *Manoel de Oliveira Franco Sobrinho*, "*mas uma determinante essencial*"(4).

---

(3) *Idem, ibidem.*

(4) BACELLAR FILHO, Romeu Felipe. *Princípios constitucionais do processo administrativo disciplinar.* São Paulo: Max Limonad, 1998.

Ocorre que, diante da dinâmica da realidade fática, diversas vezes o legislador não consegue prever, através da lei, de modo completo, o único comportamento possível do administrador público na plena satisfação do interesse público, tendo em vista seu caráter genérico. Nestas hipóteses, por não haver a subsunção da lei ao caso concreto, é concedido ao administrador uma certa margem de discricionariedade para escolher a solução mais adequada para a satisfação do interesse público.

A discricionariedade, entretanto, não pode ser confundida com arbitrariedade, pois, como a atividade do administrador deve estar destinada à concretização de bens e valores caros à coletividade (princípio da finalidade administrativa), a postura do administrador está também adstrita à moral administrativa, à impessoalidade e à publicidade, além de outros princípios que, explícita ou implicitamente, foram elevados pela Constituição e pelas leis como reitores dos atos do administrador público, o que em muito reduz o campo de liberdade de escolha da conduta possível diante da ausência de previsão legal.

Neste diapasão, segundo os cânones constitucionais, o administrador público, mesmo dentro da restrita margem de liberdade que lhe foi conferida, haverá de proceder sempre em relação aos administrados com sinceridade e lhaneza, sendo-lhe interdito qualquer comportamento contrário à lei, astucioso, eivado de malícia, produzido de maneira a confundir, dificultar ou minimizar o exercício de direitos por parte dos cidadãos.

Todo ato do administrador público que for contrário às normas da moral, à lei e os bons costumes, o que inclui a violação dos direitos sociais nas relações de trabalho no âmbito da Administração Pública, quando fruto da desonestidade e com visível falta de honradez e de retidão de conduta no modo de agir perante a administração pública é considerado ato de improbidade administrativa(5), atraindo para o agente

(5) Nesse sentido, como adverte Fábio Medina Osório, não é qualquer ilegalidade que poderá ensejar a configuração da improbidade administrativa, mas "*apenas os atos que, além de ilegais, se mostrarem fruto da desonestidade ou inequívoca e intolerável incompetência do agente público*" (OSÓRIO, Fábio Medina. *Improbidade Administrativa — Observações sobre a Lei n. 8.429/92*, 2. ed. Porto Alegre: Síntese, 1998, p. 129/137). Carlos Frederico Brito dos Santos adota posição mais ampla, acentuando que a ilegalidade, e até mesmo a violação dos princípios que regem a administração pública previsto no art. 11 da Lei n. 8.429/92 para caracterização do ato de improbidade exige a conjugação de quatro elementos: a) ação ou omissão dolosa do agente público; b) a conduta viole os deveres de honestidade, imparcialidade, legalidade, e lealdade às instituições; c) a demonstração da efetiva ocorrência de perigo de dano ao patrimônio público; e d) que diante do potencial ofensivo da conduta, a opção pela

público que o praticar, por violação dos princípios e regras constitucionais as sanções prescritas no § 4º do art. 37 da CF.

O vocábulo improbidade tem origem latina — *"improbitate"* — e significa, dentre outras coisas, desonestidade, falsidade, desonradez, corrupção. O vocábulo veio a ser adotado para adjetivar a conduta do administrador que contraria as normas morais, a lei e os costumes, indicando falta de honradez e de atuação ilibada no que tange aos procedimentos esperados da administração pública, seja ela direta ou indireta.

Conforme *Marino Pazzaglini Filho*:

"*numa primeira aproximação, improbidade administrativa é o designativo técnico para a chamada corrupção administrativa, que, sob diversas formas, promove o desvirtuamento da Administração Pública e afronta os princípios nucleares da ordem jurídica (Estado de Direito, democrático e republicano), revelando-se pela obtenção de vantagens patrimoniais indevidas às expensas do erário, pelo exercício nocivo das funções e empregos públicos, pelo 'tráfico de influência' nas esferas da Administração Pública e pelo favorecimento de poucos em detrimento dos interesses da sociedade, mediante a concessão de obséquios e privilégios ilícitos*"(6).

Prossegue o autor asseverando que:

"*De forma geral, a improbidade administrativa não reclama tanta elaboração para que seja reconhecida. Estará caracterizada sempre que a conduta administrativa contrastar qualquer dos princípios fixados no art. 37, caput da CF (legalidade, impessoalidade, moralidade e publicidade), independentemente da geração de efetivo prejuízo ao erário*"(7).

---

aplicação das sanções previstas no art. 12, inciso III da LIA, não atente contra o princípio constitucional da proporcionalidade. Ainda segundo este autor, na hipótese de violação do princípio da moralidade administrativa, bem como daquel'outros que são seus corolários, como por exemplo, os princípios da honestidade e da lealdade às instituições, as sanções devem ser aplicadas independentemente da existência do perigo concreto de dano ao erário na conduta do agente público, bastando apenas a imoralidade do ato praticado — por si só — para caracterizar a improbidade administrativa (SANTOS, Carlos Frederico Brito dos. "A Esfinge da Lei de Improbidade Administrativa". Disponível em: <http://www.conamp.org.br/artigos/carlossb1. htm> Acesso em: 12 mai.2004).

(6) PAZZAGLI FILHO, Marino; ROSA, Márcio Fernando Elias; FAZZIO JR., Waldo. *Improbidade administrativa — aspectos jurídicos da defesa do patrimônio público*, 4. ed. São Paulo: Atlas, 1999.

(7) *Idem, ibidem.*

Procurando dar concreção à idéia de responsabilização do agente ímprobo que aja em desconformidade com os princípios constitucionais reitores da Administração Pública, como forma de preservar a lisura e a exação da Administração Pública, foi editada a Lei n. 8.429, em 02 de junho de 1992 (Lei de Improbidade Administrativa — LIA, a qual dispõe sobre atos de improbidade administrativa), que tem por escopo proteger a administração, em seu sentido mais amplo possível, de toda sorte de malversações e ilícitos, que violem os princípios que regem a administração pública(8).

Note-se que a *ratio legis* volta-se para o controle da "probidade pública" em toda abrangência do termo, nas várias searas de atuação do Poder Público, em todo espectro da Federação brasileira e em toda e qualquer categoria de empresas e órgãos públicos, entidades ou empresas particulares relacionadas na lei (LIA, arts. 1º, parágrafo único e 3º)(9), não sendo imperiosa a necessidade de ocorrência de prejuízo financeiro ao erário.

Os atos de improbidade previstos, exemplificativamente, na Lei 8.429/92 se desenvolvem com base em três espécies de ilícitos: atos que importam enriquecimento ilícito (artigo 9º), atos que causam prejuízo ao erário (artigo 10) e atos que atentam contra os princípios da administração pública (artigo 11); dispositivos que possuem uma origem comum: a violação dos princípios que regem a atividade pública.

Consoante a Lei n. 8.429/92, a improbidade administrativa pode ocorrer tanto por ação, como por omissão, sendo que, segundo a doutrina clássica, a sua caracterização, em ambos os casos, depende da existência de dolo(10) ou culpa, observando-se que o ato fundado na culpa "*stricto sensu*" somente é previsto na modalidade que causa prejuízo ao erário (LIA, art. 10), não estando, porém, lastreada nos padrões comuns da culpa(11), somente se prestando a este fim a

---

(8) FIGUEIREDO, Marcelo. *Improbidade Administrativa*. São Paulo: Malheiros, 1997, p. 25.

(9) *Idem, ibidem*.

(10) "*O dolo pressupõe a intenção de praticar o ato. No direito penal, ocorre o dolo quando o agente quis o resultado ou assumiu o risco de produzi-lo. Na esfera civil, Clovis Bevilaqua define-o, com o pensamento de ouro e de forma lapidar, como o artifício ou expediente astucioso empregado para induzir alguém à prática de ato, que o prejudica, e aproveita ao autor do dolo ou a terceiro*" (SZKLAROWSKY, Leon Frejda. "Improbidade administrativa e suspensão dos direitos políticos". *In*: *Âmbito Jurídico, ago/2000*. Disponível em: <http://www.ambito-juridico.com.br/aj/da0020.htm> acesso em 21 fev. 2006).

(11) Até onde pudemos pesquisar na doutrina, apenas Marino Pazzaglini Filho *et alii*. (*in Improbidade Administrativa — Aspectos Jurídicos da Defesa do Patrimônio*

existência de culpa grave[12]; nas demais hipóteses, há necessidade da demonstração do dolo para a sua caracterização (LIA, arts. 9º e 11).

No caso da improbidade administrativa por omissão, a doutrina aponta ainda como elementos necessários para a relevância da omissão: o conhecimento do fato, a possibilidade de interferir na decisão e o nexo causal entre a omissão e o resultado. Neste caso específico da omissão para fins de improbidade administrativa, deve se tratar de omissão própria, onde a pessoa responde independentemente do dever legal ou contratual de agir, podendo ser até pessoa estranha à administração.

Não obstante o posicionamento doutrinário, a jurisprudência consolidou entendimento diverso, no sentido de que "*o ato de improbidade se configura a partir de sua ilegalidade, independentemente de prejuízo ao erário, má-fé, dolo ou culpa do agente administrativo*". (REsp 617.851/MG, Rel. Min. Eliana Calmon, pub. no DJ de 06.12.2005; REsp 261.691/MG, Rel. Min. Eliana Calmon, pub. no DJ de 05.08.2002; REsp 439.280/RS, Rel. Min. Luiz Fux, pub. no DJ de 16.03.2003).

Nos termos da Lei n. 8.429/92, o cometimento de ato de improbidade administrativa sujeita o administrador público às seguintes sanções: perda dos bens obtidos irregularmente, perda da função pública, suspensão dos direitos políticos, multa civil e proibição de contratar com administração pública e dela receber benefícios (LIA, art. 12).

Além das sanções acima indicadas, mesmo que única seja a conduta do agente ímprobo, estará sujeito ainda a sanções penais (desde que haja tipificação penal), civis (que pode importar na complementação do ressarcimento dos danos causados ao Poder Público ou na indenização ao prejudicado)[13] e políticas (consistente na perda dos direitos políticos em caso de crimes de responsabilidade).

Público, 3. edição revista e atualizada. São Paulo: Atlas, 1998, p. 7) admitem a responsabilização dos administradores públicos na seara da improbidade administrativa fundamentada na imprudência e na negligência, portanto, pelos padrões comuns da culpa.

(12) THEODORO JÚNIOR, Humberto. (*Acidente do Trabalho e Responsabilidade Civil Comum*. São Paulo: Saraiva, 1987, p. 44) nos dá com bastante clareza os elementos que compõem o conceito de culpa grave, extraídos das tendências da jurisprudência, da doutrina nacional e do direito francês: "*a) a vontade de agir ou de omitir, por parte do patrão; b) o conhecimento do perigo que pode resultar de sua ação ou omissão; e, c) a falta de causa elisiva, isto é, a ausência de qualquer explicação aceitável para a sua conduta perigosa*".

(13) Embora o Código Civil regulamente a responsabilidade civil (art. 186, 187 e 927), a Lei n. 8.429/92 possui dispositivo específico, prevendo no seu o artigo 5º que, "*ocor-*

Observe-se que as várias sanções aplicáveis ao administrador público ímprobo não se confundem, sendo independentes e cumulativas[14], pois, como assinala *Rita Tourinho*:

> *"quando o agente público no exercício da atividade administrativa pratica ato de improbidade, existe uma enorme repercussão dentro dos diversos ramos do ordenamento jurídico. Assim, existirá não somente a responsabilidade do agente perante o Estado, como também, juntamente com este último, poderá tornar-se civilmente responsável frente aos lesados, além da possível responsabilidade à qual estará o sujeito no âmbito penal e administrativo, a depender do caso concreto."*[15]

3. O ato de improbidade administrativa nas relações de trabalho

Por meio de processos de contratação, a administração pública produz atos para garantir o funcionamento do Estado e proporcionar à sociedade condições de desenvolvimento e bem-estar, com proteção à saúde e ao meio ambiente, entre outras matérias igualmente fundamentais.

Nesse complexo trabalho, o poder público aplica recursos orçamentários advindos dos tributos em uma série de despesas para a celebração de contratos das mais variadas naturezas, inclusive contratos de trabalho.

A decisão de contratar é ato discricionário da administração, porém, a forma de contratar é ato vinculado, uma vez que há que se ter em conta que o processo administrativo de contratação não é uma finalidade em si, mas um instrumento da atuação do poder público, no cumprimento de suas finalidades, e não mais um ato burocrático da administração.

---

rendo lesão ao patrimônio público por ação ou omissão, dolosa ou culposa, do agente ou de terceiro, dar-se-á o integral ressarcimento do dano".

(14) As sanções da Lei n. 8.429/92, segundo o STJ, são independentemente de outras medidas: *"Os atos de improbidade administrativa definidos nos arts. 9º, 10 e 11, da Lei n. 8.429/92, acarretam a imposição de sanções previstas no art. 12, do mesmo diploma legal, às quais são aplicadas independentemente das sanções penais, civis e administrativas. Tais sanções, embora não tenham natureza penal, revelam-se de suma gravidade, pois importam em perda de bens e de função pública, ou em pagamento de multa e suspensão de direitos políticos, todos aplicados no âmbito de uma ação civil..."* (REsp. 150329/RS — Relator Ministro Vicente Leal, pub. no DJ de 05.04.1999, p. 00156).

(15) TOURINHO, Rita. *Discricionariedade Administrativa — Ação de Improbidade e Controle Principiológico.* Curitiba: Juruá, 2004, p. 133.

Na contratação de pessoal, diferentemente de um particular, que tem a autonomia de vontade a nortear a escolha do como e quando contratar a sua mão-de-obra, o administrador público não tem qualquer liberdade de escolha, pois não pode fazer caridade com o emprego público, nem utilizar a contratação para pagar favores eleitorais, devendo respeito, na sua política de administração, às regras e princípios contidos no art. 37 da Constituição Federal.

Nos termos do inciso II do art. 37 da CF, *"a investidura em cargo ou emprego público depende de aprovação prévia em concurso público de provas ou de provas e títulos, de acordo com a natureza e a complexidade do cargo ou emprego, na forma prevista em lei, ressalvadas as nomeações para cargo em comissão declarado em lei de livre nomeação e exoneração".*

A exigência do concurso público para a investidura de agentes no serviço público aplica-se tanto ao vínculo estatutário quanto ao contratual (regido pela CLT)[16], excetuando-se as hipóteses de cargos em comissão e as de contratação por tempo determinado para atender à necessidade temporária de excepcional interesse público (cujos casos devem ser estabelecidos por lei), prevista nos incisos V e IX do art. 37 da CF.

Afora estas duas hipóteses, que constituem as únicas exceções à regra geral da obrigatoriedade da aprovação prévia em concurso público, o administrador público que contratar trabalhadores sem concurso público estará, inexoravelmente, cometendo ato de improbidade administrativa[17], decorrente de uma relação de trabalho irregular, uma vez que a contratação sem concurso fora das exceções constitucionais viola diversos princípios da administração pública (LIA, art. 11, *caput*), como o da eficiência (porque no concurso presume-se a escolha dos melhores can-

(16) A obrigatoriedade de realização de concurso público para a admissão de pessoal na administração pública indireta (autarquias, fundações, sociedades de economia mista e empresas públicas), independentemente do regime de contratação (estatutário ou celetista) tornou-se matéria pacificada após a decisão da Suprema Corte, proferida nos autos do Mandado de Segurança n. 21.322 — STF, Ministro Relator Paulo Brossard, publicado no Diário Oficial de 23.04.93, *in Revista LTr*, volume 57, n. 09, setembro de 1993, p. 1.092.

(17) A contratação de pessoal sem concurso público, segundo o STJ, configura-se erro inescusável, portanto, trata-se de improbidade administrativa: AgRg no Ag 695351/MG; Agravo Regimental no agravo de instrumento 2005/0122416-8, Min. João Otávio de Noronha, pub. DJ 19.12.2005, p. 348.

didatos para os quadros da administração pública), da impessoalidade (porque a escolha do contratado é dirigida a determinadas pessoas em detrimento de outras, por motivos injustificados), da moralidade (porque o trato da coisa pública impõe que se acate parâmetros éticos específicos — públicos, incompatíveis com o favorecimento de poucos, etc.), da isonomia (porque se todos são iguais perante a lei, devem ter a mesma oportunidade, inclusive para o acesso ao serviço público) e da legalidade (porque o ordenamento jurídico veda tal prática); além do que, dependendo das circunstâncias, pode ser enquadrada ainda na Lei n. 8.429/92, no art. 10, inciso I ("*I — facilitar ou concorrer por qualquer forma para a incorporação ao patrimônio particular, de pessoa física ou jurídica, de bens, rendas, verbas ou valores integrantes do acervo patrimonial das entidades mencionadas no art. 1º desta lei*") e inciso XI ("*XI — liberar verba pública sem a estrita observância das normas pertinentes ou influir de qualquer forma para sua aplicação irregular*").

Enquadram-se nessa mesma conduta tipificadora da improbidade administrativa todas as formas de desvirtuamento na admissão de pessoal que violam o princípio constitucional do concurso público (LIA, art. 10, I e II c/c art. 11, I e V), a exemplo da terceirização irregular, notadamente naquelas onde há evidente frustração de direitos trabalhistas, como ocorre no caso da contratação de cooperativas de trabalho ou de pessoas jurídicas constituídas para a intermediação fraudulenta de mão-de-obra. Isto porque a regra é contratação direta, mediante relação de emprego, para prestação de serviços habituais, onerosos, subordinados e com pessoalidade (CLT, art. 3º)(18), ressalvadas as exceções legais (Lei n. 6.019/74 e Lei n. 7.102/83). A contratação ilegal de trabalhadores, mediante qualquer forma de fraude à legislação trabalhista, traduz ofensa ao interesse público consubstanciado no igualitário acesso ao serviço público a todos os cidadãos(19).

O ato de improbidade também pode se caracterizar durante o curso da relação de trabalho, como, por exemplo, na situação em que o administrador público viola o princípio da impessoalidade, procedendo à transferência de determinado servidor por mera perseguição política ou inimizade.

Em todas as situações citadas, o agente público estará agindo em desconformidade com os princípios regentes da Administração Pública,

---

(18) Neste sentido: TST, Enunciado 331.
(19) OSÓRIO, Fábio Medina. *Improbidade Administrativa*..., p. 213.

incorrendo em ato de improbidade, por desvio de finalidade ou de poder que, na clássica doutrina de *Hely Lopes Meirelles*:

"... verifica-se quando a autoridade, embora atuando nos limites de sua competência, pratica o ato por motivos ou com fins diversos dos objetivados pela lei ou exigidos pelo interesse público. O desvio de finalidade ou de poder é, assim, a violação ideológica da lei, ou por outras palavras, a violação moral da lei, colimando o administrador público fins não queridos pelo legislador, ou utilizando motivos e meios imorais para a prática de um ato administrativo aparentemente legal... (...) O ato praticado com desvio de finalidade — como todo ato ilícito ou imoral — ou é consumado às escondidas ou se apresenta disfarçado sob o capuz da legalidade e do interesse público. Diante disto, há que ser surpreendido e identificado por indícios e circunstâncias que revelem a distorção do fim legal, substituído habilidosamente por um fim ilegal ou imoral não desejado pelo legislador. A propósito, já decidiu o STF que "Indícios vários e concordantes são prova"[20].

O desvio de finalidade redunda, pois, em frontal lesão à legalidade, à moralidade e à impessoalidade, uma vez que o agente público, que assim procede, utiliza a máquina administrativa de forma mesquinha; arvora-se na qualidade de senhor do poder administrativo para fins escusos; portanto, subverte a própria idéia de Estado, que foi criado para promover o bem comum, e não para satisfazer interesses daqueles que estão à frente de uma administração.

Como salienta *Waldo Fazzio Júnior*:

"A ilegalidade que aqui se apresenta é aquela que mira subverter o ato administrativo, distorcendo-o do gerenciamento de interesses públicos. Não é apenas o corriqueiro 'a lei diz isto, o prefeito fez aquilo', mas a utilização indevida do poder jurídico-político, da lei como seu instrumento eficiente, para desviar a atuação administrativa de sua rota predeterminada. É a substituição do social pelo pessoal, do público pelo privado, do coletivo pelo individual. É a não-administração"[21].

Em suma, incorrendo o administrador público, na sua política de contratação, em desrespeito aos direitos sociais nas relações de traba-

(20) MEIRELLES, Hely Lopes. *Direito administrativo brasileiro...*

(21) FAZZIO JUNIOR, Waldo. *Improbidade Administrativa e Crimes de Prefeitos*, 3. ed. São Paulo: Atlas, p.187.

lho, enquadrável em qualquer das hipóteses exemplificativamente enumeradas na Lei n. 8.429/92, por ação e omissão, segundo o disposto no § 4º do art. 37, da CF, estará sujeito à responsabilização e às sanções previstas na Constituição e na Lei de Improbidade Administrativa, na forma e gradação previstas por esta, inclusive o ressarcimento do dano.

O ressarcimento integral do dano a que faz referência o art. 12 da Lei n. 8.429/92, como leciona *Rita Tourinho*,

> "*não é, rigorosamente, uma sanção, mas sim uma medida visando à restituição do estado anterior, repercutindo o princípio constante do art. 942 do Código Civil que determina que aquele que seja responsável pela ofensa ou violação do direito de outrem ficará sujeito à reparação do dano causado*"[(22)].

No caso da contratação sem concurso público, se para selecionar a pessoa mais apta a exercer determinado mister deve ser utilizado este meio, a inobservância causa, inexoravelmente, lesão ao erário, devendo o erário ser ressarcido pela devolução do dispêndio à revelia do procedimento legal, pois aquele que praticou os atos terá agido por sua conta e risco. O dano, na hipótese, é presumido — presunção relativa —, cabendo ao agente ímprobo demonstrar a ausência de lesividade[(23)].

O ressarcimento integral ao patrimônio público é medida que deve ser exigida também quando da responsabilização subsidiária do Estado, que é bastante comum nas terceirizações irregulares, e do pagamento de verbas indevidas as pessoas irregularmente contratadas (TST, Enunciado n. 363), sem prejuízo do ressarcimento pelo dano moral coletivo.

Outrossim, o administrador público, dependendo da hipótese concreta, sujeitar-se-á ainda às sanções penais (LIA, art. 12), relativas aos crimes contra a organização do trabalho — Código Penal — e crime de responsabilidade — Lei de Responsabilidade —, e civis, respondendo sozinho, ou juntamente com o Estado, nos termos do § 6º do art. 37, da CF, por eventuais lesadas causadas aos trabalhadores. Sendo que, neste último caso, o dever de reparar pressupõe: a) ação ou omissão do

---

(22) TOURINHO, Rita. *Discricionariedade Administrativa — Ação de Improbidade e Controle Principiológico...*, p. 210.

(23) Neste sentido: Eduardo M. Cavalcanti. No sentido de que a presunção é absoluta: Hugo Nigro Mazzilli. Em sentido diametralmente oposto, de que não há presunção: Juarez Freitas. (*In* CAVALCANTI, Eduardo M. "Concurso Público Instrumento para a prática de ato de improbidade administrativa e crime". Disponível em: <http://www.prt21.gov.br/dt_2_09.htm.> acesso em 28. fev.2006).

agente, dolosa ou culposa; b) ocorrência de dano; c) nexo de causalidade entre a conduta do agente e o resultado lesivo[24]; e, ainda, d) ausência de excludente de responsabilização: caso fortuito, força maior e a concorrência do trabalhador para a ilicitude (conluio).

Frise-se que, em relação aos trabalhadores lesados que estavam de boa-fé, admitidos sem concurso público, a reparação do dano pelo agente ímprobo autoriza, também pela via coletiva, o reconhecimento de vínculo trabalhista diretamente com o administrador ímprobo, quando a contratação for efetuada em desacordo com a regra do art. 37, *caput,* II e IX, e § 2º, da Constituição, e as verbas decorrentes ainda não tiverem sido arcadas pelo erário. Medida esta, aliás, que encontra consonância com o disposto no art. 37, § 2º, da *Lex Fundamentallis*, c/c art. 12, II, da Lei n. 8.429/92.

Ora, se não é justo que os profissionais que estavam de boa-fé fiquem à margem da legislação trabalhista por irresponsabilidade do administrador, e, se, igualmente, não é justo que o cidadão pagador de impostos tenha que arcar com o prejuízo que será suportado pelo erário com as admissões, é absolutamente injusto deixar o mau-administrador impune pelas ações adotadas, em nome do ente público, para atender exclusivamente a interesses pessoais seus.

Assim, justifica-se a formação do vínculo diretamente com o administrador ímprobo, pela contemplação indisfarçável da desvalorização do valor social do trabalho, valor este revelado com máxima valia pelo constituinte como princípio fundamental da República Federativa do Brasil (CF, art. 1º, incisos III e IV)[25].

---

(24) Apesar de constar expressamente no ordenamento jurídico pátrio da independência da esfera civil, administrativa e penal, existem determinadas situações em que o julgamento do fato na esfera penal produz coisa julgada nas esferas cível e administrativa. Assim ocorre sempre que se reconhecer no âmbito criminal: a) ter sido o ato praticado em estado de necessidade, legítima defesa, em estrito cumprimento do dever legal ou no exercício regular de direito (CPP, arts. 65 e 386, V); b) a inexistência material do fato ou a negativa de autoria (CPP, arts. 66 e 386, I); c) a existência material do fato e quem seja seu autor (NCC, art. 935), o que equivale à condenação criminal, tornando certa a obrigação de indenizar e servindo a sentença como título executivo judicial (CP, art. 91 do CP e CPC, art. 584, II). Havendo, porém, a absolvição por ausência de provas (CPP, artigo 386, VI) ou por não constituir o fato infração penal (CPP, art. 386, III), poderá a questão ser amplamente examinada nas esferas cível e administrativa. O mesmo ocorre nos casos de arquivamento do inquérito policial sem a deflagração da denúncia (CPP, artigo 67, I).

(25) No caso das verbas decorrentes do vínculo tiverem sido arcadas pela pessoa jurídica de direito público, cabe o direito de regresso e/ou o ressarcimento ao erário,

Observe-se que, nessas hipóteses, o ressarcimento direto do administrador público ímprobo aos trabalhadores lesados, de boa-fé, defendidos coletivamente por meio da ação civil pública trabalhista, limita-se ao registro em CTPS, às verbas indenizatórias e encargos decorrentes do vínculo empregatício, uma vez que as verbas salariais, nos termos do Enunciado n. 363, do C. TST, devem ser arcadas pelo próprio ente público que se beneficiou com a mão-de-obra, a fim de evitar-se o enriquecimento ilícito da pessoa jurídica de direito público.

Não é demais ressaltar que, não cabe na hipótese acima a aplicação da responsabilidade objetiva do Estado para responder pela indenização ao trabalhador de boa-fé, posto que, se o agente público abusa do poder de contratar, deixa de investir na formação, no curso ou na extinção do contrato de trabalho das cautelas exigidas pela lei ou ainda procede ilegalmente na relaçao de trabalho, não se pode admitir que este agente se ache no exercício da função para o qual foi investido quando da realização do ato, pois se trata de ato pessoal, devendo o individuo ímprobo ser responsabilizado diretamente pelo que fez.

4. A efetivação da Lei n. 8.429/92 através das ações coletivas trabalhistas: considerações processuais

A efetivação da Lei n. 8.429/92, que, não é, em essência, uma lei de ritos, mas, sim, de direito material, é extremamente relevante para o atendimento dos interesses das pessoas jurídicas de direito público e, por conseguinte, para o aperfeiçoamento da defesa do próprio interesse público. E, neste contexto, despontam como principais instrumentos de efetivação da lei, quando a improbidade do administrador público se dá no âmbito da relação de trabalho, as ações coletivas trabalhistas.

A ação civil pública constitui, ao lado da ação popular, um meio de defesa e proteção do interesse público, e, conseqüentemente, da probidade administrativa. Ação popular é aquela que, por força de dispositivos constitucionais compete a qualquer cidadão para pleitear a anulação ou a

---

na forma da lei de improbidade administrativa. Na hipótese da pessoa jurídica ter custeado apenas os salários e o FGTS (TST, Enunciado 363), através da ação civil pública, uma vez demonstrado a improbidade administrativa do agente público e a boa-fé dos trabalhadores lesados, é possível o reconhecimento de vínculo diretamente com o administrador e os encargos e direitos dele decorrentes, posto que este agiu por sua conta e risco em potencial lesividade ao patrimônio público por, no mínimo, malbarateamento do dinheiro público.

declaração de nulidade de atos lesivos ao patrimônio de entidade pública. Este preceito constitucional está regulado pela Lei n. 4.717/65. Já a ação civil pública, por seu turno, encontra no art. 129, III, da Constituição, seu *status* constitucional, sendo regulada pela Lei n. 7.347/85, visando tutelar os direitos difusos, coletivos e individuais homogêneos.

Dentre as ações coletivas na Justiça do Trabalho, a ação civil pública tem relevância para a responsabilização do administrador público por ato de improbidade quando desrespeitados os direitos sociais nas relações de trabalho[26], por sua abrangência[27], uma vez que tem como objetivo a proteção de interesses não só de ordem patrimonial como também de ordem moral e cívica, de modo que o seu objeto consiste tanto no restabelecimento da legalidade, como na punição ou repressão dos atos de improbidade[28], possibilitando a cumulação de pedidos (Lei n. 7.347/85, art. 3º) de condenação em dinheiro e do cumprimento da obrigação de fazer ou não fazer, além da aplicação das sanções previstas na Lei n. 8.429/92[29].

Como elucida *Consuelo Yatsuda Moromizato Yoshida*:

"Com a aplicação subsidiária da legislação mencionada é possível, numa mesma ação, postular-se, com base na Lei n. 8.429/92,

---

(26) A adequação da ação civil pública para a responsabilização do administrador ímprobo já se encontra cristalizada na jurisprudência do Superior Tribunal de Justiça: RESP 427140/RO; Recurso Especial 2002/0044157-0 Relator (a) Ministro José Delgado; Rel. p/ Acórdão Ministro Luiz Fux, 1ª Turma, pub. no DJ de 25.08.2003, p. 263. No mesmo sentido é a lição de Alexandre de Moraes: "*Torna-se, pois, indiscutível a adequação dos pedidos de aplicação das sanções previstas para o ato de improbidade administrativa à ação civil pública, que constitui nada mais do que uma mera denominação das ações coletivas, às quais por igual tendem à defesa de interesses meta-individuais. Assim, não se pode negar que a Ação Civil Pública se trata da via processual adequada para a proteção do patrimônio público, dos princípios constitucionais da administração pública e para a repressão de atos de improbidade administrativa, ou simplesmente atos lesivos, ilegais ou imorais, conforme expressa previsão no art. 12 da Lei n. 8.429/92 (de acordo com o art. 37, § 4º da Constituição Federal e art. 3º da Lei Federal n. 7.347/85)*" (MORAES, Alexandre. *Direito Constitucional*, 1. ed. São Paulo: Atlas, 1997, p. 271).

(27) Sandra Lengruber da Silva explicita que "*a ação civil pública possui maior amplitude que a ação popular, de forma que, ainda que possa haver identidade entre os elementos de uma e outra, existe uma maior possibilidade de que a ação civil pública abranja a ação popular*" (SILVA, Sandra Lengruber da. *Elementos das ações coletivas*. São Paulo: Método, 2004).

(28) REsp 695718 / SP, Rel. Min. José Delgado, pub. DJ de 12.09.2005. Precedentes do STJ.

(29) Neste sentido: *RESP n. 319.009 — RO 2001/0046329-0 (STJ). Rel. Min. ELIANA CALMON, julg. em 05.09.02, e, mais recentemente, o RESP 510.150, Rel. Min. Luiz Fux, publicado no DJ de 17.02.2004.*

a aplicação das cominações previstas no art. 12, de caráter nitidamente repressivo dos atos de improbidade praticados, mas também postular-se, com base na Lei n. 7.347/85, por exemplo, a reparação por danos morais a ser destinada ao Fundo previsto no art. 13 desta Lei, e a condenação e a execução específica de obrigações de fazer e de não fazer, visando corrigir e obstar a continuidade da prática dos atos de improbidade. A conveniência da cumulação dos pedidos numa mesma ação há de ser aferida em cada caso concreto"[(30)].

A ação civil pública de improbidade ou com pedido cumulado de improbidade tem como peculiaridade, em relação aos demais possíveis pedidos que nesta ação podem ser formulados, de acordo com a doutrina e a jurisprudência, que, em que pese o rol de legitimados para o ajuizamento da ação civil pública, somente o Ministério Público e a pessoa jurídica atingida[(31)] possuem a legitimidade para figurar no pólo ativo[(32)].

"In casu", a legitimidade ativa para a ação civil pública improbidade ou cumulada com a improbidade, que tenha como fundamento o desrespeito aos direitos sociais nas relações de trabalho, decorrente de uma relação de trabalho ilegal ou mesmo desvirtuada, por indiciariamente não passar de uma das facetas de verdadeira macro-lesão trabalhista, marcadamente em face do desrespeito a normas e princípios (legalidade, moralidade) ancorados ao predicamento constitucional dentro de uma relação de trabalho, nos termos da Lei Complementar n. 75/93, é do Ministério Público do Trabalho, conseqüentemente, a competência para apreciá-la (s) é da Justiça do Trabalho, nos termos do art. 114, da Constituição, c/c o art. 83, III, da Lei Orgânica do Ministério Público da União[(33)].

---

(30) YOSHIDA, Consuelo Yatsuda Moromizato. "Ação civil pública e ação de improbidade administrativa". 2000. Disponível em: <www.anpr.org.br/bibliote/teses17>. Acesso em: 20.fev.2006.

(31) A pessoa jurídica atingida poderá, ainda, se quiser, integrar a lide na condição de litisconsorcio facultativo do Ministério Público (Precedentes jurisprudenciais do STJ: REsp 329735/RO; ROMS 12408/RO; REsp 123672/SP; REsp 167783/MG; REsp 21376/SP e REsp 37354/SP).

(32) Neste sentido, confira-se: Acórdão 144.578-5/6-00 — TJ/SP. Disponível em: <http://juris.tj.sp.gov.br/> Acesso em: 22. fev. 2006.

(33) Segundo entendimento consolidado do STJ, em se tratando de relação de emprego decorrente de contratação irregular, ou seja, sem prévia aprovação em concurso público, ou no caso de desvirtuamento, não obstante tenha o Município adotado o Regime Jurídico Estatutário, a competência para processar e julgar o pleito é da Justiça Trabalhista. Neste sentido: AGRCC n. 33.709, 3ª Seção, Relator Ministro Felix

Vale lembrar que, a Lei Complementar n. 75/93, consoante a dicção do art. 84, *caput,* c/c o art. 6º, XIV, *f,* da LOMPU, combinada ainda com as novas atribuições da Justiça do Trabalho trazida pela Emenda Constituição n. 45/04, indiscutivelmente, maleabilizou a competência material da Justiça do Trabalho, pois trouxe a esta especializada o processo e julgamento da ação civil pública, que foge, à regra *"stricto sensu"* de julgamento de dissídios entre empregados e empregadores, e, conseqüentemente, dando-lhe atribuições, pelo *princípio da unidade de convicção,* para apreciar e julgar todas as matérias veiculadas nas ações civis públicas que digam respeito aos direitos sociais dos trabalhadores e outras controvérsias dela decorrentes, inclusive a improbidade administrativa oriunda do desrespeito a estes direitos(34), ante a existência de mesmo substrato fático.

O *princípio da unidade de convicção* trata-se de uma construção jurisprudencial do Supremo Tribunal Federal que, preocupado com a possibilidade dicotômica de decisões de órgãos jurisdicionais distintos em ações decorrentes do mesmo substrato fático, passou a pregar que se o mesmo fato tiver de ser analisado mais de uma vez, deve sê-lo pelo mesmo Juízo, uma vez que entende que a repartição ou partilhamento de competências não favorece a aplicação de justiça, e que a divergência de decisões para ações decorrentes da mesma relação de direito material invocada entre órgãos jurisdicionais distintos causa um impacto deletério no jurisdicionado.

Nesse sentido, no julgado no RE 438639, disse a Excelsa Corte: "*salientou-se que deveria intervir no fator de discriminação e de interpretação dessas competências o que se chamou de 'unidade de convicção', segundo a qual o mesmo fato, quando tiver de ser analisado mais de uma vez, deve sê-lo pela mesma justiça.*"

O *princípio da unidade de convicção* foi utilizado também como fundamento no julgamento do Conflito de Competência n. 7204, para fins

---

Fischer, DJ de 01.09.2003). Citado entendimento é resultado de inúmeros julgados em Conflitos de Competência aforados perante o C. STJ. Precedentes: CC n. 39785-PA; CC 29.574-CE; CC 40.390-PA. No mesmo sentido: TST/ RR 1443/2002-911-11-00, DJ — 25/06/2004; RR 799012/2001, DJ - 25/06/2004; RR 207/2002-101-17-00, DJ — 16/ 04/2004.

(34) A jurisprudência do E. TRT da 8ª Região, uma das primeiras na história da Justiça do Trabalho a se manifestar sobre a questão da improbidade administrativa, é no mesmo sentido, sendo válido mencionar o acórdão 01208-2002—106-08-00-9, 3ª TRT/RO 3151/2003, da lavra da Juíza Pastora Leal.

de definição de competência da Justiça do Trabalho, pela nova disposição do art. 114 da CF dada pela Emenda Constitucional n. 45/2004, tendo o Pretório assim deliberado: "... *são, agora, de competência da Justiça do Trabalho todas as ações oriundas da relação de trabalho, sem exceção alguma...*" (CC 7204, Rel. Min. Carlos Brito, pub. no DJ de 09.12.2005, texto extraído do voto do Min. Cezar Peluso).

A competência funcional para a apreciação da ação civil pública de improbidade administrativa, seja cumulada, seja sozinha, será da 1ª. Instância, independentemente da posição ocupada pelo agente ímprobo, por não se aplicar na esfera civil o foro privilegiado, conforme decidiu o Supremo Tribunal Federal, no julgamento da ADI 2797/DF e da ADI 2860/DF, quando, declarou, por maioria, a inconstitucionalidade da Lei n. 10.628, de 24.12.2002.

Por derradeiro, registre-se que, na hipótese do Membro do Ministério Público do Trabalho ajuizar ação civil pública apenas para obrigação de fazer e/ou para ressarcimento dos danos, sem se referir à improbidade administrativa decorrente do desrespeito aos direitos sociais nas relações de trabalho, não pode o Judiciário Trabalhista, por óbvio, ao final condenar o agente ímprobo em ato de improbidade. Contudo, poderá o Juiz abrir prazo para o "*Parquet*" laboral aditar a inicial, ao que não está obrigado a fazer, sendo certo, porém, que, neste caso, pode o juiz remeter peças ao Procurador Geral do Trabalho, para que tome as providências que entender necessárias.

5. Os sujeitos ativos dos atos de improbidade e sua legitimidade passiva para figurar na ação de improbidade administrativa oriunda de uma relação de trabalho

São sujeitos ativos dos atos de improbidade administrativa, portanto passíveis de responsabilização pela via coletiva, não só os servidores públicos, mas todos aqueles que estejam abrangidos no conceito de agente público, previsto no art. 2º, da Lei n. 8.429/92, o que inclui aqueles que, além de exercerem função pública delegada, administram verbas públicas.

Na ação de improbidade responde pelo ato ímprobo o agente público que cometeu (por ação ou omissão) e/ou expediu o ato de improbidade administrativa oriunda da relação de trabalho.

A responsabilização estende-se a todos os responsáveis pelas situações ou fatos ensejadores da ação que concorreram, em co-autoria ou mediante simples participação, ou induziram, ainda que não seja voluntária ou conscientemente, para a prática do ato (LIA, art. 3º)[35].

Rogério Pacheco Alves assevera que:

"Como se vê, buscou o legislador a responsabilização de todos aqueles que tenham, de alguma forma, praticado ou concorrido para a prática da improbidade, sendo bastante amplo o campo de incidência da norma. A pluralidade de agentes e/ou terceiros que tenham de alguma forma concorrido ou se beneficiado da improbidade leva à ocorrência de litisconsórcio necessário no pólo passivo, na forma do art. 47 do Código de Processo Civil, com a possibilidade, inclusive, de aplicação do art. 7º, III, da Lei n. 4.717/65"[36].

A doutrina é pacífica no sentido de que, a sujeição às sanções previstas na Lei n. 8.429/92 se estende, inclusive, aqueles que se beneficiaram, mesmo que indiretamente, do ato de improbidade. Entretanto, essa posição doutrinária deve ser vista com certas ressalvas no caso do ato de improbidade administrativa oriunda de uma relação de trabalho. Isto porque, por exemplo, todos os trabalhadores admitidos sem concurso público, em tese, se beneficiam diretamente do ato ímprobo, mas, nem por isto, todos eles podem ser considerados legitimados a figurar passivamente na lide de improbidade. Somente aqueles que agiram em conluio (por apadrinhamento, nepotismo e etc.) com o agente ímprobo respondem juntamente com este, justamente porque o que a lei visa punir são aqueles que agem com desonestidade no trato da coisa pública, de modo que, estando presente a boa-fé do trabalhador fica descaracterizada a improbidade em relação a ele, embora persista a do agente público que contratou irregularmente.

É possível pleitear também a condenação da pessoa jurídica que concorreu com o agente ímprobo na improbidade administrativa decorrente da relação de trabalho. A responsabilização da pessoa jurídica privada que concorreu para o ato de improbidade administrativa do agen-

---

(35) A doutrina divide os atos de improbidade em próprios e impróprios. Os primeiros são praticados por agentes públicos em razão do exercício da função, e os segundos são realizados por pessoas que não são agentes públicos, mas em razão de associação com agentes públicos.

(36) *Apud* ANGELIS, Juliano de. "A Lei de Improbidade Administrativa vista pela doutrina e jurisprudência. Comentários à Lei n. 8.429/92". Jus Navigandi, Teresina, a. 10, n. 936, 25 jan. 2006. Disponível em: <http://jus2.uol.com.br/doutrina/texto.asp?id=7807>. Acesso em: 22 fev. 2006.

te ímprobo dependerá, porém, de participação efetiva da mesma através de seus dirigentes agindo em seu nome e para seu benefício.

A responsabilização da pessoa jurídica que concorreu para o ato não se aplica, contudo, à pessoa jurídica de direito público, ainda que se trate de um alto dirigente e este tenha usado o nome da pessoa jurídica de direito público ou agido, supostamente, em seu benefício, pois esta última é considerada pela Lei n. 8.429/92 como vítima (presunção absoluta).

Se o ato do agente ímprobo foi baseado em orientação de advogado ou de Procurador do Estado ou Município, inclusive mediante parecer, a ação de improbidade oriunda da relação de trabalho deve ser ajuizada também em desfavor do causídico mediante litisconsórcio passivo com o responsável pelo ato, nos termos do art. 3º da Lei n. 8.429/92.

A ilegalidade do ato desrespeitoso aos direitos sociais constitucionalmente garantidos poderá ser imputada ao sucessor do agente público ímprobo pelo só fato, por exemplo, de manter os servidores irregularmente contratados por seu antecessor. Não obstante, trata-se de conduta ímproba independente e autônoma daquela feita pelo antecessor que procedeu às contratações irregulares, de modo que não há que se falar em concorrência ou indução do sucessor sobre o ato do antecessor.

Por fim, poderão ser processados na ação de improbidade administrativa oriunda de uma relação de trabalho os herdeiros do agente ímprobo (LIA, art. 8º), sendo certo, porém, que a responsabilização se dá apenas em relação ao ressarcimento do dano, no limite de sua herança, não podendo ser-lhes aplicadas as demais sanções, pois são personalíssimas.

6. Conclusões

Apesar da Constituição estipular normas cogentes para reger o comportamento do administrador público, na prática, o que se observa é um total descomprometimento dos agentes públicos com os princípios constitucionais que regem a Administração Pública estimulados pela certeza da impunidade.

O advento da Lei n. 8.429/92 constitui-se, na atualidade, ao menos uma esperança de modificação dessa cultura política-administrativa brasileira de improbidade, na medida em que, através das sanções graves que enumera, autoriza que somente participe do cenário político-administrativo aqueles dispostos a atuar em prol da coletividade, deixando de lado a visão individualista e privativista, características que tem acompanhado grande parte dos administradores brasileiros ao longo dos anos, especialmente na política de administração de pessoal do Poder Público(37).

A efetivação da Lei n. 8.429/92, como imperativo do Direito e da Justiça, não pode ficar à margem do Judiciário Trabalhista, pois não é parte inerte no mundo jurídico-processual, mas parte ativa, quando provocado por meio das ações coletivas trabalhistas, na repressão à improbidade administrativa decorrente do substrato fático de desrespeito aos direitos sociais nas relações de trabalho, na forma e gradação previstas na Lei de Improbidade Administrativa, não sendo lhe permitido deixar impune o mau-administrdor quando constatado o ato de improbidade administrativa pelo desrespeito aos direitos sociais constitucionalmente garantidos.

7. Bibliografia

BACELLAR FILHO, Romeu Felipe. *Princípios constitucionais do processo administrativo disciplinar.* São Paulo: Max Limonad, 1998.

BUENO, Cássio Scarpinella. *O poder público em juízo.* São Paulo: Saraiva, 2003.

DINAMARCO, Cândido Rangel. *Instituições de Direito Processual Civil — Volume II.* São Paulo: Malheiros, 2002.

FAZZIO JR, Waldo. *Improbidade Administrativa e Crimes de Prefeitos,* 3. ed. São Paulo: Atlas.

FIGUEIREDO, Marcelo. *Improbidade Administrativa.* São Paulo: Malheiros, 1997.

MEIRELLES, Hely Lopes. *Direito administrativo brasileiro,* 25. ed. São Paulo: Malheiros, 2000

MORAES, Alexandre. *Direito Constitucional,* 1. ed. São Paulo: Atlas, 1997.

---

(37) TOURINHO, Rita. *Discricionariedade Administrativa — Ação de Improbidade e Controle Principiológico.* Curitiba: Juruá, 2003, p. 129.

OSÓRIO, Fábio Medina. *Improbidade Administrativa — Observações sobre a Lei n. 8.429/92*, 2. ed. Porto Alegre: Síntese, 1998.

PAZZAGLI FILHO, Marino. ROSA, Márcio Fernando Elias. FAZZIO JR. Waldo. *Improbidade administrativa — aspectos jurídicos da defesa do patrimônio público*, 4. ed. São Paulo: Atlas, 1999.

SANTOS, Carlos Frederico Brito dos. *A Esfinge da Lei de Improbidade Administrativa*. Disponível em: <http://www.conamp.org.br/artigos/carlos-sb1. htm> Acesso em: 12 mai.2004.

SILVA, Sandra Lengruber da. *Elementos da ações coletivas*. São Paulo: Método, 2004.

SZKLAROWSKY, Leon Frejda. *Improbidade administrativa e suspensão dos direitos políticos*. *In*: Âmbito Jurídico, ago/2000. Disponível em: <http://www.ambito-juridico.com.br/aj/da0020.htm> acesso em 21 fev. 2006.

THEODORO JR., Humberto. *Acidente do Trabalho e Responsabilidade Civil Comum*. São Paulo: Saraiva, 1987.

TOURINHO, Rita. *Discricionariedade Administrativa — Ação de Improbidade e Controle Principiológico*. Curitiba: Juruá, 2004.

Interesses tuteláveis por meio de Ação Coletiva

Paulo Guilherme Santos Périssé(*)

A propósito do convite para elaborar este ensaio, dentro dos festejos relativos aos trinta anos de fundação da Anamatra, cujo temário de fundo pretende fornecer um espectro do pensamento dos magistrados trabalhistas e dos procuradores do trabalho acerca da ação civil pública, imediatamente imaginei não ser possível lidar com os interesses tuteláveis por meio de ação coletiva sem contextualizar a questão posta. Por uma opção metodológica pretendo extrair do gênero ação coletiva o tema das ações civis públicas trabalhistas porque esse é o pólo dinâmico e controvertido com o qual vêm lidando nossos tribunais.

Com esse foco, creio ser importante resgatar a trajetória desse tipo de demanda em nosso país, ainda que de forma breve, para que se possa ter a dimensão desse processo e suas implicações especialmente no campo das relações de trabalho. Tal esquema não pode prescindir de uma análise da dinâmica na qual estamos envolvidos, especialmente o Brasil, país periférico, mas que nem por isso está isento dos influxos de um processo mais amplo, de escala mundial.

Feito isso creio ser importante avançar essa reflexão para tentar entender afinal o "por quê?" certos interesses podem e devem ser tutelados por meio dessa espécie de ação coletiva e qual é a relevância de se estabelecer um mecanismo judicial específico para lidar com um certo tipo de demanda que ao menos em sua morfologia não seria estranha ao cenário trabalhista(1).

Ao final, pretendo concluir não apenas com a indicação dos interesses tuteláveis, mas principalmente procurando divisar um impacto possível desse processo porque explicitamente busco uma análise de caráter interdisciplinar(2) para dar cabo dessa tarefa.

(*) Juiz do Trabalho da 1ª Região. Membro do Centro de Estudos Direito e Sociedade — CEDES/IUPERJ. Mestre e Doutorando do IUPERJ.

(1) Penso aqui, por exemplo, nos dissídios coletivos como modalidade de demanda coletiva que desde muito permeia o cenário da Justiça do Trabalho.

(2) Porque o conhecimento estanque do direito descolado das implicações de sua aplicação prática é insuficiente para essa análise contextualizada.

O Cenário das Relações de Trabalho

Um dos elementos centrais para pensarmos hoje no impacto causado pelas transformações por que passou aquilo que se convencionou chamar "mundo do trabalho" consiste justamente no *mal estar*(3) causado pela erosão dos laços de solidariedade entre os indivíduos e dos movimentos que até pouco tempo eram constitutivos de identidades coletivas dos trabalhadores. O ideal de pleno emprego e estabilização das condições de vida que animaram a realidade das sociedades centrais e os sonhos da periferia parecem esvaziados sob o peso do processo de transformação econômica em curso desde a segunda metade do século XX. Tal sentimento, de certo modo, está incorporado numa vasta literatura que toma a reorganização das bases do capitalismo como elemento causal desse processo(4).

Nesse sentido, sem deixar de lado sua eterna busca pela maximização dos lucros e a tendência à geração e concentração da riqueza, esta nova fase de expansão do capitalismo global seria particular por ter conferido papel secundário ao ser humano, como agente e beneficiário desse processo. A exclusão social teria passado a ser uma variável intrínseca a qualquer abordagem dessa dinâmica, principalmente por ser o elemento que rompeu com os ideais relativamente institucionalizados, ao menos nas sociedades centrais, em torno da progressiva estabilização das condições de vida dessas populações. A crença de que a coesão social estava assegurada com o avanço da produção associada a conquistas sociais foi colocada em xeque(5).

---

(3) Algo similar ao sentimento retratado por Freud, no seu conhecido — *O mal estar na civilização*.

(4) Por exemplo, HARVEY, *The condition of postmodernity*. Oxford, Basil Blackwell, MINGIONE, *Las sociedades fragmentadas — una sociología de la vida económica más allá del paradigma del mercado*. Madri: Centro de publicaciones Ministério de Trabajo y Seguridad Social, BOAVENTURA DE SOUSA SANTOS, *Pela mão de Alice — o social e o político na pós-modernidade*. 7. ed. São Paulo: Cortez Editora, CASTEL, *As metamorfoses da questão social — Uma crônica do salário*. Petrópolis: Editora Vozes ou OFFE, *Trabalho e sociedade — Problemas estruturais e perspectivas para o futuro da "Sociedade do Trabalho" — A crise*. Vol. 1. Rio de Janeiro: Tempo Brasileiro.

(5) Vale lembrar aqui como essa crença tem sólidas bases e pode ser encontrada até mesmo na literatura jurídica nacional focada no discurso sobre as gerações de direitos cuja implementação prática em nosso cenário é, em grande medida, escassa. Soa paradoxal como sucessivas abordagens dos direitos de primeira, segunda, terceira e até quarta geração pretendem dar conta de uma realidade de desigualdade social que se aprofunda desde muito. Esse desencaixe parece pairar sobre tal ângulo da análise jurídica nacional. A pergunta, portanto, é saber se podemos pensar essa realidade jurídica periférica sob outro enfoque, algo ainda pouco explorado.

Portanto, nos dias atuais, o ideal de elevação da dignidade humana como fator central a todo modelo de desenvolvimento e a pretensa solidariedade entre os povos, recorrentes até mesmo em diversos tratados internacionais de caráter multilateral, parecem ter sido deslocados como eixo central da vertebração das sociedades em função do avanço de uma perspectiva individualista, moldada por uma lógica desvinculada das formas tradicionais de ação coletiva. O indivíduo isolado passou a ser o único responsável por seu destino e pela melhoria de suas condições de existência, rezam as cartilhas dos novos tempos.

Paralelamente, esse quadro geral de reestruturação da produção, revolução dos meios de transporte e aprofundamento do desenvolvimento tecnológico também foi responsável por estreitar a vinculação entre as sociedades a tal ponto que nenhuma delas é imune às suas conseqüências. A dita globalização atinge a todos, embora de forma assimétrica, exigindo redobrado esforço para compreender essa realidade acentuadamente difusa e fragmentada, suas implicações, as perspectivas que se abrem ou os caminhos que se fecham para o desenvolvimento humano.

Como sinal desse movimento pode-se observar a crise experimentada pelas formas tradicionais de organização dos trabalhadores e seus movimentos de ação coletiva, grandes protagonistas da arena política ao longo do séc. XX considerados, num sentido forte, os artífices da construção do chamado Estado Social[6]. De fato, a distribuição eqüitativa da riqueza, a centralidade conferida ao trabalho, assim como a conquista de direitos mínimos inerentes a qualquer ser humano são devedores dessas formas de ação coletiva, estruturadas principalmente a partir dos laços de solidariedade construídos dentro do movimento sindical.

Entretanto, quando a fragmentação do tecido social emergiu no cenário mundial atingiu diretamente essas formas de ação combinada dos trabalhadores e o sindicalismo passou a experimentar uma profunda crise de identidade. Mesmo sociedades periféricas como a nossa, ainda que não tenham conhecido integralmente os ciclos evolutivos das sociedades centrais, foram duramente atingidas por esse processo disruptivo das bases que animavam o sindicalismo[7].

---

(6) De todo modo sempre incompleto no Brasil.

(7) O problema que se coloca ao movimento sindical, portanto, de modo geral, consiste em como lidar com essa realidade sem sucumbir como forma de coesão dos trabalhadores para a conquista de objetivos comuns.

Por outro lado, em sintonia com essa dinâmica, no campo do direito, a erosão das fronteiras entre os Estados imposta pela revolução tecnológica passou a confrontar o tradicional sistema jurídico racional legal sobre o qual foi construída a noção moderna de Estado nacional soberano. Novos atores e novos mecanismos de arbitragem de conflitos extrapolavam os limites territoriais, tornando cada vez mais fluida a relação Estado-território-nação. Paulatinamente, com a perda da centralidade conferida ao Estado, o direito vem sendo substituído como sistema de orientação das condutas dos agentes[(8)] por um discurso que privilegia a lógica do mercado como estruturante das relações sociais.

Esse cenário permite entender os problemas enfrentados pelo sistema judicial brasileiro, justamente por estar envolvido nessa dinâmica mais ampla. Nesse sentido, o ambiente de deslegitimação do Estado como garantidor das formas de coesão social alcançou as instituições do sistema judicial que se viram incapazes de estabelecer alguma idéia de ordem. Particularizando a abordagem, pode-se afirmar que a crise do Estado e do direito, portanto, tem como subproduto a crise do próprio sistema judicial envolvido com a dificuldade de fornecer uma resposta efetiva e, principalmente, substantiva, à avalanche de demandas propostas em seus diversos segmentos, especialmente ao longo dos anos noventa do séc. XX.

Esse movimento pode ser medido, no campo trabalhista, com a ampliação do número de reclamações propostas que, no limite, alcançaram a marca de dois milhões anuais sem que a resposta do sistema a essa ampliação tenha tido um impacto significativo no processo de deslegitimação do direito do trabalho, como sinalizaram os aumentos constantes dos números daqueles que laboram sem as garantias do estatuto celetista[(9)]. A resposta sistêmica a esse contexto, até o momento, foi limitada à ampliação do campo de atuação do Judiciário, como revela a recente ampliação de sua competência para alcançar não mais as relações de emprego formalizadas, mas toda e qualquer relação de trabalho, num movimento aparentemente dissociado dos problemas reais enfrentados por esse campo.

---

(8) O que torna mais dramático o quadro brasileiro das relações de trabalho, porque estruturadas sob o modelo legislado, como ressalta com propriedade Adalberto Cardoso, *in A década neoliberal e a crise dos sindicatos no Brasil.* São Paulo: Boitempo Editorial.

(9) O índice de trabalhadores ocupados laborando sem as garantias contidas na CLT gira em torno de cinqüenta por cento, como informam os dados do IBGE (http://www.ibge.gov.br/).

Entretanto, soa paradoxal e ainda pouco compreendido que esse mesmo cenário de deslegitimação do direito tenha estimulado a apropriação por parcelas da sociedade organizada e mesmo por parte do Ministério Público de ferramentas institucionais, como a ação civil pública, que introduziram uma nova dinâmica dentro da qual pode ser observado o deslocamento de uma eventual ação substantiva do Judiciário Trabalhista da esfera dos dissídios individuais para a órbita das ações coletivas, não mais como árbitro do conflito capital/trabalho, mas como agente destinado a tornar efetivos os direitos sociais incorporados ao texto constitucional. Por essa via pode-se pensar que uma eventual reconstrução da legitimidade do direito do trabalho poderá partir da sociedade, processo cujo sentido vai encontrar na outra ponta a figura do magistrado com seu arcabouço teórico e prático ainda ancorados numa lógica distinta(10).

Esse contexto encerra, portanto, um cenário no qual estão combinados, a realidade do campo social em transformação, o surgimento de uma nova ferramenta jurídica como a ação civil pública trabalhista e um certo equipamento teórico mobilizado pelos agentes do Estado que lidam com o conflito no âmbito do sistema judicial, ou seja, juízes e procuradores do trabalho. Essa trajetória, embora tenha seu ponto de partida na década de noventa, especialmente com a regulamentação da atuação do Ministério Público do Trabalho através da Lei Complementar n. 75/93(11), tem sua origem com o longo processo iniciado na década de setenta por influência de juristas como *José Carlos Barbosa Moreira, Ada Pellegrini Grinover e Waldemar Mariz de Oliveira* conectados ao tema mais amplo da expansão do poder judicial dentro das grandes democracias ocidentais. Esse é o ponto seguinte a ser abordado porque desse processo parece ter emergido uma tendência que hoje orienta a ação dos agentes do sistema judicial trabalhista.

A Expansão do Poder Judicial e as Ações Civis Públicas

Os trabalhos do jurista italiano *Mauro Cappelletti* representam o grande divisor quando em debate o tema das ferramentas judiciais des-

(10) Como sinaliza o fato de ainda resistir no imaginário coletivo do sistema judicial trabalhista o discurso centrado no papel do juiz especializado como árbitro do conflito entre capital/trabalho e garantidor da paz social.

(11) Vale lembrar que desde a Constituição Federal de 1988 é função do Ministério Público (art. 129, III) *"promover o inquérito civil e a ação civil pública, para a proteção do patrimônio público e social, do meio ambiente e de outros interesses difusos e coletivos"*.

tinadas a lidar com o novo cenário da massificação dos conflitos sociais[12]. Sua repercussão em nosso contexto pode ser medida com a vasta produção intelectual de juristas[13] que estiveram na linha de frente do debate legislativo que resultou na edição da Lei da Ação Civil Pública (Lei n. 7.347/85). Mas essa história por demais conhecida em suas linhas gerais merece ser resgatada em seus fundamentos teóricos e no contexto em que foi construída tal ferramenta judicial.

Em primeiro lugar parece central recuperar os traços fundamentais dos trabalhos de *Cappelletti* que, embora não estivesse lidando explicitamente com esse tema, abordava a dinâmica da expansão do poder judicial[14], problema que naquele momento chamava à atenção nos países da tradição do direito continental porque, em suma, ampliava a margem de ação discricionária do Judiciário e do juiz, em particular, possibilitando sua intervenção em diversas esferas da vida política e social[15].

Seu argumento está ancorado na idéia de que o papel do direito e do Estado foram transformados com o advento do Estado do Bem-Estar — *Welfare State* —, quando a complexidade da vida social paulatinamente transformou o caráter da ação legislativa, agora destinada não mais a estabelecer os limites da ação estatal, mas a promover a realização de certos projetos coletivos. Portanto, o absenteísmo estatal deu lugar ao protagonismo de suas agências para tornar efetivos os chamados direitos sociais. Esse caráter pró-ativo da legislação implicou no deslocamento da ação política para além das fronteiras dos parlamentos. Num primeiro momento o Poder Executivo teria assumido a tarefa de promover a efetividade desses direitos, do que resultou a ampliação de suas funções e no limite acabou por transformá-lo numa pesada má quina burocrática, onipotente e incapaz de responder com eficiência às inúmeras pressões a que estava submetido.

---

(12) São por demais conhecidas e até hoje centrais na literatura jurídica nacional obras como *Acesso à Justiça*, *Juízes Legisladores* e *Juízes Irresponsáveis?*

(13) Como José Carlos Barbosa Moreira, Ada Pellegrini Grinover, Cândido Rangel Dinamarco, Kasuo Watanabe, Waldemar Mariz de Oliveira Jr., Nelson Nery Junior, para citar alguns. Uma dimensão da influência desses juristas pode ser captada em trabalhos como WERNECK VIANNA, Luiz; CARVALHO, Maria Alice Rezende de; MELO, Manuel Palácios Cunha; BURGOS, Marcelo Baumann. *Judicialização da política e das relações sociais no Brasil.* Rio de Janeiro: Revan.

(14) Fenômeno retratado ao longo dos anos noventa no campo das ciências sociais com destaque para os trabalhos centrais de Tate e Vallinder e no Brasil Werneck Vianna, Rogério Bastos Arantes e Maria Tereza Sadek.

(15) O conhecido *"Juízes Legisladores"* parece sintetizar sua visão acerca desse processo e, portanto, serve como referência para esse curto histórico.

Com esse sentido afirma:

"Estamos, pois, em face de dois desenvolvimentos paralelos de grande alcance, cada um deles revelando os claros sintomas da profunda crise do nosso mundo contemporâneo. De um lado, existe o gigantismo do Poder Legislativo, chamado a intervir ou "interferir" em esferas sempre maiores de assuntos e de atividades; de outro lado, há o conseqüente gigantismo do ramo administrativo, profunda e potencialmente repressivo"(16).

Sob o impacto desse cenário o Poder Judiciário surgiu inicialmente desempenhando o controle de constitucionalidade das leis(17) e atos normativos para, em seguida, expandir sua atuação rumo ao controle dos próprios atos da administração. Com isso emergiram também os riscos do chamado ativismo judicial para os quais chamava à atenção, particularmente aqueles relacionados ao debilitado equipamento teórico que dispunham os juízes para lidar com a complexidade das demandas e ao problema da legitimação democrática de sua atuação, essencialmente por se tratar de um agente não submetido ao sufrágio popular.

Mas *Cappelletti* foi sensível, também, ao perceber outro fenômeno importante para se entender o tema da expansão do poder judicial e do advento de novas ferramentas institucionais destinadas à efetivação de direitos consagrados em textos constitucionais e não submetidos ao arbítrio das maiorias parlamentares(18). Trata-se da chamada massificação dos conflitos sociais cujas implicações em sua visão foram assim descritas:

"Cada vez mais freqüentemente, por causa dos fenômenos de massificação, as ações e relações humanas assumem caráter coletivo, mais do que individual: elas se referem preferentemente a grupos, categorias e interesses de pessoas, do que apenas a um ou poucos indivíduos (...) E na verdade, cada vez mais freqüentemente, a complexidade das sociedades modernas gera situações nas quais um único ato do homem pode beneficiar ou prejudicar

---

(16) *Op. cit.*, p. 46.

(17) A inscrição de um catálogo de direitos nas Constituições modernas e o papel desempenhado pelo Judiciário para torná-los efetivos também estão no vértice do argumento.

(18) Sobre o tema do controle da regra da maioria e suas implicações para o sistema judicial ver WERNECK VIANNA, Luiz; BURGOS, Marcelo Baumann. *Revolução processual do direito e democracia progressiva. In*: WERNECK VIANNA, coord. *A Democracia e os três poderes no Brasil.* Belo Horizonte: Editora UFMG.

*um grande número de pessoas, com a conseqüência, entre outras, de que o esquema tradicional do processo judiciário como "lide entre duas partes ("**Zweiparteienprozess**") e "coisa das partes" (**Sache der Parteien**") resulta completamente inadequado"*[19].

Em linhas gerais, portanto, *Cappelletti* está refletindo sobre um processo evidente nas grandes democracias onde, é importante ressaltar, um sólido Estado de bem-estar estabelecido a partir do pós-guerra parecia enfrentar sérios problemas para tornar efetivos os chamados direitos sociais. É nesse contexto que sua obra faz uma defesa explícita da ampliação do poder do sistema judicial e de sua atuação com maior margem de discricionariedade para dar conta de uma litigiosidade de novo tipo, coletiva. O elemento criativo do julgador é sempre destacado como essencial para lidar com essa nova realidade na qual o Poder Judiciário e as ferramentas do direito poderiam desempenhar um papel importante para a expansão de alguma idéia de justiça numa sociedade cada vez mais complexa.

O que é singular para o cenário brasileiro é justamente pensar como esse equipamento teórico foi apropriado por juristas nacionais num momento em que o sistema político experimentava o processo de redemocratização e a sociedade parecia dar claros sinais de rompimento com seu tradicional atrelamento ao Estado[20]. Expressão desse fato podia ser observada no movimento sindical na região do ABC em São Paulo local onde parecia se delinear pela primeira vez novas formas de ação verdadeiramente autônomas. Esse descolamento teria um papel fundamental quando em jogo a utilização dessas novas ferramentas jurídicas, como a ação civil pública, porque são instrumentais dependentes de uma participação ativa do cidadão comum[21].

Essa percepção dos juristas e particularmente sua ação parecem, num certo sentido, inseridas numa ampla trajetória trilhada por figuras

---

(19) *Op. cit.*, p. 57.

(20) O campo das ciências sociais desde muito debate os problemas dessa heteronomia dos movimentos sociais, especialmente do sindicalismo, por exemplo, em trabalhos como de DIAS, Everaldo. *Histórias das lutas sociais no Brasil.* São Paulo: Edablit; MORAES FILHO, Evaristo de. *O problema do sindicato único no Brasil: seus fundamentos sociológicos.* São Paulo: Alfa-Ômega; RODRIGUES, José Albertino. *Sindicato e desenvolvimento no Brasil.* São Paulo: Difusão Européia do Livro e RODRIGUES, Leôncio Martins. *Conflito industrial e sindicalismo no Brasil.* São Paulo: Difusão Européia do Livro.

(21) Vale lembrar que desde a década de sessenta do século passado a ação popular integrava nosso sistema judicial com parcos resultados práticos em sua aplicação talvez por faltar a esse desenho institucional o outro elo ativo — a sociedade.

como *Joaquim Nabuco*, *Rui Barbosa* ou *Oliveira Viana*, personagens que pensaram o direito brasileiro e procuraram intervir diretamente na realidade prática como verdadeiros engenheiros sociais(22). Certamente não é este o espaço para realizar uma análise crítica dessa tradição do direito brasileiro. No entanto convém o registro de que os acontecimentos das décadas de setenta e oitenta do século passado, quando esse campo procurou moldar uma realidade em transformação através da criação de ferramentas jurídicas adequadas a um cenário institucional em ebulição, não devem ser entendidos de forma isolada.

Em última análise, pode-se afirmar que no início dos anos oitenta propunham ao campo jurídico dar passagem ao ideal democrático em gestação no ambiente social através do fomento de uma participação ativa da sociedade. Por esse motivo a defesa do interesse coletivo se faria aqui, preferencialmente, por organizações autônomas gestadas no ambiente societal, canal institucional adequado para dar efetividade às suas demandas. Protagonistas principais dessa trajetória não seriam, portanto, o Ministério Público e o Poder Judiciário cujo papel secundário seria o de viabilizar o exercício e a consolidação de um Estado substancialmente democrático(23).

Portanto, o grande mérito do conhecido projeto dos juristas que viria a ser modificado e se transformaria na Lei da Ação Civil Pública estava em perceber a importância da construção de uma sociedade civil institucionalizada e autônoma em relação ao Estado dentro do processo de consolidação democrática. Isso explica, por exemplo, sua discordância em relação ao modelo do inquérito civil público sob a tutela do Ministério Público(24), porque os agentes públicos do sistema judicial, juízes, procuradores e promotores, seriam acima de tudo funcionais para animar esse modelo democrático(25).

---

(22) Por sinal essa sensibilidade parece novamente inscrita no anteprojeto do Código Brasileiro de Processos Coletivos em debate no Congresso Nacional como revela o ensaio de Ada Pellegrini Grinover *in* MILARÉ, Edis (coord.). (2005). *A Ação Civil Pública após 20 anos: efetividade e desafios.* São Paulo: Editora Revista dos Tribunais, p. 13-16.

(23) Interessante trabalho sobre a trajetória dos debates em torno do processo de construção da Lei da Ação Civil Pública pode se extraída dos ensaios de Fleury Filho e Alexandre Gavronski na obra citada e editada sob a coordenação de Edis Milaré.

(24) Resgatavam nesse sentido o argumento de Cappelletti, por exemplo, em *Formações Sociais e Interesses Coletivos Diante da Justiça Civil* — Revista de Processo 5/128, jan-mar. 1977.

(25) Com esse sentido poderia ser percebida a idéia de ativismo.

No entanto, o desenrolar dos acontecimentos resultou numa produção legislativa que por um lado incorporava a importante ferramenta da ação civil pública ao cenário jurídico e por outro ampliava a margem de ação discricionária tanto do Ministério Público quanto do Poder Judiciário, tendência que perdura até hoje. Essas corporações, por sua vez, incorporavam valores genuínos da ordem democrática tanto quanto assimilaram o diagnóstico da hipossuficiência da sociedade brasileira, como bem demonstrou Arantes(26).

Essa dinâmica da introdução da ação civil pública no ordenamento jurídico brasileiro deixa claro que certas matrizes teóricas ligam nossa trajetória ao processo de expansão do poder judiciário em escala mundial. No entanto, nosso particularismo parece residir na distância que separa, de um lado a existência de uma sociedade civil institucionalizada capaz de agir autonomamente e de outro a apropriação das ferramentas jurídicas destinadas a tornar efetivo o catálogo de direitos inscritos na constituição. O resultado dessa equação, até o momento, tende a sobrepor o protagonismo dos agentes do Estado em relação ao ambiente social. De certa forma, o campo trabalhista replica certa trajetória geral, como será abordado em seguida.

Interesses tuteláveis e o campo trabalhista.

O fenômeno da massificação das lesões causado pela maior complexidade alcançada pela vida social é a raiz desse processo de coletivização das demandas judiciais e de criação de ferramentas institucionais específicas para abordar a tutela de certos interesses(27). No cenário brasileiro após o advento da Lei n. 7.347/85 certa controvérsia doutrinária envolvia os conceitos e mesmo a existência dos interesses tuteláveis por meio da ação civil pública.

---

(26) ARANTES, Rogério Bastos. (2000). *Ministério Público e Política no Brasil.* São Paulo. Departamento de Ciência Política/USP — Tese de doutorado. Esse trabalho aborda a ação do Ministério Público sob o ângulo da ciência política criticando essa postura ativa como lesiva ao funcionamento das instituições políticas brasileiras. No entanto, o que não desenvolve o autor é justamente o ângulo político sob o prisma da moralidade dos fins da ação de procuradores e promotores.

(27) Explicitamente cuidarei de interesses metaindividuais ou coletivos (em sentido amplo) e me afasto das conjecturas em torno do antagonismo entre interesses e direitos tuteláveis, mesmo porque tanto a lei (8.078/90 — Código de Defesa do Consumidor — art. 81) como a doutrina têm por superada essa dicotomia, como bem afirma Kazuo Watanabe *in Código Brasileiro de Defesa do Consumidor: comentado pelos autores do anteprojeto.* Rio de Janeiro: Forense, 1998, p. 623.

Em termos conceituais, foi o Código de Defesa do Consumidor (Lei n. 8.078/90) quem colocou um ponto final nesse debate ao fixar as categorias de interesses submetidos ao seu comando. Daqui, portanto, se extrai a definição dos interesses difusos, coletivos e individuais homogêneos com os quais a doutrina e a prática judiciária vêm lidando desde então.

Sob o prisma da lei, portanto:

"Art. 81. A defesa dos interesses e direitos dos consumidores e das vítimas poderá ser exercida em juízo individualmente ou a título coletivo.

Parágrafo único. A defesa coletiva será exercida quando se tratar de:

I — interesses ou direitos difusos, assim entendidos, para efeitos deste Código, os transindividuais, de natureza indivisível, de que sejam titulares pessoas indeterminadas e ligadas por circunstâncias de fato;

II — interesses ou direitos coletivos, assim entendidos, para efeitos deste Código, os transindividuais de natureza indivisível de que seja titular grupo, categoria ou classe de pessaoas ligadas entre si ou com a parte contrária por uma relação jurídica-base;

III — interesses ou direitos individuais homogêneos, assim entendidos os decorrentes de origem comum."

Sinteticamente, os interesses difusos teriam como característica a indeterminação dos sujeitos, a indivisibilidade do objeto, a intensa litigiosidade interna e a transição ou mutação no tempo e no espaço, como destacou *Mancuso*[(28)].Os interesses coletivos, por sua vez, na ótica de *Bezerra Leite* se caracterizam por seu caráter transindividual, por sua indivisibilidade, pela titularidade do interesse categorial e por existir uma relação jurídica base como fato gerador do interesse comum (organizacional)[(29)].

Por fim, os interesses individuais homogêneos, seguramente a face ainda polêmica em termos conceituais tanto na doutrina como na jurisprudência, identificam-se com aqueles passíveis de defesa coletiva em juízo embora primariamente digam respeito a interesses individuais. O

---

(28) MANCUSO, Rodolfo de Camargo. (2004). *Interesses Difusos — Conceito e Legitimação para Agir*. 6. ed. São Paulo: Editora Revista dos Tribunais, p. 96-109. Por sinal, como bem observou Carlos Henrique Bezerra Leite citando o prof. José Carlos Barbosa Moreira outra característica marcante é seu caráter não-patrimonial, *Ação civil pública*. São Paulo: LTr, p. 49.

(29) *Op. cit.*, p. 58.

que os distingue é exatamente a repercussão ampliada dessa gama de lesões individuais, *leitmotiv* para a emergência de um mecanismo processual específico para sua apreciação destinado a evitar a atomização do fenômeno coletivo em múltiplas demandas individuais, ao risco de decisões discrepantes, em processos demorados e onerosos(30).

Essas três categorias legais quando revertidas ao cenário das relações de trabalho encerram uma gama de situações concretas passíveis de aplicação. As experiências práticas e um certo exercício de imaginação por parte da doutrina e da jurisprudência deixam entrever a importância desse tipo de tutela para os mais distintos contextos(31).

Dentro dessa dinâmica, no entanto, pode ser extraída uma tendência importante do processo iniciado ao longo dos anos noventa do século vinte, quando o recurso a essa ferramenta foi institucionalizado no campo trabalhista.

Nesse sentido, importa compreender a atuação do Ministério Público do Trabalho e dos Sindicatos como agentes relevantes desse processo. Essa interação, percebida sob o prisma do enraizamento da democracia e suas instituições para além das agências do Estado merece especial atenção. Isso porque, se por um lado os Sindicatos representam a fração organizada dos movimentos dos trabalhadores (e dos empregadores) já se detectou, ainda sem uma investigação profunda acerca dos elementos causais, como o protagonismo do Ministério Público coloca em segundo plano sua atuação autônoma como co-legitimados para promover a ação civil pública (32).

De fato, se o propósito de uma reflexão em torno da ação civil pública trabalhista é valoroso isso decorre justamente da possibilidade de se identificar problemas e até mesmo saídas que permitam aprofundar a participação popular no plano do próprio sistema judicial. Essa parece ser uma face virtuosa do cenário trabalhista a ser resgatada já que o manejo de outras espécies de ação coletiva por parte dos Sindicatos prescindia da intervenção de agências do Estado(33). O que importa, vale dizer, não é absolutamente desprezar o trabalho desenvolvido pelo Ministério Público do Trabalho, mas identificar uma nova rota de atuação

---

(30) MANCUSO, *op. cit.*, p. 49.

(31) Como se extrai das obras citadas de BEZERRA LEITE e MANCUSO.

(32) Como mencionado por Paulo Sérgio Jakutis, Ronaldo Lima dos Santos, citados em MANCUSO, *op. cit.*, p. 257-258.

(33) Um rol dessas espécies pode ser encontrado em BEZERRA, *op. cit.*, p. 106-119.

capaz de estimular o desenvolvimento de formas autônomas de ação provindas do ambiente social.

Por esse motivo, o resgate dos momentos fundacionais da ação civil pública e o contexto de aprofundamento da democracia onde estava incluída podem fornecer um marco referencial importante para superar esse entrave, mesmo porque a sobrecarga do Ministério Público, no limite, pode inviabilizar sua atuação. Para tanto, uma outra percepção do fenômeno jurídico dentro do nosso contexto parece ser indispensável. Esse é o passo final desse ensaio.

A título de conclusão:

> Quando iniciei esse ensaio minha proposta foi trabalhar o tema da ação civil pública de forma contextualizada para extrair, das origens do processo que resultou na sua criação, alguns aspectos centrais que permitam esclarecer uma certa dinâmica na qual se insere esse tipo de demanda no campo das relações de trabalho.

Esse olhar retrospectivo permitiu identificar como o trabalho de pensadores do campo jurídico forneceu ao nosso ordenamento ferramentas institucionais funcionais ao momento de expansão da democracia brasileira. Para tanto havia a expectativa em torno da ativação da participação popular nos processos decisórios em cenários os mais distintos, inclusive no âmbito do sistema judicial. O desenrolar desse processo teria como central a participação de agências do Estado, como o Ministério Público e o próprio Poder Judiciário, menos por um protagonismo puramente corporativo, mas como importantes catalisadores e dinamizadores de processo de aprofundamento da democracia.

A defesa dos interesses metaindividuais, para além de sua conotação jurídica, tem um importante papel a desempenhar na consolidação de formas de ação coletiva que, em síntese, estimulam a constituição e o fortalecimento da sociedade civil ao ampliar os caminhos para a participação popular nos processos decisórios da democracia. Há um processo em curso no qual o sistema judicial passou a operar como depositário das expectativas em torno da conquista de direitos. No entanto, seu sentido talvez ainda seja devedor da capacidade de percepção dessa dinâmica por seus agentes de modo a desbravar novos rumos que, em suma, permitam a concretização do projeto democrático incorporado aos mecanismos institucionais disponíveis no nosso ordenamento jurídico.

O cientista político *Ian Shapiro*[34] ao refletir sobre os ideais de democracia e justiça chama a atenção para sua possível articulação prática a ser construída no âmbito das relações sociais. Esse não é o espaço para avançar nessa discussão da filosofia política, mas merece registro a importância conferida à interação entre os atores sociais para o constante aprofundamento de formas democráticas de convivência social. Isso, no entanto, não se faz em compêndios doutrinários, mas na prática, no cotidiano das relações sociais. A Ação Civil Pública abre essa possibilidade exatamente por inscrever no sistema judicial um mecanismo institucional qualificado para, nessas raras oportunidades, estimular a auto-organização de interesses coletivos em torno de alguma idéia de bem comum. Exige-se aqui esforço, senso de oportunidade e criatividade para a realização de escolhas, inovações institucionais e formas de atuação renovadas pela experiência prática. Nisso os valores incorporados ao campo jurídico, de que são portadores juízes e procuradores, têm um papel fundamental a desempenhar porque são instrumentais para a ativação dessa vida, afinal, republicana.

Referências Bibliográficas

ANTUNES, Ricardo. (1995) *Adeus ao Trabalho?: Ensaio sobre as metamorfoses e a centralidade do mundo do trabalho*, 2. ed. São Paulo: Cortez Editora.

ARANTES, Rogério Bastos. (2000) *Ministério Público e Política no Brasil.* São Paulo. Departamento de Ciência Política/USP — Tese de doutorado.

_______. (1999) *Judiciário e democracia no Brasil.* Novos Estudos Cebrap, n. 58, São Paulo, p.11-26, julho.

_______. (1997) *Judiciário e Política no Brasil.* São Paulo: Editora Sumaré/FAPESP/EDUC.

BARBOSA MOREIRA, José Carlos. (2004) *Temas de Direito Processual — Oitava Série.* São Paulo. Editora Saraiva.

BEZERRA LEITE, Carlos Henrique. (2001) *Ação civil pública.* São Paulo: LTr.

CAPPELLETTI, Mauro. (1993) *Juízes Legisladores?* Porto Alegre: Sérgio Antônio Fabris Editor.

(34) *Democratic justice*, London: Yale University Press.

_______. (1989) *Juízes Irresponsáveis?* Porto Alegre: Sérgio Antônio Fabris Editor.

_______. (1977) "As formações sociais e os interesses coletivos diante da justiça civil". Versão em português *in Revista de Processo* 5/128-159, jan.-mar. 1977.

CÁRCOVA, Carlos Maria. (1996) *Direito, Política e Magistratura.* São Paulo: LTr.

CARDOSO, Adalberto Moreira. (2003) *A década neoliberal e a crise dos sindicatos no Brasil.* São Paulo: Boitempo Editorial.

CARNEIRO, Paulo Cezar Pinheiro. (1999) *Acesso à justiça.* Porto Alegre: Editora Sérgio Antonio Fabris.

CASTEL, Robert. (1998) *As metamorfoses da questão social — uma crônica do salário.* Petrópolis: Editora Vozes.

DIAS, Everardo. (1962) *Histórias das lutas sociais no Brasil.* São Paulo: EDABLIT.

FREITAS JR., Antônio Rodrigues de. (1999) *Direito do trabalho na era do desemprego — instrumentos jurídicos em políticas públicas de fomento à ocupação.* São Paulo: LTr.

GRINOVER, Ada Pellegrini (Coord.). (1988) *Participação e Processo.* São Paulo: Ed. RT.

_______. (2001) "Da Class Action of Damages à ação de classe brasileira: os requisitos de admissibilidade". *In:* MILARÉ, Édis (Coord). A ação civil pública — Lei n. 7.347 — 15 anos. São Paulo: Editora Revista dos Tribunais.

HARVEY, David. (1989) *The condition of postmodernity.* Oxford: Basil Blackwell.

MANCUSO, Rodolfo de Camargo. (2004) *Ação Civil Pública, em defesa do meio ambiente, do patrimônio cultural e dos consumidores — Lei n. 7.347/85 e legislação complementar,* 9. ed. São Paulo: Editora Revista dos Tribunais.

_______. (2001) "A ação civil pública como instrumento de controle das chamadas políticas públicas". *In*: MILARÉ, Édis. (Coord.) *Ação Civil Pública — Lei n. 7.347 — 15 anos.* São Paulo: Editora Revista dos Tribunais.

_______. (2004). *Interesses Difusos — Conceito e Legitimação para Agir,* 6. ed. São Paulo: Editora Revista dos Tribunais.

MENDES, Aluisio Gonçalves de Castro. (2002) *Ações coletivas no direito comparado e nacional.* São Paulo: Editora Revista dos Tribunais.

MILARÉ, Edis (coord.). (2005) *A Ação Civil Pública após 20 anos: efetividade e desafios.* São Paulo: Editora Revista dos Tribunais.

MINGIONE, Enzo. (1993) *Las sociedades fragmentadas — una sociología de la vida económica más allá del paradigma del mercado.* Madri: Centro de publicaciones Ministério de Trabajo y Seguridad Social.

MORAES, Evaristo de. (1978) *O problema do sindicato único no Brasil: seus fundamentos sociológicos.* São Paulo: Alfa-Ômega.

OFFE, Claus. (1989) *Trabalho e sociedade — problemas estruturais e perspectivas para o futuro da "Sociedade do Trabalho" — A crise.* Vol.1. Rio de Janeiro: Tempo Brasileiro.

RODRIGUES, José Albertino. (1968) *Sindicato e desenvolvimento no Brasil.* São Paulo: Difusão Européia do Livro.

RODRIGUES, Leôncio Martins. (1966) *Conflito industrial e sindicalismo no Brasil.* São Paulo: Difusão Européia do Livro.

SANTOS, Boaventura de Sousa. (2000) *Pela mão de Alice — o social e o político na pós- modernidade,* 7. ed. São Paulo: Cortez Editora.

SADEK, Maria Tereza. (org).(2000). "Cidadania e o Ministério Público". *In:* Justiça e Cidadania no Brasil. São Paulo: Ed. Sumaré.

_______.(org) *O Ministério Público e a Justiça no Brasil.* São Paulo: Ed. Sumaré.

_______. (org) *O Sistema de Justiça.* São Paulo: Ed. Sumaré.

_______. (org). (2000-a) *Justiça e Cidadania no Brasil.* São Paulo: Ed. Sumaré.

_______. (org). (2001) *Acesso à Justiça.* São Paulo: Ed. Fundação Konrad Adenauer.

SANTANA, Marco Aurélio; RAMALHO, José Ricardo. (orgs.) (2003) "Trabalhadores sindicatos e a nova questão social". *In: Além da fábrica — trabalhadores sindicatos e a nova questão social.* São Paulo: Boitempo Editorial.

SIMÃO, Azis. (1966) *Sindicato e Estado.* São Paulo: Dominus.

SHAPIRO, Ian. (1999) *Democratic justice.* London: Yale University Press.

TATE, C. Neal; VALLINDER. Torbjörn (org). (1995) *The Global Expansion of Judicial Power.* New York/London: New York University Press.

WERNECK VIANNA, Luiz; BURGOS, Marcelo Baumann. (2002) "Revolução processual do direito e democracia progressiva". *In:* WERNECK VIANNA (coord.). *A Democracia e os três poderes no Brasil.* Belo Horizonte: Editora UFMG.

WERNECK VIANNA, Luiz; CARVALHO, Maria Alice Rezende de; MELO, Manuel Palácios Cunha; BURGOS, Marcelo Baumann. (1999) *Judicialização da política e das relações sociais no Brasil.* Rio de Janeiro: Revan.

WERNECK VIANNA, Luiz; CARVALHO, Maria Alice Rezende de; MELO, Manuel Palácios Cunha; BURGOS, Marcelo Baumann. (1997) *Corpo e Alma da Magistratura Brasileira.* Rio de Janeiro: Revan.

WERNECK VIANNA, Luiz. (1999) *Liberalismo e sindicato no Brasil.* Belo Horizonte: Editora UFMG.

Tutela inibitória nas Ações Coletivas — Instrumento eficaz na preservação da dignidade da pessoa humana e na erradicação do trabalho escravo ou degradante

José Hortêncio Ribeiro Júnior(*)

1. Intróito

O Direito Processual, na corrida para acompanhar a constante evolução das relações jurídicas materiais verificadas no seio da sociedade, tem sofrido diversas modificações. Há uma reforma estrutural não apenas no ordenamento jurídico, mas, sobretudo, na mentalidade daqueles que o operam. No entanto, ainda verificamos forte ranço de um sistema arcaico, no qual a tutela reparatória sempre tem sido tratada com maior atenção.

Quando observarmos a função maior da atividade jurisdicional, calcada na pacificação das relações sociais, verificamos a necessidade de reflexão e implementação de uma nova modalidade de tutela jurisdicional. Esta, por vez, não voltada à reparação de um dano já experimentado, mas sim à adoção de medidas que impeçam a ocorrência da lesão, seja no que é pertinente ao interesse individual ou ao coletivo.

Baseado neste raciocínio, nosso ordenamento jurídico passou a instituir a denominada tutela inibitória, até o momento pouco utilizada na esfera do Direito do Trabalho. No entanto, ao analisarmos os contornos da referida forma de atividade jurisdional, verificamos uma razão maior para trazê-la para o campo das relações laborais, principalmente naquelas em que há transgressão, ou mesmo ameaça, na preservação da dignidade da pessoa humana.

Neste trabalho trataremos da tutela inibitória como instrumento eficaz de atuação nas lides coletivas, cujo objeto esteja voltado à preserva-

(*) Juiz do Trabalho Titular da Vara de Barra do Garças-MT. Diretor de Ensino e Cultura da Associação dos Magistrados da Justiça do Trabalho.

ção do fundamento inserido no artigo 1º, inciso III da Constituição Federal, com enfoque especial nas lides em que tenham como matérias questões afetas às condições de trabalho. Tentaremos estabelecer a utilização do artigo 11 da Lei n. 7.347/85 como meio de inibir a prática de ilícitos ainda não praticados, demonstrando que a tutela inibitória pode e deve ser utilizada como instrumento processual destinado à erradicação do trabalho escravo ou degradante, evitando-se assim lesões aos direitos da personalidade e garantido a preservação da dignidade da pessoa humana.

2. Definição de trabalho degradante

Considerando o objetivo que nos propomos, temos como indispensável a prévia definição de trabalho escravo e degradante como formas de violação da dignidade humana, questão prévia e necessária ao estabelecimento do campo de incidência da tutela inibitória, bem como dos efeitos processuais decorrentes.

Passemos à tarefa.

Como se sabe, o trabalho constitui em sua essência fruto da atividade humana. Esta concepção resulta na necessidade de observância de condições mínimas e necessárias à preservação da dignidade daqueles que participam das relações empregatícias. Tal fato foi positivado na Constituição Federal de 88, que em seu artigo 1º, inciso III, erigiu dentre os fundamentos do Estado Democrático de Direito, a preservação da dignidade da pessoa humano.

Note-se que o fundamento constitucional não está assentado na previsão da dignidade em si. Na realidade, a dignidade constitui valor já emergente da própria natureza humana. O fundamento do Estado Democrático de Direito é a preservação, o respeito, à dignidade afeta a todo ser humano.

A dignidade, na concepção de *Emmanuel Teófilo Furtado*[(1)], *"assegura um mínimo necessário ao homem tão-só pelo fato de ele congregar a natureza humana, sendo todos os serem humanos contemplados de idêntica dignidade, tendo, portanto, direito de levar vida digna de seres*

---

(1) FURTADO, Emmanuel Teófilo. "Sentido Ontológico do Princípio da Dignidade da pessoa humana e o trabalhador". *Revista LTr*, ano 69, dezembro de 2005, p. 1.447.

humanos". Deste conceito extraímos alguns elementos indispensáveis à sua preservação.

Primeiramente verificamos que a garantia constitucional está atrelada a um mínimo necessário a todos os homens. Veja-se que esse mínimo é insuscetível de qualquer discriminação, de forma que essas garantias mínimas são as mesmas para as pessoas que trabalham com serviços braçais ou que exerçam altos cargos. Isto porque a dignidade, conforme bem declinado pelo doutrinador citado, decorre pura e simplesmente do fato de sermos humanos. Não há como mensurar graus de dignidade pela formação cultural, social ou econômica do ser humano.

A dignidade deve ser considerada como atributo do homem, algo que dele faz parte e, portanto, o faz merecedor de um mínimo de direitos assegurados de forma homogênea a todos os seres humanos. Esse reconhecimento da dignidade, em abstrato, finda por conduzir à concepção de que ela tem uma dupla face: de um lado o poder de fazer escolhas, de exercitar a autonomia; de outro, o direito de ser respeito enquanto homem pelo Estado e por toda sociedade.

Não se pode falar em dignidade da pessoa humana se isso não se materializa em suas próprias condições de vida. A dignidade passa pela ordem econômica, social, política e jurídica.

Transplantando esse raciocínio para o campo das relações de trabalho, temos que a preservação da dignidade do trabalhador, enquanto ser humano, é verificada, necessariamente, pelo cotejo de suas condições de trabalho. Nesse aspecto, registramos que não existe qualquer possibilidade de flexibilização daquilo que seria o mínimo necessário à preservação de sua dignidade. Não importa, conforme já mencionamos, se estamos diante de um trabalhador humilde ou não.

Fazemos esse registro para afastar por completo a falácia que vem sendo empregada por alguns seguimentos sociais, no sentido de que as condições que comumente são encontrados os trabalhadores no campo fazem parte da essência de suas atividades. Conforme já dito, a dignidade está afeta ao ser humano, não sendo suscetível de mensuração discriminatória de acordo com a classe econômica ou social na qual a pessoa está inserida.

Não basta dar trabalho ao homem. É necessário que neste trabalho sejam concedidos direitos mínimos que lhe preservem a dignidade. A quebra deste mandamento resulta na caracterização do trabalho degradante. Sendo assim, podemos concluir que o trabalho degradante será verificado quando houver, no âmbito das relações laborais, a quebra do fundamento constitucional de preservação da dignidade da pessoa humana.

A análise do trabalho degradante envereda pelas searas da igualdade, da liberdade e da legalidade. Trata-se da quebra de garantias mínimas de saúde e segurança, além da falta de condições mínimas de trabalho, de moradia, higiene, respeito e alimentação. Tudo devendo ser garantido, ou seja, a falta de um desses elementos impõe o reconhecimento do trabalho em condições degradantes.

Assim, se o trabalhador presta serviços exposto à falta de segurança e com riscos à sua saúde, temos o trabalho em condições degradantes. Se as condições de trabalho mais básicas são negadas ao trabalhador, como o direito de trabalhar em jornada razoável e que proteja sua saúde, garanta-lhe descanso e permita o convívio social, há trabalho em condições degradantes.

Se, para prestar o trabalho, o trabalhador tem limitações em sua alimentação, higiene ou moradia, caracterizado estará o trabalho em condições degradantes. Se o trabalhador não recebe o devido respeito que merece como ser humano, sendo assediado moral ou sexualmente, existe trabalho em condições degradantes.

Enfim, podemos concluir que o trabalho degradante é aquele que não observa as condições mínimas, ambientais, físicas ou psicológicas, imprescindíveis a todos os seres humanos e a eles inerentes pelo único e simples fato de serem humanos.

3. Definição de trabalho escravo

A segunda situação jurídica a ser definida, está na conceituação de trabalho escravo. Registramos aqui, apesar das divergências existentes, nossa compreensão no sentido de que as expressões "trabalho escravo — ou análogo" e "trabalho forçado" são tidas como sinônimos, sendo, portanto, tratadas como tais.

Para fazer a diferenciação ora proposta, tomamos como ponto de partida o conceito trazido por *Jairo Lins de Albuquerque Sentosé*[2], no sentido de que o trabalho escravo contem porâneo rural pode ser carac-

---

(2) SENTO-SÉ, Jairo Lins de Albuquerque. *Trabalho Escravo no Brasil.* São Paulo: LTr, 2001, p. 27.

terizado *"como aquele em que o empregador sujeita o empregado a condições de trabalho degradantes, inclusive quanto ao meio ambiente em que irá realizar sua atividade laboral, submetendo-o, em geral, a constrangimento físico ou moral, que vai desde a deformação de seu consentimento ao celebrar o vínculo empregatício, passando pela proibição imposta ao obreiro em resilir o vínculo quando bem entender, tudo motivado pelo interesse mesquinho de ampliar os lucros às custas da exploração do trabalhador".*

Passemos à análise dos elementos extraídos do conceito acima trazido.

Inicialmente podemos verificar que no trabalho escravo também são verificadas condições degradantes, ou seja, sem o respeito mínimo à dignidade da pessoa humana, resultando, também, em violação ao inciso III do artigo 1º da Constituição Federal. No entanto, além da submissão do trabalhador a condições não condignas, é adicionado outro elemento que tornam a questão mais grave.

Quando se fala em trabalho escravo pressupõe-se a existência de um vício de consentimento, adjetivado por uma coação moral ou física.

Nas situações enquadráveis como de trabalho escravo, a prestação de serviços é iniciada sem qualquer coação, geralmente precedida de uma aparente vantagem oferecida ao trabalhador e que torna o posto de trabalho atrativo. A perda do elemento subjetivo da voluntariedade é caracterizada na constância da prestação dos serviços, chegando ao ponto de retirar a natureza potestativa do direito do empregado em romper o liame empregatício.

Esta limitação de vontade é imposta pelo somatório de diversas condições fáticas, muitas delas dissimuladas de modo a não evidenciar sua prática. Geralmente vêm travestidas na imposição de dívidas impagáveis, restringindo-se a liberdade do trabalhador enquanto não as quitar. Não menos comum é a circunstância de não existir meios de transporte, indispensáveis ao exercício do direito de ir e vir do trabalhador. No entanto, tanto em um caso quanto em outro, sempre se faz necessário perquirir a existência de constrangimento moral ou físico para a caracterização do trabalho escravo.

Nesse sentido, trazemos a definição de trabalho forçado, constante do artigo 2º, item 1, da Convenção n. 29 da OIT, *verbis*:

> *"trabalho forçado ou obrigatório designará todo trabalho ou serviço exigido de um indivíduo sob ameaça de qualquer penalidade e para o qual ele não se ofereceu de espontânea vontade."*

A nota característica do conceito acima transcrito é a liberdade. Quando o trabalhador não pode decidir espontaneamente por sua manutenção no trabalho, ou então, a qualquer tempo, em relação à sua permanência no ambiente respectivo, haverá trabalho forçado ou escravo.

Detectar o constrangimento físico constitui tarefa fácil.

A grande dificuldade reside na verificação das hipóteses em que o constrangimento é implementado por meios morais. Isto porque, conforme bem definido por *Sutton*[(3)], citado por *Jairo Lins de Albuquerque Sento-sé*, "*o estigma da escravidão não é a cor, mas a pobreza e o desemprego*". Esta frase traz o substrato da submissão contemporânea, em que os meios de coação não se materializam em correntes, mas na necessidade de sobrevivência. Os escravos atuais se vêem forçados pela fome e pela pobreza. Os feitores hodiernos materializam-se na sociedade por meio da força do capital voltado ao lucro irresponsável.

Esta foi a razão que levou a sociedade a iniciar ampla reflexão acerca do trabalho escravo no Brasil. Durante o Fórum Social Mundial de 2003 foi travado importante debate acerca de três temas: a) quem é o escravo? b) quem escraviza? c) o que liberta? Em referido encontro foram destacadas inúmeras circunstâncias que elucidam as questões acima especificadas.

Dentre as intervenções, temos como oportuno transcrever as manifestações do Juiz Hugo Cavalcante Melo Filho, então presidente da Associação Nacional dos Magistrados da Justiça do Trabalho — ANAMATRA[(4)]. Em sua exposição trouxe o paradoxo da servidão tolerada como decorrência da necessidade. Destacou que *"grande parte da população brasileira, dos trabalhadores brasileiros, se encontra em determinado estágio de servidão"*, ao ponto de, mesmo *"quando os Auditores Fiscais do Trabalho chegam ao interior do Ceará para tentar resgatar as pessoas dessa situação, são recebidos a pedradas pelos próprios trabalhadores escravizados, porque aqueles sete reais são tudo o que resta a eles. A necessidade faz com que qualquer trabalho seja aceito"*.

Não há como discordar. A servidão imposta pela pobreza e pela distorcida distribuição de renda constitui atualmente o fator de distorção da vontade.

Na mesma sessão de debates foi colocada uma proposição que, não fosse triste e revoltante, seria irônica. Talvez, se colocada fosse

---

(3) *Idem*, p. 41.

(4) *Anais da Oficina Trabalho Escravo — Uma chaga aberta.* Brasília-OIT: Aliança Gráfica e Editora, 2003, p. 17.

uma placa em uma determinada fazenda oferecendo trabalho escravo ao valor de R$ 15,00 a diária, poderíamos concluir que, infelizmente, haveria candidatos.

Todas as argumentações acima tecidas deságuam em um único ponto. O trabalho escravo contemporâneo, assim como antigamente, é caractorizado pola adjetivação às condições degradantes, de cortes às liberdades individuais. No entanto, a servidão moderna é imposta pela necessidade premente de subsistência, que chega ao ponto de ser quebrado o imperativo da voluntariedade na manutenção do contrato de trabalho.

4. Da tutela inibitória como medida de preservação da dignidade da pessoa humana

Basicamente, nosso ordenamento jurídico vem assentado em três tipos de tutelas jurisdicionais. A tutela preventiva, voltada à adoção de medidas que impeçam ou mesmo evitem o agravamento de determinada violação ao direito subjetivo, a reparatória, cujo objetivo está centrado em reparar uma lesão já verificada e a sancionatória, que impõe sanções para determinados tipos de condutas, tal como ocorre no caso de rescisão do contrato de trabalho por justa causa.

Nesta nossa reflexão cuidaremos das tutelas preventivas. No entanto, temos como oportuno deixar claro que não há qualquer óbice à concentração de mais de um tipo de tutela jurisdicional em um único processo. Aliás, tal circunstância não é incomum. Verificamos, cotidianamente no âmbito das demandas trabalhistas, a concentração de um feixe de pretensões suscetíveis de pronunciamentos eficaciais diferenciados, podendo haver a concentração de tutelas preventivas, reparatórias e sancionatórias em uma única demanda.

No entanto, considerando os limites que nos são impostos pelo tema pautado, passemos a analisar a tutela inibitória como forma de tutela preventiva. Longe está qualquer pretensão de adentrar de forma aprofundada no estudo da tutela inibitória, até porque tal atividade escaparia à finalidade deste trabalho. A análise que será implementada buscará estabelecer os pontos centrais de utilização da tutela inibitória nas ações coletivas.

Há muito a doutrina processual tem pautado ênfase na natureza jurídica instrumental do processo. Este deve ser concebido como instrumento para a materialização do direito. Como efeito direto desse raciocínio, houve uma inversão de valores. Se o processo busca a satisfação do direito material, a atividade jurisdicional deve estar direcionada, preferencialmente, à garantia do efetivo exercício do direito por seu titular.

Nasceu, então, a denominada tutela específica.

A este respeito, temos como oportuno trazer à colação a lição de *Cândido Rangel Dinamarco*, no sentido de que *"o direito moderno vem progressivamente impondo a tutela específica, a partir da idéia de que na medida do que for possível na prática, o processo deve dar a quem tem um direito tudo aquilo e precisamente aquilo que ele tem direito de obter"*[(5)]. Da conceituação acima transcrita verifica-se o ponto central das tutelas específicas, tal como ocorre naquelas enquadradas como inibitórias. Consegue-se a afirmação do próprio direito subjetivo para o qual foi buscada a tutela jurisdicional.

Esta inovação foi materializada no bojo do artigo 461 do Código de Processo Civil. Passou-se a buscar, mediante a atividade jurisdicional — com contornos secundários e substitutivos — a realização do próprio direito. Como conseqüência, a tutela reparatória passou a ser admitida apenas quando não se fizer possível a materialização do direito subjetivo deduzido em juízo.

Conceder a tutela específica significa dar força ao direito material para que seu titular possa exercê-lo de forma plena. Significa dar aos jurisdicionados o que efetivamente é seu, proporcionando, assim, o restabelecimento das relações sociais.

Aqui já temos como importante trazer o tema central proposto. Quando nos deparamos com situações de trabalho escravo ou degradante temos lesões diretas à dignidade da pessoa humana e à própria liberdade individual. O questionamento que levou à presente reflexão decorre da ineficácia das medidas reparatórias quando tratamos de direitos afetos à dignidade do ser humano. Nesses casos, entendemos que não se faz possível a reparação plena das lesões perpetradas no campo individual e no seio da sociedade. Nem mesmo o dano moral coletivo pode restaurar a ordem social, flagrantemente violada pela submissão de pessoas a condições análogas à de escravo, ou mesmo degradantes.

---

(5) DINAMARCO, Cândido Rangel. *Instituições de Direito Processual Civil.* 3ª ed. São Paulo: Malheiros, 2002, volume I, p. 153.

Ora, se não se faz possível a reparação plena, deve o Estado atuar com ênfase na imposição de medidas preventivas. Daí nasce a tutela inibitória como instrumento eficaz para a erradicação do trabalho escravo ou degradante. Justifiquemos.

A tutela inibitória tem como escopo impedir a lesão ao direito material ou, ao menos, minorar seus efeitos, mediante imposição do veto a determinadas condutas. Note-se que as ações de natureza inibitória possuem sua ação voltada para o futuro, buscando evitar a prática de um ilícito. Ao ser atendida, a tutela inibitória impede a lesão ao direito. No campo prático, mediante a tutela inibitória, verifica-se na esfera subjetiva a irradiação dos efeitos jurídicos do direito juridicamente amparado, afastando-se a possibilidade de lesão pela prática de ato ilícito.

Esta característica impõe sua maior utilização no campo das lides cujo objeto seja a preservação da dignidade da pessoa humana. Aliás, em sua própria origem no direito italiano, a medida inibitória está atrelada, dentre outras, às medidas cujos objetos estejam voltados aos direitos da personalidade.

Como efeito, verificamos que a tutela inibitória deve receber especial atenção nas demandas coletivas cujo tema seja trabalho escravo ou degradante. Conforme já mencionamos, em demandas tais, o ponto nevrálgico reside na preservação da dignidade da pessoa humana. Sendo assim, há de ser adotadas todas as medidas para que seja evitado o dano, na medida em que sua completa reparação não se faz possível.

Entendemos que nestas ações deve-se adotar, de modo preferencial, medidas inibitórias, sendo que referida opção implicará em resultados sociais efetivos, além de trazer implicações processuais que facilitam o controle Estatal das condições de trabalho.

O substrato jurídico para a adoção da tutela inibitória nas ações coletivas está verificado no artigo 11 da Lei n. 7.347/85, com sua leitura direcionada pelo disposto no artigo 287 do Código de Processo Civil. A necessidade de conjugação dos dois dispositivos legais decorre da equivocada interpretação, no sentido de que o artigo 11 da Lei da Ação Civil Pública somente estaria direcionado para as situações jurídicas em que os ilícitos já tivessem sido verificados. Conforme sabemos a ação civil pública constitui instrumento público destinado à preservação do interesse público, justificando-se a interpretação ora proposta.

Sendo assim, a interpretação harmônica do artigo 11 da Lei n. 7.347/85, com a autorização do artigo 287 do CPC, conjugação esta amplamente autorizada pelo artigo 19 da Lei de Ação Civil Pública, traz a conclusão quanto à possibilidade de utilização da ação coletiva como medida inibitória.

Como efeito direito deste raciocínio, chegaríamos à conclusão de que a ação civil pública poderia ser ajuizada mesmo antes de verificarmos a violação à dignidade da pessoa humana, procedimento que traria efeitos, direitos e benefícios para a esfera processual e material, proporcionando o efetivo acesso à justiça.

5. O interesse processual presumido nas tutelas inibitórias coletivas

Até o momento trouxemos como fundamentos para nosso trabalho a imperiosa necessidade de preservação da dignidade da pessoa humana, flagrantemente violada nas lides cuja matéria verse sobre trabalho escravo ou degradante, tendo, ainda, apontado a ação inibitória coletiva como instrumento colocado à disposição do Ministério Público do Trabalho para evitar a prática deste ilícito.

Resta-nos analisar, ainda, a materialização do interesse processual diante da modalidade de tutela coletiva. Iniciamos esta análise a partir da interpretação da norma do artigo 287 do CPC, que assim dispõe, *verbis:*

> *"287. Se o autor pedir que seja imposta ao réu a abstenção de prática de algum ato, tolerar alguma atividade, prestar ato ou entregar coisa, poderá requerer cominação de pena pecuniária para o caso de descumprimento da sentença ou da decisão antecipatória de tutela (arts. 461, § 4º e 461-A)."*

Note-se que nosso tema central está voltado a impedir a prática de atos que venham a arranhar a dignidade da pessoa humana, sempre partindo do pressuposto que a tutela reparatória não se afigura como meio hábil à afirmação do artigo 1º, inciso III da Constituição Federal, sendo imperiosa a adoção de meios que impeçam ilícitos que resultem na quebra da dignidade.

É certo que às ações cominatórias deverão ser aplicadas, de modo conjunto, às dicções dos artigos 461 e 461-A do Código de Processo Civil, até porque a alteração implementada no artigo 287 do CPC buscou apenas "*compatibilizá-lo com o disposto no parágrafo quarto do artigo 461 e no art. 461-A, ou seja, com as modernas técnicas do atendimento forçado das obrigações de fazer e de não fazer e das obrigações de entrega de coisa"*[6].

Sendo assim, analisaremos o interesse processual nas ações inibitórias, a partir do provimento jurisdicional destinado a impor ao autor que se abstenha da prática de um ato ilícito, interpretação esta necessária à luz do artigo 3º do Código de Processo Civil.

Pois bem. Diversas são as conceituações acerca do que seria o interesse de agir. *Carnelutti* afirma que o interesse "*é uma relação entre quem tem uma necessidade e o objeto capaz de satisfazê-la, caracterizando-se como a utilidade específica de um com relação a outro"*. *Liebman*, abandonado a posição substancialista do conceito de ação, propôs a separação do interesse material do interesse processual, pontuando que o interesse de agir (ou interesse processual) não reside imediatamente na utilidade do bem da vida, mas na utilidade do provimento jurisdicional.

Tal foi a postura encampada por *Dinamarco*, que leciona a utilidade do processo sob o pálio de dois elementos cumulativos: *a)* necessidade concreta da atividade jurisdicional; *b)* adequação do provimento jurisdicional desejado e do procedimento acolhido em face da situação jurídica deduzida em juízo.

A função estatal, desempenhada na solução dos litígios nascidos entre os jurisdicionados, possui contornos secundários e substitutivos da vontade das partes. Daí a necessidade da presença do interesse processual, devendo ser direto, ligado à própria pessoa do vindicante, legítimo e atual, não sendo suscetível de condição futura e eventual.

Sabe-se que o escopo social do processo está em viabilizar o convívio social. O Estado, por meio dos pronunciamentos jurisdicionais influencia na vida do grupo social, regulando o comportamento dos seus componentes. A vida é marcada por insatisfações, decorrentes da própria limitação dos bens. E esta insatisfação deságua no aparecimento de conflitos, que são solucionados pelo Estado. E esta tutela estatal dos conflitos, atrai a conformação social, proporcionando a estabilidade das relações intersubjetivas e propiciando o convívio em grupo.

Daí deflui a inequívoca necessidade do caráter litigioso da prestação jurisdicional vindicada, evidenciando a presença do conflito de interesse, cuja composição é solicitada do Estado.

---

(6) Texto extraído da exposição de motivos do anteprojeto de lei que se transformou na Lei n. 10.444/02.

Em resumo, pode-se concluir, com segurança, que o direito de ação não pode ser exercido enquanto as forças emergentes do próprio direito material não se mostrarem insuficientes para satisfazer a pretensão substancial dos jurisdicionados, pautando a conclusão em torno do interesse de ação no âmbito do binômio *necessidade* x *utilidade* do processo.

As considerações acima pautadas permitem, com clarividência, a verificação do interesse processual nas demandas reparatórias em que já perpetrada a violação ao direito subjetivo. No entanto, quando nos deparamos com medidas judiciais inibitórias, não há a violação ao direito, mas ao contrário. O objeto da medida inibitória reside especificamente em impedir a prática de qualquer ato que venha a violar o direito subjetivo. Desta forma, verificamos que nas ações inibitórias não há, necessariamente, conflituosidade prévia, até porque ainda não caracterizada qualquer conduta ilícita.

Desta forma, não se pode aplicar às ações inibitórias o conceito genérico de interesse processual. Sua análise há de ser coincidente com o raciocínio concedido ao mandado de segurança coletivo, ou seja, basta haver um ameaça de violação ao direito material para que seja configurado o interesse processual.

Esta potencialidade de violação ao direito deflagra o interesse processual, raciocínio harmônico com a exegese do artigo 5º, inciso XXXV da Constituição Federal, segundo o qual a lei não excluirá da apreciação do Poder Judiciário lesão ou ameaça a direito. Não podemos nos esquecer que a tutela inibitória constitui instrumento de acesso ao Poder Judiciário, não podendo receber interpretações restritivas que venham a tolher o campo de eficácia desta novel forma de preservação da dignidade da pessoa humana.

De resto, há de ser destacado ainda que, no âmbito das ações coletivas, o Ministério Público do Trabalho é dotado de interesse processual presumido, decorrência própria do *status* constitucional de defensor de interesses transindividuais. Concordamos com as ponderações trazidas pelo Professor *Nelson Nery Junior*[7], no sentido de que nas lides coletivas, o interesse processual há de ser analisado posteriormente à legitimidade passiva. O professor *Nelson Nery* justifica seu

(7) NERY JUNIOR, Nelson. "O Ministério Público e as Ações Coletivas". *In Ação Civil Pública*. Coord. Edis Milaré. São Paulo: Saraiva, 1990, p. 19.

posicionamento alegando que "*em regra, somente depois de se verificar a existência da legitimidade para a causa é que se pode aferir a ocorrência ou não do interesse de agir e que, com o Ministério Público, diversamente, o interesse público é sempre um* prius *em relação à legitimidade, porque a razão de ser de sua participação no processo civil, quer como autor da ação civil pública (art. 81 do CDC), quer como custos legis (art. 82, CPC), é sempre o interesse público*".

De acordo com a lição acima transcrita, citada por *Patrícia Miranda Pizzol*[8], para configuração do interesse processual presumido, tem-se como indispensável aferir previamente a existência da própria legitimidade do Ministério Público do Trabalho. Isto porque, a presunção do interesse processual decorre dos limites da atividade do Ministério Público, voltada à defesa do interesse público. Desta forma, para aferição do efeito interesse processual, há de ser cotejada sua legitimidade de atuação.

Nesse diapasão, registramos que dúvidas não existem acerca da legitimidade do Ministério Público do Trabalho para atuar nas lides que tenham o trabalho escravo ou degradante como matérias. Esta ilação decorre da leitura harmônica que há de ser implementada do artigo 83, inciso III, da LOMPU com as disposições do artigo 129, inciso III, da Constituição Federal. A conjugação de referidas disposições legais deságua na inequívoca conclusão de que a aplicação da ação civil pública não está restrita à defesa do patrimônio público e social e do meio ambiente, mas, principalmente, para a proteção "de outros interesses difusos e coletivos". Nesse sentido, não temos dúvidas que nas pretensões em que se fala em trabalhos degradantes ou mesmo análogos à condição de escravos, emerge serena a intenção de proteção à liberdade e à dignidade da pessoa humana.

Chamamos a atenção para o que dispôs *Patrícia Miranda Pizzol*[9], no sentido de que "*os direitos difusos estão consubstanciados na Constituição Federal, donde decorre, inclusive, sua infinita importância. Podemos citar os seguintes direitos materialmente difusos: a) o direito a um tratamento igualitário, sem preconceitos de origem, cor e raça (art. 5º,* caput*); b) direito à propriedade, observada sua função so-*

(8) PIZZOL, Patrícia Miranda. *Liquidação Nas Ações Coletivas*. São Paulo: Editora Lejus, 1998, p. 108.
(9) PIZZOL, Patrícia Miranda. *Idem*, p. 98.

cial (art. 5º, caput *e art. 170, III); c) o direito à redução de riscos inerentes ao trabalho por meio de normas de saúde, higiene e segurança, nos termos do art. 7º, XXIII da CF/88...".*

Sendo assim, não há qualquer dúvida que quando tratamos de condições humanas, aflora de forma evidente o interesse difuso, fato que torna inconteste a legitimidade ativa do Ministério Público do Trabalho, trazendo ainda a afirmação do interesse processual presumido.

6. Desnecessidade de prova prévia — Efeitos do interesse processual presumido

Atualmente tem sido a grande dificuldade dos órgãos de fiscalização do trabalho em verificar a ocorrência de submissão de trabalhadores a condições análogas à de escravo, dificuldade esta que é acentuada principalmente quando estamos diante de denúncias de prática deste nefasto ato no âmbito de propriedades rurais.

Estas dificuldades decorrem do reduzido número de agentes públicos que atuam no âmbito dos grupos móveis de fiscalização, bem como das distâncias e dimensões das propriedades rurais. Não raras são as vezes que os produtores rurais, ao saberem da fiscalização na região, dispensam todos os trabalhadores de modo a frustrar a atividade de fiscalização, chegando ao cúmulo de escondê-los nos locais de maior dificuldade de acesso, tudo com o intuito de impedir a atividade de fiscalização decorrente de denúncias fundadas.

Para estas situações corriqueiras, devemos registrar, a tutela inibitória também demonstra ampla eficácia, na medida em que desloca a polaridade do ônus da prova para a parte demandada, retirando a necessidade de atuação prévia da fiscalização do grupo móvel do Ministério do Trabalho e Emprego.

Justifiquemos.

De acordo com as disposições do art. 333 do Código de Processo Civil, constitui ônus da parte autora em demonstrar os fatos constitutivos de seus direitos, impondo ao réu o encargo de provar os fatos impeditivos, extintivos ou modificativos do direito do autor. Veja-se que conclusão acima esposada encontra supedâneo jurídico na própria literalidade do artigo 818 da CLT, que disciplina no sentido de que *"a prova das alegações incumbe à parte que as fizer".*

Assim, de acordo com a regra geral, ao declinar a existência de probabilidade de ser praticado determinado ato lesivo à dignidade da pessoa humana, caberia à parte autora demonstrar o justo receio da prática deste ato, ficando o réu na cômoda situação de aguardo dessa prova, caso sua defesa viesse pautada na simples negativa da condição fática suscitada na inicial.

No entanto, quando tratamos de tutela inibitória ajuizada pelo Ministério Público do Trabalho, a questão sofre inversão direta no raciocínio, sendo fixado o encargo probatório na polaridade passiva da ação.

Isto porque, valendo-nos do ensinamento do Professor *Marinoni*(10), a análise do ônus da prova deve ser feita com a observância da relação material deduzida, pontuando que, *"se o juiz deve se convencer de algo que está no plano do direito material, não há como exigir uma convicção uniforme para todas as situações de direito substancial"*.

Esta análise feita pelo professor *Marinoni* decorre do questionamento quanto ao próprio objetivo do ônus da prova. Em uma análise subjetiva, pode-se concluir que a função do ônus da prova residiria na possibilidade dada ao juiz de decidir com base em referido procedimento nos casos em que houvesse uma latência de dúvida.

No mesmo sentido é a lição de *Dinamarco*, no sentido de que é necessário quebrar o dogma de que no processo civil busca-se a verdade formal. Na realidade, tanto no processo civil quanto no do trabalho e no penal, há sempre de se buscar a verdade real. A diferença reside no fato de que, quando não for possível a descoberta da verdade real, seria lícito ao juiz no campo civil e trabalhista, decidir com base em uma verdade formal.

Em análise a esta situação, *Luiz Guilherme Marinoni* pontua que *"ao se admitir que a regra do ônus da prova tem a ver com a formação do convencimento judicial, fica fácil explicar porque o juiz, ao considerar o direito material em litígio, pode atenuar ou inverter o ônus probatório na sentença ou mesmo invertê-lo na audiência preliminar"*.

Esta premissa foi contemplada pelo Código de Defesa ao Consumidor que trouxe a previsão legal trazida no bojo do artigo 6º, VIII.

---

(10) MARINONI, Luiz Guilherme. "Formação da Convicção e Inversão do Ônus da Prova Segundo as Peculiaridades do Caso Concreto". *In* Artigo publicado no *site* *www.professormarinoni.com.br*.

Atraindo estes raciocínios para a hipótese vertente, relembramos, inicialmente, que nas demandas em que há a discussão de trabalho escravo ou degradante, está em pauta a observância de um dos princípios fundamentais do Estado Democrático de Direito. Nessas lides aflora de forma clara e cristalina o interesse público emergente da preservação da dignidade da pessoa humana, havendo uma transcendência do interesse público ao individual.

A natureza do direito material discutido autoriza, com espeque na norma positivada no Código de Defesa ao Consumidor, que haja a atenuação da regra do ônus da prova, estabelecendo-se, a partir de uma verossimilhança das alegações trazidas na inicial, o encargo probatório na polaridade passiva da ação.

Lembramos, ainda, que esta verossimilhança está indiscutivelmente entrelaçada à presunção que milita de modo favorável à atuação do Ministério Público do Trabalho, a exemplo do que ocorre na sentença de pronúncia do Direito Processual Penal, na qual se estabelece a presunção em favor da sociedade (*in dubio pro societate).* Veja-se que esta situação jurídica é decorrência do próprio interesse processual presumido, constitucionalmente assegurado ao Ministério Público do Trabalho.

Com efeito, temos que aplicável na hipótese a exegese do artigo 334, IV, do Código de Processo Civil, segundo o qual não constitui objeto da prova os fatos em cujo favor milita presunção legal de existência ou veracidade.

Em suma, concluímos que a necessidade de preservação da dignidade da pessoa humana, com a concessão de condições condignas de trabalho, constitui elemento de ordem pública que atrai uma presunção favorável à atuação do Ministério Público do Trabalho. Por outro lado, com espeque na parte inicial do artigo 6º, inciso VIII, do Código de Processo Civil, a alegação de potencialidade de ilícitos nas condições de trabalho vem envolta de verossimilhança — decorrente do interesse processual presumido —, autorizando a inversão do encargo probatório com sua fixação na parte passiva da ação inibitória.

A questão ora tratada toma maior clarividência quando cotejamos um caso concreto. Dentre as principais demandas que versam sobre trabalho escravo ou degradante, estão aquelas em que o produtor rural contrata determinada equipe de trabalhadores para o desmate e preparação do solo, visando ao plantio de pastagens. Veja-se que a simples notícia do ingresso de trabalhadores em região inexplorada, onde sequer há acomodações destinadas aos proprietários da fazenda, já traz a presunção quanto à precariedade das condições de trabalho, autorizando a concessão de medida inibitória, de modo que sejam impostas condutas típicas que venham resguardar a dignidade daqueles trabalhadores. Ao se deferir a medida, tolhendo determinadas condutas e impondo outras, caberá à parte demandada demonstrar o efetivo cumprimento daquelas obrigações.

A grande vantagem nesta forma de medida decorre da própria essência da medida inibitória. Ao assim atuarmos, estaremos impedindo a ocorrência do ato ilícito, reduzindo a conflituosidade no campo e preservando a dignidade dos trabalhadores.

7. Cumulação da pretensão inibitória de remoção de ilícito com pedido de danos morais coletivos

De acordo com as lições do professor *Luiz Guilherme Marinoni*[12], a ação inibitória pode ser veiculada em três modalidades distintas: a) para impedir o ato ilícito ainda não praticado; b) para impedir a repetição do ato ilícito; c) para impedir a continuação do ato ilícito.

A forma ideal de tutela inibitória reside naquela voltada a impedir a ocorrência do ato ilícito, principalmente nas demandas em que se busca a preservação da dignidade da pessoa humana. Tal decorre da própria função da tutela jurisdicional que é atingida de forma plena, quando evitada a lesão ao direito.

No entanto, nas demandas inerentes ao tema trabalho escravo, temos ações ilícitas continuadas, ou mesmo ações ilícitas com efeitos jurídicos continuados. Nesses casos, verificamos, como é lógico, que a tutela inibitória somente gerará efeitos para o futuro, não recompondo as lesões já verificas até então. Lembramos que as tutelas inibitórias típicas não removem o dano. Na realidade, o objeto central da tutela inibitória está no fato causador de eventual dano. A atividade jurisdicional estará voltada a impedir a prática de um ato que venha a causar danos futuros.

Se já praticado determinado ato ilícito, com a violação da dignidade da pessoa humana, é certo que o objeto da atividade jurisdicional não

---

(11) MARINONI, Luiz Guilherme. "Tutela Inibitória e Tutela de Remoção do Ilícito". Artigo publicado no *site www.professormarinoni.com.br.*

pode estar restrito ao restabelecimento da situação fática anterior, na medida em que, na hipótese, o dano já teria sido verificado, havendo a necessidade de sua recomposição.

Sendo assim, podemos verificar a cumulação de duas pretensões: a) a primeira, de cunho inibitório, manifestada na intenção de se coibir a continuidade daquele ato ilícito; b) a segunda, de cunho reparatório; destinada à recomposição dos danos jurídicos já verificados até a suspensão da atividade ilícita.

Nesse tópico, adentraremos na questão afeta à recomposição dos danos já verificados até a suspensão do ato ilícito, residente na submissão de trabalhadores a condição degradante ou análoga à de escravo. Lembramos, entrementes, que esta recomposição jamais será plena, dada a própria essência da matéria versada. Por outro lado, não podemos fechar os olhos para os efeitos negativos sofridos por toda a sociedade como decorrência da prática de um ato ilícito, pressuposto que atrai a possibilidade de busca de uma tutela reparatória destinada a cobrir os danos morais coletivos.

Para enfrentamento do tema, temos como oportuno definir com exatidão a própria concepção da responsabilidade civil para, então, analisar seus reflexos no âmbito das relações de trabalho e seus efeitos sobre a coletividade.

Ao falarmos em responsabilidade, nosso raciocínio volta-se à formação de um dever jurídico, de natureza obrigacional, que possui gênese na lei ou mesmo em um contrato. Esta indução lógica de raciocínio decorre da própria essência da responsabilidade civil. Sua concepção traz o estabelecimento de um dever jurídico decorrente de uma convenção ou de uma norma jurídica. No entanto, quando analisamos a questão sobre a ótica restritiva da responsabilidade civil, outro raciocínio nos vem de imediato, qual seja, o dever de reparação de um dano causado a outrem, sendo este estribado em um ato ilícito.

Este raciocínio é induzido pela própria interpretação do artigo 927 do Código Civil, que estabelece o dever de indenizar àquele que comete ato ilícito, assim concebido dentro das previsões dos artigos 186 e 187 do Código Civil, que assim dispõe, *verbis:*

> *Art. 186. Aquele que, por ação ou omissão voluntária, negligência ou imprudência, violar direito e causar dano a outrem, ainda que exclusivamente moral, comete ato ilícito.*

Art. 187. Também comete ato ilícito o titular de um direito que, ao exercê-lo, excede manifestamente os limites impostos pelo seu fim econômico ou social, pela boa-fé ou pelos bons costumes.

É de se notar que os dispositivos basilares da responsabilidade civil estabelecem o dever de indenizar, quando da incidência de dois preceitos fáticos distintos. No primeiro, pressupõe-se a ocorrência de uma postura comissiva ou omissiva que resulte em violação de direito com a verificação de danos. A segunda, por vez, trata do abuso de direito, pressupondo o excesso no exercício de um direito regular com a verificação de violação ao direito de outrem e, também, com a ocorrência de danos.

Em ambos, percebemos que a obrigação de indenizar decorre da verificação de um ato ilícito imputável ao causador do dano. Nesse sentido, tenho como oportuno trazer à colação o conceito dado à responsabilidade civil por *Raimundo Simão de Melo*, no sentido de que esta *"constitui uma resposta ao ato ilícito pela reparação do direito lesado"*(13). Daí defender a doutrina a função reparatória-sancionatória da indenização decorrente da responsabilidade civil. Reparatória no sentido de recomposição dos danos experimentados. Sancionatória pelo caráter disciplinar, punindo aquele que praticou um ato tipificado como ilícito, coibindo sua prática e, com isto, vindo a viabilizar e harmonizar o convívio social.

No mesmo sentido, releva registrar o posicionamento externado por *Sebastião Geraldo de Oliveira*(14). Pontua referido doutrinador que *"onde houver dano ou prejuízo, a responsabilidade civil é invocada para fundamentar a pretensão de ressarcimento por parte daquele que sofreu as conseqüências do infortúnio. É, por isso, instrumento de manutenção da harmonia social, na medida em que socorre o que foi lesado, utilizando-se do patrimônio do causador do dano para restauração do equilíbrio rompido. Com isso, além de punir o desvio de conduta e amparar a vítima, serve para desestimular o violador potencial, o qual pode antever e até mensurar o peso da reposição que seu ato ou omissão poderá acarretar".*

Desta forma, podemos conceber a responsabilidade civil como sendo o dever jurídico, de natureza obrigacional, decorrente da prática de um

---

(12) MELO, Raimundo Simão de. *Direito Ambiental do Trabalho e a Saúde do Trabalhador.* São Paulo: LTr, 2004, p. 174.

(13) OLIVEIRA, Sebastião Geraldo de. *Indenização por Acidente de Trabalho ou Doença Ocupacional.* São Paulo: LTr, 2005, p. 68.

ato ilícito imputável àquele contra quem é voltada a pretensão reparatória, do qual resultem danos.

Nesse diapasão, identificamos nas pretensões de danos morais a existência de três figuras:

a) um sujeito ativo — que causa os danos;

b) um sujeito passivo — que experimenta os danos;

c) um objeto — que poder ser material ou moral.

Sabe-se que, em regra, o sujeito passivo do dano moral coletivo constitui uma pessoa (física ou jurídica). No entanto, atualmente admite-se também a possibilidade do sujeito passivo — assim compreendido como sendo aquele que sofre os efeitos do ato ilícito praticado — ser toda uma coletividade.

Esta possibilidade foi preconizada por *Alexandre de Moraes*[15], ao pontuar que *"a indenização por danos morais, portanto, terá cabimento seja em relação à pessoa física, seja em relação à pessoa jurídica e até mesmo em relação às coletividades (interesses difusos ou coletivos); mesmo porque, como já estudado anteriormente, são todos titulares de direitos e garantias fundamentais, desde que compatíveis com suas características de pessoas artificiais*".

Na realidade, o dano moral coletivo consiste na injusta lesão da esfera moral de uma dada comunidade. Vale dizer que há a violação de um determinado círculo de valores coletivos. Quando se fala em dano moral coletivo, está-se fazendo menção ao fato de que o patrimônio valorativo de uma comunidade determinada (maior ou menor), idealmente considerada, foi agredido de maneira absolutamente injustificável do ponto de vista jurídico.

Tal como se dá na seara do dano moral individual, aqui também não há de se cogitar de prova da culpa, devendo-se responsabilizar o agente pelo simples fato da violação (*damnum in re ipsa*). Ocorrido o dano moral coletivo, que tem um caráter extrapatrimonial por definição, surge automaticamente uma relação jurídica obrigacional que pode ser assim destrinchada:

a) sujeito passivo: a coletividade lesada (detentora do direito à reparação);

(14) MORAES, Alexandre de. *Constituição do Brasil Interpretada e Legislação Constitucional,* 1. ed. São Paulo: Editora Atlas, 2002.

b) sujeito ativo: o causador do dano (pessoa física, ou jurídica, ou então coletividade outra que tem o dever de reparação);

c) objeto: a reparação — que pode ser tanto pecuniária quanto não-pecuniária.

Registramos ainda que o dano moral deve ser aferido nas exatas proporções ao desrespeito às condições mínimas de proteção ao trabalho digno. Uma vez verificada uma injusta lesão na esfera moral da coletividade, com a violação — antijurídica — de determinados valores protegidos pelo ordenamento, caracterizado estará o dano moral coletivo, passível de reparação civil.

Conforme já assentamos, a preservação da dignidade da pessoa humana constitui um dos fundamentos do Estado Democrático de Direito. Trata-se de fundamento da República, cujo zelo afeta a todos indistintamente.

A mácula da exploração do trabalho escravo não atinge somente a esfera daqueles que são submetidos a referida forma de trabalho, mas também resulta em lesão ao patrimônio moral de toda sociedade.

O dano moral coletivo cobre o espectro da personalidade humana, alcançando todos os atos ilícitos que causem repercussões na esfera social.

Por todo exposto, para que haja o acesso amplo e irrestrito ao Poder Judiciário, sendo tutelada toda forma de lesão ou ameaça a direito, é que se faz recomendável a cumulação das pretensões inibitórias e reparatórias, quando voltadas a atos ilícitos já iniciados e que continuam a irradiar seus efeitos maléficos na sociedade.

8. Conclusões

Terminamos a presente reflexão chamando a atenção para dois pontos centrais. O primeiro deles assentado em um princípio de direito processual — efetividade — e o segundo materializado na positivaçao de um fundamento constitucional maior — dignidade da pessoa humana.

A atuação jurisdicional deve estar voltada à afirmação do próprio direito subjetivo, proporcionando que sejam irradiados, no campo jurídico, todos os seus efeitos. Esta medida somente se faz possível mediante a concessão de tutelas específicas, restringindo-se as hipóteses de medidas reparatórias. Nesta busca pela efetividade do processo, nasce a tutela inibitória, atualmente pouco utilizada na seara trabalhista, mas com indiscutível eficácia na preservação de condições mínimas de trabalho.

Esta modalidade de tutela jurisdicional toma maior relevância quando consideramos as lides em que o tema central está na preservação da dignidade do trabalhador, até porque, quando violada, sua recomposição plena jamais será possível por meio de tutelas reparatórias.

Dada essa peculiaridade, devemos buscar preferencialmente a preservação da dignidade da pessoa humana, por meio de medidas inibitórias, voltadas para o futuro. Somente assim, poderemos impedir a nefasta prática do trabalho escravo ou degradante, dando a máxima efetividade ao fundamento trazido no artigo 1º, inciso III, da Constituição Federal.

Pedimos vênia para concluir o presente trabalho, utilizando-nos de um jargão que, apesar de informal, bem expressa o raciocínio que ora tentamos empreender: nas ações em que se discute a violação da dignidade da pessoa humana, sempre será melhor impedir que remediar.

Ação Coletiva no Trabalho ao combate escravo

Luís Antônio Camargo de Melo(*)

"Era o ano de 1967, mês de julho, quando as águas começavam a baixar e o Araguaia mostrava suas ilhas de areia branca e suas margens verdes sacudidas pelo incrível revoar das garças. Pelo rio vinha deslizando uma canoa e, dentro dela, um trabalhador, sob a mira das armas de dois outros homens — trazido como fugitivo, ia ser entregue ao encarregado da fazenda de onde escapara. Quem poderia imaginar que a cena fosse apenas a ponta de um imenso iceberg *que, nos anos seguintes, iria-se revelando aos nossos olhos estarrecidos, levando de roldão, Brasil afora, homens, mulheres e crianças, contingentes enormes de jovens trabalhadores, famílias inteiras, num contar sem fim de trágicas histórias, muita luta e renovadas formas de incansável resistência*(1)*?"*

1. À guisa de introdução

A exploração do trabalhador ocorre no mundo todo, inclusive nos países desenvolvidos. Combater o trabalho análogo ao de escravo, até erradicá-lo, é uma tarefa reservada ao conjunto das instituições, governamentais e da sociedade civil, sem fogueira de vaidades. Nenhuma entidade sozinha, por mais poderosa que seja, conseguirá cumprir com este desiderato.

Assim deve ser, pois o chamado trabalho escravo contemporâneo encerra uma gravíssima violação aos direitos humanos. Vejamos o que nos ensina *Eros Roberto Grau*(2):

"A dignidade da pessoa humana é adotada pelo texto constitucional concomitantemente como fundamento da República Federati-

---

(*) Subprocurador-Geral do Trabalho. Coordenador Nacional de Erradicação do Trabalho Escravo do Ministério Público do Trabalho.

(1) ESTERCI, Neide. *Escravos da Desigualdade: Estudo sobre o uso repressivo da força de trabalho hoje.* Rio de Janeiro: Editora Cedi/Koinonia,1994.

(2) *In A Ordem Econômica na Constituição de 1988*, 8. ed. São Paulo: Malheiros Editores, p. 175-179.

va do Brasil (art. 1º, III) e como fim da ordem econômica (mundo do ser) (art. 170, caput *— 'a ordem econômica... tem por fim assegurar a todos existência digna'). (...) Embora assuma concreção como direito individual, a dignidade da pessoa humana, enquanto princípio, constitui, ao lado do direito à vida, o núcleo essencial dos direitos humanos. (...) Observe-se ademais, neste passo, que a dignidade da pessoa humana apenas restará plenamente assegurada se e enquanto viabilizado o acesso de todos não apenas às chamadas liberdades formais, mas, sobretudo, às liberdades reais". (...)*

"Indica ainda o texto constitucional, no seu artigo 1º, IV, como fundamento da República Federativa do Brasil, o valor social do trabalho; de outra parte, no art. 170, caput*, afirma dever estar a ordem econômica fundada na valorização do trabalho humano. (...) No quadro da Constituição de 1988, de toda sorte, da interação entre esses dois princípios e os demais por ela contemplados — particularmente o que define como fim da ordem econômica (mundo do ser) assegurar a todos existência digna — resulta que valorizar o trabalho humano e tomar como fundamental o valor social do trabalho importa em conferir ao trabalho e seus agentes (os trabalhadores) tratamento peculiar. (...) Valorização do trabalho humano e reconhecimento do valor social do trabalho consubstanciam cláusulas principiológicas que, ao par de afirmarem a compatibilização — conciliação e composição — a que acima referi, portam em si evidentes potencialidades transformadoras. Em sua interação com os demais princípios contemplados no texto constitucional, expressam prevalência dos valores do trabalho na conformação da ordem econômica — prevalência que* José Afonso da Silva *reporta como prioridade sobre os demais valores da economia de mercado".*

No mesmo sentido, *Luiz Guilherme Belisario.*(3)

1.1. O chamado trabalho escravo contemporâneo: A palavra escravidão; trabalho forçado; trabalho degradante; conceito legal; trabalho digno

O primeiro tratado internacional proibindo a escravidão, firmado pela Liga das Nações Unidas (antecessora da ONU) data de 1926. Tal tratado, em seu art. 1º, assim define:

(3) BELISARIO, Luiz Guilherme. *A redução de trabalhadores rurais à condição análoga à de escravos: um problema de direito penal trabalhista.* São Paulo: LTr, 2005, p. 11 e 83.

"Escravidão é o estado e a condição de um indivíduo sobre o qual se exercem, total ou parcialmente, alguns ou todos os atributos do direito de propriedade".[(4)]

Em 1956, a Convenção Suplementar sobre a Abolição da Escravidão, do Tráfico de Escravos e das Instituições e Práticas Similares à Escravidão, promovida pelas Nações Unidas, definiu-a como a condição de alguém sobre o qual se exercem poderes associados ao direito de propriedade[(5)].

Segundo *Ricardo Rezende Figueira*[(6)], a Anti-Slavery Internacional entende a escravidão por dívida como "o estado e a condição resultante do fato de que um devedor tenha se comrometido a fornecer, em garantia de uma dívida, seus serviços pessoais ou de alguém sobre o qual tenha autoridade, se o valor desses serviços não for eqüitativamente avaliado no ato da liquidaçao da dívida ou se a duração desses serviços não for limitada nem sua natureza definida".

Hoje, a palavra "escravidão" passou a significar uma variedade maior de violações dos direitos humanos. Em relatório de 1991, sobre formas contemporâneas de escravidão, o Centro de Direitos Humanos das Nações Unidas sustenta que:

"Além da escravidão tradicional e do tráfico de escravos, esses abusos incluem a venda de crianças, prostituição infantil, pornografia infantil, exploração do trabalho infantil, mutilação sexual de meninas, uso de crianças em conflitos armados, escravidão por dívida, tráfico de pessoas e venda órgãos humanos, exploração da prostituição, e certas práticas em regimes coloniais e de apartheid*"*[(7)].

Em seu livro "Disposable People", *Kevin Bales*, estudado por *Luiz Guilherme Belisario*[(8)], *Ricardo Rezende*[(9)] e *Leonardo Sakamoto*[(10)], ensina que na escravidão contemporânea o trabalhador é tratado como mercadoria, mesmo não havendo recibo.

---

(4) FIGUEIRA, Ricardo Rezende. *Pisando fora da Própria Sombra*. Rio de Janeiro: Civilização Brasileira, 2004, p. 36.
(5) MELTZER, Milton. *História Ilustrada da Escravidão*. Rio de Janeiro: Ediouro, 2004, p. 480.
(6) Obra citada, p. 36.
(7) MELTZER, Milton. Obra citada, p. 480-481.
(8) Obra citada, p. 50-51.
(9) Obra citada, p. 41.
(10) *In Revista Terra*, outubro de 2003, sob o título "Este Homem é um Escravo Brasileiro".

Vejamos o que entende *José Cláudio Monteiro de Brito Filho*(11):

"Para Kant, como explica Rabenhorst, no reino das finalidades humanas tudo ou tem preço ou dignidade. No primeiro caso, o que tem preço pode ser comparado ou trocado; já no caso da dignidade, ela funciona como atributo do que não pode sê-lo, ou seja, o que tem dignidade não é passível de substituição ou comparação. Como o homem, ser racional e dotado de autonomia, é o único capaz de fazer suas escolhas, ele é considerado como o único, também, que é portador de dignidade. Não pode o homem, então, em nenhuma circunstância ser considerado senão como um fim em si mesmo. Continua Rabenhorst afirmando que, 'Na perspectiva Kantiana, a dignidade humana se funda, portanto, no lugar que o homem ocupa na escala dos seres'." (...)

Note-se que, como afirma Sarlet, nessa perspectiva a dignidade, "como qualidade intrínseca da pessoa humana, é irrenunciável e inalienável, constituindo elemento que qualifica o ser humano como tal e dele não pode ser destacado". (...)

Nesse sentido é que entendemos que *Luiz Alberto David Araújo* afirma que: "O que se buscou enfatizar foi o fato de o Estado ter como um de seus objetivos proporcionar todos os meios para que as pessoas possam ser dignas".

O autor, quando faz essa afirmação, está-se referindo ao artigo 1º da Constituição Federal, que indica como um dos fundamentos da República Federativa do Brasil "a dignidade da pessoa humana" (inciso III), sendo que, para Luiz Alberto D. Araújo, o sentido que o legislador constituinte quis dar foi o de que o Estado se erige sob essa noção.

Daí trabalho, e em condições decentes, então, é forma de proporcionar ao homem os direitos que decorrem desse atributo que lhe é próprio: a dignidade. Quando se fala em trabalho em que há a redução do homem à condição análoga à de escravo, dessa feita, é imperioso considerar que violado o princípio da dignidade da pessoa humana, pois não há trabalho decente se o homem é reduzido a essa condição. Como entende, com perfeição, a OIT, "O controle abusivo de um ser humano sobre outro é a antítese do trabalho decente."

---

(11) *In* "Trabalho Decente — Análise Jurídica da Exploração do Trabalho — Trabalho Forçado e Outras Formas de Trabalho Indigno". São Paulo: LTr, 2004, p. 45-47.

No mesmo sentido, a manifestação de *Wilson Roberto Prudente*:

"O conceito de trabalho em ***condições degradantes*** *encontra-se em antítese ao conceito de trabalho em* ***condições dignas****. Submeter alguém a condições degradantes de trabalho significa o próprio* ***tratamento degradante*** *imposto por um particular, no caso, o empregador. Trabalho em condições degradantes, portanto, é aquele em que a degradação das condições de saúde e higiene violam à primeira vista, o axioma da dignidade da pessoa humana.*

A constatação do trabalho em condições degradantes no meio rural terá que ter sempre em conta as condições de alojamento e moradia do trabalhador. A qualidade da água colocada à disposição dos trabalhadores será um outro elemento relevante na caracterização do trabalho em condições degradantes.

Depositar trabalhadores em alojamentos degradantes, em condições extremas, equivale à prática de tortura. Lembro-me de um alojamento que visitei de trabalhadores trazidos do Maranhão, de Minas Gerais e do Espírito Santo, para prestar serviços em favor de uma Grande Usina açucareira e alcooleira de Campos dos Goytacazes. Eram 31 homens acondicionados em beliches, uns sobre os outros. Os trabalhadores chegavam da roça às dezessete horas e havendo um único banheiro e um único chuveiro, os últimos da fila só conseguiriam jogar uma água no corpo por volta das 22 horas. Antes disso, porém, a água da caixa, que era pequena, já havia terminado... Os últimos da fila só poderiam pensar em banho no final da tarde do dia seguinte... As paredes do quarto estavam visivelmente manchadas de sangue, dada a voracidade dos mosquitos e pernilongos... Não era possível ficar dois minutos naquele ambiente, sem ter que estar batendo as mãos para todos os lados, como forma de se livrar dos insetos... Ora, um alojamento, onde permanecer por cinco minutos é razão de grande sofrimento, então para quem nele tem de dormir todos os dias trata-se efetivamente de tortura..."(12)

E, novamente com *José Cláudio Monteiro de Brito Filho*(13):

"É preciso, entretanto, enunciar mais concretamente o trabalho em condições degradantes. Tomando por base sua caracterização, como

---

(12) Wilson Roberto Prudente, Procurador do Trabalho, em manifestação na Oficina de Trabalho promovida pela OIT, em Brasília, nos dias 15 e 16 de março de 2004.
(13) Obra citada, p. 80.

exposta por Luis Camargo linhas atrás, como aquele em que se pode identificar péssimas condições de trabalho e de remuneração, pode-se dizer que trabalho em condições degradantes é aquele em que há a falta de garantias mínimas de saúde e segurança, além da ausência de condições mínimas de trabalho, de moradia, higiene, respeito e alimentação. Tudo devendo ser garantido — o que deve ser esclarecido, embora pareça claro — em conjunto; ou seja, e em contrário, a falta de um desses elementos impõe o reconhecimento do trabalho em condições degradantes.

Assim, se o trabalhador presta serviços exposto à falta de segurança e com riscos à sua saúde, temos o trabalho em condições degradantes. Se as condições de trabalho mais básicas são negadas ao trabalhador, como o direito de trabalhar em jornada razoável e que proteja sua saúde, garanta-lhe descanso e permita o convívio social, há trabalho em condições degradantes. Se, para prestar o trabalho, o trabalhador tem limitações na sua alimentação, na sua higiene, e na sua moradia, caracteriza-se o trabalho em condições degradantes."

E, quanto ao conceito legal de trabalho análogo ao de escravo, sob a égide da redação anterior do artigo 149, do Código Penal Brasileiro(14), chegamos estabelecer uma definição, entendendo como sinônimas as expressões trabalho escravo e trabalho forçado(15):

> *"Considerar-se-á trabalho escravo ou forçado toda modalidade de exploração do trabalhador em que este esteja impedido, moral, psicológica e/ou fisicamente, de abandonar o serviço, no momento e pelas razões que entender apropriados, a despeito de haver, inicialmente, ajustado livremente a prestação dos serviços".*

Observamos, na oportunidade, que a caracterização do chamado trabalho escravo contemporâneo ocorria não só diante de ameaças ou sanções, mas também mediante falsas promessas de boas condições de prestação de serviço e salário, ocasiões em que o obreiro apresentava-se espontaneamente para o labor(16).

---

(14) "Art. 149 — Reduzir alguém a condição análoga à de escravo:
Pena — reclusão, de 2 (dois) a 8 (oito) anos" (vigente até 11.12.2003).

(15) Ver nosso artigo publicado na Revista do Ministério Público do Trabalho — Edição Especial: Trabalho Escravo — sob o título "Premissas para um Eficaz Combate ao Trabalho Escravo"; Ano XIII; setembro, 2003; p. 14 e seguintes.

(16) Avançamos, assim, sobre a proposta da Convenção n. 29, da OIT (da qual o Brasil é signatário), onde, consoante art. 2º, está disposto: "1. Para fins desta Convenção, a expressão 'trabalho forçado ou obrigatório' compreenderá todo trabalho ou serviço exigido de uma pessoa sob a ameaça de sanção e para o qual não se tenha oferecido espontaneamente".

Vale lembrar, como já afirmamos em outras oportunidades, que a coação (podendo ocorrer, anote-se, também por força da retenção de documentos) é um importante elemento definidor deste tipo execrável de exploração. A coação pode ser moral, psicológica e física.[17]

Todavia, tal viés mostrou-se incompleto, porquanto, lamentavelmente, deixou de observar que a melhor e atual conceituação do que se convencionou chamar de trabalho escravo contemporâneo, deveria atentar não só para a supressão da liberdade individual do trabalhador mas, sobretudo, para a garantia da dignidade deste mesmo trabalhador.

Neste sentido, *Ela Wiecko Wolkmer de Castilho*[18], há tempos, registre-se, acredita na necessidade imperiosa de incluir na conceituação dos crimes as práticas que atentem contra a dignidade da pessoa. Assim, afirma:

> *"Não se trata mais de proteger a liberdade individual, mas a dignidade da pessoa humana. É, sem dúvida, um conceito mais amplo e mais apropriado à efetiva repressão das formas contemporâneas de escravidão".*

Hoje, por força da Lei n. 10.803, de 11 de dezembro de 2003, o Código Penal Brasileiro dispõe:

> *"Art. 149. Reduzir alguém a condição análoga à de escravo, quer submetendo-o a trabalhos forçados ou a jornada exaustiva, quer sujeitando-o a condições degradantes de trabalho, quer restringindo, por qualquer meio, sua locomoção em razão de dívida contraída com o empregador ou preposto*[19]*:*
>
> *Pena — reclusão, de 2 (dois) a 8 (oito) anos, e multa, além da pena correspondente à violência*[20]*.*
>
> *§ 1º Nas mesmas penas incorre quem:*
>
> *I — cerceia o uso de qualquer meio de transporte por parte do trabalhador, com o fim de retê-lo no local de trabalho;*

---

(17) Conforme nosso artigo publicado na Revista LTr, sob o título "As Atribuições do Ministério Público do Trabalho na Prevenção e no Enfrentamento ao Trabalho Escravo"; Ano 68; Abril, 2004; p. 426 e seguintes, no qual as diferentes modalidades de coação são apresentadas.

(18) Conforme Ricardo Rezende Figueira, *in* obra citada, p. 45.

(19) Imperativo esclarecer que esta redação amplia o tipo penal, tornando imprescindível a garantia do trabalho digno. Diga-se também da possível, talvez inevitável, confusão, conceitual e prática, entre as formas contemporâneas de escravidão, o trabalho degradante, o trabalho forçado e a jornada exaustiva.

(20) Diferentemente do que todos pretendíamos, a pena mínima não foi aumentada, fato que mantém a sensação de impunidade.

II — mantém vigilância ostensiva no local de trabalho ou se apodera de documentos ou objetos pessoais do trabalhador, com o fim de retê-lo no local de trabalho.

§ 2º A pena é aumentada de metade, se o crime é cometido:

I — contra criança ou adolescente;

II — por motivo de preconceito de raça, cor, etnia, religião ou origem."

Tal comando legal permite entender, seguramente, o trabalho prestado por pessoas reduzidas à condição análoga à de escravos como gênero, sendo suas espécies o trabalho forçado e o trabalho degradante. Os doutrinadores *José Cláudio Monteiro de Brito Filho*[21] e *Luiz Guilherme Belisario*[22] defendem esta proposta.

E, mais uma vez, com *José Cláudio Monteiro de Brito Filho*[23], temos uma definição:

"Feita a análise, podemos definir trabalho em condições análogas à condição de escravo como o exercício do trabalho humano em que há restrição, em qualquer forma, à liberdade do trabalhador, e/ou quando não são respeitados os direitos mínimos para o resguardo da dignidade do trabalhador.

E é o mesmo doutrinador que arremata, brilhantemente, na nota de rodapé[24]:

"Repetimos, aqui, o que dissemos em nota anterior, agora de forma mais clara, ainda: é a dignidade da pessoa humana que é violada, principalmente, quando da redução do trabalhador à condição análoga à de escravo. Tanto no trabalho forçado, como no trabalho em condições degradantes, o que se faz é negar ao homem direitos básicos que o distinguem dos demais seres vivos; o que se faz é coisificá-lo; dar-lhe preço, e o menor possível. Não há sentido, então, na tentativa que se vem fazendo de descaracterizar o trabalho em condições degradantes, como se este não pudesse ser indicado como espécie de trabalho escravo."

Não é possível permanecer o trabalhador subjugado inteiramente ao patrão. Diminuído, humilhado e impossibilitado de exercer seu direito

(21) Obra citada, p. 72.
(22) Obra citada, p. 103.
(23) Obra citada, p. 86.
(24) Obra citada, p. 86.

de homem livre, digno e igual. É preciso devolver-lhe seu direito de ir e vir. É preciso resgatar seu direito de contratar, de sair de um emprego e ir para outro. É imperativo garantir um trabalho digno, com dignas condições de exercer suas funções, acima de tudo.

O Ministério Público do Trabalho tem sido das mais importantes instituições na busca deste mister, quer atuando extrajudicialmente, quer manejando, com eficiência e ousadia, na Justiça do Trabalho, as ações coletivas legalmente previstas.

2. Ministério Público do Trabalho e a tutela dos direitos individuais homogêneos. Cabimento

Nos termos do artigo 83, inciso III da Lei Orgânica do Ministério Público da União compete ao Ministério Público do Trabalho, no exercício de suas funções institucionais, *"promover a ação civil pública no âmbito da Justiça do Trabalho, para a defesa de interesses coletivos, quando desrespeitados os direitos sociais constitucionalmente garantidos"*.

Dispõe o artigo 129, inciso III da Constituição Federal:

"São funções institucionais do Ministério Público: promover o inquérito civil e a ação civil pública, para proteção do patrimônio público e social, do meio ambiente e de outros interesses difusos e coletivos."

Os dispositivos acima citados fazem referência expressa, tão somente, à atuação do *Parquet* na defesa de direitos ou interesses coletivos e difusos, sem mencionar a possibilidade de propositura de ação civil pública para proteção de direitos ou interesses individuais homogêneos. Tais direitos e interesses têm sede no Código de Defesa do Consumidor[25].

---

(25) Art. 81. A defesa dos interesses e direitos dos consumidores e das vítimas poderá ser exercida em juízo individualmente, ou a título coletivo.

Parágrafo único. A defesa coletiva será exercida quando se tratar de:

I — interesses ou direitos difusos, assim entendidos, para efeitos desse Código, os transindividuais, de natureza indivisível, de que sejam titulares pessoas indeterminadas e ligadas por circunstâncias de fato;

II — interesses ou direitos coletivos, assim entendidos, para efeitos deste Código, os transindividuais de natureza indivisível de que seja titular grupo, categoria ou classe de pessoas ligadas entre si ou com a parte contrária por uma relação jurídica base;

III — interesses individuais homogêneos, assim entendidos os decorrentes de origem comum.

Essa omissão legislativa[26] gerou séria divergência doutrinária e jurisprudencial[27] acerca do tema. O doutrinador *Carlos Henrique Bezerra Leite*[28], em valiosa dissertação sobre o assunto, aponta a existência de três teorias que procuram delinear o maior ou menor campo de atuação do Ministério Público no que concerne à defesa desses interesses: teoria restritiva, eclética e ampliativa.

Filiado à terceira corrente doutrinária, *Nelson Nery Júnior*[29] enfatiza que a defesa dos direitos individuais homogêneos pelo Ministério Público, dada pelo CDC 82, inciso I, atende ao perfil constitucional e institucional do Parquet.[30] Em síntese, eis o seu posicionamento:

---

(26) Fala-se de omissão do legislador, a qual, todavia, não podemos atestar, diante da regra insculpida no art. 6º, VII, letra *d*, da Lei Complementar n. 75/93.

(27) RECURSO DE REVISTA. ILEGITIMIDADE *AD CAUSAM* DO MINISTÉRIO PÚBLICO DO TRABALHO. AÇÃO CIVIL PÚBLICA. CONTRATAÇÃO IRREGULAR DE MÃO-DE-OBRA. VÍNCULO DE EMPREGO. INCISO III DO ARTIGO 83 DA LEI COMPLEMENTAR N. 75/93. PROVIMENTO. A Lei Complementar n. 75, de 20 de maio de 1993, atribui ao Ministério Público a competência para promover Ação Civil Pública para a proteção de interesses individuais indisponíveis, homogêneos, sociais, difusos e coletivos (artigo 6º, alínea *d*). No entanto, especificamente quanto ao Ministério Público do Trabalho, estabelece o artigo 83, em seu inciso III, da Lei Complementar n. 75/93, que "compete a este Órgão promover a Ação Civil Pública no âmbito da Justiça do Trabalho, para defesa de interesses coletivos, quando desrespeitados os direitos sociais, constitucionalmente garantidos". A hipótese dos autos revela-se bastante peculiar, já que remete à utilização de empresa interposta para fins de contratação de pessoal, em completo desrespeito à legislação que trata da intermediação de mão-de-obra, ficando patente a tentativa da Reclamada em utilizar tal expediente para burlar os direitos trabalhistas dos envolvidos (arts. 6º e 7º da Constituição Federal). Portanto, havendo previsão legal expressa atribuindo legitimidade do Ministério Público do Trabalho para a defesa dos direitos levados a efeito na presente Reclamatória, deve a Revista ser provida, afastando-se a extinção do processo declarada pela instância julgadora regional e determinando-se o retorno dos autos à origem, para que prossiga no julgamento do apelo ordinário da Reclamada, superada a questão relativa à legitimidade do *Parquet* para propor a presente Ação Civil Pública. Vistos, relatados e discutidos estes autos de Recurso de Revista n. TST-RR-774132/2001.3, em que é Recorrente MINISTÉRIO PÚBLICO DO TRABALHO DA 3ª REGIÃO e Recorrido SUCOCÍTRICO CUTRALE LTDA.

(28) *Processo Civil Coletivo*. "A Ação Civil Pública e a Tutela dos Interesses Individuais Homogêneos dos Trabalhadores em Condição de Escravidão". Ed. Quartier Latin do Brasil, 2005, p. 538/564.

(29) *Ação civil pública: Lei 7.347/1985 — 15 anos*. "Ação Civil Pública no Processo do Trabalho". São Paulo: Editora Revista dos Tribunais, 2002, p. 616 e 617.

(30) Neste mesmo sentido é a lição do jurista Hugo Nigro Mazzilli: *"Como a LACP não se refere expressamente, em momento algum, aos interesses individuais homogêneos, uma análise mais apressada poderia fazer crer que essa espécie de interesses transindividuais estaria fora da cobertura a ação civil pública, exceto, apenas, quan-*

"O CDC artigo 1º fala que as suas normas são de ordem pública e de interesse social. Não há palavras inúteis na lei. ***Os defensores da primeira corrente***[(31)] ***argumentam apenas com a expressão 'individuais indisponíveis', constante da CF 127 caput, olvidando-se, outrossim, daqueloutra expressão 'interesses sociais', que o mesmo texto constitucional comete ao MP****. Com efeito, o CDC artigo 82 I, que confere ao MP legitimidade para defender aqueles direitos em juízo, é norma de interesse social. Como cabe ao MP a defesa do interesse social, a norma do CDC, autorizadora dessa legitimação, encontra-se em perfeita consonância com o texto constitucional. De outra parte, não é demais mencionar que o ajuizamento de ação coletiva já configura questão de interesse social, pois com ele evita-se proliferação de demandas, prestigiando-se a atividade jurisdicional e evitando-se decisões conflitantes. Portanto, independentemente da natureza do direito envolvido na ação coletiva (se difusa, coletiva, ou individual homogênea), ela mesma é circunstância caracterizadora do interesse social, que cabe ao MP defender".* (Grifos nossos)

Desta forma, o atual texto da Carta Constitucional, nos termos do artigo 127, *caput*, ampliou a instrumentalidade da ação civil pública para a defesa de quaisquer interesses metaindividuais da sociedade, bem como conferiu-se ao Ministério Público a condição de legitimado por excelência para propor a referida ação coletiva, ao incubir-lhe a defesa dos interesses sociais e individuais indisponíveis. No caso do *Parquet* laboral[(32)], asseve-

---

to aos interesses individuais homogêneos relativos aos consumidores, que poderiam ser defendidos por meio de ação coletiva prevista no CDC (...) Esse entendimento restritivo não se sustenta em face do sistema conjugado da LACP e do CDC, que se integram reciprocamente. Com efeito, estão também alcançados pela tutela coletiva os interesses individuais homogêneos, de qualquer natureza, relacionados ou não com a condição de consumidores dos lesados. Por isso, e em tese, cabe também a defesa de qualquer interesse individual homogêneo por meio de ação civil pública ou coletiva, sendo inconstitucional qualquer tentativa que vise impedir o acesso coletivo à jurisdição." (A defesa dos interesses difusos em juízo. São Paulo: Saraiva, 2004, p. 122).

(31) Refere-se o autor à teoria restritiva, que reduz a legitimação do Ministério Público à defesa exclusiva dos interesses difusos e coletivos.

(32) Nelson Nery Júnior, em feliz abordagem sobre o assunto explica: *"Mesmo sendo figura conhecida dos romanos, a defesa dos direitos metaindividuais só a partir da segunda metade do século XX é que despertou nos juristas a preocupação de dar-lhe melhor tratamento normativo. A primeira vez que, no direito positivo brasileiro, viu-se essa preocupação foi justamente na área do processo trabalhista. A ação de dissídio coletivo (CLT 856 e ss.) é forma de defesa, na Justiça do Trabalho, de*

ra *Bezerra Leite*(33), a defesa dos direitos individuais homogêneos dos trabalhadores encaixa-se como uma luva na letra do artigo 127 *caput* da CF, seja porque são interesses (ou direitos) sociais, seja porque são, via e regra, individuais indisponíveis.

Não sem razão, como se vê, o legislador inseriu no artigo 6º, inciso VII, alínea *d*, da Lei Complementar n. 75/93, comando que dá ao Ministério Público do Trabalho, pois um dos ramos do Ministério Público da União (CR, art. 128, I), o poder de manejar a ação civil pública para a proteção de outros interesses individuais indisponíveis, homogêneos, sociais, difusos e coletivos.

Sobre o tema, o Egrégio Conselho Superior do Ministério Público do Trabalho editou o Precedente n. 17, confirmando a legitimidade do *Parquet* laboral para a defesa de direitos individuais homogêneos, desde que a repercussão social da lesão justifique sua atuação:

> *"VIOLAÇÃO DE DIREITOS INDIVIDUAIS HOMOGÊNEOS — ATUAÇÃO DO MINISTÉRIO PÚBLICO DO TRABALHO — DISCRICIONARIEDADE DO PROCURADOR OFICIANTE. Mantém-se, por despacho, o arquivamento da representação quando a repercussão social da lesão não for significativamente suficiente para caracterizar uma conduta com conseqüências que reclamem a atuação do Ministério Público do Trabalho em defesa de direitos individuais homogêneos. A atuação do Ministério Público deve ser orientada pela conveniência social. Ressalvados os caso de defesa judicial dos direitos e interesses de incapazes e população indígena*(34)*".*

O entendimento do Conselho Superior encontra respaldo na jurisprudência do Colendo Tribunal Superior do Trabalho:

> *"MINISTÉRIO PÚBLICO DO TRABALHO. LEGITIMIDADE ATIVA. AÇÃO CIVIL PÚBLICA.DIREITOS COLETIVOS E DIREITOS IN-*

---

direitos difusos, coletivos e individuais homogêneos. É evidente que essa primeira tratativa legislativa foi o ponto inicial da normatização da defesa, em juízo, dos direitos metaindividuais. Há imprecisões técnicas e lacunas que foram, dentro do possível, sendo regularizadas e preenchidas ao longo dos anos que se seguiram à edição da CLT, que é decreto de 1943. Deve-se à CLT, portanto, o pioneirismo em tratar, no âmbito legislativo, da problemática da tutela dos direitos transindividuais em juízo" (Obra citada, p. 602 e 603).

(33) *In Ação Civil Pública*. São Paulo: LTr, 2001, p. 199.

(34) Aprovado na 129ª Sessão Extraordinária do CSMPT, em 11.10.2005. Publicado no DJ em 18.10.2005, Seção I, p. 671.

DIVIDUAIS HOMOGÊNEOS INDISPONÍVEIS. Na dicção da jurisprudência corrente do exc. Supremo Tribunal Federal, os direitos individuais homogêneos nada mais são senão direitos coletivos em sentido lato, uma vez que todas as formas de direitos metaindividuais (difusos, coletivos e individuais homogêneos) passíveis de tutela mediante ação civil pública, são coletivos. Consagrando interpretação sistêmica e harmônica às leis que tratam da legitimidade do Ministério Público do Trabalho (artigos 6º, VII, letras c *e* d, *83 e 84 da LC 75/93), não há como negar a sua legitimidade para propor ação civil pública para tutelar direito individual homogêneo. Imperioso observar, apenas, em razão do disposto no artigo 127 da Constituição Federal, que o direito a ser tutelado deve revestir-se do caráter de indisponibilidade. Recurso de Embargos conhecido e provido." (TST, ERR 379855, E-RR-379.855/1997.1, Ministro Lélio Bentes Corrêa, DJU 25/06/2004)*

Logo, a despeito de toda controvérsia existente sobre o tema, e à exceção dos adeptos da teoria restritiva, é inegável que cabe ao Ministério Público do Trabalho a defesa dos direitos ou interesses individuais homogêneos, notadamente em favor dos cidadãos escravizados, submetidos a trabalhos extenuantes, obrigados a viver em condições desumanas e degradantes. A natureza indisponível desses direitos e o interesse de toda a sociedade na erradicação do trabalho escravo e forçado, justificam, melhor, impõem, a atuação Ministério Público do Trabalho no combate a essa odiosa forma de violação à dignidade da pessoa humana.

3. Ação coletiva no combate ao trabalho escravo

Vencida a questão da legitimidade *ad causam* do Ministério Público do Trabalho no tocante à defesa dos direitos metaindividuais, inclusive dos direitos individuais homogêneos, discute-se acerca da existência de diferenças e semelhanças entre a ação civil pública e a ação civil coletiva.

Antes, porém, é preciso definir se há, ou não, uma relação de gênero e espécie entre as expressões ação coletiva e ação civil pública? O tema é muito controverso.

Para alguns autores, como *Antonio Gidi*, a ação coletiva é gênero, e tem como uma das espécies a ação civil pública, que o autor conceitua como *"a ação proposta por um legitimado autônomo (legitimidade), em defesa de um direito coletivamente considerado (objeto), cuja imutabilidade do comando da sentença atingirá uma comunidade ou coletividade (coisa julgada).*[(35)]

Outros[(36)], porém, negam a existência de diferença conceitual entre as duas expressões, como *José Marcelo Menezes Vigliar.*[(37)] No seu entendimento, as ações serão coletivas porque veiculam pretensões coletivas. Ação civil pública por nenhuma razão sustentável poderia se classificar como espécie da coletiva, já que ela (que é a mesma coisa que a coletiva) também veicula pretensão coletiva (essencial ou acidental).

E arremata:

> *"Assim, não há como sustentar seja a ação coletiva um gênero, do qual a ação civil pública seja espécie. É plenamente possível a utilização de uma expressão pela outra. Ambas não deveriam existir, pois ação não deve ser adjetivada. Mas, a coletiva diz muito mais: diz que tipo de interesse se busca tutelar. A civil pública além de ser utilizável por outros legitimados que não o Ministério Público* (vide *os róis dos arts. 5º e 82 das Leis 7.347/85 e 8.078/90, respectivamente) pode perfeitamente postular a defesa de um interesse individual homogêneo, já que tal ação se presta (porque de idêntica abrangência da coletiva) a tutelar interesses coletivos (sejam essencialmente coletivos, sejam não-essencialmente coletivos*)."

Para aqueles que admitem a existência de uma relação de gênero e espécie entre os vocábulos "ação coletiva, ação civil pública e ação civil coletiva", surge uma outra divergência doutrinária, sintetizada, com excelência, pelo jurista *Marcos Neves Fava*[(38)]:

---

(35) Citado por LEITE, Carlos Henrique Bezerra. *Curso de Direito Processual do Trabalho.* São Paulo: LTr, 2005, p. 894 e 895.

(36) Nelson Nery Júnior, ao discorrer acerca do cabimento da ação coletiva na justiça do trabalho, faz referência às duas expressões como sinônimas. Vejamos: *"**A ação civil pública, expressão que, diante do direito positivo vigente, é sinônima de ação coletiva**, pode ser ajuizada na Justiça do Trabalho, com base no sistema constitucional e legal brasileiro. O sistema da CLT mostra-se, hoje, insuficiente para atender à demanda dos direitos transindividuais de natureza trabalhista, razão pela qual cada vez mais estão sendo ajuizadas ações coletivas, de variada ordem, na Justiça do Trabalho".* (Obra citada, p. 607).

(37) *Ação Civil Pública: Lei 7.347/1985 — 15 anos.* "Ação Civil Pública ou Ação Coletiva". São Paulo: Editora Revista dos Tribunais, 2002, p. 441-457.

(38) *Ação civil pública trabalhista: teoria geral.* São Paulo: LTr, 2005, p. 87.

"Outro impasse no tangente à nomenclatura das ações de trato dos interesses transindividuais é a utilização do termo "ação civil pública coletiva", para designar a proteção de interesses individuais homogêneos. A origem da dicotomia — ação civil pública para interesses difusos ou coletivos (stricto sensu) — é identificada na Lei orgânica do Ministério Público Federal, a Lei Complementar n. 75/93, cujo art. 6º, inciso XII dá ao órgão ministerial a atribuição de propor "ação civil coletiva para a defesa de interesses individuais homogêneos". De tal fonte nasceu distinção encontrada por alguns autores, a partir dos interesses defensáveis em cada um deles, entre ação civil pública e ação civil pública coletiva.

Em outras palavras, há autores que defendem a utilização da ACP exclusivamente para a defesa de direitos difusos e coletivos, ficando a defesa e proteção dos direitos individuais homogêneos reservados ao campo da ação civil coletiva. Neste sentido, vale citar as palavras de *Ives Gandra da Silva Martins Filho*:[(39)]

"A primeira distinção que se pode fazer entre os dois instrumentos judiciais (e da qual decorrerão as demais distinções)[(40)] *é a relativa aos interesses defensáveis em cada um deles. A Constituição Federal somente previu a ação civil pública para a defesa de interesses difusos e coletivos (CF, art.129, III). A figura dos interesses individuais homogêneos é introdução do Código de Defesa do Consumidor. E para sua defesa instituiu a ação civil coletiva (CDC, art. 91), distinta da ação civil pública e exercitável também pelo Ministério Público. Assim, na ACP há defesa de direitos coletivos e na ACC defesa coletiva de direitos individuais. (...) Nesse sentido, seria imprópria a utilização da ação civil pública para defesa de interesses individuais homogêneos, não obstante haja*

(39) "Ação Civil Pública e Ação Civil Coletiva". *Revista LTr*, n. 59-11/1449-1451.

(40) O autor aponta, ainda, uma série de outras diferenças entre a ação civil pública e a ação civil coletiva, muitas com as quais não concordamos, mas citaremos por amor ao debate: 1) quanto à natureza da sentença: a ação civil pública visa à prolação de provimento jurisdicional de caráter condenatório genérico ou cominatório, e a ação civil coletiva visa, justamente, à obtençao de reparaçao pelos danos sofridos individualmente pelos trabalhadores lesados; 2) quanto à legitimidade: será concorrente com o sindicato quando se tratar de direitos coletivos e individuais homogêneos e exclusiva do Ministério Público quanto aos interesses difusos; 3) quanto à competência hierárquica: argumenta que cabe aos TRT's e TST a competência originária para processar e julgar as ações civis públicas — pois na jurisdição trabalhista os interesses coletivos são apreciados através dos tribunais, como os dissídios de natureza econômica e de natureza jurídica; aos órgão de primeira instância caberia o julgamento das ações civis coletivas.

previsão legal da mesma nas Leis Orgânicas do Ministério Público da União e dos Estados."[41]

Ao dissertar sobre o tema, *Hugo Nigro Mazzilli*, com acerto, aponta a imprecisão técnica da expressão "ação civil pública" utilizada na LACP e explica[42]:

"(...) a Lei n. 7.347/85 usou a expressão ação civil pública para referir-se à ação para defesa de interesses transindividuais, proposta por diversos co-legitimados ativos, entre os quais até mesmo associações privadas, afora o Ministério Público e outros órgãos públicos. Mais acertadamente, quando dispôs sobre a defesa em juízo desses mesmos interesses transindividuais, o CDC preferiu a denominação ação coletiva, da qual associações civis, o Ministério Público e outros órgão públicos são co-legitimados.

Como denominaremos, pois, uma ação que verse a defesa de interesses difusos, coletivos ou individuais homogêneos? Se ela estiver sendo movida pelo Ministério Público, o mais correto, sob o enfoque puramente doutrinário, será chamá-la de ação civil pública. Mas se tiver sido proposta por associações civis, mais correto será denominá-la de ação coletiva. Sob o enfoque puramente legal, será ação civil pública qualquer ação movida com base na Lei n. 7.347/85, para a defesa de interesses transindividuais, ainda que seu autor seja uma associação civil, um ente estatal ou o próprio Ministério Público, ente outros legitimados; será ação coletiva qualquer ação fundada nos arts. 81 e s. do CDC, que verse a defesa de interesses transindividuais".

E, corroborando o entendimento acima transcrito, ensina *Pedro Lenza*[43]:

"Muito embora a Lei n. 7.347/85 marque um expressivo passo do legislador em prol das ações coletivas, conforme destaca Gri

(41) Conforme já explicitado em tópico anterior da presente obra, advogamos tese diametralmente oposta ao pensamento acima transcrito. Uma interpretação sistemática das normas previstas na Constituição Federal (arts. 129, III e IX, e 127, *caput*), na LOMPU (arts. 83, III, e 84, *caput*, e 6º, VII, d), no Código de Defesa do Consumidor (arts. 81, par. único, III, 82, I, 91 e 92) e na da LACP (arts. 5º, *caput*, e 21), leva a um complexo normativo que possibilita uma defesa mais efetiva e célere dos direitos metaindividuais. Dessa forma, a ação civil pública revela-se como um instrumento processual apto para veicular quaisquer pretensões de natureza transindividuais, seja de direito difuso, coletivo ou individual homogêneo.

(42) *A defesa dos interesses difusos em juízo.* São Paulo: Ed. Saraiva, 2004, p. 69-70.

(43) *Teoria geral da ação civil pública.* São Paulo: Editora Revista dos Tribunais, 2005, p. 163.

nover, "o texto legal fala impropriamente em 'ação civil pública'. Impropriamente, porque nem a titularidade da ação é deferida exclusivamente a órgão públicos (Ministério Público, União, Estados e Municípios), nem é objeto do processo a tutela do interesse público (...) Prefere-se, no trabalho, a denominação 'ações coletivas', por atender à legitimidade para a causa (também atribuída, pela lei, às formações sociais) e aos bens protegidos (interesses de dimensão coletiva)".

Observa-se, então, mais correta a terminologia adotada pelo Código de Defesa do Consumidor, que nominou como coletiva a defesa dos interesses transindividuais, consoante os arts. 87, 91 e 98.

Desta feita, propõe-se a utilização da terminologia ação coletiva como gênero, abrangendo a tutela dos interesses difusos, coletivos e individuais homogêneos. No entanto, na medida em que os interesses difusos e coletivos só podem ser tutelados coletivamente, poder-se-ia falar em ação coletiva típica ou ação coletiva stricto sensu. Por outro lado, como a tutela coletiva dos interesses individuais decorre de construção legal, artificial (são interesses acidentalmente coletivos), o uso da terminologia ação coletiva deve ser tomado em sentido lato".

Como podemos observar, há séria dissensão doutrinária a respeito da matéria[44].

---

(44) Há autores, inclusive, que afastam a competência da Justiça do Trabalho para processar e julgar ações coletivas, e negam o cabimento desta via processual na seara trabalhista, como Carlos Henrique Bezerra Leite. Em síntese, eis o seu posicionamento: *"No que concerne à ACC, não existe na CF, nem em norma jurídica trabalhista específica, autorização para o seu cabimento na Justiça do Trabalho. Adite-se que o art. 84, caput, da LOMPU incumbe ao Ministério Público do Trabalho, no âmbito de suas atribuições, exercer as funções institucionais previstas no seu art. 6º, sendo certo que entre as atribuições do MPT junto à Justiça do Trabalho (LOMPU, art. 83) não consta a ACC, e sim a ACP. O elastério é permitido, segundo acreditamos, apenas para as atribuições do Ministério Público do Trabalho, e não para a competência absoluta da Justiça do Trabalho, pois esta, como é sabido, por ser matéria de ordem pública, há de vir expressa na lei, o que não ocorre na espécie(...)Em linguagem da lógica jurídica, o problema ficaria assim formalizado: se não há, de lege data, competência da Justiça do Trabalho para apreciar e julgar ACC, então não é cabível ACC nos domínios do processo trabalhista. Isso não significa, em absoluto, que os interesses ou direitos individuais homogêneos não possam ser tutelados no âmbito da Justiça do Trabalho. Apenas o veículo que se enquadra, de lege data, na moldura do artigo 114 da CF e que, portanto, pode propiciar a efetiva e adequada tutela jurisdicional de tais interesses é a ACP, e não a ACC."*(*Curso de Direito Processual do Trabalho.* São Paulo: Editora LTr, 2005, p. 908 e 909).

Na verdade, não interessa, do ponto de vista da efetividade do processo, o nome que se dará ao instrumento processual, seja ação coletiva, ação civil pública ou ação civil coletiva, o importante é a relevância social do direito ou interesse posto em juízo e a sua adequada tutela(45). O Código de Defesa do Consumidor, no nosso entendimento, ao utilizar a expressão 'ação civil coletiva' no artigo 91(46), não criou um instrumento processual novo. Ao contrário, ampliou o objeto da via processual disciplinada na Lei 7.347/85, a fim de tornar mais célere e efetiva a tutela jurisdicional.

Neste sentido são os comentários de *Marcos Fava* que, de forma brilhante, finaliza o tema(47):

> *"Pondere-se, finalmente, que a utilização de qualquer nomenclatura específica ou especificadora fará implicar redução do instituto, provocando, como é de gosto da ciência humana, intermináveis discussões acerca da correta utilização do meio adequado. Decisões não faltarão que deixarão de conhecer da pretensão inicial, porque o título da demanda teria sido equivocadamente lançado, monografias e artigos grassarão na busca da real identidade dos procedimentos, tudo em detrimento da efetividade do processo.*

---

(45) Sobre o assunto, com acerto, se posicionam Sandra Lia Simón e Guilherme José Purvim de Figueiredo ("Legitimidade Ativa na Ação Civil Pública Proposta no Âmbito da Justiça do Trabalho. *Revista LTr*, 60-08/1108): "A rigor, inexiste 'ação civil pública trabalhista', denominação que se tem dado à ação civil pública ajuizada no âmbito da Justiça do Trabalho. Da mesma forma, inexistem 'ações civis públicas fazendárias', quando intentadas no âmbito das Varas da Fazenda Pública, 'ações civis públicas juvenis', quando intentadas no âmbito das Varas de Infância e Juventude etc. (...) Ainda que leis de natureza material ou orgânica façam menção expressa à defesa em juízo dos interesses difusos — Lei n. 8.069/90, o Estatuto da Criança e do Adolescente, Lei n. 7.853/89, sobre a tutela à pessoa portadora de deficiência; Lei n. 7.913/89, sobre a responsabilidade por danos causados aos investidores no mercado de valores mobiliários, dentre outras — inexiste qualquer tipo de distinção de caráter processual entre tais formas de tutela e a ação civil pública regulamentada e instrumentalizada pela Lei n. 7.347/85. Mesmo que o objeto e a matéria abrangidos por determinada ação sejam diferentes, é equivocado falar-se em espécies distintas de ação civil pública: a ação civil pública é uma só — regulamentada, repita-se, pela Lei n. 7.347/85 — e pode ser utilizada para tutelar, em juízo, através dos legitimados legais, qualquer interesse difuso e coletivo."

(46) Art. 91. Os legitimados de que trata o artigo 82 poderão propor, em nome próprio, e no interesse das vítimas ou seus sucessores, a ação civil coletiva de responsabilidade pelos danos individualmente sofridos, de acordo com o disposto nos artigos seguintes.

(47) Obra citada, p. 89.

Daí por que o nome ação coletiva, veiculando pretensão transindividual, quer de natureza coletiva stricto sensu, *quer de natureza difusa, ou ainda individual homogênea (de direito disponível ou indisponível) será providência de todo suficiente, para se opor à ação individual. Nada mais".*

Na prática, no entanto, os membros do *Parquet* laboral têm ajuizado duas ações, concomitantemente, com o objetivo de tutelar de forma plena os interesses e direitos individuais homogêneos de trabalhadores escravizados ou reduzidos a condições análogas às de escravos: ação civil pública e ação civil coletiva. A diferença, registre-se, está no pedido que é deduzido em cada uma das demandas.

Na ação civil pública os pedidos formulados são de natureza condenatória (multa reversível para o Fundo de Amparo ao Trabalhador) ou cominatória, com a imposição de obrigações de fazer, positivas e negativas: *por exemplo, abster-se de exigir trabalhos forçados dos seus empregados; abster-se de aliciar trabalhadores; abster-se de coagir e induzir seus empregados a utilizar armazém ou serviços mantidos pela fazenda; abster-se de impor sanção aos trabalhadores decorrente de dívidas e não utilizar o sistema "truck system"; fornecer o equipamento de trabalho necessário à operacionalização da atividade exigida pelo empregador; fornecer água potável; realizar exames médicos admissionais, demissionais e periódicos; além do pedido de culminação de multa diária ao demandado em caso de descumprimento futuro de quaisquer obrigações impostas, a ser revertida em favor do FAT, dentre outros*[48].

Através da ação civil coletiva, no entanto, os pedidos têm o objetivo reparar, individualmente, os danos sofridos por cada trabalhador lesado, pleiteando valores devidos a título de rescisão contratual, como aviso prévio, décimo terceiro salário, férias, FGTS, saldo de salários e condenação por danos morais, pagos diretamente ao trabalhador lesado [49].

Indaga-se: Seria possível reunir todos os pedidos, seja de cunho condenatório ou reparatório, em um único instrumento processual, plei-

(48) Veja, a título de exemplo, os pedidos formulados nos autos da ação civil pública ajuizada em face da Fazenda Ouro Verde, na Justiça do Trabalho do Pará, da lavra do Procurador do Trabalho Hideraldo Luiz de Sousa Machado.

(49) Veja, a título de exemplo, a ação civil pública ajuizada pelo Procurador Regional do Trabalho Lóris Rocha Pereira Júnior, em face da empresa Lima Araújo Agropecuária LTDA., na qual foram pleiteados valores devidos a título de verbas rescisórias para cada um dos trabalhadores encontrados na fazenda.

teando a um só tempo o pagamento de verbas rescisórias, de dano moral, cumprimento de obrigações de fazer e de não fazer, com a fixação de multa em caso de descumprimento?

Dispõe o artigo 3º da Lei n. 7.347/1985: *"A ação civil pública poderá ter por objeto a condenação em dinheiro ou o cumprimento de obrigação de fazer ou de não fazer".*

Não obstante a literalidade do texto legal acima transcrito, a melhor doutrina posiciona-se no sentido de que, com a aplicação subsidiária das normas do Código de Defesa do Consumidor à Lei n. 7.347/1985, os pedidos deduzidos em sede de ação civil pública podem ter conteúdo não apenas condenatório, mas também cautelar, de execução, constitutivo ou meramente declaratório, a depender da situação ofensiva aos interesses metaindividuais que o titular da ação pretende coibir, prevenir ou reparar.

Neste sentido, imperativo transcrever o pensamento do jurista *Hugo Nigro Mazzilli*(50):

> *"Em tese, são admissíveis quaisquer ações civis públicas ou coletivas, pois à LACP aplicam-se subsidiariamente o CDC ou o CPC. Cabem ações condenatórias, cautelares, de execução, meramente declaratórias ou constitutivas. Como exemplos, afigure-se a necessidade de reparar ou impedir um dano (ação condenatória ou cautelar satisfativa), ou de declarar nulo (ação declaratória) ou anular (ação constitutiva negativa) um ato lesivo ao patrimônio público ou ao meio ambiente. (...)* ***Combinados os art. 83 e 110 do CDC com o art. 21 da LACP, permite-se agora aos co-legitimados à ação civil pública ou coletiva defendam qualquer interesse difuso, coletivo, ou individual homogêneo, com qualquer rito, objeto ou pedido."*** (Grifos nossos)

Na esteira desse entendimento, e considerando o status constitucional do instituto, que com a Carta Magna de 1988 passou a integrar a categoria de garantia fundamental dos direitos ou interesses metaindividuais, vimos propor uma ampliação do objeto da ação civil pública (leia-se: ação coletiva), quando ajuizada na defesa de direitos (ou interesses) individuais homogêneos, principalmente quando o bem tutelado é a liberdade, a saúde e a vida de cidadãos reduzidos a condições análogas às de escravos, pois submetidos a regime de trabalho forçado e/ou de trabalho degradante.

---

(50) Citação de Carlos Henrique Bezerra Leite, no *Curso de Direito Processual do Trabalho.* São Paulo: Editora LTr, 2005, p. 901.

Neste contexto, vejamos o que entende *Marcos Neves Fava*(51):

"O traço original da lei da ação civil pública desenhava provimentos de duas naturezas: obrigação de fazer — positiva ou negativa — e reparação de danos não individuais, de consistência difusa ou coletiva (...) Tal restrição, no entanto, não se mostra aplicável, quando o interesse postulado é o individual homogêneo. Isto porque, como visto, ao contrário dos coletivos stricto sensu e dos difusos, que são indivisíveis e seu sujeito, no primeiro caso, corresponde a uma categoria, e, no segundo, é indeterminado (ou indeterminável), os individuais homogêneos são divisíveis e seus sujeitos são claramente individualizados. Assim é que o provimento condenatório de reparação, no sistema vigente, alcançado por meio de ação coletiva, vai resultar em entrega individual da obrigação, não se voltando, na hipótese, o valor recolhido a qualquer fundo coletivo."

E arremata, em feliz síntese:

"(...) o vigente ordenamento pátrio possibilita a defesa de interesses difusos, coletivos e individuais homogêneos por meio de ação civil pública — retius, ação coletiva — e o provimento que decorrer da postulação por esta via poderá revestir-se de natureza declaratória, constitutiva ou condenatória, tanto para obrigações, positivas ou negativas, de fazer, quanto para de pagar, diferenciando-se, ainda, neste último caso, a destinação dos valores impostos pela condenação aos titulares dos interesses homogêneos ou ao fundo social."(Grifos nossos)

Sabemos que esses trabalhadores são vítimas da pior forma de exploração do homem pelo homem. Vivem em condições, de tal sorte humilhantes, degradantes e injustas, que são atingidos em sua dignidade como pessoa humana. Como esperar, então, que sejam capazes de buscar em juízo a defesa plena dos seus interesses? Cabe ao Ministério Público tutelar de forma ampla e irrestrita os direitos desses trabalhadores, veiculando, em um único instrumento processual, obrigações de fazer (positivas e negativas) e obrigações de pagar, sendo de somenos importância a denominação dada à ação.

In casu, além da fixação de astreintes, cujos valores vêm sendo destinados ao Fundo de Amparo ao Trabalhador(52), é possível obter uma

(51) Obra citada, p. 101 e 102.

(52) Ao FAT por deferência, eis que não existe determinação legal expressa, conforme art. 13 da LACP.

reparação pecuniária, individualizada e diferenciada, para cada uma das vítimas, graças à possibilidade de perfeita identificação dos titulares desses interesses (individuais homogêneos) e da natureza divisível do objeto tutelado[53].

A nossa proposta tem o escopo de facilitar a atuação dos Membros do Ministério Público engajados na luta pela erradicação do trabalho escravo no Brasil, viabilizando, dessa forma, a tutela jurisdicional coletiva em sua plenitude, garantindo aos lesados o amplo acesso à justiça e tornando mais célere e efetivo o provimento jurisdicional que, nos termos do artigo 103, III do Código de Defesa do Consumidor[54], terá efeito erga omnes, podendo alcançar, em fase de execução, trabalhadores eventualmente não incluídos no processo cognitivo, embora igualmente vítimas dos mesmos fatos relatados nos autos da ação ajuizada.

Para finalizar, impõe citar as palavras da professora *Ada Pellegrini Grinover*[55], que ao tecer comentários sobre o anteprojeto do Código Brasileiro de Processos Coletivos[56], destaca a necessidade de fixação de novas regras a respeito da sentença condenatória nas ações civis públicas ajuizadas na defesa de direitos individuais homogêneos:

---

(53) No julgamento do Recurso Especial n. 279.273 —SP, por exemplo, a Ministra Nancy Andrighi reconheceu a legitimidade do Ministério Público do Estado de São Paulo para pleitear, via ação civil pública, o ressarcimento por **danos morais e patrimoniais** de cada uma das vítimas do desabamento de um Shopping Center na cidade de Osasco/SP. O voto da Ministra do Superior Tribunal de Justiça, embasada em autorizada doutrina, sinaliza positivamente no sentido desta Corte Especial acolher a atuação do Parquet na defesa dos direitos individuais homogêneos e alarga o objeto da ação civil pública, para admitir a inclusão de obrigações de pagar em favor de cada uma das vítimas, considerando, individualmente, os prejuízos experimentados por cada uma delas.

(54) Art. 103: Nas ações coletivas de que trata este Código, a sentença fará coisa julgada:

(...)

III — *erga omnes*, apenas no caso de procedência do pedido, para beneficiar todas as vítimas e seus sucessores, na hipótese do inciso III do parágrafo único do art. 81.

(55) GRINOVER, Ada Pellegrini. *In A ação civil pública após 20 anos: efetividade e desafios*. "Rumo a um Código Brasileiro de Processo Coletivo". São Paulo: Revista dos Tribunais, 2005.

(56) Inspirado na evolução doutrinária a respeito dos processos coletivos, na necessidade de superação de dificuldades de ordem prática encontradas na atual legislação e na elaboração do Código Modelo de Processos Coletivos para Ibero-américa, aprovado nas Jornadas do Instituto Ibero-americano de Direito Processual, na Venezuela, em outubro de 2004, que contou com a participação de quatro especialistas brasileiros: Ada Pellegrini Grinover, Aluísio G. de Castro Mendes, Antonio Gidi e Kazuo Watanabe.

"A Seção II do Capítulo I trata da ação civil pública para a defesa de interesses ou direitos individuais homogêneos. E, com relação à ação de responsabilidade civil reparatória dos danos pessoalmente sofridos, inova no regime das notificações, necessárias não só no momento da propositura da demanda — como hoje —, mas também quando houver decisões que favoreçam os membros do grupo: com efeito, o desconhecimento da existência de liminares ou da sentença de procedência tem impedido aos beneficiados a fruição de seus direitos. ***Outra novidade está na sentença condenatória que, quando possível, não será genérica, mas poderá fixar a indenização devida aos membros do grupo, ressalvando o direito à liquidação em certos casos.*** *Serão mantidas as regras do Código de Defesa do Consumidor sobre liquidação e execução individual, a execução coletiva e a fluid recovery, organizando-se melhor a matéria."*

Em nossos dias, Procuradores e Juízes do Trabalho vêm demonstrando absoluta preocupação com os trabalhadores escravizados. O Ministério Público do Trabalho trata a questão como meta institucional prioritária. Nossa atuação é intensa e coordenada. São inúmeras as ações judiciais e extrajudiciais. Ao mesmo tempo, decisões, em todas as instâncias, denotam avanços significativos: por exemplo, as indenizações por dano moral impõem punição efetiva, quase solitária, e jamais experimentada. Ainda há muito por caminhar, todavia. A proposta acima tem um propósito: podemos ser mais eficazes. Nós queremos.

Brasília, 06 de março de 2006.

Ação Coletiva de tutela do meio ambiente do trabalho

Raimundo Simão de Melo(*)

1. Introdução

Não faz muito tempo que o povo do planeta terra acordou e começou a se conscientizar sobre a necessidade de defesa e preservação do meio ambiente como bem de uso comum do povo e essencial à sua sobrevivência. Mas tal tem sido feito com maior intensidade mais em relação ao aspecto do meio ambiente ecológico, quando, na verdade, o meio ambiente do trabalho, que é tão importante quanto os outros aspectos da nova disciplina Direito Ambiental, é o ramo que atua direta e imediatamente em face da vida humana, porquanto os acidentes de trabalho, conseqüência dos ambientes de trabalho inseguros e inadequados, atingem diretamente a pessoa do trabalhador. O Direito Ambiental tem como objeto e epicentro a vida humana e está subdividido em quatro aspectos (ecológico, artificial, cultural e do trabalho).

Quanto ao meio ambiente do trabalho, em termos de tutela judicial, tem-se no Brasil pouca experiência, pois até tempos recentes o que se buscava perante o Poder Judiciário trabalhista eram os adicionais de insalubridade/periculosidade e indenizações pelos danos já causados. Não se perquiria o mais importante, qual seja, a prevenção dos danos. Essa era feita apenas pela fiscalização do trabalho, a cargo do Ministério do Trabalho, que nunca atingiu eficiência na atuação.

Com a Constituição de 1988 houve grande mudança, a qual estabeleceu no artigo 225, de forma geral, que o meio ambiente ecologicamente equilibrado é bem de uso comum do povo, essencial à sadia qualidade de vida, incumbindo aos Poderes Públicos e à sociedade a sua preservação e tutela. No artigo 200, inciso VIII, para evitar qualquer dúvi-

---

(*) Procurador Regional do Trabalho. Mestre e Doutor em Direito das Relações Sociais pela PUC/SP. Especialista em Direito do Trabalho pela Universidade de São Paulo. Professor de Direito e de Processo do Trabalho. Membro da Academia Nacional de Direito do Trabalho.

da, escreveu o constituinte que o meio ambiente do trabalho faz parte do meio ambiente e, portanto, goza dos mesmos cuidados e é regido pelos mesmos princípios que informam essa nova disciplina legal. No artigo 7º e inciso XXII, referindo-se especificamente ao meio ambiente do trabalho, diz a CF que é direito dos trabalhadores, além de outros que visem à melhoria da sua qualidade de vida e, por conseqüência, responsabilidade do empregador, a redução dos riscos inerentes ao trabalho, por meio de normas de saúde, higiene e segurança.

Com efeito, não se tem mais dúvida de que é necessária a atuação firme, especialmente dos órgãos públicos, na tutela do meio ambiente do trabalho e da saúde do trabalhador, pois as conseqüências econômicas, sociais e humanas dos acidentes de trabalho repercutem na sociedade, que finalmente responde pelas mazelas decorrentes. De outro lado, não se justifica mais a atuação judicial meramente individualista e ressarcitória perante a Justiça do trabalho, como sempre ocorreu. É indispensável, para uma melhor e eficaz prevenção dos riscos ambientais do trabalho, a aplicação dos novos instrumentos criados pela Constituição, como, entre outros, as ações coletivas, que visam de um lado à prevenção dos danos ambientais e, de outro, a responsabilização dos infratores das normas de saúde, higiene e segurança do trabalho. Assim, avulta-se a necessidade da implementação de novos e eficazes mecanismos de tutela do meio ambiente do trabalho. O Inquérito Civil, com a possibilidade de obtenção de um Termo de Ajustamento de Conduta, em âmbito administrativo, e a ação civil pública, no âmbito judicial, surgem, nos dias atuais, como instrumentos efetivos de defesa desse mais importante direito do cidadão, que é a preservação da vida.

2. Conceito de ação coletiva

Ação coletiva é uma ação que visa à prevenção e/ou reparação de danos aos direitos e interesses coletivos *lato sensu*, os quais estão classificados (difusos, coletivos e individuais homogêneos) e definidos no Código de Defesa do Consumidor (art. 81, parágrafo único e incisos). É uma ação que busca tutela de massa. A ação civil pública é uma espécie das ações coletivas e será o foco principal deste ensaio.

3. Características das ações coletivas

São características importantes das ações coletivas, entre outras: a) coletivização dos novos conflitos sociais (enquanto na sociedade moderna os novos conflitos são cada vez mais massificados, surgiu a necessidade de que os mesmos sejam resolvidos também de forma massificada, o que de certa forma contrariou os interesses da burguesia, estruturada no individualismo processual. Assim, surgiu na década 70, na Itália, uma tendência de coletivização da solução judicial dos conflitos envolvendo os direitos difusos e coletivos); b) indeterminação dos sujeitos beneficiados com a respectiva decisão (ao contrário das ações individuais, em que cada titular do direito violado é identificado, nas ações coletivas, estes são indeterminados ou apenas determináveis, o que facilita o acesso à jurisdição ante a maior dificuldade de retaliação contra os sujeitos individuais, porque quem aparece perante o Judiciário são os entes coletivos autorizados pela lei); c) indivisibilidade do objeto litigioso (essa característica é conseqüência da indivisibilidade dos direitos violados, difusos ou coletivos. Os primeiros pertencem a grupos, categorias ou classes de pessoas e os segundos, a pessoas indeterminadas no seio da sociedade); d) relevância social do bem tutelado (sempre há um interesse público e social relevante a ser defendido, que não é de uma pessoa individualmente, mas, pertence a todos ao mesmo tempo); e) representação por entidades autônomas em face do agressor dos direitos metaindividuais (a representação autônoma é um dos mais importantes sustentáculos da jurisdição coletiva, porque as respectivas entidades, que podem atuar independentemente umas das outras, não se vinculam aos agressores por algum interesse. No sistema brasileiro atual, destaca-se entre essas entidades, o Ministério Público, que é uma instituição autônoma e independente de quaisquer dos Poderes da República e dos particulares e, por isso, detém o maior número de ações coletivas com resultados positivos para a sociedade); f) efeito *erga omnes* e *ultra partes* da coisa julgada (por se tratarem de interesses difusos e coletivos, indivisíveis por natureza, a coisa julgada coletiva atinge os sujeitos da relação processual coletiva em qualquer lugar do território nacional onde quer que se encontrem, é dizer, atinge a todos, portanto, com eficácia expansiva); g) uniformidade de decisões sobre uma mesma questão (apresenta-se de grande importância essa característica, porque um dos piores resultados da coisa julgada individual é a pulverização de decisões díspares e contraditórias sobre a mesma questão. Isso leva a um grande desgaste e desprestígio do Poder Judiciário, pois o cidadão nunca vai entender a razão de se ter decisões diferentes sobre um mesmo conflito levado ao Poder Judiciário, o que é muito comum no âmbito trabalhista, diante das infrações massificadas aos direitos dos trabalhadores); h) celeridade e economia processuais (são questões cruciais do Judiciário brasileiro a sobrecarga de ações, a lentidão e o alto custo dos processos, que levam a uma irritação social. As ações coletivas, como é óbvio, além de outras finalidades, destinam-se a evitar ou pelo menos amenizar esses problemas); i) igualdade substancial das partes (é sabido que não basta a igualdade formal do processo, como se apregoa; deve haver verdadeiramente igualdade substancial na busca de uma ordem jurídica justa e eficaz, o que inexiste especialmente em relação aos conflitos trabalhistas, quando levados individualmente ao Judiciário, pelas já conhecidas); j) maiores poderes do juiz (na jurisdição coletiva o juiz tem mais liberdade de atuação, destacando-se a permissão para utilização do poder inquisitivo, pelo qual o magistrado pode conceder, de ofício, tutelas cautelares para evitar danos irreversíveis e irreparáveis e aplicar multas/cominações. Transforma-se esse num agente pró-ativo, porque os direitos difusos e coletivos são direitos da sociedade, de todos os cidadãos. São de ordem pública e indisponíveis e o seu respeito interessa ao magistrado, que também é cidadão).

Mas para que essas características sejam reconhecidas e as ações coletivas cumpram realmente a sua finalidade, é preciso que haja uma verdadeira mudança de mentalidade dos operadores do Direito (juízes, membros do Ministério Público e advogados). Deve-se romper com o tradicional sistema processual individualista, para abrir espaço ao crescimento do novo sistema coletivo de atuação do Judiciário, de maneira que os dois mecanismos de solução de conflitos se complementem e convivam dentro dos seus respectivos âmbitos.

4. Ação civil pública ambiental

4.1. Considerações preliminares

De conformidade com a Constituição Federal de 1988, o Ministério Público do Trabalho teve seu quadro de atuação substancialmente alterado (art. 127 e seguintes), recebendo como incumbência a defesa da ordem jurídica, do regime democrático e dos interesses sociais e individuais indisponíveis da sociedade. Essa alteração foi de capital importância na relação entre capital e trabalho, ante a conhecida desigualdade existente entre patrões e empregados, submetendo-se estes às precárias condições de trabalho.

Como principais e importantes instrumentos de atuação para defesa da ordem jurídica trabalhista e tutela do meio ambiente do trabalho conta o Ministério Público com o inquérito civil, a ação civil pública (arts. 129-III, da CF, 83-III e 84-II, da Lei Complementar n. 75/93), o TAC — Termo de Ajustamento de Conduta (§ 6º do art. 5º, da Lei n. 7.347/85), a Audiência Pública e a expedição de Recomendações visando à adoção de medidas preventivas (art. 6º, inciso XX, da Lei Complementar n. 75/93), entre outros.

Alguns desses instrumentos são de exclusiva atuação do Ministério Público; outros, como a ação civil pública, podem ser utilizados também por outros órgãos legitimados ativos, como os sindicatos.

Neste trabalho vou me restringir a fazer algumas considerações em relação à ação civil pública ambiental, cujo instrumento vem "revolucionando" a tutela coletiva trabalhista nos últimos anos, com extraordinários benefícios para a sociedade brasileira e, especialmente para os trabalhadores no que diz respeito à prevenção e eliminação de riscos ambientais do trabalho.

O Inquérito Civil, em nível administrativo, e a Ação Civil Pública, no âmbito da Justiça do Trabalho, surgem, nos dias atuais, como instrumentos efetivos de tutela dos direitos coletivos nas relações de trabalho, o que é de estrema importância no caso do meio ambiente do trabalho, porque o seu objeto é a defesa e preservação do mais importante e fundamental direito do homem: a vida.

Sabidamente a concepção individualista liberal marcou a atuação da Justiça do Trabalho, que lidava basicamente com a tradicional reclamação trabalhista. Após a Constituição Federal de 1988, que alterou as funções do Ministério Público do Trabalho e, mais precisamente com a Lei Complementar n. 75/93, que as regulamentou, é que começaram a ser ajuizadas as ações coletivas para defesa dos chamados direitos metaindividuais no âmbito dessa Justiça Especializada, com destaque na tutela do meio ambiente laboral e da saúde do trabalhador, como direitos fundamentais assegurados constitucionalmente (arts. 7º, inciso XXII e 196).

A ação civil pública, por se tratar de instrumento de defesa dos interesses da sociedade, de caráter ideológico, ainda tem sido encarada por alguns operadores do Direito, em especial na esfera trabalhista, mediante visão preconceituosa[(1)]; porém, não se pode negar o seu avanço e os resultados positivos por meio dela obtidos.

---

(1) Ver, com maior profundidade nossa obra *Ação civil pública na Justiça do Trabalho*, p. 91 e seguintes.

4.2. Objeto

A ação civil pública ambiental, criada pela Lei n. 7.347/85 e ampliada pelo CDC, para abranger quaisquer outros interesses difusos e coletivos, é um instrumento moderno e eficaz de atuação jurisdicional na proteção dos interesses e direitos metaindividuais. Busca-se, por meio dela o cumprimento de uma obrigação de fazer, não fazer ou suportar alguma coisa com relação à observância das normas de medicina, segurança e higiene do trabalho, a cominação de multa, o pedido de tutela cautelar (interdição de obras, locais de trabalho ou até de toda uma empresa, suspensão de atividades nocivas à saúde do trabalhador) e, conforme a situação, reparações — materiais e morais — pelos danos causados ao meio ambiente do trabalho e aos trabalhadores (arts. 225, § 3º, da CF, 14º, § 1º, da Lei n. 6.938/81 e 6º, inciso VI, do CDC). Do seu objeto decorrem os pedidos seguintes.

a) De obrigações de fazer, de não fazer e de suportar

Quanto aos danos e ameaças de danos ao meio ambiente do trabalho e à saúde do trabalhador, em regra, o primeiro pedido é de cumprimento de uma obrigação de fazer ou não fazer, como forma de prevenção de futuros danos aos referidos direitos. Ocorre, por exemplo, com o pedido para que determinada empresa cumpra as normas referentes à segurança e medicina do trabalho, prevenindo, assim, riscos para a saúde do trabalhador (obrigação de fazer). No que pertine à obrigação de não fazer, pode-se mencionar o caso de um pedido de condenação à abstenção de pulverizar trabalhadores com produtos agrotóxicos cancerígenos.

Quanto à obrigação de suportar, pode ocorrer a hipótese de se pretender em juízo, como forma de tutela dos direitos ambientais, uma obrigação de suportar alguma coisa. É a situação, *v.g.*, de se buscar a condenação de determinada empresa a suportar a presença de um representante dos trabalhadores nas fiscalizações realizadas nos locais de trabalho pelas autoridades legais competentes, ante à igualdade que deve reinar nas relações de trabalho, pois se o empregador tem o direito de acompanhar a fiscalização, igualmente deve ser permitido o mesmo aos trabalhadores.

b) Cominação de multa

Como forma de coagir econômica e psicologicamente o réu a cumprir o comando judicial referente a uma obrigação de fazer, de não fazer ou de suportar, impõe-se a condenação cominatória de multa (*astreintes*). Essa cominação não tem natureza penal, como a multa fixada no tocante à obrigação de pagar. Ela é fixada por empregado ou por dia de atraso no cumprimento da decisão, ou as duas formas ao mesmo tempo, conforme o caso. O valor, ante a sua finalidade, deve ser suficientemente elevado a ponto de desmotivar o infrator da norma legal a continuar descumprindo-a. Caso não seja pedida pelo autor da demanda, pode o juiz fixá-la de *officio* (Lei n. 7.347/85, art. 11).

c) Condenação pelos danos causados

Em duas situações pode ser pedida uma condenação em dinheiro pelos danos causados ao meio ambiente do trabalho e à saúde do trabalhador. A primeira ocorre quando se torna impossível a reparação do dano mediante o retorno ao *statu quo ante*. Nesse caso, diante da impossibilidade do cumprimento da obrigação de fazer, converte-se a mesma numa compensação pecuniária. A segunda tem cabimento quando, mesmo cumprindo o réu a obrigação de fazer, de não fazer ou de suportar, deverá arcar com uma indenização pelos prejuízos decorrentes dos danos até então causados, porquanto, o adimplemento de tais obrigações dar-se-á somente *ex nunc*, para o futuro.

Os valores arrecadados referentes às cominações e condenações são destinados a um fundo específico para recomposição dos danos difusos pertinentes (Lei n. 7.347/85, art. 13), que no âmbito trabalhista, por ora, é o Fundo de Amparo ao Trabalhador (FAT), conforme entendimento assentado na doutrina e na jurisprudência.

A condenação pelos danos é de índole coletiva, não impedindo que cada trabalhador individualmente prejudicado reclame uma indenização pelos danos sofridos. Não há falar em *bis in idem*. Conforme a situação do dano, pode-se impor ao infrator da norma ambiental, de forma cumulativa ou não, uma obrigação alternativa (por exemplo, a construção de um hospital, a assunção de plano médico para os trabalhadores, a aquisição/doação de equipamentos para um hospital público ou santa casa de misericórdia etc.).

A indenização pode ser, conforme o caso, por danos materiais ou morais.

Por dano material. Quanto aos danos ao meio ambiente e à saúde do trabalhador, a reparação patrimonial corresponde à reconstituição ou recuperação do bem lesionado. Somente na impossibilidade total de recuperação dos mesmos é que se substitui aquela por uma reparação pecuniária, a qual atuará com funções compensatória e de sanção. No caso de dano ao meio ambiente do trabalho, busca-se a adequação dos locais de trabalho mediante a eliminação dos riscos à saúde, à integridade física e psíquica dos trabalhadores, o que, em regra, é possível *ex nunc*, mediante adoção de medidas coletivas e individuais adequadas. Assim, eliminam-se os riscos presentes e se os previnem para o futuro.

Quanto aos prejuízos *ex tunc*, especialmente em relação à saúde do trabalhador, não há possibilidade de reconstituição, uma vez que já ocorreu o acidente ou a doença ocupacional, ou então, esta se encontra incubada no organismo da pessoa, somente aguardando o momento da eclosão. Na hipótese vertente busca-se a reparação por meio de uma indenização de cunho individual por danos emergentes (material, moral e estético) e lucros cessantes (aquilo que deixou ou deixará o trabalhador de auferir em razão da lesão à saúde e integridade física e psíquica). Mas, cabe, ainda, indenização por dano moral coletivo nas situações de ofensas que atinjam a coletividade laboral nos seus valores essenciais e fundamentais, como a dignidade coletiva dos trabalhadores.

Assim, compõem a reparação do dano ambiental o custo da reconstituição/recuperação do ambiente afetado (reparação do dano ambiental propriamente dito), as despesas decorrentes da atividade estatal realizada em virtude do dano ocorrido, o tratamento médico das pessoas afetadas pelo dano (danos pessoais, materiais e morais causados a terceiros) e o dano social à coletividade, inclusive o moral coletivo, além da indenização genérica compensatória por danos já causados.

Em ambas as hipóteses de reparação do dano ambiental, pretendeu o legislador a imposição de um custo ao poluidor, que, a um só tempo, cumpre dois objetivos principais: dar uma *resposta econômica* aos danos sofridos pela vítima (o indivíduo ou a sociedade) e dissuadir comportamentos semelhantes do empregador ou tomador de serviços. Como o dano ambiental usualmente projeta efeitos a longo termo, há de se perseguir, por igual, na ação civil pública tendente a preveni-lo, um duplo objetivo: estancar o fato gerador (através do cumprimento de obrigação de fazer, não fazer e/ou suportar) e imputar ao poluidor o ressarcimento monetário pelos danos verificados.

Desse modo, não basta combater os efeitos do dano; é necessário coibir as suas causas e, com isso, prevenir efetivamente a ocorrência de novos danos aos trabalhadores.

Por dano moral coletivo. Não existe conceito legal nem doutrinário assentado sobre o tema. Mas, partindo-se do conceito de dano moral *lato sensu*, como sendo a violação de direitos da personalidade, pode-se dizer que "dano moral coletivo é a violação transindividual dos direitos da personalidade".

O dano moral sempre foi compreendido no nosso sistema jurídico como decorrente da dor em seu sentido moral de mágoa, de pesar e de aflição sofridas pela pessoa física. Porém, a partir da Constituição Federal de 1988, a noção de dano moral não mais se restringe à dor, sofrimento, tristeza etc., como se infere do disposto nos incisos V e X do artigo 5º, que estendem sua abrangência a qualquer ataque ao nome ou imagem da pessoa física ou jurídica e das coletividades, para assegurar a sua credibilidade e respeitabilidade no seio da sociedade.

Quanto ao dano moral coletivo ambiental, a legislação infraconstitucional brasileira, apoiada na Constituição Federal, o acolhe explicitamente.

É o caso da Lei n. 7.347/85, que no artigo 1º e incisos assim dispõe: "Regem-se pelas disposições desta lei, sem prejuízo da ação popular, *as ações de responsabilidade por danos morais* e patrimoniais causados: (I) *ao meio ambiente.*

O artigo 6º e inciso VI da do CDC asseguram como direitos básicos do consumidor: "a efetiva prevenção e reparação de danos patrimoniais e morais, individuais, coletivos e difusos.

Desse modo, não pode mais haver dúvida de que no Direito brasileiro é possível a reparação do dano moral coletivo ambiental, agora, com base no direito posto.

Na jurisprudência, para ilustrar, citam-se, a seguir, duas decisões da Justiça trabalhista:

> "AÇÃO CIVIL PÚBLICA. INDENIZAÇÃO POR DANO À COLETIVIDADE. Para que o Poder Judiciário se justifique, diante da necessidade social de justiça célere e eficaz, é imprescindível que os próprios juízes sejam capazes de *crescer,* erguendo-se à altura dessas novas e prementes aspirações, que saibam, portanto, tornar-se eles mesmos protetores dos novos direitos difusos, coletivos e fragmentados, tão característicos e importantes da nossa civilização de massa, além dos tradicionais direitos individuais (*Mauro Capelletti*). Importa no dever de indenizar por dano causado à

coletividade, o empregador que submete trabalhadores à condição degradante de escravo" (TRT da 8ª Região; Processo RO n. 861/2003, Ac. 276/2002, 1ª Turma, Relator Juíza Maria Valquíria Norat Coelho, DJRO de 03.04.2003).

"DANO MORAL COLETIVO. Uma vez configurado que a ré violou direito transindividual de ordem coletiva, infringindo normas de ordem pública que regem a saúde, segurança, higiene e meio ambiente do trabalho, é devida a indenização por dano moral coletivo, pois tal atitude da ré abala o sentimento de dignidade, falta de apreço e consideração, tendo reflexos na coletividade e causando grandes prejuízos à sociedade" (Ac. TRT 8ª Região, 1ª Turma — RO 5309/2002; Relator Juiz Luís Ribeiro, julgado em 17.12.02; DOEPA de 19.12.02, Cad. 3, p. 1).

O dano moral coletivo é a injusta lesão a direitos e interesses metaindividuais socialmente relevantes para a coletividade (grupos, classes, categorias ou a coletividade difusamente considerada). A degradação do meio ambiente, *v. g.*, atinge a esfera moral de uma dada coletividade de indivíduos, causando danos diretos ao meio ambiente ou indiretamente às pessoas, mediante sentimento de angústia, repúdio, vergonha, insatisfação, ou outro sofrimento psíquico ou mesmo físico, como nas lesões à saúde.

As formas de reparação do dano moral no Direito do Trabalho, conforme a ofensa e as circunstâncias do caso, podem ser: **I**) indenização/compensação em pecúnia; **II**) prestação de serviços alternativos à sociedade; **III**) atestatória, e **IV**) publicação em jornal de circulação, pelo empregador, de aviso ou nota esclarecendo que o empregado não praticou qualquer ato ilícito, como lhe havia sido imputado. Quanto ao dano moral coletivo, é preciso, apenas, fazer-se algumas adaptações por conta das peculiaridades inerentes no caso concreto.

Há situações em que o empregador não dispõe de condições financeiras para pagar a indenização pecuniária fixada pelo Juiz. A solução, conforme autorizam a Constituição Federal (art. 5º, XLVI, letra *d*) e o Código Penal brasileiros (art. 46), é a condenação daquele na prestação de serviços alternativos, de interesse da sociedade, cumprindo, assim, importante finalidade da reparação, que é a reeducação do ofensor, além do exemplo pedagógico para outros potenciais ofensores.

Na fixação da indenização pecuniária, deve o magistrado levar em conta, especialmente, a extensão do dano, a sua natureza, a sua gravidade, a repercussão da ofensa no seio da coletividade atingida e a situação econômica do ofensor.

d) Tutela cautelar

Na hipótese do cumprimento de obrigação de fazer, de não fazer e de suportar, poderá o juiz conceder mandado liminar, com ou sem justificação prévia, a pedido da parte interessada ou *ex officio* (Lei n. 7.347/85, art. 12 e CDC, art. 84). Esse mandado normalmente tem natureza de antecipação de tutela do direito metaindividual vindicado, quando presente uma situação de grave e iminente risco a provocar danos irreversíveis e irreparáveis à saúde do trabalhador (art. 161 da CLT). Em tal hipótese, mesmo na dúvida, mais conveniente para a tutela do interesse público é a concessão da medida, em face da irreparabilidade e irreversibilidade do dano. Imagine-se o pleito liminar de interdição de uma caldeira que, segundo o autor da ação coletiva, esteja oferecendo perigo para a vida dos trabalhadores. Se o juiz indeferir a tutela, caso venha a ocorrer o acidente, com a morte de trabalhadores, a decisão final não servirá para nada, porque a vida das vítimas não será devolvida. Noutra hipótese, o juiz defere a medida preventiva e ao depois se verifica que não havia risco tão grave. O prejuízo é meramente econômico, é reversível e se insere no risco da atividade do empreendedor.

4.3. Legitimação para ajuizamento

É importante ressaltar que a ação civil pública não é instrumento exclusivo do Ministério Público, havendo outros legitimados, com destaque, na área trabalhista, para os sindicatos (arts. 129, § 1º, da CF, 5º, da Lei n. 7.347/85 e 82, inciso IV, do CDC).

Embora ordinariamente as ações civis públicas sejam ajuizadas pelo Ministério Público, pela possibilidade, no Inquérito Civil (este sim, de competência exclusiva do órgão ministerial), de colher provas necessárias ao convencimento do Judiciário, existem casos em que os sindicatos têm em mãos os elementos necessários e embasadores sobre o descumprimento das normas ambientais, muitas vezes consubstanciados em inspeções e laudos do Ministério do Trabalho e Emprego, devendo, desde logo, ajuizar diretamente a respectiva ação.

A vontade dos legisladores constituinte e ordinário foi de alargar cada vez mais o leque de legitimados para a defesa de melhores condições de trabalhão e aumentou a responsabilidade dos sindicatos na defesa dos interesses das respectivas categorias. Há que se reconhecer, portanto, uma importante parceria entre o Ministério Público do Trabalho e os sindicatos na defesa do meio ambiente do trabalho e da saúde do trabalhador, vez que, entre os órgãos co-legitimados ativos do artigo 5º da Lei n. 7.347/85, são eles os mais vocacionados para essa tarefa.

4.4. Competência material para julgamento

A questão da competência da Justiça do Trabalho para apreciar as ações coletivas sobre prevenção ambiental e demais questões decorrentes das relações de trabalho, foi resolvida depois que o TST e o STF decidiram a favor dessa Justiça Especializada, assentando, também, sobre a legitimidade do Ministério Público do trabalho para atuar na proteção dos direitos e interesses metaindividuais trabalhistas.

O SFT assentou esse entendimento por meio da Súmula 736, do seguinte teor: "Compete à Justiça do Trabalho julgar as ações que tenham como causa de pedir o descumprimento de normas trabalhistas relativas à segurança, higiene e saúde do trabalhador".

Assim, sempre que se tratar de conflito decorrente das relações de trabalho *lato sensu*, envolvendo questões ambientais em face do empregador ou tomador de serviços, a competência para apreciar a ação civil pública correspondente é da Justiça do Trabalho, por força do que dispõe o art. 114 da CF, alterado pela EC 45/2004.

4.5. Competência funcional-territorial

Um dos mais complexos temas sobre ação civil pública trabalhista tem sido a competência funcional-territorial para o julgamento desta ação perante os órgãos da Justiça do Trabalho.

Primeiro se entendeu ser da competência dos TRTs e do TST, por se tratarem de direitos e interesses coletivos, à semelhança do Dissídio Coletivo; depois, que a competência originária seria das Varas do Trabalho quando o dano fosse local, e, dos Tribunais Regionais e do Tribunal Superior do Trabalho, no caso de dano de abrangência regional ou nacional, respectivamente. Finalmente se reconheceu ser competente o juiz de primeira instância do local do dano (art. 2º da Lei n. 7.347/85).

Esse último entendimento, todavia, vem sendo flexibilizado por uma corrente que aplica o artigo 93 e incisos do CDC, quando o dano ultrapassar a jurisdição de um juiz de primeira instância (OJ 130 da SDI-II do TST). Mas referidos dispositivos, que tratam das ações de defesa coletiva dos interesses individuais homogêneos, estabelecendo a competência do juízo do lugar onde ocorreu ou deva ocorrer o dano, quando de âmbito local ou de um dos juízos do foro da Capital do Estado ou do Distrito Federal, para os danos de âmbito regional ou nacional, é incompatível com a tutela dos direitos difusos e coletivos referentes ao meio ambiente do trabalho. A competência dos órgãos de primeira instância da Justiça do Trabalho está regulada pelo artigo 651 e §§ da CLT, que fixam o foro no local da prestação dos serviços pelo empregado, que equivale ao local do dano, nos termos da coerente norma do artigo 2º da Lei n. 7.347/85.

Ademais, o deslocamento da competência para o foro da Capital do Estado ou do Distrito Federal acarreta maiores dificuldades quanto à produção de provas, além do que, sendo o autor da ação o sindicato, poder-se-á inviabilizar a tutela do bem ambiental quando a entidade sindical não for de âmbito regional ou nacional. Assim, tratando-se da prevenção e reparação dos danos ao meio ambiente do trabalho e à saúde do trabalhador, independentemente de o dano ser local, regional ou nacional, a competência funcional é do juiz de primeira instância que primeiro receber a ação (parágrafo único do art. 2º da Lei n. 7.347/85), cuja decisão espraia-se por todos os locais de ocorrência do dano, ante a indivisibilidade do objeto e a indeterminabilidade dos sujeitos atingidos pelos danos.

4.6. Litispendência

Ocorre litispendência quando se reproduz ação idêntica anteriormente ajuizada, ainda em curso (com as mesmas partes, a mesma causa de pedir e o mesmo pedido). A litispendência pode ser conhecida mediante alegação da parte interessada ou, de ofício, pelo Juiz (CPC, art. 301, §§ 1º, 2º, 3º e 4º).

A finalidade da litispendência é evitar a duplicidade de demandas sobre o mesmo litígio, a existência de pronunciamentos judiciais conflitantes sobre um mesmo conflito de interesses e o desperdício de atividade jurisdicional no tratamento das mesmas causas por vários juízes.

Com relação às ações coletivas e as demandas propostas individualmente pelos titulares dos direitos violados, na busca das reparações a título pessoal, a solução, por autorização do artigo 21 da Lei n. 7.347/85, está no CDC, artigo 104. Diz esse dispositivo que as ações coletivas previstas nos incisos I e II do parágrafo único do artigo 81, não induzem litispendência para as ações individuais, mas os efeitos da coisa julgada *erga omnes* ou *ultra partes* a que aludem os incisos II e III do artigo anterior[2] (art. 103), não beneficiarão os autores das ações individuais, se não for requerida sua suspensão no prazo de 30 (trinta) dias, a contar da ciência nos autos, do ajuizamento da ação coletiva.

Como se vê, pelo comando do artigo 104 do CDC não há litispendência entre ações coletivas e individuais, porque, realmente, pelo menos uma das condições que levam à identidade de ações se faz ausente: partes processuais iguais, vez que nas ações coletivas, a parte é um dos legitimados do artigo 5º da Lei n. 7.347/85 e nas individuais, é o lesado individualmente. No caso de ação coletiva que vise à tutela do meio ambiente do trabalho e de ação individual reparatória, os objetos são diferentes: na ação coletiva é uma obrigação de fazer, não fazer ou de suportar alguma coisa; na individual, é uma condenação concreta pelo dano individualmente sofrido.

4.7. Efeito *erga omnes* da coisa julgada

As decisões proferidas nas ações civis públicas ambientais projetam seus efeitos em relação a todos (Lei n. 4.717/65, art. 18 — Lei da Ação Popular; Lei n. 7.347/85, art. 16 — Lei da Ação civil pública e Lei n. 8.078/90, incisos e §§ — CDC), o que significa uma ruptura com o princípio tradicional individualista do CPC.

Contudo, não haverá formação da coisa julgada quando a sentença declarar a improcedência do pedido por insuficiência de provas, podendo, nessa hipótese, qualquer legitimado, inclusive o autor da ação cujo pedido tenha sido julgado improcedente, ajuizar nova demanda, com idêntico fundamento, valendo-se, porém, de nova prova. Contudo, julgada improcedente a ação por outro motivo, a coisa julgada coletiva atinge todos os co-legitimados coletivos, que não poderão ajuizar nova ação

---

(2) Para manter a coerência do Código é indispensável a inclusão do inciso I do artigo 103, que cuida dos efeitos *erga omnes* da coisa julgada, semelhante ao inciso II do mesmo artigo, que trata dos efeitos *ultra partes* da coisa julgada coletiva.

com os mesmos objeto e causa de pedir. Os legitimados para ajuizamento da ação civil pública não são titulares dos direitos materiais discutidos em juízo. Eles agem por autorização da lei, por isso somente são atingidos processualmente.

Com relação às vítimas individualmente afetadas pela dano ambiental, a principal característica da sentença coletiva é que apenas poderá beneficiá-las; nunca prejudicá-las. Somente se julgado procedente o pedido, a sentença na ação civil pública faz coisa julgada *erga omnes* ou *ultra partes* para beneficiar os interessados individuais. Estes, conforme o caso, não precisam ajuizar ações de conhecimento para buscar as respectivas indenizações individuais, podendo promover a liquidação e execução dos seus créditos com base na certidão da sentença coletiva (CDC, art. 103, § 2º). Porém, se houverem intervindo no processo como litisconsortes, a coisa julgada os atingirá, qualquer que seja o resultado (CDC, art. 103, § 2º).

4.8. Efeitos territoriais da coisa julgada

Quanto aos efeitos territoriais da coisa julgada nas ações civis públicas de prevenção e reparação dos danos ambientais, há quem entenda serem os mesmos limitados à competência territorial do órgão julgador (art. 16 da LACP). Não é o que penso, porque estabelece o CDC (art. 81 e incisos I e II), que os interesses difusos e coletivos são caracterizados pela indivisibilidade quanto à sua existência e, conseqüentemente, no tocante à reparação das ofensas que lhes venham a ser provocadas. Assim, se os direitos e interesses difusos e coletivos são indivisíveis, conseqüentemente, a sentença coletiva proferida pelo juiz da base territorial em que se originou o dano lançará seus efeitos por todas as localidades onde os reflexos do dano se fizerem sentir[3]. Não dá para cindir o indivisível!

(3) "AÇÃO CIVIL PÚBLICA. COMPETÊNCIA FUNCIONAL. EFEITOS DA COISA JULGADA. A sentença proferida em Ação civil pública faz coisa julgada *erga omnes* e *ultra partes* limitadamente ao grupo, categoria ou classe atingida, independentemente de esta localizar-se fora da competência territorial do órgão prolator, nos termos do art. 103, I e II, do CDC, aplicável à espécie por força do que dispõe o art. 21 da Lei de Ação Civil Pública" (TRT-14ª Região, Processo 1314/02, 1ª Turma, Rel. Juiz Marcus Moura Ferreira, DJRO de 05.04.2002).

O objetivo é evitar pulverização de ações coletivas com o mesmo objeto e mesma causa de pedir contra o mesmo réu, eliminando-se, ainda, o risco de decisões contraditórias sobre a mesma questão. Ademais disso, a cosia julgada coletiva é determinada pelo pedido e não pela competência e âmbito de jurisdição do juiz prolator da sentença. Se o pedido for de abranqência local, a sentença produzirá efeitos localizados; se regional ou nacional, os efeitos também serão regional e nacional, respectivamente. Nesse sentido, a disposição do mencionado artigo 16 que restringiu os efeitos da coisa julgada coletiva à jurisdição do juiz prolator da sentença afronta os mais elementares conceitos processuais de coisa julgada e é inconstitucional. Basta imaginar a hipótese de uma sentença de divórcio e perguntar se os divorciados somente o são na comarca onde a mesma foi proferida!

5. Responsabilidade do empregador e do tomador de serviços pelos danos ao meio ambiente do trabalho e à saúde do trabalhador

Quanto à responsabilidade pelo dano ambiental, a responsabilidade existe e é de natureza objetiva, como corolário de uma tendência mundial nesse sentido[4]. Quanto a essa modalidade de responsabilidade civil não há mais dúvida no sistema jurídico brasileiro. A base desta assertiva tem sede na CF (art. 225, § 3º), cuja disposição está assim vazada: "As condutas e atividades lesivas ao meio ambiente sujeitam os infratores a sanções penais e administrativas, independentemente da obrigaçao de reparar os danos causados".

Antes de 1988 já assegurava a legislação ordinária (§ 1º do art. 14 da Lei n. 6.938/81), a responsabilidade objetiva do poluidor ("Sem obstar a aplicação das penalidades previstas neste artigo, é o poluidor obrigado, *independentemente da existência de culpa*, a indenizar ou reparar os danos causados ao meio ambiente e a terceiros, efetuados por sua atividade").

Nesse sentido é o entendimento da doutrina, como afirma *Celso Antônio Pacheco Fiorillo*[5]: "A responsabilidade civil pelos danos causa-

(4) Tratando da imputação dos danos ambientais no direito português, reconhece José de Souza Cunhal Sendim essa tendência, afirmando que "no que respeita ao título da *imputação*, o direito do ambiente português, em consonância com a evolução da generalidade dos instrumentos jurídicos internacionais e comunitário, adoptou o princípio da responsabilidade *objetiva* (Responsabilidade civil por danos ecológicos, p. 43).

(5) Celso Antonio Pacheco Fiorillo, *Curso de Direito Ambiental brasileiro*, p. 43-44.

dos ao meio ambiente é do tipo objetiva, em decorrência de o artigo 225, § 3º da Constituição Federal preceituar [...] 'obrigação de reparar os danos causados' ao meio ambiente, sem exigir qualquer elemento subjetivo para a configuração da responsabilidade civil. Como já salientado, o artigo 14, § 1º da Lei n. 6.938/81 foi recepcionado pela Constituição, ao prever a responsabilidade *objetiva* pelos danos causados ao *meio ambiente* e também a *terceiros*".

Nota-se que, para cumprir tais objetivos, a Carta Maior estabeleceu responsabilidades compartilhadas entre a sociedade e o Poder Público, incluindo-se no campo da proteção legal o meio ambiente do trabalho, como deixa claro o artigo 200, inciso VIII.

Desta forma, mostram-se irrelevantes no caso a prova da culpa do causador do dano, bem como a demonstração de ilegalidade do ato, pois a responsabilidade por danos ambientais deita-se na idéia de que a pessoa que cria risco em razão de uma determinada atividade deve reparar os danos advindos do seu empreendimento, bastando a prova da ação ou omissão do agente, o dano e a relação de causalidade entre o ato e o dano causado ao meio ambiente e a terceiros prejudicados.

Essa responsabilização objetivamente considerada funda-se na idéia de se impor ao poluidor causador de danos toda a responsabilidade decorrente, com despesas de restituição/recomposição dos danos, prevenção, reparação e repressão. O objetivo primordial de toda política ambiental é a prevenção do dano, criando-se mecanismos, entre eles, a ampla reparação, para desestimular práticas prejudiciais ao meio ambiente e ao ser humano, dado que aquele e a saúde do trabalhador assumem caráter de ordem pública.

Especialmente no tocante à responsabilização por danos ao meio ambiente, a teoria objetivista fundamenta-se no risco da atividade, seguindo-se daí que o poluidor deve assumir integralmente todos os riscos advindos de sua atividade (teoria do risco integral), existindo o dever de reparar ainda quando o dano seja oriundo de caso fortuito ou de força maior[(6)].

Outro aspecto importante no que diz respeito à reparação pelos danos ambientais, além da responsabilidade objetiva, é a responsabilidade solidária de todos aqueles que, pela sua atividade, causem danos ao meio ambiente ou potencializem a criação de risco para o mesmo.

---

(6) *Ibidem*, mesma página.

Também responde solidariamente quem se omitir de um dever de tutela e prevenção ambientais, pois o meio ambiente sadio, pleno e global é um direito de todos e dever do Estado e da sociedade, como preconiza o artigo 225 da Constituição Federal.

No que diz respeito ao meio ambiente do trabalho, tem pertinência esta questão com relação aos grupos de empresas, como consta do § 2º do artigo 2º da CLT. Igualmente deve ocorrer nas terceirizações de atividades e serviços e nas intermediações de mão-de-obra. Nesses casos, todos aqueles que compõem a rede produtiva devem responder solidariamente pelos prejuízos causados ao meio ambiente do trabalho e à saúde do trabalhador, como decorre das disposições expressas dos artigos 932, inciso III, 933 e 942, parágrafo único do Código Civil, verbis*:*

> Artigo 932 — São também responsáveis pela reparação civil:
>
> III — o *empregador* ou comitente, por seus *empregados*, serviçais e *prepostos*, no exercício do trabalho que lhes competir, ou em razão dele (grifados);

Prescreve o art. 933 do mesmo Código que as pessoas indicadas nos incisos I a V do artigo antecedente, ainda que não haja culpa de sua parte, responderão pelos atos praticados pelos terceiros ali referidos. Finalmente, consta do parágrafo único do art. 942 do CC que são solidariamente responsáveis com os autores os co-autores e as pessoas designadas no artigo 932.

Deflui dos dispositivos legais mencionados que alguém, mesmo não tendo praticado diretamente ato danoso para outrem, pode responder pelas conseqüências desse ato, praticado por um terceiro com quem mantenha alguma relação jurídica estabelecida por lei ou contratualmente, sendo esta responsabilidade de natureza objetiva (art. 933 e parágrafo único do art. 942).

É o caso das terceirizações de serviços, muito comuns no Direito do Trabalho, onde existe um contrato entre o tomador e a empresa prestadora, pelo qual esta recebe ordens da contratante para a realização dos serviços objeto do contrato, na direção do interesse objetivado pela tomadora, que determina à contratada o modo como devem os serviços ser realizados, variando a fiscalização pela tomadora conforme cada caso. Em uns, a fiscalização é exercida diária e diretamente pela tomadora dos serviços, especialmente quando estes são executados no próprio estabelecimento do tomador; em outros casos em que a prestação dos serviços é executada fora do estabelecimento do tomador, não raro este designa supervisores para orientarem e acompanharem a execução dos serviços e a qualidade do produto final, que se não estiverem de acordo com as suas necessidades de mercado são rejeitados, daí resultando essa forma especial de subordinação.

No Código anterior, a responsabilidade por fato de outrem era presumida (*juris tantum*) em face da chamada culpa *in vigilando* ou *in eligendo*, tendo o STF emitido a Súmula 341, com o seguinte teor: "É presumida a culpa do patrão ou comitente pelo ato culposo do empregado ou preposto". Assim, se o patrão provasse haver tomado todos os cuidados reclamados pela circunstância, ficava exonerado da responsabilidade pelo ato do seu empregado ou preposto. Todavia, não valem mais tais considerações porque, como afirma *Carlos Roberto Gonçalves*[(7)], "o novo Código Civil, como já se afirmou, consagrou a responsabilidade objetiva, independente da idéia de culpa, dos empregadores e comitentes pelos atos de seus empregados, serviçais e prepostos (art. 933), afastando qualquer dúvida que ainda pudesse existir sobre o assunto e tornando prejudicada a Súmula 341 do Supremo Tribunal Federal, que se referia ainda à 'culpa presumida' dos referidos responsáveis. Resta ao empregador somente a comprovação de que o causador do dano não é seu empregado ou preposto, ou que o dano não foi causado no exercício do trabalho que lhe competia, ou em razão dele"[(8)].

Essa alteração legal representou uma das mais importantes novidades em termos de revolução provocada pelo Código Civil de 2002 em matéria de responsabilidade de terceiro, pela adoção da teoria do risco e pelo conseqüente abandono do requisito da inversão do ônus da prova, ou seja, substituiu-se a culpa presumida e o ônus probatório invertido pela objetivação efetiva da responsabilidade civil.

Essa responsabilidade, que consta explicitamente da lei e sobre a qual não cabe mais discussão, fundamenta-se na teoria do risco-proveito[(9)]

---

(7) *Responsabilidade civil*, p. 148.

(8) Analisando o projeto de Código Civil de 1975, que deu origem ao atual, já se manifestava Caio Mário da Silva Pereira, dizendo que: "Todo aquele (pessoa física ou jurídica) que empreende uma atividade que, por si mesma, cria um risco para outrem, responde pelas suas conseqüências danosas a terceiros. Não haverá cogitar se houve um procedimento do comitente na escolha ou na vigilância do preposto, isto é, faz-se abstração da culpa *in eligendo* ou *in vigilando*" (*Responsabilidade civil*, p. 289).

(9) A insegurança material da vida moderna criou a teoria do risco-proveito, sem se afastar dos princípios de u'a moral elevada, sem postergar a dignidade humana e sem deter a marcha das conquistas dos homens (LIMA, Alvino. *Culpa e risco*, p. 336).

do empregador ou tomador de serviços pela atividade que desenvolve, isto porque tanto o empregador em relação ao seu empregado, como o tomador em face às empresas terceirizadas vivem em função do lucro, pelo que, como adverte Antônio Elias Queiroga[10], deve a responsabilidade civil do patrão ou comitente ser examinada com maior rigor do que a responsabilidade civil dos pais, também objetiva, porque estes não tiram nenhum proveito da atividade dos filhos menores, ao contrário do patrão ou comitente que utiliza os seus empregados para fins lucrativos.

A responsabilidade por fato de terceiro surgiu em face de três modalidades de culpa: culpa *in eligendo*, porque o tomador escolheu mal a empresa terceirizada, por exemplo (preposto); culpa *in instruendo*, porque não foram ministradas ao preposto (empresa terceirizada) as instruções devidas e, culpa *in vigilando*, por falta de uma adequada e precisa vigilância sobre a conduta do agente (empresa terceirizada).

Outrossim, pelo sistema legal vigente no novo Código Civil, essas modalidades de culpa são presumidas *juris et de jure,* não incumbindo mais à vítima, como no sistema anterior, prová-las[11].

Assim, com base no novo CC, a responsabilidade do empregador ou comitente (tomador de serviços) pelos atos, respectivamente, dos seus empregados e prepostos (empresas terceirizadas) que causem danos ao meio ambiente do trabalho e à saúde do trabalhador, é objetiva[12] e solidária[13] (CF, art. 225 e § 3º e Lei n. 6.938/81, art. 14, § 1º), independentemente de o ato ser considerado lícito ou ilícito ou de a

---

(10) *Responsabilidade civil e o novo Código Civil*, p. 228.

(11) A responsabilidade por fato de outrem, no Direito do Trabalho, é muito mais facilmente justificada pela teoria do risco-proveito ou, mesmo, do risco da empresa, do que com o emprego de presunção de culpa, tendo essa responsabilidade por fundamento o dever de segurança do empregador ou preponente em relação àqueles que lhe prestam serviços (Cf. DIREITO, Carlos Alberto Menezes e CAVALIERI FILHO, Sérgio. *Comentários ao novo Código Civil*, p. 221-13).

(12) Acidente do trabalho. Indenização. A sentença penal condenatória transitada em julgado, que fixa culpa do empregado pelo falecimento de companheiro seu durante jornada de trabalho, faz emergir a responsabilidade objetiva do patrão, nos termos do artigo 1.521, III, do Código Civil (1916, correspondente ao art. 932, inciso III, do novo Código). (RT, 744:280. *In* GONÇALVES, Carlos Roberto. *Responsabilidade civil*, p. 467).

(13) Pode o autor promover a ação de indenização acidentária, pelo direito comum, contra a empresa empreiteira contratada, de que é empregado, e contra a empresa contratante, quando entender que são elas, solidariamente, responsáveis pelo acidente sofrido, do qual lhe advieram seqüelas incapacitantes (2º TACSP, AgI 488.253, 5ª Câm., Rel. Juiz Adail Moreira, J, 3.6.1997. *In* GONÇALVES, Carlos Roberto. *Responsabilidade civil*, p. 468).

atividade ter sido autorizada ou acompanhada pelo poder público, porque o fundamento baseia-se no risco proveito do empreendimento.

Quanto aos acidentes de trabalho somente se exclui a responsabilidade do patrão ou tomador de serviços se eles provarem caso fortuito, força maior, culpa exclusiva da vítima ou que o evento se deu sem nexo de causalidade com o ato ilícito. No caso de dano ambiental inexiste exclusão de responsabilidade.

6. Prescrição da pretensão à prevenção e reparação dos danos ambientais

Característica importante no que diz respeito à reparação dos danos ambientais é a imprescritibilidade das pretensões reparatórias, uma vez que o meio ambiente é matéria de ordem pública e indisponível e sua titularidade é difusa. Não se trata de um interesse particularizado desta ou daquela pessoa, mas de toda a coletividade.

Para ilustrar no campo do Direito Ambiental do trabalho, imagine-se a situação de uma determinada empresa que não cumpre as normas de segurança e medicina do trabalho, criando, com isso, um ambiente intensamente insalubre e/ou perigoso para a saúde dos trabalhadores. Essa prática, digamos, vem ocorrendo por vários anos e, sendo ajuizada uma ação coletiva preventiva e reparatória dos danos ao meio ambiente, a empresa-ré argúi a prescrição pelo decurso de um longo tempo. No que atine aos danos coletivos e difusos não ocorre prescrição. Esta atinge somente os reflexos patrimoniais individuais.

Na verdade, a prescrição se refere a direito patrimonial de quem, no prazo legal, sem razão justificada, não age na defesa dos seus interesses, pelo que esse instituto não tem o condão de atingir os direitos e interesses metaindividuais nas modalidades difusa e coletiva. Esses direitos pertencem a pessoas indeterminadas ou apenas determináveis no seio da sociedade, tendo como características marcantes a indivisibilidade, a indisponibilidade, a essencialidade, a ausência de conteúdo econômico, a sua natureza pública e imprescritibilidade.

Com efeito, adverte Édis Milaré[14], que "a Ação Civil Pública é instrumento para tutela jurisdicional de bens-interesses de natureza pública, insuscetíveis de apreciação econômica, e que têm por marca carac-

(14) *Ação civil pública por dano ao ambiente*, p. 206.

terística básica a indisponibilidade. Versa, portanto, sobre direitos não patrimoniais, direitos sem conteúdo pecuniário".

Assim, não se pode falar em prescrição com relação às obrigações de fazer, não fazer e de suportar, referentes aos danos ambientais e, por conseqüência, aos interesses e direitos difusos e coletivos, inclusive no tocante à reparação genérica por danos morais e/ou materiais decorrentes da violação desses direitos e interesses.

7. Conclusões

O meio ambiente sadio e equilibrado, incluído o do trabalho, é um direito de todos e dever dos Poderes Públicos e da sociedade organizada tutelá-lo e preservá-lo. Quanto ao meio ambiente do trabalho, especificamente, incumbe ao empregador ou tomador de serviços adotarem medidas de segurança, higiene e medicina do trabalho a fim de proteger a saúde do trabalhador. De todos os aspectos do meio ambiente, o do trabalho, quando inseguro, é o que mais de perto acarreta prejuízos ao homem, pois suas conseqüências atingem direta e imediatamente a integridade físico-psíquica e a vida dos trabalhadores, com reflexos negativos para toda a sociedade, que responde finalmente pelas conseqüências econômicas, sociais e humanas dos acidentes de trabalho.

Enquanto não houver verdadeiramente conscientização e responsabilidade social com considerável redução dos riscos ambientais e dos acidentes laborais, aportam-se como necessários os novos instrumentos de tutela legal do meio ambiente do trabalho, entre eles, as ações coletivas, que devem ser utilizadas intensamente para obrigar os empregadores e tomadores de serviços a adequarem o meio ambiente do trabalho e reduzirem os riscos de acidentes e, também, para responsabilizá-los pelos danos ambientais e à saúde dos trabalhadores, independente de culpa, mas apenas em decorrência do risco criado.

Todavia, para se obter resultados concretos, deve haver urgente mudança de mentalidade dos operadores do Direito, especialmente dos juízes, quanto à aceitação priorizada dessas ações; deve o magistrado, sempre que necessário, conceder, a pedido ou de ofício, medidas acauteladoras nas ações coletivas, para evitar os acidentes de trabalho, priorizando, como necessário, os aspectos sociais e humanos em face do interesse econômico, porque o objeto e papel do Direito Ambiental são a proteção da vida humana.

8. Bibliografia

BARACHO JÚNIOR, José Alfredo de Oliveira. *Responsabilidade civil por dano ao meio ambiente*. Belo Horizonte: Del Rey, 2000.

DIAS, José de Aguiar. *Da responsabilidade civil*, 10. ed, v. I e II. Rio de Janeiro: Forense, 1995.

DIREITO, Carlos Alberto Menezes & CAVALIERI FILHO, Sérgio. *Comentários ao novo Código Civil*, vol. XIII (Coord. Sálvio de Figueiredo Teixeira). Rio de Janeiro: Forense, 2004.

LEITE, José Rubens Morato. *Dano ambiental: do individual ao coletivo extrapatrimonial*. São Paulo: RT, 2000.

LIMA, Alvino. *Culpa e risco*. Ovídio Rocha Barros Sandoval (atualizador), 2. ed. São Paulo: RT, 1999.

————. *A responsabilidade civil pelo fato de outrem*. Nelson Nery Junior (atualizador), 2. ed. São Paulo: RT, 2000.

MELO, Raimundo Simão de. *Direito ambiental do Trabalho e a Saúde do Trabalhador. Responsabilidades — Danos material, moral e estético*. São Paulo: LTr, 2004.

————. "Proteção legal e tutela coletiva do meio ambiente do trabalho". *In*: *Meio ambiente do trabalho* (Coord. Associação Nacional dos Procuradores do Trabalho). São Paulo: LTr, 2003.

————. *Ação Civil Pública na Justiça do Trabalho*, 2. ed. São Paulo: LTr, 2002.

NERY JUNIOR, Nelson. "Responsabilidade civil por dano ecológico e a ação civil pública". *Revista de Processo*. São Paulo: RT, ano X, n. 38, p. 127/145, abr./jun. 1985.

PEREIRA, Caio Mário da Silva. *Responsabilidade civil*, 9. ed. Rio de Janeiro: Forense, 2002.

QUEIROGA, Antônio Elias de. *Responsabilidade civil e o novo Código Civil*, 2. ed. Rio de Janeiro: Renovar, 2003.

SENDIM, José de Souza Cunhal. *Responsabilidade civil por danos ecológicos*. Coimbra: Almedina, 2002.

GONÇALVES, Carlos Roberto. *Responsabilidade civil*, 8. ed. São Paulo: Saraiva, 2003.

As Ações Coletivas e o combate às terceirizações ilícitas

Rodrigo de Lacerda Carelli(*)

Quanto à injustiça, é cometida de duas maneiras: pela violência e pela fraude. Uma pertence à raposa, outra ao leão. Todas as duas são indignas do homem, mas a fraude é mais odiosa. De todas as injustiças, a mais abominável é a desses homens que, quando enganam, procuram parecer homens de bem.

Cícero

1. Da terceirização e suas formas lícitas e ilícitas

A Terceirização é um instituto muito mal compreendido pelos operadores do Direito. Ele é confundido muitas vezes com fornecimento de mão-de-obra. A prestação de serviços, forma de terceirização, é tratada como intermediação de trabalhadores. Por sinal, a expressão "prestação de serviços" virou uma certa forma de "eufemismo" para o verbo "trabalhar", quando se tenta escapar do vínculo empregatício. Hoje em dia não se trabalha mais para tal empresa, "presta serviços", por meio de "pessoa jurídica", "cooperativa", "empresa fornecedora de mão-de-obra", ou a "polivalente" "empresa prestadora de serviços".

Instituto de origem na ciência da administração, terceirização é prática moderna de concentração da empresa em sua atividade principal e entrega de atividades acessórias a outras empresas especializadas, com duplo objetivo: melhoria do produto final pela centralização de forças e investimentos na atividade dita fim, ou *core business*, bem como a otimização dos serviços periféricos que serão mais bem

(*) Procurador do Trabalho. Coordenador Nacional de Combate às Fraudes nas Relações de Trabalho. Mestre em Direito e Sociologia pela Universidade Federal Fluminense. Doutorando em Sociologia pelo IUPERJ. Membro do CEDES — Centro de Estudos Direito e Sociedade do IUPERJ.

realizados por empresa especializada. Assim, terceirização é "a entrega de uma atividade acessória ou complementar, para sua realização de forma autônoma por empresa especializada". Destarte, os requisitos para a existência de uma verdadeira terceirização são:

1) uma atividade acessória ou complementar ao negócio principal;

2) a atividade deve ser especializada;

3) a realização da atividade deve ser autônoma;

4) a empresa contratada deve ser especializada na atividade contratada.

Na falta de qualquer desses requisitos, de terceirização não se tratará, eis que não atingido seu fim, de acordo com seu conceito.

Tal é o entendimento atual pelo Tribunal Superior do Trabalho, sedimentado pela Súmula n. 331:

"Contrato de prestação de serviços — Legalidade — Revisão do Enunciado n. 256.

I — A contratação de trabalhadores por empresa interposta é ilegal, formando-se o vínculo diretamente com o tomador dos serviços, salvo no caso de trabalho temporário (Lei n. 6.019, de 3.1.74);

II — A contratação irregular de trabalhador, através de empresa interposta, não gera vínculo de emprego com os órgãos da Administração Pública Direta, Indireta ou Fundacional (art. 37, II, da Constituição da República);

III — Não forma vínculo de emprego com o tomador a contratação de serviços de vigilância (Lei n. 7.102, de 20.6.83), de conservação e limpeza, bem como a de serviços especializados ligados à atividade-meio do tomador, desde que inexistentes a pessoalidade e a subordinação direta.

IV — O inadimplemento das obrigações trabalhistas, por parte do empregador, implica na responsabilidade subsidiária do tomador dos serviços, quanto àquelas obrigações, inclusive quanto aos órgãos da administração direta, das autarquias, das fundações públicas, das empresas públicas e das sociedades de economia mista, desde que hajam participado da relação processual e constem também do título executivo judicial (artigo 71 da Lei n. 8.666/93)".

Como se percebe, o inciso III da Súmula trata de terceirização e sua licitude.

Entretanto, até a Súmula é mal compreendida no mundo jurídico. É comum encontrar entendimentos que o inciso III é exceção à regra criada no inciso I, o que não representa a verdade jurídica. O inciso I trata, do fato, de instituto diverso da terceirização, que é a intermediação ou fornecimento de mão-de-obra, tratada por muitos como uma forma daquela.

O inciso I trata da regra geral presente no sistema jurídico de proibição do fornecimento de mão-de-obra, prevista no primeiro princípio da Organização Internacional do Trabalho (OIT), surgida na Declaração da Filadélfia de 1949, na qual se proclamou que *"O trabalho não é uma mercadoria"*. Tal regra é de simples explicação: ao se tratar o trabalho, e, por conseqüência o trabalhador, como uma mercadoria, estaria sujeito naturalmente às regras do mercado, e, dentre elas, a lei de oferta e procura. Como mercadoria abundante, principalmente nas atividades mais simples, não haveria como segurar bases mínimas para a garantia de vida digna aos trabalhadores.

E dentro do sistema jurídico pátrio, tal regra é estampada nos artigos 2º e 3º da Consolidação das Leis do Trabalho, onde se definem, em norma cogente, quem, em uma relação jurídica, é empregador e quem é empregado:

> *"Art. 2º. Considera-se empregador a empresa, individual ou coletiva, que, assumindo os riscos da atividade econômica, admite, assalaria e dirige a prestação pessoal de serviços."*
>
> *"Art. 3º. Considera-se empregado toda pessoa física que prestar serviços de natureza não eventual a empregador, sob a dependência deste e mediante salário."*

Em virtude da vigência do princípio da primazia da realidade, se a relação jurídica, nas suas condições fáticas, se demonstra de acordo com os conceitos acima, não importa qualquer estipulação contratual em sentido contrário: aquele na condição do conceito de empregador assim será considerado. Desta forma, mesmo se duas empresas firmarem um contrato de terceirização, se na prática os empregados da empresa contratada estiverem subsumidos ao conceito do art. 3º e a empresa contratada se encaixa, em relação a esses empregados, na definição do art. 2º, estaremos diante de um mero fornecimento de mão-de-obra, prática ilícita.

No sistema jurídico brasileiro, como exceção que confirma a regra, somente há uma possibilidade de intermediação de mão-de-obra lícita, que é o "trabalho temporário", previsto na Lei n. 6.019/74, nas estritas hipóteses por ela previstas. Esta é a pura previsão do inciso I da Súmula 331 do Tribunal Superior do Trabalho. Não é forma de terceirização, repita-se, mas é tratada com atecnia como se fosse.

2. Das perversas formas ilícitas de terceirização

Como se percebe pelas linhas anteriores, tratar-se-á de uma forma ilícita de terceirização quando, na realidade, de terceirização propriamente não se tratar, e sim, de um mero fornecimento de mão-de-obra subordinada e permanente.

Existem, atualmente, três tipos de fornecimento de mão-de-obra travestidos de terceirização que estão sendo muito utilizados:

a) *fornecimento de mão-de-obra simples.* Essa forma vem sempre travestida pela banalizada expressão "prestação de serviços", que tenta disfarçar um contrato onde a contratante tenta repassar os ônus e a responsabilidade pelos trabalhadores postos à sua disposição para uma outra empresa. Os trabalhadores são geralmente registrados, apesar de que em sua maioria passam a uma outra categoria sindical, o que sempre significa redução de direitos.

b) *fornecimento de mão-de-obra por cooperativa.* Essa forma, que também vem sob a carapuça de "prestação de serviços", nada mais é do que uma variante mais perversa da primeira, eis que os trabalhadores passam, em um momento mágico (para o real empregador, certamente), a não ter reconhecido (pelo menos formalmente) nenhum direito trabalhista. Geralmente, as sociedades cooperativas que têm como objetivo o fornecimento de mão-de-obra não cumprem nem mesmo os requisitos da legislação cooperativista, como a livre adesão, a gestão democrática e o princípio da dupla qualidade;

c) *da contratação de trabalhadores por "pessoa jurídica" da qual são "sócios".* Esta é a forma mais moderna, depois da queda na utilização do modelo de "cooperativa de mão-de-obra", sendo a moda atual no "mau empresariado"(1). Tal modalidade consegue ser ainda

(1) Entendido como aquele que tenta, às custas dos trabalhadores, aumentar seu ganho, sem se preocupar com a dignidade ou nível de vida daqueles que contribuem para o seu ganho.

pior do que as duas anteriores, eis que aqui, como nas cooperativas, os trabalhadores estão a princípio alijados do gozo de direitos sociais básicos, e ainda, como se já não bastasse, são-lhe impostos os encargos de manutenção de uma empresa, às vezes insuportáveis.[2]

Cada uma dessas formas tem uma perversão específica para os trabalhadores.

Como acima se disse, na forma simples de intermediação de mão-de-obra, uma empresa principal contrata a outra para reduzir o seu quadro direto, entregando a outra todos os ônus e obrigações decorrentes da contratação dos trabalhadores. Geralmente, esses trabalhadores realizam seu labor dentro das instalações da empresa contratante, como se empregados dessa fossem (e na verdade o são). Na maioria das vezes, a intenção é a redução de custos, que se dá pelos seguintes fatos: a) a empresa contratada comumente pertence à categoria de "prestação de serviços" ou outra qualquer, como "construção civil", sendo que as convenções coletivas dessas "categorias", praticamente sempre contêm pisos salariais inferiores e mesmo direitos e benefícios a menor; b) acontece freqüentemente que, conjuntamente com os trabalhadores registrados, a empresa contratada contrata sob formas precárias de trabalho, como cooperativas de mão-de-obra, "pessoas jurídicas", falsos estagiários e mesmo trabalhadores sem registro, podendo, assim, assumir um preço mais competitivo; c) também acontece dessas empresas simplesmente estipularem preços vis e lesivos à competição, pelo simples fato de que não pretendem honrar com seus compromissos ao final do contrato, "desaparecendo" ao cabo da contratação. Mesmo nessa última hipótese, continua sendo vantagem para a empresa contratante, eis que conta com a proteção da "responsabilidade subsidiária" em conjunto com a lentidão da Justiça e o ônus da prova no processo, podendo mesmo assim sair ganhando quando tiver que pagar algo para o trabalhador.

Porém, há outras "vantagens" que podem levar o empregador a contratar uma outra empresa para fornecer a mão-de-obra, que é a quebra do coletivo trabalhista. Com a divisão dos seus trabalhadores em várias categorias, mais difícil se tornam as "ações industriais ou coletivas", tidas estas como união de esforços dos trabalhadores para

(2) Deixe-se claro que, com relação a trabalhadores com ganhos acima de um certo nível, pode se tornar aparentemente atraente tal burla à relação de emprego, dado que o imposto de renda é bem menor quando se trata de "serviços prestados por uma pessoa jurídica". Assim, perdem, nesse caso, o Fisco, e, por conseqüência, o cidadão, em prol dos mais aquinhoados.

a conquista de um bem comum. Consegue-se dessa forma reduzir o poder de barganha dos trabalhadores, bem como evitar prejuízos com greves ou paralisações.

Nas cooperativas de mão-de-obra o extremo da intermediação de mão-de-obra vem à tona, pois além de todos os prejuízos aos trabalhadores já citados acima, vai-se ao fundo do poço pela ausência de direitos garantidos pela lei. Isso, não importando se a cooperativa foi formada ou não segundo as normas cooperativistas. Não há chance para uma verdadeira cooperativa sobreviver no mercado de fornecimento de mão-de-obra. Isso pela simples e simplória aplicação da indefectível lei da oferta e da procura, aplicável a todas as mercadorias. Essa virtual cooperativa, formada de acordo com os princípios do cooperativismo, como o da promoção do padrão de vida dos trabalhadores, seria facilmente batida pela concorrência desleal realizada por outras entidades formalmente cooperativas que não estivessem tão interessadas em atender esses princípios, baixando seu preço até o chão.

Esta, aliás, a simples razão pela impossibilidade de se pensar conjuntamente a intermediação de mão-de-obra com a dignidade do trabalhador, pois são idéias na prática totalmente incompatíveis e inconciliáveis. O mero tratamento do trabalhador como mercadoria já é a própria desumanização do homem, que será tratado como um mero objeto intercambiável e sujeitos aos humores do deus Mercado.

Quanto à terceira hipótese — da contratação de trabalhadores por pessoa jurídica — a sua principal perversão é tratar como algo dispensável e inútil as leis de proteção ao trabalho, mundialmente reconhecidas e razão da sobrevivência do homem (enquanto ser digno) após o espetáculo de horrores da segunda guerra mundial. A partir daí, os mesmos problemas das outras formas surgem nesta, como o rebaixamento *ad infinitum* das condições de trabalho. Mas há outras perversões, como a individualização da negociação das condições de trabalho, excluindo qualquer forma de agregação e atuação coletiva, como a sindical e associativa. Além disso, a redução imoral dos tributos em relação aos altos empregados contratados como pessoa jurídica, o que faz a conta pública recair, mais uma vez, sobre os ombros da população mais pobre, invertendo a desejável "justiça tributária".

3. Das ações coletivas na justiça do trabalho

O berço das ações coletivas no direito processual brasileiro se deu em seu campo mais fértil, que é a Justiça do Trabalho. De fato, várias formas de ações coletivas surgiram no Direito Processual do Trabalho. A mais lembrada delas é o dissídio coletivo, onde sindicatos buscariam a defesa de interesses coletivos de toda a categoria, ou parte dela. As características são as mesmas de uma ação coletiva como as conhecemos hoje: visa a defesa de uma coletividade indeterminada e indeterminável de indivíduos e discussão de interesses abstratos.[3] De fato, buscava o dissídio coletivo seja a criação ou modificação de normas de condição de trabalho (dissídios denominados econômicos ou constitutivos) ou mesmo a interpretação de normas já existentes (dissídios de direito ou declaratórios).

Outra forma de ação coletiva existente no direito processual do trabalho tradicional é a ação de cumprimento de normas coletivas, pela qual se busca o efetivo cumprimento de normas previstas em acordos ou convenções coletivas.

Por fim, as chamadas reclamatórias plúrimas, antigas conhecidas da Justiça do Trabalho, em verdade se tratam daquilo que se chama modernamente de ações coletivas de defesa de interesses individuais homogêneos.

Desta forma, verifica-se que as ações coletivas não são algo novo para a Justiça do Trabalho. Porém, interessantemente, na aplicação da ação civil pública o Judiciário Trabalhista de início não deu continuidade ao seu avanço inicial, chegando alguns julgados a não aceitar sua existência e cabimento nessa especializada. De fato, pela edição do Enunciado n. 310, (de mais do que duvidosa constitucionalidade, recentemente bem extirpado do rol de súmulas dessa alta Corte), já se evidenciava um viés totalmente avesso à resolução coletiva de conflitos.[4]

(3) GIGLIO, Wagner D. *Direito Processual do Trabalho,* 10. ed. São Paulo: Saraiva, 1997, p. 361-362.

(4) I) O art. 8º, inciso III, da Constituição da República, não assegura a substituição processual pelo sindicato; II) A substituição processual autorizada ao sindicato pelas Leis ns. 6.708, de 30.10.79 e 7.238, de 29.10.84, limitada aos associados, restringe-se às demandas que visem aos reajustes salariais previstos em lei, ajuizadas até 3 de julho de 1989, data em que entrou em vigor a Lei n. 7.788; III) A Lei n. 7.788/89, em seu art. 8º, assegurou, durante sua vigência, a legitimidade do sindicato como substituto processual da categoria; IV) A substituição processual autorizada pela Lei n. 8.073, de 30 de julho de 1990, ao sindicato alcança todos os integrantes da categoria e é restrita às demandas que visem à satisfação de reajustes salariais específicos resultantes de disposição prevista em lei de política salarial; V) Em qualquer ação proposta pelo sindicato como substituto processual, todos os substituídos serão individualizados na petição inicial e, para o início da

Entretanto, como já se disse, as ações coletivas encontram campo fértil e útil na Justiça do Trabalho, sendo da própria natureza dos conflitos que surgem a sua resolução de forma coletiva. Ousamos ir até mais longe: os conflitos trabalhistas deveriam ser resolvidos a princípio de forma coletiva, sendo que por exceção em sua forma individual.

Tal conclusão se chega após a análise da própria realidade do mundo do trabalho, onde os trabalhadores não têm qualquer poder de defender-se por si só, pelo grau de dependência para com o empregador, e principalmente em relação ao posto de trabalho. É dito popular que a Justiça do Trabalho é a Justiça dos Desempregados, eis que somente estes demandam por direitos, quando já finda a relação de emprego, o que é uma realidade inelutável.

Com as ações coletivas, tanto as ajuizadas pelo Ministério Público do Trabalho como principalmente pelos sindicatos, a Justiça do Trabalho deixa de meramente indenizar em pecúnia direitos, às vezes fundamentais, como o descanso e férias remuneradas, que já foram lesados. Ela passa a, como deveria ser, ter o poder efetivo de fazer valer os direitos fundamentais do trabalho previstos na Constituição Federal e da legislação infraconstitucional.

Pela natureza dos resultados jurídico-materiais oferecidos, podemos dizer que existem basicamente três tipos bem distintos de prestação jurisdicional, quais seriam: preventiva, reparatória e sancionatória(5). Tomando-se como pressuposto que, na prática, os resultados que se podem obter na Justiça do Trabalho são a indenização por direitos ofendidos e não respeitados (tutela reparatória, na modalidade de tutela ressarcitória) ou a efetiva garantia no cumprimento de direitos (alcançada por meio da tutela preventiva ou inibitória), a prioridade e a maior valorização deveria ser dada à garantia da efetiva fruição dos direitos sociais garantidos na legislação e na Constituição, com a prevalência e aprimo-

---

execução, devidamente identificados, pelo número da Carteira de Trabalho e Previdência Social ou de qualquer documento de identidade; VI) É lícito aos substituídos integrar a lide como assistente litisconsorcial, acordar, transigir e renunciar, independentemente de autorização ou anuência do substituto; VII) Na liqüidação da sentença exeqüenda, promovida pelo substituto, serão individualizados os valores devidos a cada substituído, cujos depósitos para quitação serão levantados através de guias expedidas em seu nome ou de procurador com poderes especiais para esse fim, inclusive nas ações de cumprimento; VIII) Quando o sindicato for o autor da ação na condição de substituto processual, não serão devidos honorários advocatícios.

(5) DINAMARCO, Cândido Rangel. *Instituições de Direito Processual Civil*, Tomo I. São Paulo: Malheiros, 2001, p. 152.

ramento das garantias sociais constitucionais já existentes nas ações impessoais e coletivas, para o acesso à justiça substancial.

Após a queda da estabilidade decenal, e a passagem ao regime de livre dispensa com pagamento de indenização baseada no Fundo de Garantia do Tempo de Serviço, a Justiça do Trabalho, conforme se comenta, tornou-se a "Justiça do Desempregado". A razão de ser assim é simples: qualquer empregado que acionar a Justiça do Trabalho em busca da garantia do Estado para a fruição de algum direito subjetivo seu que esteja sendo infringido está fadado a ser dispensado imediatamente, e perder sua fonte de subsistência. O Direito do Trabalho pátrio, apesar de constar da Constituição Federal a garantia contra a dispensa arbitrária, simplesmente a permite, prevendo uma mera e baixa indenização como a "garantia" contra a dispensa arbitrária.

O próprio Direito do Trabalho, em certo aspecto, dá maior ênfase à reparação econômica do que à criação de condições melhores de trabalho, como o caso do adicional de insalubridade, ao invés de buscar impedir a existência de condições insalubres de labor, bem como o adicional de hora extra, ao contrário de simplesmente proibir-se a realização do trabalho extraordinário, etc.

Dessa forma, com exceção das ações de cumprimento ajuizadas pelos Sindicatos e as ações civis públicas ajuizadas por estes e pelo Ministério Público do Trabalho, que chamaríamos de ações coletivas de característica impessoal, circunscreve-se a Justiça do Trabalho a julgar ações em que os pedidos são basicamente de indenizações pecuniárias sobre direitos fraudados e não gozados.

De fato. Um empregado que durante toda a sua relação com determinado empregador não tirou férias anuais e não gozou de descanso semanal remunerado, ao ajuizar sua ação individual pleiteará não o gozo desses direitos, por óbvia impossibilidade lógica de retroagir no tempo, mas sim a indenização em pecúnia sobre esse direito não usufruído.[6]

Ora, mas a proteção social garantida pela lei não tem como objetivo a indenização pecuniária, ou seja, a substituição do direito regrado por pagamento em dinheiro, e sim sua real fruição.

---

(6) Isso faz, inclusive, que a própria Justiça do Trabalho seja menos valorizada, tratada como balcão de negócios, em que tudo gira em torno de "números", e não de "direitos".

Os Direitos Sociais, enquanto Direitos Fundamentais, devem ser efetivados e garantidos pelo Estado, e não meramente indenizados após serem desrespeitados.

A questão é de extrema importância, tendo inclusive *J.J. Gomes Canotilho*, no Congresso Nacional dos Magistrados do Trabalho de 1994, desafiado a Magistratura ao questionar se os órgãos da Justiça do Trabalho eram meros julgadores de questões trabalhistas controvertidas ou juízes de direitos fundamentais.

A Justiça do Trabalho, como o próprio Direito do Trabalho, está em crise. Mas essa crise de legitimidade pode estar sendo gerada justamente pela sua ineficácia em garantir direitos, e sim se bastando em indenizá-los.

Como afirma *Norberto Bobbio*,[7] "o problema fundamental em relação aos direitos do homem, hoje, não é tanto o de justificá-los, mas o de protegê-los." Assim, o problema que se enfrenta não é dizer da existência desses direitos, inclusive os do Trabalho, ou justificá-los, e sim que efetivamente sejam cumpridos.

Além disso, as indenizações proporcionadas pela Justiça do Trabalho são, em sua grande maioria, em valores injustos e ínfimos, devido ao burocrata sistema de solução de conflitos trabalhistas cheio de alçadas.

Em atendimento à Terceira Onda de modificações da legislação processual para o acesso à Justiça, conforme a obra de *Mauro Cappelletti* e *Brian Garth*[8], e seguindo orientação do Banco Mundial[9], foi instaurada no Brasil mais uma instância obrigatória, de constitucionalidade duvidosa, no sistema de solução dos conflitos trabalhistas, que são as Comissões de Conciliação Prévia.

Implantadas e pensadas de forma equivocada, não como uma alternativa à Justiça Estatal, mas como um pré-requisito ao acesso à mesma, tornaram-se abrigo dos ex-juízes classistas, expurgados da Justiça do Trabalho, e fonte de arrecadação dos sindicatos. Servem, outrossim, não para a solução de conflitos, mas sim como local de bar-

---

(7) BOBBIO, Norberto. *A Era dos Direitos*. Rio de Janeiro: Campus, 1992, p. 24.

(8) CAPPELLETTI, Mauro e GARTH, Brian. *Acesso à Justiça*. Porto Alegre: Sergio Antonio Fabris Editor, 1988.

(9) WORLD BANK. *World Development Report 2002 — Building Institutions for Markets*. New York: Oxford University Press, 2001, p. 126-127.

ganha de diminuição de valores rescisórios trabalhistas, em desfavor dos trabalhadores. Ou seja, idealizada como uma instância de acesso à justiça extra-estatal, está funcionando como local onde os direitos são retirados dos trabalhadores, com agasalho da legislação.

Uma vez ultrapassada a Comissão de Conciliação Prévia, enfrenta-se o burocratizado procedimento trabalhista, com duas fases conciliatórias, onde são novamente barganhados e tratados como um balcão de comércio os direitos trabalhistas, e uma fase de instrução processual, com oitiva de testemunhas e apresentação de provas.

Com três instâncias, e somando-se a demorada e confusa fase de execução, em uma dezena de anos poderia o trabalhador finalmente ver indenizados em sua integralidade os direitos não cumpridos na época certa pelo empregador. Devido à demora absurda, e a premente necessidade de satisfação de necessidades primárias do ser humano, os trabalhadores são premidos a aceitar "acordos", seja nas comissões de conciliação prévia, seja na própria Justiça do Trabalho, "acordos" estes onde na verdade há renúncia de direitos em favor do rápido pagamento de verbas quaisquer, necessárias para a sua própria subsistência.

Verifica-se que o Acesso à Justiça vem sendo pensado mais em seu sentido formal, de possibilidade de ingressar com um demanda perante um órgão, seja ele o Poder Judiciário, ou órgãos extrajudiciais como as Comissões de Conciliação Prévia. Na implantação das Comissões de Conciliação Prévia não se pensou em garantir os direitos sociais, mas simplesmente garantir um acesso formal a um órgão recebedor de demandas. O Poder Judiciário também está transformado em recebedor de demandas para posterior transação de valores econômicos.

Para *Cândido Rangel Dinamarco*,[10] as garantias integrantes da tutela constitucional do processo convergem para "promessa-síntese" do acesso à ordem jurídica justa, que se dá não só com o exame das pretensões pelo Poder Judiciário, mas que também as soluções que esse Poder dá não sejam atrasadas ou mal formuladas, e que, principalmente, melhorem efetivamente a vida em relação ao bem pretendido.

Assim, o acesso à Justiça deveria estar sendo pensado em seu sentido substancial, ultrapassando o seu mero sentido formal. Estar-se-ia sendo garantido o acesso à Justiça Substancial quando colocadas à disposição do cidadão e privilegiadas garantias que assegurem a real

(10) *Op. cit.*, p. 115.

fruição dos direitos sociais previstos na Constituição e na legislação infraconstitucional.

Como ensina *Luigi Ferrajoli*,[11] as garantias "no son outra cosa que lãs técnicas previstas por el ordenamiento para reducir la distancia estructural entre normatividad u efectividad, y, por tanto, para posibilitar la máxima eficacia de los derechos fundamentales en coherencia con su estipulación constitucional". Segundo o mesmo autor, podem as garantias serem divididas em duas categorias: "garantías liberales, al estar dirigidas a asegurar la tutela de los derechos de libertad, consisten esencialmente em técnicas de invalidación o de anulación de los actos prohibidos que las violan; las garantías sociales, orientadas como están a asegurar la tutela de los derechos sociales, consisten, en cambio, en técnicas de coerción y/o de sanción contra la omisión de las medidas obligatorias que las satisfacen."[12] E são dessas segundas garantias que vamos tratar.

Daí a questão: É justo esse sistema? Está o Poder Judiciário cumprindo seu papel de garantidor de Direitos Fundamentais? Está sendo garantido verdadeiramente acesso à Justiça, ou somente o acesso à Justiça Formal? A Tutela Constitucional do Processo está sendo realizada?

A preferência pela substituição da fruição dos direitos e sua efetiva garantia pela indenização parece ser uma tendência não somente do Poder Judiciário Trabalhista, mas de todo o sistema judiciário, pois em recente revista semanal popular "Época", de 22 de julho de 2002, a reportagem de capa teve como título "Quando a Justiça paga em dinheiro", enaltecendo essa forma de "Justiça" e trazendo um guia de como "defender seus direitos", em busca de indenizações por danos morais. Não se tratou em uma linha da reportagem de 07 (sete) páginas sobre a garantia do efetivo direito ou de alguma forma de se evitar ser infringido o direito subjetivo da pessoa, mas sim, em todos os casos, de buscar reparações financeiras por direitos desrespeitados.

Qual então deveria ser o caminho para a efetividade dos direitos sociais pelo Poder Judiciário: a indenização em pecúnia por direitos sonegados ou a efetiva ordem judicial em ação impessoal para o cumprimento dos direitos quando ainda vigente a relação jurídica?

---

(11) FERRAJOLI, Luigi. *Derechos y Garantías — La Ley del más débil*. Tercera Edición. Madrid: Editorial Trotta, 2002, p. 25.
(12) *Idem, ibidem*, p. 26.

O primeiro capítulo do livro de *John D. French*[13] tem como título "Afogados em leis, mas famintos (por justiça?)". Relata uma existência no papel de leis suficientes e satisfatórias, mas nenhuma eficiência no papel da Justiça em fazê-las efetivas.

O que está em jogo é a existência ou não de um verdadeiro Estado de Direito. Segundo *José Joaquim Gomes Canotilho*[14], "o Estado de direito só pode ser Estado de direito se for também um Estado democrático e um Estado social. Nesta perspectiva, o Estado de direito transformou-se em Estado de direitos pessoais, políticos e sociais. Dizer que o Estado de direito é um Estado de direitos significa, desde logo, que eles regressam ao estatuto de dimensão essencial da comunidade política.(...) Não basta a consagração de direitos numa qualquer constituição." Inclusive chama as Constituições que somente descrevem direitos mas são pobres em suas garantias de "constituições de fachada", ou "constituições simbólicas", "constituições álibi" ou "constituições semânticas". *Luigi Ferrajoli* acredita que a verdadeira democracia é aquela substantiva, onde há a efetiva realização dos direitos fundamentais.[15]

Como afirma *Jorge Luiz Souto Maior*[16], "o processo é tido como válido pelos resultados positivos que é capaz de produzir no mundo real."

A solução, ou parte dela, poderia estar nas ações constitucionais impessoais de natureza coletiva, ou seja, ações civis públicas, ajuizadas pelos Sindicatos e pelo Ministério Público do Trabalho, que buscam o efetivo cumprimento e garantia dos direitos trabalhistas enquanto vigente a relação trabalhista.

Enfrentam, porém, tais ações alguma resistência dentro do Judiciário Trabalhista, ainda impregnado da função de conciliador e de órgão advindo do seio do Poder Executivo.

A resistência é demonstrada pelo grande número de ações civis públicas, tanto originadas dos Sindicatos quanto do Ministério Público do Trabalho, julgadas extintas sem julgamento do mérito, e outras tantas julgadas improcedentes não pela falta de provas, mas

(13) FRENCH, John D. *Afogados em leis — A CLT e a cultura política dos trabalhadores brasileiros*. São Paulo: Editora Fundação Perseu Abramo, 2001, p. 7.
(14) CANOTILHO, José Joaquim Gomes. *Estado de Direito*. Lisboa: Fundação Mário Soares, 1999, p. 56-57.
(15) FERRAJOLI, Luigi. *Op. cit.*, p. 50-55.
(16) SOUTO MAIOR, Jorge Luiz. *Direito Processual do Trabalho*. São Paulo: LTr, 1998, p. 17.

falta de auto-reconhecimento do Poder Judiciário como efetivo garantidor de Direitos.

Fundamentais. Tal resistência talvez seja devido a alguns dos Juízes, conforme as palavras de *Dalmo de Abreu Dallari*[17], não "assumir sua politicidade", ou seja, não se acreditarem como um Poder Político que pode e deve alterar a realidade social. Deve o Poder Judiciário ativamente participar de um processo de "inclusão social", ou "processo de cidadanização", na expressão de *Jônatas Luiz Moreira de Paula*[18].

Deve-se, então, repensar a atuação do Poder Judiciário, observando garantias sociais que procurem a valorização da segunda forma de prestação jurisdicional, pela garantia da efetividade dos direitos, e não sua mera substituição por valores em dinheiro, para "levar os direitos a sério"[19].

4. Do combate às terceirizações ilícitas por meio das ações coletivas

No combate às terceirizações ilícitas, mais se fazem prementes as ações coletivas.

Isto porque nas ações individuais são realizados pedidos de pagamento de verbas trabalhistas, sem conseguir impedir que a contratante, real beneficiária pela atitude irregular, continue a realizar a prática danosa aos trabalhadores.

Isso somente então pode ser realizado por meio de tutelas inibitórias realizadas no seio de ação civil pública, nas quais se requer a condenação da empresa na abstenção da prática lesiva, sob o poder coercitivo de *astreintes,* para a garantia do efetivo cumprimento da ordem judicial.

Tendo consciência da necessidade de atacar esse grave problema que enfrenta o mundo do trabalho, a Procuradoria-Geral do Trabalho criou a Coordenadoria Nacional de Combate às Fraudes nas Relações de Trabalho, que tem como objetivo o tratamento uniforme e a confecção de estratégias para a atuação descentralizada para a busca da garantia dos direitos sociais dos trabalhadores.

---

(17) DALLARI, Dalmo de Abreu. *O Poder dos Juízes*. São Paulo: Saraiva, 1996, p. 85.

(18) PAULA, Jônatas Luiz Moreira de. *A Jurisdição como elemento de inclusão social.* Barueri: Ed. Manole, 2002.

(19) DWORKIN, Ronald. *Taking Rights Seriously*. Cambridge: Harvard University Press, 1978.

E, apesar de não ser a única, pois no âmbito ministerial sempre se tenta resolver a questão em sede de inquérito, via termo de ajustamento de conduta, a ação civil pública vem sendo a principal arma, com sucesso, devido à resposta satisfatória atual do Poder Judiciário Trabalhista, no combate às terceirizações ilícitas em todas as suas formas. Os pedidos realizados nessas ações têm, geralmente, natureza inibitória e difusa, alcançando todos os atuais e futuros trabalhadores que se encontrarem na situação relatada nos processos. Não visam a impedir o livre exercício da atividade econômica, mas sim pretendem cortar pela raiz as atitudes desrespeitosas ao ordenamento jurídico.

São exemplos de pedidos realizados nessas ações:

"não contratar trabalhadores por empresa interposta em caráter subordinado e não eventual, com exceção de trabalho temporário, nos estritos limites da legislação pertinente."

"não mais contratar por intermédio de pessoas jurídicas, com a finalidade de exercer serviços de natureza não eventual, ligados à sua atividade fim ou meio, e cuja execução exija ou pressuponha a pessoalidade e subordinação direta do trabalhador à tomadora do serviço, ou exigir que os seus trabalhadores as constituam para que sejam contratados, sob pena de terem configurados os requisitos de caracterização da relação empregatícia."

"não contratar trabalhadores por cooperativas intermediadoras de mão-de-obra."

Além das obrigações de fazer e não fazer, normalmente, são realizados pedidos de pagamento de indenização por dano moral coletivo (ou dano genérico), que revertem para o Fundo de Amparo ao Trabalho (FAT), na falta de um fundo mais adequado. Serve também tal indenização para evitar o enriquecimento ilícito dos empresários que lucraram com a falta de pagamento de direitos trabalhistas.

As obrigações de fazer e não-fazer são requeridas também a título de antecipação dos efeitos da tutela, que é extremamente necessária para cessar de imediato a continuidade da prática ilícita, eis que a espera até o fim de um demorado processo judicial torna, às vezes, inócua a própria ação coletiva.

5. Conclusão

À guisa de conclusão, é de extrema importância o combate às terceirizações ilícitas, em todas as suas formas, a fim de evitar os seus danos potenciais aos direitos sociais dos trabalhadores. E as ações coletivas, sejam elas utilizadas pelos sindicatos ou pelo Ministério Público do Trabalho, são o instrumento adequado para tal mister. E a Justiça do Trabalho tem o poder de dar pronta resposta aos anseios e angústias dos trabalhadores com os sofrimentos causados pela burla aos direitos laborais, e mesmo que não ponha fim, ao menos atenue a odiosa injustiça da fraude.

Ações coletivas interrompem a prescrição das pretensões individuais trabalhistas?

Homero Batista Mateus da Silva[(*)]

Para muitos, a prescrição serve apenas para perpetuar injustiças e premiar o mau pagador. Para outros, sua instituição veio cobrir uma lacuna na busca pela pacificação das relações sociais e estabilidade das relações jurídicas, impedindo que o interessado represe uma demanda por anos a fio, na expectativa de vencer pelo cansaço. Possibilita, também, que as questões de maior complexidade, que provocam insegurança simultaneamente em ambas as partes de um contrato de trabalho e até mesmo nos operadores do direito, possam encontrar uma forma de sedimentação, ainda que não a mais desejada.

Por estas razões, está correto *Cândido Rangel Dinamarco* quando lembra ser a prescrição uma forma extraordinária de extinção das obrigações, em nada parecida com as formas ordinárias representadas pelo simples pagamento ou pela novação de uma dívida[(1)]. Embora não pareça à primeira vista, a prescrição envolve um juízo ético que não deve ser olvidado quando de sua aplicação.

Remonta sua origem ao direito romano, que, não conhecendo o instituto, permitia livre demanda aos interessados, por prazo indeterminado, a ponto de uma lesão poder ser questionada décadas após sua ocorrência, passando o conflito de geração em geração. Contam os manuais de direito romano a sensação de iniqüidade causada pela narração de fatos perdidos no tempo e na memória. As autoridades encarregadas da triagem inicial dos casos passaram, então, a fazer pré anotações naquilo que ousamos chamar de petição inicial, a fim de alertar os demais profissionais quanto à antigüidade excessiva da queixa. É verdade que havia outros tipos de pré-anotações lançadas pela autoridade judiciária, mas nenhuma se tornou mais conhecida e corriqueira do que

---

(*) Juiz Titular da 88ª Vara do Trabalho de São Paulo.

(1) DINAMARCO, Cândido Rangel. *Fundamentos do Processo Civil Moderno*, 5ª ed. São Paulo: Malheiros Ed., 2002, p. 441.

a anotação relacionada com a demora infundada do autor na defesa de seus interesses. Foi assim que essa praxe acabou conhecida pela forma que a celebrizou, ou seja, por ser pré-escrita pela autoridade judiciária.

Assim, pela figura de linguagem da antonomásia é que hoje o instituto se chama prescrição e não, digamos, de poscrição ou de mesoscrição(2). Embora o uso da palavra prescrição tenha se disseminado pela maioria dos idiomas ocidentais, é verdade que, por vezes, se encontram expressões mais diretas para designar a influência do tempo sobre uma pretensão, como "limitação de ação" (*limitation of action*) no idioma inglês e "decurso de prazo" (*délai*), no idioma francês, reservando-se a palavra prescrição para os textos mais eruditos.

Não era mais possível fazer vistas grossas a uma inércia prolongada e injustificada por parte do maior interessado na resolução do litígio, que vem a ser o autor da ação. Conquanto a inércia não represente necessariamente que o autor aja de má-fé ou tenha algo a esconder, convencionou-se falar em presunção de falta de direito para aqueles que tardam a buscar a proteção do Judiciário sem motivo aparente. Com base nessas considerações e após intenso debate, a prescrição encontrou assento normativo pela primeira vez na história na Constituição de Teodósio II, no ano de 424(3), que veio a influenciar diretamente os ordenamentos jurídicos posteriores, notadamente as Ordenações Afonsinas de 1446, as Ordenações Manuelinas de 1521 e as Ordenações Filipinas de 1603. Trata-se de um fenômeno cultural sem paralelo na história do direito.

O comando da Constituição de Teodósio foi aproveitado pelas Ordenações e chegou até nós através do Código Civil Brasileiro de 1916 com pouca ou nenhuma alteração. Até mesmo o prazo de trinta anos, que ele primeiro estabeleceu, foi mantido por todos os séculos e, como

(2) Houve quem dissesse que a figura de linguagem mais aproximada do fenômeno seria a metonímia, correspondente ao emprego de um termo no lugar do outro, dada afinidade que os une, conforme assevera LOBINGIER, Charles Sumner. Limitation of actions. *In: ENCYCLOPEDIA of the Social Sciences*. New York: The MacMillan Company, 1944, p. 476. Sobre a história da prescrição e o fenômeno da antonomásia, ver AMELOTTI, Mario. Prescrizione (diritto romano). *In: ENCICLOPEDIA del diritto*. Varese: Giuffrè Editore, 1986, v. 35, p. 37.

(3) Poveda Velasco situa o marco no ano de 438 d.C., quando se concluiu a compilação das Constituições imperiais em vigor. POVEDA VELASCO, Ignacio M. Ordenações do reino de Portugal. *Revista de Direito Civil, Imobiliário, Agrário e Empresarial*. São Paulo, n. 69, p. 57-75, jul. 1994.

se sabe, constava da redação original de nosso Código, somente reduzido para vinte anos pela reforma de 1955. Ou seja, embora em contextos variados, o dispositivo perdurou por nada menos que 1531 anos (ou 1443 anos em Portugal, se considerarmos que ali se revogaram as Ordenações Filipinas um pouco antes, em 1867[(4)]).

Outro dado curioso diz respeito às origens das formas de suspensão e de interrupção dos prazos prescricionais. De início, não se concebeu um rol de fundamentos para justificar a inércia do autor. Competia a cada interessado, caso fosse acusada uma demora excessiva, ponderar seus argumentos e justificar seu silêncio prolongado.

Com o passar do tempo, percebeu-se que o instituto da prescrição corria o sério risco de desaparecer após breve existência, pois não havia cidadão que não listasse incontáveis motivos para sua demora na luta pelo direito, desde o temor reverencial à parte contrária até questões de viagens pelo vasto Império Romano, passando pela honra, tradição e tentativas amigáveis de solução do conflito. Casas de caridade e de benemerência, por sua vez, invocavam a imoralidade de se cogitar que suas pretensões pudessem ser passíveis de prescrição, haja vista a nobreza de seus serviços. Os órfãos e as viúvas destacavam as dificuldades próprias de sua condição, ainda que se tratasse de pessoas abastadas e instruídas.

Procurando contornar esse entrave, as Ordenações houveram por bem arrolar, de modo taxativo, as causas que podiam ser consideradas justas para a suspensão (congelamento) da contagem do prazo ou para a interrupção (inutilização) do prazo em andamento. Por exemplo, a interdição por demência ou debilidade extrema da pessoa foi arrolada como causa justa, mas não a enfermidade em geral, como muitos argumentavam. A viagem pelo Império não sensibilizou o legislador, salvo se por força de encargo público ou para participação nos intermináveis conflitos armados. Não deixa de ser curioso que aquelas mesmas causas de interrupção e suspensão sobrevivam, intactas e sem exceção, até os presentes dias, mantidas, aliás, pelo Código Civil Brasileiro de 2002. Talvez o conceito de Forças Armadas hoje seja mais amplo do que o de Teodósio, que não viveu para conhecer a Aeronáutica (art. 198, III, do Código Civil Brasileiro de 2002), mas quem ousará tirar os méritos de tão duradouro texto?

---

(4) SILVA, Agathe E. Schmidt. As Ordenações Filipinas e o direito brasileiro. *Estudos jurídicos*, São Leopoldo, v. 28, n. 73, p. 59-84, maio 1995.

Ao mesmo tempo em que as causas suspensivas e interruptivas estipuladas pelo próprio legislador prestaram relevante serviço para a sistematização do instituto, trouxeram a face perversa de não admitir nenhuma outra justificativa, por mais premente e cristalina que possa parecer. Assim, um trabalhador brasileiro, submetido ao processo migratório que aflige largas camadas operárias, não poderá argumentar validamente que precisava retornar ao Estado natal para fazer frente a compromissos familiares e, com isso, deixado escoar o prazo prescricional. Outro trabalhador, que encontrou oportunidade de trabalho em terra estrangeira e viu sua mobilidade limitada, não poderá pedir clemência enquanto perdurar a nova relação de emprego.

Igual raciocínio leva a uma intrigante pergunta, pouco explorada pela doutrina pátria: afinal, a subordinação do empregado em face do empregador não é motivo mais do que suficiente para justificar seu silêncio? Quem ousará dizer que o empregado deve se sentir livre e leve para ajuizar a demanda trabalhista na vigência de um contrato de trabalho, que não lhe assegura a mínima garantia de manutenção? Ainda se estivéssemos diante de um estável decenal, poder-se-ia argumentar que sua rescisão era dificultada por alguns (poucos) obstáculos, o que não servia de conforto para as perseguições e corte de promoções a que certamente seria submetido.

O direito italiano resolveu a questão por decisão da Corte Constitucional, de 10 de junho de 1966, segundo a qual, ainda que o legislador não contemple essa exceção, ela decorre da própria essência do direito do trabalho, segundo o qual a subordinação é marca indispensável de todo contrato de trabalho e, como tal, deve ser utilizada na interpretação dos textos jurídicos(5). Convencionou-se chamar a situação de prescrição trabalhista diferida, como fala *Luisa Galantino*(6).

A questão não deveria causar espanto, quando se lembra a situação do trabalhador rural, protegido pelo legislador contra o fluxo do prazo prescricional durante longos anos, antes da Emenda Constitucional 28, de 20 de maio de 2000, ou quando se nota que a Constituição Federal de 1988 ampliou o prazo para cinco anos, desde que na vigência do contra-

(5) CRISAFULLI, Vezio. La sentenze "interpretative" della Corte constituzionale. *Rivista Trimestrale di Diritto e Procedura Civile*, Milano, n. 1, p. 1-22, mar. 1967.

(6) GALANTINO, Luisa. *Diritto del lavoro*, 10. ed. Torino: Giappichelli Editore, 1999. p. 594.

to de trabalho. Não terá sido outro o motivo que não a constatação da fragilidade do empregado para a luta pelo direito naquele período[7].

A ironia do destino é que, enquanto discutimos o prazo prescricional mais adequado, os contratos de trabalho brasileiros vão se tornando cada vez mais breves e precários, a ponto de a prescrição, aos poucos, se tornar um luxo exclusivo dos altos empregados, dos empregados estáveis, dos servidores públicos e daqueles poucos outros que não sofrem a excessiva rotatividade da mão-de-obra farta e acessível. Mas não é tudo.

Sendo a prescrição uma forma extraordinária de extinção da obrigação, não pode comportar interpretação extensiva, analogia ou situações capazes de levar seus efeitos para longe do que ela propõe. Não se deve perder de vista que ela envolve a responsabilidade do devedor de fazer a alegação clara, tempestiva e precisa sobre sua intenção de ver encerrada a lide por esta via e por esses fundamentos. A larga condescendência encontrada nos tribunais para com o devedor interessado na prescrição colide com a excepcionalidade do instituto.

É bem verdade que o Código Civil Brasileiro de 2002 insiste na antiga afirmação de que a prescrição pode ser alegada em qualquer momento da instância ordinária, em detrimento do avanço do Código de Processo Civil de 1973, que, ao elevá-la ao patamar de mérito, restringiu seu acesso ao momento da contestação. Porém, mesmo a regra do Código Civil Brasileiro de 2002 deve se aplicada com parcimônia, de forma a não proporcionar o ardil e a surpresa à parte contrária. Em boa hora vem o Tribunal Superior do Trabalho exigindo que, caso o devedor tenha deixado escapar a alegação de prescrição em defesa e ainda pretenda fazê-lo, que ao menos seja respeitado o contraditório. Assim, o recurso ordinário será um meio hábil, pois contempla as razões contrárias da outra parte. A sustentação oral, contudo, será uma forma clandestina para semelhante invocação.

Igualmente a excepcionalidade faz com que a prescrição deva ser argüida de maneira detalhada. Se invocado o prazo de cinco anos, não está o Juiz autorizado a aplicar o prazo de dois anos após a extinção do

(7) A Proposto de Emenda Constitucional 475/2001, de autoria do Deputado Doutor Hélio, aumenta o prazo prescricional para dez anos, na vigência do contrato de trabalho, justamente pelo fundamento da subordinação jurídica do trabalhador. Não deixa de ser uma forma engenhosa de se driblar a vedação a que a subordinação seja, enfim, considerada uma forma de interrupção do prazo.

contrato de trabalho. Se invocada a chamada prescrição parcial, não é correta a sentença que aproveita o ensejo para discorrer sobre os efeitos da prescrição total da figura do ato único do empregador, não mencionada pelo interessado. Se acaso a defesa for específica ao invocar a prescrição meramente das horas suplementares, opera-se a renúncia tácita em relação à prescrição, digamos, do adicional noturno. Mero erro no fundamento legal evidentemente deve ser relevado, como quando se diz "prescrição do art. 5º, XXIX, da Constituição Federal de 1988", no lugar de art. 7º. Defesa genérica ("invoca-se a prescrição trabalhista aplicável às hipóteses") acaba sendo mais vantajosa para o réu, por conseguinte. O caráter restritivo do conceito de prescrição acaba gerando a outra face do mesmo problema, a saber, o caráter extensivo do conceito de interrupção da prescrição. Chegamos ao núcleo de nosso estudo.

Qual o exato significado da interrupção da prescrição?

Decerto o credor saiu da inércia e demonstrou seu inconformismo com a situação vigente. Lançou suas pretensões e aguarda da parte contrária uma resposta e da autoridade judiciária uma solução concreta. Não poderá mais o devedor alegar desconhecimento do conflito ou desnecessidade de guardar a memória dos fatos, especialmente os documentos[8].

Por outro lado, o credor não poderá se considerar doravante imune a qualquer novo prazo prescricional. Do contrário, teríamos o esvaziamento do instituto da prescrição, pois uma singela interrupção poderia jogar por terra todo seu significado. Diz-se que a interrupção zera o prazo e faz nascer nova contagem exatamente para que o credor continue mobilizado e não permita que lhe seja imputada novamente tal demora. Sintomaticamente, o art. 202 do Código Civil Brasileiro de 2002 limitou o efeito da interrupção a uma única oportunidade para cada pretensão, como forma de inibir o sistema das interrupções sucessivas que, em síntese, é a negação da própria prescrição[9].

(8) Houve quem apontasse o direito de rasgar os documentos como um dos fundamentos da prescrição, o que não deixa de coincidir com a necessidade de estabilidade das relações jurídicas. ARAÚJO, Luiz Antonio Mattos Pimenta. "Prazos para conservação de documentos". *Revista dos Tribunais*, ano 69, n. 533, p. 17-24, mar. 1980.

(9) Estudo pioneiro sobre a incoerência de se admitirem interrupções sucessivas se encontra em FARIA, Bento de. "A prescrição recomeçada pode ser novamente interrompida?" *Revista dos Tribunais*, São Paulo, a. 17, n. 68, p. 251-254, 1928.

Segundo o art. 202 do Código Civil Brasileiro de 2002, a interrupção da prescrição dar-se-á:

> "I — por despacho do juiz, mesmo incompetente, que ordenar a citação, se o interessado a promover no prazo e na forma da lei processual;
>
> II — por protesto, nas condições do inciso antecedente;
>
> III — por protesto cambial;
>
> IV — pela apresentação do título de crédito em juízo de inventário ou em concurso de credores;
>
> V — por qualquer ato judicial que constitua em mora o devedor;
>
> VI — por qualquer ato inequívoco, ainda que extrajudicial, que importe reconhecimento do direito pelo devedor."

Os incisos II, III e IV são de utilização rara ou nenhuma no processo do trabalho.

O inciso I é o mais comumente referido nas lides trabalhistas e encontra largo tratamento na doutrina e na jurisprudência (a tal ponto que muitos acabam se esquecendo de prosseguir o estudo e alcançar os incisos V e VI, abaixo refletidos). Dentre as diversas conclusões a que já se chegou no processo do trabalho sobre o inciso I se destacam:

> a afirmação de que, não havendo despacho processual trabalhista para ordenar a citação, a simples distribuição da ação atinge o efeito de interromper o prazo prescricional;
>
> a interrupção se opera ainda que haja extinção do feito, sem julgamento de mérito, como no arquivamento pela ausência do trabalhador à audiência;
>
> a interrupção somente se verifica para aquelas pretensões veiculadas pela petição inicial e não para todos os outros pleitos relacionados com o contrato de trabalho, que poderiam ter sido formulados (conforme redação de 28 de outubro de 2003 à Súmula 268 do Tribunal Superior do Trabalho);
>
> e, por fim, a interrupção se verifica mesmo que haja extinção do feito, sem julgamento de mérito, e o réu ainda não tenha sido citado (o que é extremamente grave e descumpre o requisito básico da prescrição de que o devedor saiba do questionamento sofrido).

O que pouco se comenta é a possibilidade de interrupção do prazo prescricional por outros atos judiciais que constituam o devedor em mora, servindo como exemplo o ajuizamento de uma ação coletiva trabalhista.

A dificuldade talvez resida no fato de que, para muitos, a ação coletiva não terá paralelo na ação individual nem os pedidos de uma lide coletiva possam coincidir com os pedidos de uma ação individual. Labora em erro esse raciocínio.

A explicação mais singela para semelhante equívoco parece ser o fato de que o antigo dissídio coletivo trabalhista objetivava mais a criação do direito do que a aplicação do direito. Considerando que a ação individual persegue sempre a aplicação do direito vigente, não se pode conceber que algum dia haja coincidência entre essas duas esferas. A questão, porém, deve ser vista com mais cautela.

Em primeiro lugar, é curioso observar que mesmo os dissídios coletivos trabalhistas, com o passar do tempo, começaram a assumir feições mais práticas e menos teóricas. São conhecidas as decisões coletivas que estipulam planos de cargos e salários ou até mesmo que determinam reintegração de empregados. Tornou-se célebre um dissídio coletivo de natureza jurídica em que determinado TRT, chamado a interpretar o art. 453 da CLT, concluiu que a aposentadoria espontânea não extingue o contrato de trabalho e, subseqüentemente, determinou a reintegração de centenas de empregados, com pagamento dos salários e demais vantagens do período de afastamento e execução imediata das diferenças. Neste caso, chegava a ser inútil a prestação jurisdicional buscada individualmente por alguns trabalhadores, com a agravante de que o recurso ordinário interposto pelo sucumbente na lide coletiva não tem efeito suspensivo.

Suponha que o empregado deixe de ajuizar a ação individual, no aguardo do desfecho daquele dissídio coletivo. Passam-se os meses e vem a notícia de uma reforma da decisão pelo Tribunal Superior do Trabalho, revertendo-se o quadro. Ao aforar a ação tempos depois, será o empregado pego de surpresa com a alegação de prescrição bienal da pretensão, a se fiar na interpretação restritiva dada ao conceito de interrupção, que se atém ao inciso I do art. 202. E há outras agravantes.

Nem toda ação coletiva trabalhista é um dissídio coletivo da CLT. Conhecem-se hoje incontáveis formas de ações coletivas que podem ser ajuizadas pelas entidades sindicais ou pelo Ministério Público do Trabalho, com competência do primeiro grau de jurisdição. Comecemos pelas mais simples.

O sindicato historicamente sempre teve acesso ao uso da substituição processual para fins de pedidos de adicional de insalubridade, adicional de periculosidade, fundo de garantia e diferenças das leis de política salarial. Se um empregado isoladamente entrasse também com o pedido de adicional de insalubridade no mesmo período e sob as mesmas condições, certamente enfrentaria alegação de litispendência. Se entrasse depois, a alegação seria de coisa julgada, como lembram acórdãos do Tribunal Superior do Trabalho, relatados pelos Ministros *Ríder Nogueira de Brito* (Recurso de Revista 470.817/1998, de 5 de abril de 2002) e *Wagner Pimenta* (Recurso de Revista 504.992/1998, de 22 de março de 2002).

É verdade que a leitura exclusiva do inciso I do art. 202 (distribuição da ação individual), combinada com o conceito de que somente o credor pode manifestar a saída da inércia, levará à solução oposta, negando a existência de interrupção "coletiva" da prescrição, como já se sustentou[10].

No entanto, a ação do sindicato como substituto processual nada mais é do que o atendimento ao anseio por decisões mais uniformes, céleres e acessíveis. Os custos processuais serão bem menores para as partes e para os cofres públicos, sendo uma só a perícia técnica no caso do adicional de insalubridade e a perícia contábil, se necessária, no caso do fundo de garantia ou das diferenças salariais. A execução será um tanto mais trabalhosa, pela necessidade de serem calculados valores de diversos empregados, com diversos períodos trabalhados, mas nada que se compare ao sistema de liquidação de cada trabalhador separadamente, com idêntico número de citações e de incidentes processuais. A substituição processual é uma forma como outra qualquer de busca da prestação jurisdicional, não havendo sentido algum em dela se retirar especificamente a qualidade de pôr o devedor em mora (com todas as conseqüências conhecidas, desde a contagem dos juros até, repita-se, a interrupção da fluência da prescrição).

Para aqueles que se valem dos arts. 103 e 104 do Código de Defesa do Consumidor em aplicação subsidiária ao processo do trabalho, é correta a afirmação de que o trabalhador pode ajuizar individualmente sua demanda, sem se impressionar com a lide coletiva. Não haverá litispendência, diz o Código, como uma forma de se estimularem mais provas e mais argumentos, ante tão relevantes matérias como as lesões

(10) PEREIRA, Ricardo José Macedo de Britto. "Breves considerações sobre a interrupção da prescrição trabalhista". *Revista do Ministério Público do Trabalho*, Brasília, n. 9, p. 54, mar. 1995.

coletivas ao público consumidor ou a um agrupamento de trabalhadores. Muda a figura quanto à interrupção da prescrição?

A resposta é negativa.

Conquanto o Código tenha inovado na possibilidade de múltiplas ações em torno de uma mesma matéria, é evidente que a parte não terá acesso a dois bens da vida simultaneamente, tendo de desistir de uma ou de outra ação, de acordo com os desdobramentos. Poderá usar a figura do sobrestamento da ação, se lhe convier, mas jamais concorrer nas duas liquidações. Portanto, pode acontecer de deixar passar um ou dois anos antes de se decidir pela ação individual que, ainda assim, o devedor já foi posto em mora, não poderá alegar surpresa e não colherá vantagens do fluxo da prescrição.

E se o autor da ação coletiva for o Ministério Público do Trabalho?

Neste caso, não é correto falar-se em substituição processual, por óbvio, mas não se deve ignorar a interrupção da prescrição, pois os fundamentos continuam idênticos aos da ação ajuizada pela entidade sindical. É bem provável que o campo de atuação do Ministério Público do Trabalho seja mais restrito neste particular, pois as ações poderão versar sobre o meio ambiente de trabalho e sobre o combate ao uso de cooperativas fraudulentas, mas não sobre diferenças salariais deste ou daquele grupo de trabalhadores, ao menos de acordo com a posição majoritária hoje encontrada nos tribunais. Nem por isso, porém, deixará de ter papel relevante no cálculo da prescrição. Afinal, sua petição inicial terá semelhante impacto junto ao empregador para os fins de questionamento jurídico, requisição de providências e exibição de documentos e demais meios de prova.

Seria contraditório fazer variar a interrupção da prescrição de acordo com a entidade autorizada ao ajuizamento da demanda, até porque o art. 203 do Código Civil Brasileiro de 2002 contém regra bastante oportuna para a resolução desse dilema: "A prescrição pode ser interrompida por qualquer interessado". Eis a inteligência singela e eficaz do artigo.

Tema mais complexo, porém, reside na interrupção da prescrição quando os entes coletivos ou o Ministério Público do Trabalho chamam o devedor para *formas extrajudiciais de solução de conflito*, como uma simples mesa redonda, uma negociação coletiva, procedimentos de mediação e arbitragem ou, no caso do *parquet*, o termo de ajustamento de conduta. Não se poderá aplicar o art. 202, I, pois citação judicial (ou distribuição, no processo do trabalho) não haverá. Terão esses mecanismos a capacidade de interromper o prazo prescricional?

Os céticos responderão negativamente, sob o singelo argumento de que, quando o legislador quis conceder algum favor legal aos meios extrajudiciais de solução de conflitos em face da prescrição, fê-lo de forma expressa, como no caso da suspensão do prazo perante a Comissão de Conciliação Prévia (art. 625-G da CLT, fruto da Lei n. 9.958/2000).

Olvidam-se, contudo, do inciso VI do art. 202 ("por qualquer ato inequívoco, ainda que extrajudicial, que importe reconhecimento do direito pelo devedor").

Sabe-se que no direito italiano a interrupção pode efetivamente ser extrajudicial, com a única exigência de que seja utilizado mecanismo capaz de colocar o devedor em mora, como explica *Luisa Riva Sanseverino*(11). Situação parecida já se verificou no Brasil, mas apenas com relação ao antigo Departamento Estadual do Trabalho (DET), sob o regime do Decreto-lei n. 1.237, de 2 de maio de 1939, como explicam *Wilson Campos Batalha* e *Sílvia Rodrigues Netto*(12). No mais, raras são as hipóteses de interrupção da prescrição por ato extrajudicial.

A dificuldade decorre da exigência, pelo inciso VI, da *participação do devedor na interrupção*. Assim, será ineficaz uma simples correspondência enviada pelo credor, ainda que sob a forma de uma notificação extrajudicial, se o devedor ficar em silêncio ou não concordar com a negociação. Porém, a eficácia surge a partir do instante em que o devedor, de alguma maneira, sinalizar favoravelmente ao pleito do credor, dando início a negociações ou até mesmo reconhecendo e quitando a dívida, no todo ou em parte. É considerada, assim, uma forma de *interrupção recognitiva*, em contraposição às formas comuns de *interrupção interpelativa* das hipóteses anteriores.

Colhem-se na doutrina as seguintes hipóteses de reconhecimento expresso do devedor, capazes de interromper a prescrição: a) pagamento de juros; b) atribuição de uma garantia; c) cumprimento de uma prestação, salvo quando se declara simultaneamente que não se considera devedor da parte restante; d) pedido de prorrogação de prazo; e) sob

(11) SANSEVERINO, Luisa Riva. *Curso de direito do trabalho*. Tradução de Elson Guimarães Gottschalk. São Paulo: LTr, 1976, p. 420.
(12) BATALHA, Wilson de Souza Campos; NETTO, Sílvia M. L. Batalha de Rodrigues. *Prescrição e decadência no direito do trabalho*. São Paulo: LTr, 1996, p. 34.

certas circunstâncias, a descrição da dívida em inventário ou em balanço de pagamentos, inclusive do falido[13].

Bem se observa a existência de um ponto comum entre as situações supra, representado pela iniciativa do próprio devedor no reconhecimento da pendência e sua disposição de solvê-la. Em se tratando de créditos resultantes da relação de emprego, não raro se faz necessária a decomposição de cada uma das parcelas, pois o empregador pode aceitar negociar, digamos, diferenças de uma Participação nos Lucros e Resultados convencionada, mas não as diferenças do fundo de garantia. Logo, como sempre acontece no assunto da prescrição, podemos ter a prescrição interrompida para aquela primeira matéria e não a ter para esse segundo tópico. Nada fora do comum.

A dificuldade, porém, será maior se, dentro de um mesmo assunto, o empregador reconhecer apenas alguns aspectos. Tome-se o tema das férias como exemplo. São tantos os contornos desse direito do trabalhador que será muito remota a possibilidade de uma interrupção abranger todo o instituto. O empregador pode reconhecer que demorou na concessão das férias para o empregado, deixando escoar o período concessivo e atraindo a incidência da dobra do pagamento (art. 137 da CLT), mas, simultaneamente, não concordar com o cálculo da média de remuneração variável para os reflexos nas férias. Da mesma forma, pode haver divergência se a dobra será sobre trinta dias ou sobre uma quantia menor, caso tenha havido adiantamento de um período ou ausências injustificadas do trabalhador ao longo do período aquisitivo (art. 130 da CLT). Por fim, penderão divergências sobre a aplicação do terço constitucional de acréscimo, sobre a conversão de um terço das férias em pecúnia, sobre a antecedência de comunicação e de pagamento, dentre outras variações em torno do mesmo tema[14]. Qual a abrangência desta interrupção, então?

Ousamos afirmar que a interrupção terá apenas a medida do reconhecimento pelo devedor. Semelhante restrição se impõe pela própria natureza do caráter recognitivo desse tipo de interrupção, acima mencionado, formulado para facilitar a situação do credor.

---

(13) LIMA, Pires de; VARELA, Antunes. *Código Civil anotado*, v. 1, 4. ed. Coimbra: Coimbra, 1987, p. 292.

(14) E, ainda, vale lembrar que "nem todos aqueles que reconhecem a existência da uma dívida reconhecem simultaneamente sua obrigação, elementos que, como se sabe, podem caminhar separadamente", como tivemos a oportunidade de destacar em obra anterior. SILVA, Homero Batista Mateus da. *Estudo crítico da prescrição trabalhista*. São Paulo: LTr, 2004.

Em tese, o credor não precisa se precipitar na busca pela prestação jurisdicional, se seus esforços de tentativa amigável de composição ou se os mecanismos extrajudiciais de solução de conflito começaram a produzir efeitos — eis o sentido mais preciso de se estipular uma interrupção prescricional pelo comportamento do devedor, alçado ao patamar de dispositivo do direito civil.

Logo, se o comportamento do devedor é recognitivo apenas em parte das aspirações do credor e se o credor se dá conta de que a situação caminha para o desfecho indesejado, é mais do que clara a necessidade de se buscar a prestação jurisdicional e não se permitirem o artifício e a malícia do devedor.

Postas estas premissas, não fica difícil imaginar a aplicação do art. 202, VI, do Código Civil Brasileiro de 2002, para fins de interrupção de prescrição, quando o devedor comparecer a uma entidade sindical ou ao próprio Ministério Público do Trabalho para "negociar" suas pendências ("por qualquer ato inequívoco, ainda que extrajudicial, que importe reconhecimento do direito pelo devedor"). Enfrentemos as hipóteses.

A única forma de se reduzir o valor dos salários no atual ordenamento brasileiro é a negociação coletiva, desaguada em Convenção Coletiva ou Acordo Coletivo (art. 7º, VI, Constituição Federal de 1988). Um empregador em crise financeira aguda pode procurar uma entidade sindical para a tentativa de negociação em torno da redução salarial e simultaneamente reconhecer que está em mora no pagamento do décimo terceiro salário do ano anterior e dos salários dos últimos dois meses. Propõe pagamento parcelado, redução de alguns valores e garantia de emprego por seis meses. Trata-se de negociação relativamente comum nas entidades sindicais mais atuantes, ante o quadro de grande instabilidade econômica nacional. Por que não se poderá, então, afirmar que o empregador, reconhecendo a dívida, inutilizou o prazo prescricional que vinha fluindo? A aplicação da inteligência do art. 202, VI, do Código Civil Brasileiro de 2002, é medida que se impõe.

Em que data, então, será retomada a contagem do prazo?

Do dia seguinte ao do ato inequívoco de reconhecimento da dívida pelo devedor, pensamos. O inciso VI, não cuidando de matéria processual, não desfruta a vantagem de proporcionar uma suspensão do prazo logo após a interrupção. Assim acontece com os casos de interrupção processual (inciso I), graças ao benefício do parágrafo único do art. 202, segundo o qual "prescrição interrompida recomeça a correr da data do ato que a interrompeu, ou do último ato do processo para a interromper". Embora não seja mencionado expressamente, mas a situação se assemelha à ocorrência de uma suspensão dentro da interrupção. As demais formas de suspensão são consideradas instantâneas ou únicas. A interrupção via citação processual (distribuição, no processo do trabalho) tem a peculiaridade de se prolongar no tempo, enquanto perdurar a relação processual. Como preferem alguns, é como se a cada dia ocorresse uma nova interrupção pelos atos e prazos processuais(15). Como o ato extrajudicial não está atrelado a uma sucessão de procedimentos formais, a interrupção é meramente instantânea. No dia seguinte, eis o prazo novamente a fluir.

No caso específico do procedimento de arbitragem facultativa, o efeito interruptivo reclama que o devedor expressamente concorde com a necessidade da solução. A arbitragem em geral pressupõe o consenso das partes ao menos na escolha dos árbitros e na fixação dos temas controvertidos, exceto em se tratando de uma situação de arbitragem obrigatória, de rara utilização no ordenamento brasileiro, conquanto prevista pela própria Organização Internacional do Trabalho para situações aflitivas.

É inegável a dificuldade de se adaptar o sistema arbitral ao direito individual do trabalho, em que a marca da subordinação jurídica do empregado em face do empregador certamente influenciará na liberdade de escolha e na assunção de cláusula compromissória ou de compromisso arbitral. Some-se a isso o fato de que, muito embora os créditos da relação de emprego não sejam indisponíveis no sentido civil da expressão, são regidos pelo princípio da irrenunciabilidade, especialmente no plano extrajudicial. Ainda assim, parece oportuno tratar da matéria da influência da arbitragem sobre a prescrição trabalhista, porque o art. 114 da Constituição Federal de 1988 fixa a arbitragem como uma forma desejada de solução de conflito *no plano coletivo* e, de fato, sua repercussão pode chegar facilmente ao plano individual — mesmo que, repita-se, não se trate de uma arbitragem individual em sentido estrito.

Sabe-se que o art. 324 do Código Civil de Portugal contém disposição expressa em prol da interrupção do prazo prescricional em sede de

(15) O Código Suíço das Obrigações resolveu a questão de maneira criativa ao instituir o regime das interrupções sucessivas da prescrição — arts. 137 e 138 —, através do qual cada ato praticado no processo equivale a uma nova interrupção, de tal forma que entre dois atos processuais não poderá mediar mais tempo do que aquele correspondente à prescrição da pretensão original.

simples arbitragem extrajudicial. Não contamos com semelhante dispositivo, mas, com apoio no sempre mencionado inciso VI, podemos concluir favoravelmente à interrupção provocada pelo procedimento arbitral pelos seguintes fundamentos: a) os entes coletivos demonstraram o interesse em ver resolvida a pendência, independentemente dos meios empregados, e quebram o estado de inércia sobre o tema; b) a tomada do compromisso arbitral representa ato inequívoco do devedor na solução da controvérsia; c) o comportamento do empregador será, em larga medida, recognitivo da obrigação, ao menos quanto ao natural reconhecimento que ele apontará para a decisão dos árbitros. Semelhantes foram as conclusões de *Francisco Gonçalves Neto*[16] e *Brenno Fischer* (para quem a interrupção somente advirá se o juízo arbitral estiver assinado e com efetiva dedução dos direitos perante o árbitro)[17].

Portanto, é bastante razoável que se vislumbre a interrupção de prescrição individual no direito do trabalho através da atuação dos entes coletivos, seja nos procedimentos judiciais, como as ações coletivas em geral, seja nos procedimentos extrajudiciais, como nas negociações coletivas, nos termos de ajustamento de conduta, nas mediações e nas arbitragens.

A interrupção pelos processo coletivos se fundamenta tranqüilamente no art. 202, I, do Código Civil Brasileiro de 2002, combinado com o art. 203 (qualquer interessado), ao passo que a interrupção pelos procedimentos extrajudiciais encontra sua força no art. 202, VI, desde que haja comportamento favorável por parte do devedor.

E se, contudo, a ação coletiva vier a ser extinta, sem julgamento de mérito? A questão está longe de ser simples.

Em princípio, o Código Civil Brasileiro de 2002 não cogitou do destino da ação para a convalidação da interrupção da prescrição. O art. 202, I, é bastante enfático ao atribuir os efeitos interruptivos para a simples citação judicial (distribuição, no processo do trabalho), sem se importar se houve o correto preenchimento das condições da ação ou se haverá sentença favorável à pretensão do autor. Nem poderia ser diferente, em se tratando de simples esforço para demonstrar a saída da inércia por parte do credor.

---

(16) GONÇALVES NETO, Francisco. "Arbitragem e prescrição". *LTr: Legislação do Trabalho. Suplemento trabalhista.* São Paulo, n. 117, p. 535-539, 2002.

(17) FISCHER, Brenno. *A prescrição nos tribunais.* Rio de Janeiro: José Konfino, 1957, p. 244.

Intrigante, porém, foi o lançamento de uma breve ressalva no texto do inciso I (que já existia à época do Código Civil Brasileiro de 1916), no sentido de que a interrupção será verificada mesmo que a citação seja determinada por *Juiz incompetente* (em razão da matéria, da hierarquia ou do local, aduzimos).

Houve quem enxergasse na advertência um efeito contrário. Diz-se que, tendo o inciso I ressalvado apenas a hipótese de citação ordenada por Juiz incompetente, retirou o efeito interruptivo de todos os demais casos em que a citação foi ordenada e o processo veio a ser extinto, por suspeição, impedimento, falta de pressupostos processuais e condições da ação. O argumento parece exagerado, mas chegou a dominar parte expressiva da doutrina à época da entrada em vigor do Código de 1916, como aprendemos com *Brenno Fischer*, para quem

> o art. 172, I [do Código Civil de 1916], abriu uma única exceção quando ressalvou a citação operada por juiz incompetente. Se, portanto, considerou que nessa citação, apesar de nulo o processo, o efeito interruptivo da citação perdura, implicitamente se reconheceu que em todos os outros casos de processos nulos a citação válida perderá sua eficácia interruptiva(18).

Não podemos concordar com o argumento. Evidentemente o legislador houve por bem citar a hipótese mais radical de interrupção da prescrição em processo viciado, para demonstrar que as hipóteses menos graves, de extinção futura do feito, terão o mesmo efeito interruptivo. É curioso conhecer, a propósito, o art. 2247 do Código Civil da França, que afasta efetivamente a interrupção da prescrição em casos de extinção do feito, sem julgamento de mérito, mas apenas se forem verificadas situações específicas como a desistência e a perempção.

Daí por que, uma vez sustentada a tese de que a interrupção da prescrição será aperfeiçoada pela entidade sindical em sede de ação coletiva, pouco importa o destino do processo. Mesmo em casos de extinção por ilegitimidade de parte, por não se concordar com a substituição processual ou por não se preencherem todos os pressupostos processuais, ainda assim a citação do devedor terá produzido ao menos o efeito sempre repetido de quebra do estado de inércia e de alerta para o devedor.

---

(18) FISCHER, Brenno. *A prescrição nos tribunais*. Rio de Janeiro: José Konfino, 1957, p. 162.

Reforça esse entendimento o fato de que, como já mencionado, o art. 203 admite a interrupção da prescrição por "qualquer interessado", ou seja, o conceitos de legitimidade de parte e de legitimação extraordinária são irrelevantes para os fins da interrupção da prescrição, mostrando-se a norma mais generosa quanto aos entes autorizados à interrupção do prazo.

A única hipótese que podemos vislumbrar de não interrupção da prescrição mesmo depois de citado o réu é aquela em que o autor insiste em não juntar procuração aos autos e não regulariza a representação processual. Isso decorre não da situação em si — não muito diferente da extinção do feito, sem julgamento de mérito, por outros defeitos de constituição e de desenvolvimento válido do processo — mas apenas pela ênfase dada pelo art. 37 do Código de Processo Civil.

Na oportunidade, o art. 37 consagrou uma situação inusitada no sentido de que, tendo o interessado invocado caráter de urgência para dispensar a procuração, deixou de suprir a lacuna com o passar do tempo. É como se o cliente não estivesse de acordo com o ato do advogado nem ao menos ciente da prática. Somente por este raciocínio é que se pode entender por que razão o Código de Processo Civil foi tão severo com a hipótese — lançando-a no rol dos *atos inexistentes*.

Sendo o ato inexistente, não se pode tolerar que produza alguns efeitos. Curiosamente, a perda da eficácia interruptiva da prescrição decorreu, assim, de disposição do Código de Processo Civil e não do Código Civil. Logo, não se deve confundir o ato processual reformado ou anulado com o ato processual inexistente. Semelhante foi a conclusão de *Ferreira Prunes*(19).

Por fim, coloquemos um grão de sal no tema da interrupção da prescrição (via ação coletiva ou via negociação extrajudicial) para indagar qual a conseqüência de o devedor ser citado ou praticar ato inequívoco de reconhecimento da dívida *após o escoamento do prazo prescricional*.

Isso pode bem acontecer quando o sindicato ou o Ministério Público do Trabalho chamarem o empregador para a discussão de determinados assuntos e, em meio ao rol de trabalhadores, figurar um que já tenha sido desligado da empresa há mais do que dois anos. Não será rara a hipótese de que um ou outro caso passem despercebidos dos negociado-

---

(19) PRUNES, José Luiz Ferreira. "Aspectos da prescrição em ação trabalhista proposta por advogado sem procuração". *Jornal Trabalhista*, Brasília, n. 682, p. 1.112, out. 1997.

res, a tal ponto que uma parcela salarial ou indenizatória seja pactuada mesmo para aquele contrato de trabalho rompido muito tempo atrás.

Tecnicamente não se pode falar em interrupção de prazo, se este já acabou. Na hipótese, a prescrição se operou e não se discute mais uma forma de se alterar seu fluxo. O que acontece, entretanto, é que o Código Civil Brasileiro de 2002 contempla a possibilidade da *renúncia* à prescrição consumada. Se, por exemplo, o empregador reconhecer uma dívida extrajudicialmente e firmar um compromisso arbitral *depois de consumada a prescrição*, estaremos diante de um caso de renúncia tácita, tal como, aliás, quando ele deixa de invocar a prescrição em sede de contestação judicial. Seu gesto (aceitar se submeter à decisão de árbitros, mesmo escoado o prazo prescricional) será incompatível com a invocação da prescrição posteriormente[20].

Antes as premissas acima destacadas, permitimo-nos conclamar os operadores do direito a considerar interrompidos os prazos prescricionais atribuídos aos trabalhadores individualmente considerados, quando as questões houverem sido submetidas previamente ao Judiciário através de ações coletivas em geral (ação civil pública, ação civil coletiva, ação de defesa de interesses difusos, coletivos ou individuais homogêneos), por qualquer interessado (órgãos da estrutura sindical ou representativo de trabalhadores, grupos de trabalhadores, Ministério Público do Trabalho), ou mesmo que, contando com expressa concordância do devedor, tenham sido previamente debatidas em mecanismos extrajudiciais de solução de conflitos (negociações coletivas, procedimentos de mediação e arbitragem, termo de ajustamento de conduta do Ministério Público do Trabalho, dentre outros).

Trata-se da forma mais harmônica e razoável de se atenderem simultaneamente os anseios do instituto da prescrição, que não deixa de ser uma forma extraordinária de extinção das obrigações, e os fundamentos dos meios de interrupção da fluência de seus prazos, de que cuidam os artigos 202 e 203 do Código Civil Brasileiro de 2002.

(20) Essa conclusão aparece com destaque na obra de Câmara Leal, por ser o autor partidário da tese de que a prescrição se consuma pelo simples escoar do tempo, independente de sua declaração em Juízo. LEAL, Antônio Luis Câmara. *Da prescrição e da decadência*. Rio de Janeiro: Forense, 1939.

Tutela de urgência em Ação Civil Pública no Direito Processual do Trabalho

Carlos Henrique Bezerra Leite(*)

1. Introdução

A globalização econômica implicou o surgimento de uma sociedade de massa. Há degradação ambiental em massa, produção em massa, distribuição em massa, consumo em massa.

Nos domínios dos direitos sociais trabalhistas, a mudança do modelo *fordista* para um modelo *toyotista* de produção e distribuição de bens e serviços repercutiu, em virtude da automação, robotização, flexibilização, terceirização etc., de maneira drástica nas relações de trabalho. Há, pois, degradação em massa dos direitos sociais fundamentais trabalhistas.

Com a promulgação da Constituição Federal de 1988, que assegura o acesso — individual e metaindividual — ao Poder Judiciário, tanto nas lesões quanto nas ameaças a direito (art. 5º, XXXV), o legislador constituinte reconheceu, definitivamente, a necessidade de se buscar novos meios que pudessem tornar o processo mais ágil e útil à sociedade de massa, como a dos nossos dias, evitando, assim, a prestação jurisdicional intempestiva, o que foi reforçado pela Emenda Constitucional n. 45/2004 que introduziu o princípio da duração razoável do processo.

Para assegurar a defesa dos direitos ou interesses metaindividuais, a Carta de Outubro ofertou a ação civil pública, "para a proteção do patrimônio público e social, do meio ambiente e de outros interesses difusos e coletivos" (art. 129, III).

Todavia, com o escopo de evitar os efeitos deletérios que o tempo pode causar ao processo (instrumento) e ao seu conteúdo (direitos fun-

---

(*) Procurador Regional do Ministério Público do Trabalho. Mestre e Doutor em Direito pela PUC/SP. Professor Adjunto de Direito do Trabalho e Direitos Humanos da UFES. Membro da Academia Nacional de Direito do Trabalho.

damentais nele veiculados), o ordenamento jurídico brasileiro brindou-nos com a tutela de urgência.

No plano infraconstitucional, a ação civil pública está disciplinada na Lei n. 7.347/85, com as alterações que lhe foram impostas pela própria Constituição (art. 129, III) e pelo Código de Defesa do Consumidor (Lei n. 8.078/90), prevê duas hipóteses de tutela de urgência que podem ser concedidas em ação cautelar ou nos próprios autos desta espécie de ação coletiva.

O presente estudo tem por escopo analisar a tutela de urgência e sua aplicabilidade na ação civil pública no direito processual do trabalho brasileiro. Para tanto, buscar-se-á, sem a pretensão de esgotar a temática pertinente, responder às seguintes indagações: O que é tutela de urgência? Qual o seu fundamento constitucional? É possível a tutela de urgência na ação civil pública? Que é tutela de urgência cautelar e tutela de urgência antecipatória? Quais os requisitos para a concessão da tutela de urgência? É possível a tutela de urgência *ex officio*? Existe uma jurisdição trabalhista coletiva para tutelar interesses metaindividuais? Qual a natureza jurídica dos provimentos cautelares e antecipatórios possíveis em ação civil pública? Tais provimentos são compatíveis com o processo do trabalho? Os requisitos para a antecipação da tutela nas ações coletivas são idênticos aos da tutela antecipada prevista nos arts. 273 e 461 do CPC? É possível a antecipação de tutela *ex officio*? Qual o recurso cabível da decisão que defere ou indefere a tutela antecipada? É cabível suspensão da liminar concedida em ação civil pública? É possível aplicar a regra da fungibilidade em tema de tutela de urgência em ação civil pública?

2. A jurisdição trabalhista e o acesso coletivo à justiça

A **jurisdição trabalhista** durante muitos anos foi exercida por meio de dois sistemas: o **primeiro**, destinado aos tradicionais **dissídios individuais**; o **segundo**, voltado para os **dissídios coletivos de trabalho**, nos quais se busca, por intermédio do Poder Normativo, a criação (ou interpretação) de normas trabalhistas coletivas destinadas aos grupos sociais representados pelas partes que figuram em tal espécie de processo coletivo (CF, art. 114, § 2º).

Todavia, o surgimento de novos conflitos de massa no mundo do trabalho exige uma nova postura dos juristas e operadores do direito processual trabalhista, diversa da adotada nas lides individuais e no "velho" dissídio coletivo.

Essa nova postura há de ter como norte a efetivação do moderno sistema de acesso metaindividual, não apenas ao aparelho judiciário e à democratização das suas decisões, mas, sobretudo, a uma ordem jurídica justa.

Com a vigência da Constituição de 1988, do CDC, que deu nova redação ao art. 1º, inciso IV da LACP, alargando o espectro tutelar da ação civil pública, e da LOMPU (Lei Complementar n. 75/93, art. 83, III c/c art. 6º, VII, *a* e *d*), que acabou com a antiga polêmica a respeito da competência da Justiça do Trabalho para a referida ação coletiva, não há mais dúvida de que a jurisdição trabalhista passa a abarcar um **terceiro sistema**, que é o vocacionado à **tutela preventiva** ou **reparatória dos direitos ou interesses metaindividuais**, a saber: os difusos, os coletivos *stricto sensu* e os individuais homogêneos. O fundamento desse novo sistema de acesso coletivo ao judiciário trabalhista repousa nos princípios constitucionais da indeclinabilidade da jurisdição (CF, art. 5º, XXXV) e do devido processo legal (*idem*, incisos LIV e LV), pois, como bem observa *Marcelo Abelha Rodrigues*,

"tratar-se-ia de, por certo, se assim fosse, uma hedionda forma de inconstitucionalidade, na medida em que impede o acesso efetivo à justiça e fere, em todos os sentidos, o direito processual do devido processo legal. Isto porque, falar-se em devido processo legal, em sede de direitos coletivos *lato sensu*, é, inexoravelmente, fazer menção ao sistema integrado de tutela processual trazido pelo CDC (Lei n. 8.078/90) e LACP (Lei n. 7.347/85)".[1]

Para implementar essa nova "**jurisdição civil coletiva**"[2], portanto, é condição *sine qua non* observar, aprioristicamente, o sistema integrado de tutela coletiva instituído conjuntamente pela LACP (art. 21) e pelo CDC (arts. 83 e 90). Noutro falar, somente na hipótese de lacunosidade do sistema integrado de acesso coletivo à justiça (LACP e CDC), aí, sim, poderá o juiz do trabalho socorrer-se da aplicação supletória da CLT, do CPC e de outros diplomas normativos pertinentes.

Como se sabe, é no terceiro sistema que reside o grande entrave à efetivação da tutela coletiva dos direitos metaindividuais trabalhistas. Para

(1) *Elementos de direito processual civil*, V. 1, p. 73.

(2) FIORILLO, Celso Antônio Pacheco. *Direito processual ambiental brasileiro*, p. 98-114.

operacionalizá-lo, é preciso uma mudança cultural dos juízes e procuradores do trabalho, bem como dos sindicalistas e demais operadores do direito laboral, pois a realização do acesso coletivo à justiça exige, sobretudo, um "pensar coletivo".

Assim, dada a inexistência de norma legal que trate especificamente da ação civil pública no âmbito da Justiça do Trabalho, implica que tanto as regras de direito material quanto as de direito processual contidas na LACP e no CDC devem ser observadas em primeiro lugar. A não adoção dessa sistemática pelo juiz do trabalho importa negativa de vigência aos referidos dispositivos da lei que estabelece a legitimidade do Ministério Público do Trabalho para a ação civil pública no âmbito da Justiça do Trabalho (LOMPU, art. 83, III, c/c art. 6º, VII, *a* e *b*) e, o que é mais grave, maltrata os princípios constitucionais que asseguram o efetivo acesso (coletivo) à justiça.

3. A cognição nas tutelas diferenciadas

Já advertia *Chiovenda* que "na medida do que for praticamente possível o processo deve proporcionar a quem tem um direito tudo aquilo e precisamente aquilo que ele tem o direito de receber"(3).

Recepcionando o ensinamento do mestre peninsular, podemos dizer que o nosso sistema de direito processual prevê para cada tipo de situação de direito processual ou material tutela jurisdicional *adequada*. A rigor, o que torna tal tutela em diferenciada é, na verdade, o *procedimento* a ser adotado em cada caso.

Com razão *José Roberto dos Santos Bedaque*, ao lecionar:

> "Quanto mais tivermos procedimentos adequados às especificidades da tutela pleiteada, mais próximos estaremos da justiça substancial, isto é, mais o direito processual se aproxima do direito material, com vista a assegurar, com eficiência, a efetividade deste. Embora instrumento, o processo constitui importantíssimo fator no desenvolvimento das relações substanciais."(4)

Kazuo Watanabe(5) já lembrava que a cognição, como ato de inteligência do magistrado, desenvolve-se em dois planos distintos: o *hori-*

---

(3) *Apud* VIGLIAR, José Marcelo Menezes. *Ação civil pública*, p. 63.
(4) *Direito e processo*, p. 68.
(5) *Cognição no processo civil*, p. 58 *et seq.*

zontal (correspondente à sua amplitude) e o *vertical* (relacionado à sua profundidade).

No plano vertical, a cognição pode ser *sumária* ou *exauriente*, desde que implique solução parcial ou definitiva dos conflitos, sendo certo que somente esta última subespécie poderá propiciar à decisão judicial a característica da coisa julgada material.

Já no plano horizontal, temos que a cognição de *extensão plena* ou de *extensão limitada*, à luz do exame das questões concernentes aos pressupostos processuais, condições da ação e mérito, seja realizada sem restrições, com a aplicação plena do contraditório, da ampla defesa, com total dilação probatória.

Na concessão das tutelas jurisdicionais diferenciadas, portanto, ocorre a união de cognições horizontais e verticais, tendo em vista a abrangência que elas possuem.

4. Fundamentos da tutela de urgência

A tutela de urgência encontra fundamentos nos planos constitucional e infraconstitucional.

No rol dos direitos e garantias fundamentais que habitam o art. 5º da Constituição da República colhemos normas principiológicas (XXXV e LIV) que visam propiciar o acesso à justiça nos casos de lesão ou **ameaça a direitos** (ou interesses individuais, sociais, difusos ou coletivos) e as que asseguram o devido processo legal (individual ou metaindividual).

Por força da EC 45/2004, outro princípio (art. 5º, LXXVIII) passou a integrar o elenco dos direitos fundamentais, a saber: o que assegura a todos, no âmbito judicial e administrativo, "a razoável duração do processo e os meios que garantam a celeridade de sua tramitação".

Destarte, se a ação civil pública é uma garantia constitucionalmente assegurada ao Ministério Público e a outros entes coletivos (CF, art. 129, III, § 1º) para a promoção da defesa dos interesses metaindividuais, pode-se dizer que a tutela de urgência nela veiculada (ou no processo cautelar correspondente) encontra fundamento no princípio da máxima efetividade das normas constitucionais, o que exige do intérprete e aplicador do direito dar-lhe rendimento processual máximo.[6]

---

(6) FERNANDES, Iara de Toledo. Tutela de urgência na ação civil pública. *In:* MAZZEI, Rodrigo; NOLASCO, Rita Dias. *Processo civil coletivo*. São Paulo: Quartier Latin, 2005, p. 351.

No plano infraconstitucional, o fundamento da tutela de urgência em ação civil pública encontra residência nos arts. 4º e 11 da Lei n. 7.347/85, que tratam, respectivamente, da tutela de urgência cautelar ou tutela de urgência antecipatória de mérito.

Com efeito, diz o art. 4º da Lei n. 7.347/85, com redação dada pela Lei n. 10.257, de 10.07.2001 (DOU 11.07.2001), *in verbis*:

"Poderá ser ajuizada ação cautelar para os fins desta Lei, objetivando, inclusive, evitar o dano ao meio ambiente, ao consumidor, à ordem urbanística ou aos bens e direitos de valor artístico, estético, histórico, turístico e paisagístico (VETADO). (NR)".[7]

Já o art. 12 da referida lei, permite ao juiz "conceder mandado liminar, com ou sem justificação prévia, em decisão sujeita a agravo".

Vê-se, pois, que a tutela de urgência visa tornar imune o processo (instrumento) ou o seu conteúdo (direito material) dos efeitos danosos que o tempo causa à tempestiva prestação jurisdicional.

Pode-se dizer, portanto, que a tutela de urgência corresponde a um conjunto de técnicas processuais que devem ser prontas e rápidas, sob pena de se tornarem inúteis.[8]

5. Tutelas de urgência em ação civil pública

Há, pois, duas modalidades de tutela de urgência expressamente previstas na LACP (Lei de Ação Civil Pública).

A primeira pode ser implementada por meio de medidas cautelares no bojo de ação cautelar (LACP, art. 4º).

Já a segunda espécie de tutela de urgência é feita por intermédio de medida liminar (LACP, art. 12), que é uma espécie do provimento antecipatório de mérito.

Os pontos comuns entre ambas são, basicamente, a sumariedade cognitiva, a provisoriedade da tutela e a urgência de sua expedição.

Procuraremos doravante esboçar os pontos distintivos entre essas duas modalidades de tutela de urgência.

---

(7) Nota: Assim dispunha o artigo alterado: "Art. 4º Poderá ser ajuizada ação cautelar para os fins desta Lei, objetivando, inclusive, evitar o dano ao meio ambiente, ao consumidor, aos bens e direitos de valor artístico, estético, histórico, turístico e paisagístico (vetado)."

(8) RODRIGUES, Marcelo Abelha. *Ação civil pública e meio ambiente*, p. 150.

6. Tutela de urgência cautelar

É imperioso advertir, de início, que o art. 4º da Lei n. 7.347/85, com redação dada pela Lei n. 10.257, de 10.07.2001, há de ser interpretado extensiva, e não literalmente.

Com efeito, a ação civil pública cautelar (e a tutela de urgência nela postulada) tem por objetivo não apenas **evitar dano** ao meio ambiente, ao consumidor, à ordem urbanística ou aos bens e direitos de valor artístico, estético, histórico, turístico e paisagístico, mas, também, a qualquer outro interesse difuso, coletivo ou individual homogêneo.

A assertiva decorre não apenas da previsão inserta no art. 129, III, da CF, que recepcionou quantitativa e qualitativamente o objeto da ação civil pública, e do inciso IV do art. 1º da LACP, como também pela aplicação da regra de abertura do art. 21 da própria LACP.

Outra advertência importante repousa na necessidade de interpretação extensiva, sistemática e teleológica do art. 83, III, da Lei Complementar n. 75/9, também chamada de LOMPU — Lei Orgânica do Ministério Público da União, cuja literalidade conduziria o intérprete menos atento à ilação de que somente os direitos sociais constitucionalmente assegurados seriam tutelados pela ação civil pública no âmbito da Justiça do Trabalho.

Na verdade, tal norma há de adequar-se ao sistema de acesso metaindividual à justiça, propiciando, assim, a máxima efetividade das normas constitucionais, como já sublinhamos no item 2 *supra*.

Em suma, a tutela de urgência cautelar tem por escopo evitar dano a quaisquer interesses difusos, coletivos ou individuais homogêneos que constituem (ou constituirão) objeto de proteção em outro processo coletivo.

Para a concessão da tutela de urgência cautelar é preciso a existência de uma ação cautelar, que poderá ser preparatória ou incidental à ação civil pública, cabendo ao autor demonstrar os requisitos do *fumus boni iuris* e do *periculum in mora*, por aplicação subsidiária do processo cautelar do CPC (arts. 796 *et seq.*) autorizada pelo art. 19 da LACP.

A tutela de urgência cautelar visa, portanto, assegurar, em sede de ação cautelar, o resultado prático do processo instaurado pela ação civil pública, dita principal.

É o que se infere do art. 5º da LACP (com redação dada pela Lei n. 8.884, de 11.06.1994), segundo o qual a "ação principal e a cautelar poderão ser propostas pelo Ministério Público, pela União, pelos Estados e Municípios. Poderão também ser propostas por autarquia, empresa pública, fundação, sociedade de economia mista ou por associação que: I — esteja constituída há pelo menos 1 (um) ano, nos termos da lei civil; II — inclua entre suas finalidades institucionais a proteção ao meio ambiente, ao consumidor, à ordem econômica, à livre concorrência, ou ao patrimônio artístico, estético, histórico, turístico e paisagístico".

Nos sítios do processo do trabalho, têm legitimidade *ad causam* para ajuizar a ação cautelar e requerer tutela de urgência cautelar em defesa dos interesses metaindividuais dos trabalhadores o MPT e os sindicatos, sendo que quanto a estes, a nosso ver, não há obrigatoriedade de atendimento aos requisitos dos incisos I e II do art. 5º da LACP, tendo em vista o disposto no § 1º do art. 129 e no inciso III do art. 8º, ambos da CF.

7. Tutela de urgência antecipatória

A tutela antecipada, quando concedida, proporciona antes da decisão definitiva e no mesmo processo em que é solicitada o próprio bem da vida afirmado pelo autor na petição inicial.

Não há confundir natureza jurídica do ato antecipador da tutela com a natureza jurídica da própria tutela. Aquela leva em conta os tipos de atos, ou melhor, provimentos que o juiz pode proferir no processo, segundo a dicção do art. 162 do CPC, a saber: sentença, decisão interlocutória e despachos. Esta guarda relação com classificação da sentença à luz da providência jurisdicional solicitada pelo autor na petição inicial.

No primeiro caso parece não haver grandes divergências a respeito da tipificação de decisão interlocutória do ato judicial que antecipa a tutela. Tanto é assim que o art. 12 da LACP prescreve que "poderá o juiz conceder mandado liminar, com ou sem justificação prévia, em decisão sujeita a agravo". Ora, nem a sentença, muito menos os despachos, podem ser objeto dessa modalidade recursal. Daí por que não hesitamos em dizer que a decisão que impõe ao juiz o poder-dever de conceder o "mandado liminar" nas ações coletivas é tipicamente interlocutória.

Sabe-se que no processo do trabalho as decisões interlocutórias não são recorríveis de imediato, razão pela qual a parte que suporta os efeitos da tutela antecipada prevista no art. 12 da LACP deverá aguardar a decisão final para poder manifestar sua irresignação contra aquele ato decisório. Disso resulta que, em situações excepcionais nas quais a decisão antecipatória possa traduzir violação a direito líquido e certo, poderá a parte, em tese, impetrar mandado de segurança. Diz-se a parte, porquanto o *mandamus* poderá ser manejado pelo autor ou pelo réu, tanto da decisão que concede como da que denega a antecipação da tutela.

No segundo caso, isto é, quando se trata de enquadrar a tutela antecipada contida no art. 12 da LACP no tipo de processo, não há uniformidade entre os autores. Para uns seria cautelar[(9)] e, segundo alguns, do tipo satisfativa. Outros sustentam sua feição executiva. Há, ainda, os que advogam seu caráter mandamental.

Pensamos que de cautelar não se trata, uma vez que o objetivo do processo cautelar é assegurar o resultado útil do processo dito principal (de conhecimento ou de execução). Ademais, se é satisfativa não pode ser concebida como cautelar, o que encerraria uma *contraditio in terminis*.

Também não nos parece que tenha natureza executiva, *tout court*, pois a execução pressupõe um provimento judicial não sujeito à retratação.

Afigura-se-nos, portanto, que as liminares previstas no art. 12 da LACP e no art. 84, § 3º, do CDC possuem natureza satisfativa, porquanto antecipam a tutela definitiva[(10)]. Dito de outro modo, as tutelas antecipadas encerram provimento judicial híbrido com eficácia mandamental ou executiva *lato sensu*.

Dissemos híbrido, porque a "liminar é uma providência de cunho emergencial, expedida também (em convergência às medidas cautelares) com o fundamental propósito de salvaguardar a eficácia da futura decisão definitiva"[(11)], mas possui um caráter executivo *lato sensu* e mandamental, na medida em que há a entrega, embora precária, do bem da vida vindicado no bojo dos próprios autos do processo a que se refere.

Esse é também o pensamento de *Marcelo Abelha Rodrigues*, no sentido de que a

> "natureza jurídica da tutela antecipatória é de provimento judicial com eficácia mandamental ou executiva *lato sensu*. Isto porque

---

(9) MALLET, Estêvão. *Antecipação de tutela no processo do trabalho*, p. 49.
(10) LEITE, Carlos Henrique Bezerra. *Ministério Público do Trabalho: doutrina, jurisprudência e prática*, p. 139-140.
(11) FERRAZ, Sérgio. *Provimentos antecipatórios na ação civil pública*, p. 455.

permite, a um só tempo, não só a entrega antecipada e provisória do próprio mérito ou seus efeitos, como também a efetivação imediata desta tutela. Justamente porque é dada com base na urgência e na busca da efetividade, é um mister que exista, sempre que possível, a imediata satisfação do efeito fático de mérito antecipado. Exatamente por isso, por via da tutela antecipada dos efeitos de mérito, o juiz emite um provimento que deverá ser imediatamente cumprido pelo réu, ou, em contrapartida, que, se não for cumprido por ele, admite que seja feito às suas expensas."[12]

O modo de efetivação da tutela antecipada é tema que merece algumas palavras. Sem sombra de dúvida, a finalidade da obtenção da tutela antecipada é a realização no mundo dos fatos de efeitos que seriam advindos com a própria tutela concedida ao final. Portanto, sua finalidade é justamente de antecipar, provisoriamente, a execução dos efeitos do provimento que seria concedido ao final. Execução aqui deve ser entendida em sentido amplo, compreendendo não só a idéia de execução forçada, mas também, inclusive, os casos de execução imprópria dos provimentos declaratórios e constitutivos. Portanto, melhor que tomássemos a palavra *execução* no sentido de eficácia[13].

7.1. Importância e conteúdo da tutela de urgência antecipatória

Em se tratando ações destinadas à defesa de interesses difusos, coletivos e individuais homogêneos dois aspectos devem ser salientados.

O primeiro, diz respeito à importância dos direitos e interesses tutelados e as conseqüências nefastas que um provimento jurisdicional tardio pode proporcionar a esses interesses, já que não raro os danos são irreparáveis ou de difícil reparação.

Disso resulta que a liminar prevista no art. 12 da LACP deve conter, primordialmente, autêntica tutela antecipatória específica, isto é, aquela que tem por objeto o cumprimento adiantado de uma obrigação de fazer ou não fazer, porquanto parece-nos razoável a ilação de que o autor da ação coletiva deve perseguir, com a antecipação da tutela, o retorno, ainda que provisório, ao *statu quo ante* da situação que deu ensejo ao

---

(12) *Elementos de direito processual civil*, V. 2, p. 57.

(13) RODRIGUES, Marcelo Abelha. *Elementos de direito processual civil*, v. 2, p. 57-58. Idêntico é o entendimento de NERY JUNIOR, Nelson. *Código de processo civil comentado*, p. 748.

ajuizamento da demanda. Somente na hipótese em que isso não seja possível, aí sim, abre-se a possibilidade da opção pelo pleito reparatório. Chegamos a essa conclusão pela interpretação sistemática dos arts. 11 e 12 da LACP e 84, §§ 1º e 3º, do CDC, uma vez que não nos parece razoável que a liminar seja concedida apenas com base no *caput* do art. 12 da LACP, o qual nada alude a respeito dos requisitos imprescindíveis à concessão da tutela antecipatória.

O segundo aspecto guarda pertinência com o conteúdo do pedido antecipatório. É que na liminar cautelar não há (salvo nas chamadas cautelares satisfativas) necessidade de identidade entre o pedido e o bem da vida almejado no processo principal. Já na antecipação da tutela inserta no art. 12 da LACP (e art. 84, § 3º, do CDC), a liminar deve equivaler ao julgamento provisório de procedência de um, alguns ou todos os pedidos contidos na petição inicial da ação coletiva.

7.2. Requisitos para a concessão da tutela de urgência antecipatória

O art. 12 da LACP não faz qualquer alusão aos requisitos que possibilitam a concessão do "mandado liminar", "não bastasse isso, possibilitou que, ainda quando configurados os pressupostos que por construção jurisprudencial-doutrinária se vier a eleger, sua concessão repouse em avaliação discricionária (...) em vez de fazê-la um dever do juiz (como ocorre no mandado de segurança)".(14)

Alguns autores, à falta de previsão expressa no art. 12 da LACP, sustentam que os requisitos exigidos para a liminar nas ações coletivas devem ser similares aos da liminar do MS(15). Outros advogam que os requisitos para a concessão da liminar da ACP são os que constam do art. 84, § 3º, do CDC(16). Há, ainda, os que invocam as disposições dos artigos 273 e 461 do CPC(17). Existem, finalmente, os que defendem a autonomia do art. 12 da LACP, ficando a concessão do "mandado" liminar ao "prudente arbítrio" do juiz(18).

Já ressaltamos em linhas pretéritas que, com o advento da Lei n. 8.078/90, a tutela dos interesses metaindividuais passou a contar com

(14) FERRAZ, Sérgio, *op. cit.*, p. 455.
(15) FERRAZ, Sérgio, *op. cit.*, mesma página.
(16) NERY JUNIOR, Nelson. *Código de Processo Civil comentado*, p. 1.530.
(17) CASTELO, Jorge Pinheiro. *Tutela antecipada no processo do trabalho*, v. II, p. 249-254.
(18) TEIXEIRA FILHO, Manoel Antonio. *Ação civil pública*, p. 33.

um sistema integrado que deu origem à chamada "jurisdição civil coletiva"(19). Disso resulta que tanto a tutela definitiva como a tutela antecipada, em tema de interesses metaindividuais, devem seguir, sistematicamente, as prescrições dos arts. 11 e 12 da LACP e art. 84, § 3º, do CDC.

Nesse passo, sublinha *Nelson Nery Junior*:

"Consoante autoriza o CDC 84 § 3º, aplicável à ACP proposta com base na LACP por força da LACP 21, pode o juiz conceder liminarmente a tutela de mérito, sempre que for relevante o fundamento da demanda e houver justificado receio da ineficácia do provimento jurisdicional, se concedido a final. A concessão liminar da tutela de mérito pode ser feita com ou sem justificação prévia, *inaudita altera parte* ou com a ouvida do réu"(20).

Na mesma linha, lecionam *Celso Antonio Pacheco Fiorillo*, *Marcelo Abelha Rodrigues* e *Rosa Maria Nery*:

> "Dentro do sistema da Jurisdição Civil Coletiva (LACP + CDC) para as ações coletivas destinadas à defesa de direitos *coletivos lato sensu*, é possível a concessão tanto de liminar cautelar quanto antecipatória do mérito. Chegamos a essa insofismática conclusão pelos diversos mecanismos postos à disposição dos jurisdicionados. No art. 12 da LACP temos a regra geral para a concessão da liminar antecipatória do direito, onde se faz mister o preenchimento dos requisitos do *periculum in mora* e *fumus boni juris*. Também se configura como liminar antecipatória do direito aquela prevista no art. 84, § 3º, do CDC (ações que tenham por objeto o cumprimento de obrigação de fazer e não fazer), possuindo como requisitos os mesmos mencionados no art. 12 da LACP. Também há a possibilidade de concessão de liminar antecipatória do direito no sistema da jurisdição civil coletivo, tendo por base o art. 273 do Código de Processo Civil. Entretanto, como no inciso I do art. 273 do Código de Processo Civil o grau de cognição para convencimento do juiz (*provas inequívocas para que se convença da verossimilhança da alegação*) é mais vertical que o previsto no sistema da jurisdição civil coletiva, sendo, pois, mais dificultoso para o requerente convencer o magistrado a conceder a medida, temos que somente com base no inciso II deste mesmo artigo (*fique carac-*

(19) FIORILLO, Celso Antônio. *Direito processual ambiental brasileiro*, p. 98-114.
(20) NERY JUNIOR, Nelson, *op. cit.*, p. 1.530.

terizado o abuso do direito de defesa ou o manifesto propósito protelatório do réu) é que será possível a concessão da liminar antecipatória do mérito"[21].

Os requisitos para a concessão da tutela antecipada nas ações coletivas *lato sensu* são, portanto, os constantes do art. 84, § 3º, do CDC, ou seja: a) relevância do fundamento da demanda (*fumus boni iuris*) e b) justificado receio de ineficácia do provimento final (*periculum in mora*).

Em outros termos, em sede de demanda coletiva, não é permitido ao juiz[22], para antecipar a tutela de mérito, exigir o cumprimento dos seguintes requisitos insertos no art. 273 do CPC: a) requerimento expresso do autor (*caput*); b) prova inequívoca para convencimento da verossimilhança da alegação do autor (*idem*); c) fundado receio de dano irreparável ou de difícil reparação (inciso I); d) que não haja perigo de irreversibilidade do provimento antecipado (§ 2º).

Poderá o juiz, no entanto, antecipar a tutela meritória na hipótese do inciso II do art. 273 do CPC (a chamada tutela de evidência), uma vez que, neste caso, há omissão tanto da LACP como do CDC a respeito do abuso do direito de defesa ou manifesto propósito protelatório do réu, sendo perfeitamente compatível a aplicação subsidiária do CPC, mesmo porque o comportamento deplorável do réu, *in casu*, macula a própria imagem do Poder Judiciário e a dignidade da administração da justiça, o que revela a conexão entre o preceptivo em causa e a litigância de má-fé, prevista no art. 17 do CPC.

Resumindo, os arts. 273 e 461 do CPC, que sofrem influência marcante da concepção individualista do direito, só poderão ser aplicados subsidiariamente (LACP, art. 19), isto é, em caso de lacuna e desde que isso não haja contrariedade, de alguma forma, os princípios e normas que compõem o sistema integrado (LACP e CDC) de proteção aos interesses metaindividuais.

7.3. Tutela de urgência antecipatória e*x officio*

Quanto a possibilidade de antecipação de tutela *ex officio* nas ações coletivas, duas correntes se apresentam.

---

(21) FIORILLO, Celso Antonio Pacheco. *Direito processual ambiental brasileiro*, p. 134-135.

(22) O art. 90 do CDC manda aplicar as normas da LACP e do CDC "naquilo que não contrariar suas disposições". Logo, não pode o juiz exigir algo diverso do constante no sistema integrado da jurisdição coletiva (LACP+CDC).

A primeira, capitaneada por *Sérgio Ferraz*[(23)], não a admite, pois o fato de o art. 12 da LACP mencionar que é lícito ao juiz "conceder" a tutela antecipada, já deixa implícito que há pedido do autor em tal sentido, diferentemente do que se dá com a liminar do mandado de segurança, no qual o juiz "ordenará" que se suspenda o ato que deu motivo ao pedido (Lei n. 1.533/51, art. 7º, II).

A segunda, a qual nos filiamos, sustenta que não há vedação legal para a concessão da tutela antecipada, independentemente de pedido expresso do autor[(24)].

Ressalte-se, inicialmente, que os dispositivos que autorizam a liminar na LACP e no CDC não exigem, ao contrário da tutela antecipada do art. 273 do CPC, o requerimento do autor. E nem seria de bom alvitre tal exigência, uma vez que os interesses em jogo nas ações coletivas são dos mais relevantes, na medida em que transcendem os interesses meramente individuais. Nesse sentido, *Belinda Pereira da Cunha* observa que a

> "previsão constitucional de sua concessão encontra-se no inciso XXXV do art. 5º, em que prevê o legislador que a lei não excluirá da apreciação do Judiciário lesão ou ameaça a direito, podendo o juiz concedê-la de ofício, uma vez que não explicitou o legislador o dever de requerê-la o autor da ação civil pública"[(25)].

De outra parte, a ação civil pública (assim como o mandado de segurança, individual e coletivo), há de ser entendida não como simples ação prevista nas leis ordinárias. Antes, é preciso compreendê-la como remédio de índole constitucional, destinado à proteção de direitos fundamentais que alicerçam o Estado Democrático de Direito. Ora, se a Lei n. 1.533/51 regula tanto o mandado de segurança individual quanto o coletivo, não nos parece lógico admitir que a antecipação da tutela dos interesses coletivos protegidos por este último remédio possa ser concedida *ex officio* e a dos demais interesses coletivos objeto de defesa por outras ações coletivas não o possam.

Aliás, se a lei ordinária, hierarquicamente inferior à Constituição, já prevê a possibilidade de concessão da liminar de ofício (Lei n. 1.533/51,

---

(23) FERRAZ, Sérgio, *op. cit.*, p. 455-456; MAZZILLI, Hugo Nigro. *A defesa dos interesses difusos em juízo*, p. 147-148.

(24) TEIXEIRA FILHO, Manoel Antonio. *Ação civil pública*, p. 32-34; CUNHA, Belinda Pereira da. *Antecipação da tutela no código de defesa do consumidor*, p. 144-145.

(25) CUNHA, Belinda Pereira da. *Antecipação de tutela no código de defesa do consumidor*, p. 144.

art. 7º, II) para a proteção de direitos individuais, não seria razoável restringir a atuação do juiz diante de uma demanda que tenha por escopo a proteção de interesses que às vezes se confundem com o próprio interesse público.

Não há negar, igualmente, que a antecipação de tutela nas ações coletivas (LACP, art. 12, CDC, art. 84, § 3º) constitui uma medida de urgência, cujo fim precípuo é salvaguardar interesses muito mais importantes que os tradicionais direitos individuais, que poderão ser concretizados na sentença.

Parece-nos, portanto, que o legislador houve por bem conferir ao juiz, desde que presentes o *fumus boni iuris* e o *periculum in mora*, a função-dever-poder de antecipar, até mesmo de ofício, o provimento de mérito, com ou sem justificação prévia, após citado o réu, máxime em se tratando de direitos sociais trabalhistas, a prestação jurisdicional há de observar, com maior ênfase, o princípio inquisitório, de larga aplicabilidade no processo do trabalho[26].

Ademais, se a natureza jurídica do provimento antecipatório é mandamental ou executiva *lato sensu*, deverá o juiz, dentro do ordenamento jurídico, buscar a norma cuja natureza mais se assemelhe à da liminar prevista para a ACP. Para tanto, duas considerações merecem ser feitas.

A primeira, decorre da natureza mandamental da liminar constante do art. 12 da LACP, que é idêntica à da liminar prevista no art. 7º, inciso II, da Lei n. 1.533/51. Logo, se nesta é possível a concessão de ofício da liminar, o mesmo raciocínio deve ser utilizado em relação àquela. Em outros termos, a natureza mandamental da liminar na ACP permite o seu deferimento *ex officio*, a exemplo do que ocorre com a liminar do MS.

A segunda, repousa na natureza executiva *lato sensu* e a especificidade do processo do trabalho, porquanto a regra contida no art. 878 da CLT, permite que a execução trabalhista seja promovida *ex officio*, pelo próprio juiz.

---

(26) É importante destacar que alguns autores admitem, no processo do trabalho, a concessão até mesmo de ofício, da tutela antecipada do art. 273/CPC, a despeito da expressa determinação deste dispositivo, principalmente quando o autor estiver litigando sem a assistência de um advogado. NERY JUNIOR, Nelson. *Código de processo civil comentado*, p. 748-749; OLIVEIRA, Francisco Antonio de. LTr 60-03/335; MENEZES, Cláudio Armando Couce de. *Tutela antecipada e ação monitória na justiça do trabalho*, p. 34-35.

No que diz respeito à justificação prévia, colhe-se o magistério de *Nelson Nery Junior*, para quem, preenchidos:

> "os pressupostos legais do *periculum in mora* e do *fumus boni iuris*, deve o juiz conceder a liminar, não havendo necessidade de justificação prévia. Ausentes os pressupostos legais, deve o juiz indeferir a liminar. Sendo necessária a realização de audiência para a comprovação dos requisitos legais, deve o magistrado designar justificação prévia determinando a citação do requerido"[27].

7.4. Tutela de urgência antecipatória em ação coletiva contra o Poder Público

A ação civil pública admite, como já vimos, a possibilidade de deferimento de liminar, com ou sem justificação prévia, nos próprios autos a que se refere, independentemente de ajuizamento de ação cautelar (art. 12 da Lei n. 7.347/85).

Caso, porém, o réu seja pessoa jurídica de direito público, a concessão da liminar estará condicionada à prévia audiência do representante judicial do ente público. É o que deflui do art. 2º da Lei n. 8.437/92, que diz:

> "No mandado de segurança coletivo e na ação civil pública, a liminar será concedida, quando cabível, após a audiência do representante judicial da pessoa jurídica de direito público, que deverá se pronunciar no prazo de setenta e duas horas".

Adverte, contudo, *Nelson Nery Júnior* que quando houver "ameaça de iminente perecimento do direito, avaliando o juiz que não dá para esperar as 72 horas para a manifestação do requerido, pode conceder a liminar *inaudita altera parte*"[28].

Com razão o ilustre processualista, uma vez que a condição temporal exigida por norma infraconstitucional, não obstante o interesse público que lhe serve de inspiração, não pode violar o princípio constitucional que assegura o acesso à prestação jurisdicional também na hipótese de ameaça ao direito — fundamental, ressaltamos — da parte (CF, art. 5º, XXXV).

---

(27) NERY JUNIOR, Nelson. *Código de Processo Civil comentado*, p. 1.531.
(28) NERY JUNIOR, Nelson, *op. cit.*, p. 1.532.

Ora, em se tratando de interesses metaindividuais que estejam na iminência de serem lesados, com maior razão o juiz poderá conceder a liminar, sem observar a audiência do representante judicial da pessoa de direito público e/ou o prazo de 72 horas, mormente se restar verificada a eventual irreparabilidade do dano.

Cabe assinalar, para encerrar este tópico, que o art. 1º da Lei n. 9.494, de 10.9.97[29] não se aplica às tutelas antecipatórias concedidas em ações coletivas, pois tal dispositivo legal é específico para as tutelas antecipadas previstas nos arts. 273 e 461 do CPC, os quais, como já sublinhamos, em se tratando de demandas coletivas, somente têm lugar de forma subsidiária e, ainda assim, desde que não contrarie os princípios e disposições do sistema integrado da jurisdição coletiva (LACP+ CDC).

7.5. Inadequação do Agravo de Instrumento

Diz o art. 12 da Lei n. 7.347/85: "Poderá o juiz conceder mandado liminar, com ou sem justificação prévia, em decisão sujeita a agravo".

Trata-se, como já vimos, de decisão tipicamente interlocutória, na medida em que o juiz, no curso do processo, e sem extingui-lo, resolve questão incidente (CPC, art. 162, § 2º).

Ademais, a própria lei estabelece que o recurso cabível é o agravo, o que espanca qualquer dúvida quanto à natureza de decisão interlocutória da decisão concessiva de liminar nos próprios autos da ação civil pública.

Ora, no processo comum não há dúvida de que o mandado liminar seria impugnável pelo recurso de agravo. Todavia, nos domínios do processo do trabalho tal recurso não poderá ser manejado, uma vez que das decisões interlocutórias — salvo quando terminativas do feito ou mencionadas na Súmula 214 do TST, o que não é o caso *sub examen* — nenhum recurso cabe de imediato, tendo em vista o preceito cogente previsto no art. 893, § 1º, da CLT.

---

(29) O art. 1º da Lei n. 9.494/97 dispõe, *in verbis*: "Aplica-se à tutela antecipada prevista nos artigos 273 e 461 do Código de Processo Civil o disposto nos artigos 5º e seu parágrafo único e 7º da Lei n. 4.348, de 26 de junho de 1964, no art. 1º e seu § 4º da Lei n. 5.021, de 9 de junho de 1966, e nos artigos 1º, 3º, e 4º da Lei n. 8.437, de 30 de junho de 1992".

Nesse passo, podemos afirmar, sem receio de incidir em erro, que se aflora absolutamente incabível o agravo (de instrumento) com o propósito de reformar ou anular a decisão que, em sede de ação civil pública, defere ou indefere "mandado liminar", seja porque há norma expressa no texto obreiro impeditiva desta modalidade recursal para a hipótese em tela, seja porque o manejo do agravo revela-se totalmente incompatível com o princípio peculiaríssimo da irrecorribilidade imediata das decisões interlocutórias, que informa o Direito Processual do Trabalho.

Estamos a afirmar, portanto, que é absolutamente inadmissível o recurso de agravo para atacar decisão concessiva de liminar nos autos de ação civil pública, sendo inaplicável ao processo do trabalho, por incompatibilidade, a parte final do art. 12 da Lei n. 7.347/85.

Recolhemos, em favor da posição ora adotada, a Orientação Jurisprudencial n. 58 da SDI-2/TST:

> "MANDADO DE SEGURANÇA PARA CASSAR LIMINAR CONCEDIDA EM AÇÃO CIVIL PÚBLICA. CABÍVEL. Inserida em 20.09.00 — (cancelada em decorrência da sua conversão na Súmula n. 414 — DJ 22.08.2005). É cabível o mandado de segurança visando a cassar liminar concedida em ação civil pública..

Da decisão interlocutória que concede liminar, portanto, nenhum recurso cabe. Todavia, a parte interessada poderá prequestionar a matéria através do conhecido "protesto nos autos ou em audiência", sob pena de preclusão (CLT, art. 795). Feito o protesto, o interessado poderá ressuscitar a matéria em preliminar do recurso ordinário.

Poder-se-á admitir, em tese, o mandado de segurança contra a decisão que defere a liminar, desde que presentes as condições especiais desta ação, ou seja, quando a decisão judicial acarretar violação (ou ameaça) a direito líquido e certo do impetrante ou for prolatada com abuso de poder.

Afigura-se-nos que também caberá a ação assecuratória na hipótese de decisão que indefere a liminar. Para tanto, invocamos as lúcidas palavras de *Francisco Antonio de Oliveira*:

> "Há entendimento no sentido de que a não concessão de liminar estaria contida no poder discricionário do juiz e da negativa nenhum recurso caberia. Há que se fazer reparo. O poder cautelar deferido ao juiz, muito embora tenha *nuances* de discricionariedade, não dependerá somente dos seus critérios subjetivos, o que

poderia desguar no arbítrio. Todo deferimento ou indeferimento de liminar é antecedido de um trabalho intelectual de raciocínio subjetivo, calcado de alguma forma em dados objetivos. O simples temor subjetivo sem algum suporte objetivo não respalda a liminar. Mas sempre que a hipótese se apresentar, a liminar será ou não concedida. Se os motivos apresentados respaldam a liminar, o juiz não poderá regateá-la; da mesma forma, se os motivos não marcaram presença, não haverá por que conceder a liminar.

Temos para nós que, em âmbito de interesses transindividuais, a negativa de liminar não poderá ficar adstrita à decisão do juiz da causa. A relevância dos direitos defendidos é de tal magnitude que não se pode e nem se deve correr qualquer risco. Assim, no processo do trabalho, quer na concessão, quer na negativa de liminar objetivando neutralizar ato (comissivo ou omissivo) que possa causar danos irreparáveis aos interesses difusos, coletivos ou individuais homogêneos, é de boa cautela que se dê oportunidade de parte inconformada ouvir o Colegiado *ad quem* através do mandado de segurança"[(30)].

Importante assinalar, para encerrar este tópico, que a Súmula 414 do TST, que absorveu diversas OJs da SDI-2, entre elas a OJ 58, prevê as seguintes situações:

> "MANDADO DE SEGURANÇA. ANTECIPAÇÃO DE TUTELA (OU LIMINAR) CONCEDIDA ANTES OU NA SENTENÇA (conversão das OJs 50, 51, 58, 86 e 139 da SDI-II — Res. 137/2005): I — A antecipação da tutela concedida na sentença não comporta impugnação pela via do mandado de segurança, por ser impugnável mediante recurso ordinário. A ação cautelar é o meio próprio para se obter efeito suspensivo a recurso. II — No caso da tutela antecipada (ou liminar) ser concedida antes da sentença, cabe a impetração do mandado de segurança, em face da inexistência de recurso próprio. III — A superveniência da sentença, nos autos originários, faz perder o objeto do mandado de segurança que impugnava a concessão da tutela antecipada (ou liminar)."

7.6. Suspensão da liminar

A liminar concedida nos autos da ação civil pública poderá ter seu cumprimento suspenso, nos termos do § 1º do art. 12 da LACP, *in verbis*:

---

(30) OLIVEIRA, Francisco Antonio de. "Ação civil pública: instrumento de cidadania", *Revista LTr*-61-07/894.

"A requerimento de pessoa jurídica de direito público interessada, e para evitar grave lesão à ordem, à saúde, à segurança e à economia pública, poderá o Presidente do Tribunal a que competir o conhecimento do respectivo recurso suspender a execução da liminar, em decisão fundamentada, da qual caberá agravo para uma das turmas julgadoras, no prazo de 5 (cinco) dias a partir da publicação do ato".

É de se ressaltar que não apenas a liminar poderá ser suspensa, mas também a própria sentença proferida em ação civil pública, como se depreende do art. 4º, e seu § 1º, da Lei n. 8.437/92:

"Art. 4º — Compete ao presidente do tribunal, ao qual couber o conhecimento do respectivo recurso, suspender, em despacho fundamentado, a execução da liminar nas ações movidas contra o Poder Público ou seus agentes, a requerimento do Ministério Público ou da pessoa jurídica de direito público interessada, em caso de manifesto interesse público ou de flagrante ilegitimidade, e para evitar grave lesão à ordem, à saúde, à segurança e à economia públicas.

§ 1º — Aplica-se o disposto neste artigo à sentença proferida em processo de ação cautelar inominada, no processo de ação popular e na ação civil pública, enquanto não transitada em julgado".

Chegamos a admitir que, no direito processual do trabalho, a suspensão da liminar deferida nos autos da ACP por ato do Presidente do Tribunal, seria incompatível com o princípio da irrecorribilidade imediata das decisões interlocutórias[31].

Alteramos o referido entendimento. E isso porque, após um exame mais detido acerca da natureza jurídica do pedido de suspensão da liminar, que pode ser formulado pela pessoa jurídica de direito público ou pelo próprio Ministério Público (incluído o do Trabalho), chegamos à conclusão de que não se trata de um recurso[32], propriamente dito, já que não se encontra no rol dos recursos previstos na própria LACP, que fala de agravo contra a liminar (art. 12, *caput*), nem nas disposições do CPC (art. 496) e da CLT (art. 893). Ademais, a finalidade ontológica dos recursos não é a de suspender a decisão recorrida, mas, principalmente, a de reformá-la, anulá-la ou, segundo alguns, aclará-la.

---

(31) LEITE, Carlos Henrique Bezerra. *Ministério Público do Trabalho: doutrina, jurisprudência e prática*, p. 152-153.

(32) *Idem*, *Mandado de segurança no processo do trabalho*, p. 63-64. Nesta obra, chegamos a admitir que o pedido de suspensão tinha natureza de "agravinho".

Ora, se o pedido de suspensão da liminar não tem natureza jurídica de recurso[33], porquanto não está jungido aos pressupostos de admissibilidade de recorribilidade (tempestividade, preparo, contraditório etc.) inerentes aos recursos em geral, a ele não se aplica o princípio peculiar da irrecorribilidade das decisões interlocutórias. Aliás, tal pedido de suspensão já estava previsto na Lei n. 1.533/51 (LMS) e sua finalidade é a de proteger interesses superiores da coletividade, como a segurança, a ordem, a saúde e a economia públicas que também, são, a rigor, interesses difusos.

7.7. Cumprimento da tutela de urgência antecipatória

O cumprimento da decisão que concede tutela de urgência antecipatória nas ações coletivas decorre da sua eficácia mandamental ou executiva *lato sensu*. É dizer, a execução da liminar a que alude o art. 12 da LACP deve seguir o *iter procedimentalis* do art. 84, § 3º, 4º e 5º, do CDC, não havendo necessidade de instauração de um "processo de execução".

Assim, por meio do provimento mandamental é imposta uma ordem ao réu para que este cumpra, no prazo razoável assinalado pelo juiz, sob pena de configuração do crime de desobediência, a obrigação (de fazer ou não fazer, ou entregar), sem prejuízo da aplicação, *ex officio*, da multa diária ao réu, se isso for suficiente ou compatível com a obrigação.

De outra parte, o § 5º do art. 84 do CDC, que encerra preceito meramente exemplificativo, permite ao juiz dar efetividade à tutela jurisdicional por meio de medidas necessárias nos seguintes termos:

> "Para a tutela específica ou para a obtenção do resultado prático equivalente, poderá o juiz determinar as medidas necessárias, tais como busca e apreensão, remoção de coisas e pessoas, desfazimento de obra, impedimento de atividade nociva, além de requisição de força policial".

8. Fungibilidade das tutelas de urgência

Examinando com profundidade o disposto no art. 4º da LACP, verificamos que, a rigor, de tutela cautelar não se trata, e sim de tutela antecipatória.

---

(33) NERY JUNIOR, Nelson. *Código de Processo Civil comentado*, p. 1.532.

Com razão *Eduardo Henrique Raymundo von Adamovich*, para quem:

"As providências com que procura exemplificar o art. 4º, ao falar em 'evitar o dano', na verdade não têm natureza propriamente cautelar. A tutela que evita a consumação do dano, a rigor, não é cautelar, mas antecipatória. Evitando o dano, estará evidentemente satisfeito o objeto imediato da ação principal, considerando tratar-se de dano iminente, mas ainda não consumado. Neste caso, a única razão que poderia justificar o prosseguimento do ação seria o regramento definitivo da situação que insinuou o dano."[34]

Daí por que — prossegue o referido autor:

"as ações cautelares cabíveis em caráter preparatório ou incidental na ação civil pública são aquelas do Livro III, do CPC, em que, dado o caso concreto, cabíveis, valendo a referência exemplificativa do art. 4º, também para a antecipação dos efeitos da tutela jurisdicional".

De toda a sorte, parece-nos que em tais casos, em função da inexistência de incompatibilidade com a jurisdição trabalhista metaindividual, é possível a aplicação subsidiária do § 7º do art. 273 do CPC[35], segundo o qual se o "autor, a título de antecipação de tutela, requerer providência de natureza cautelar, poderá o juiz, quando presentes os respectivos pressupostos, deferir a medida cautelar em caráter incidental do processo ajuizado".

O inverso também é verdadeiro, ou seja, se o autor, ajuíza ação cautelar com pedido de tutela de urgência e, inadvertidamente, postula, em essência, antecipação de tutela, poderá o juiz, deferir esta sem necessidade de instauração de um outro processo, desde que seja possível a correspondente adaptação. Nesse sentido, é a posição de *Nelson Nery Junior*:

"Caso o autor ajuíze ação cautelar incidental, mas o juiz verifique ser caso de tutela antecipada, deverá transformar o pedido cautelar em pedido de tutela antecipada. Isso ocorre, por exemplo, quando a cautelar tem natureza satisfativa. Dado que os requisitos da tutela antecipada são mais rígidos que os da cautelar, ao receber o pedido cautelar como antecipação de tutela o juiz deve dar oportunidade ao requerente par que adapte o seu requerimento, inclusive para que possa demonstrar e comprovar a existência dos requisi-

(34) *Sistema da ação civil pública no processo do trabalho*, p. 344.
(35) Parágrafo 8º incluído pela Lei n. 10.444, de 2002.

tos legais para a obtenção da tutela antecipada. A cautelar só deverá ser indeferida quando não puder ser adaptada ao pedido de tutela antecipada ou se o autor se negar a proceder à adaptação."[36]

9. Conclusão

Além das conclusões tópicas já lançadas ao longo do desenvolvimento, podemos dizer, como síntese de todo o exposto, que a tutela de urgência — cautelar ou antecipatória — na ação civil pública constitui um dos mais importantes meios para a implementação da efetividade do processo e do acesso em massa dos trabalhadores a uma ordem jurídica política e socialmente justa.

Sua consolidação no processo do trabalho exige, necessariamente, a formação de uma nova mentalidade e um aperfeiçoamento constante dos juízes, procuradores, sindicalistas e advogados trabalhistas, enfim, de todos os que lidam com esse ramo especializado da árvore jurídica.

Para tanto, é preciso exaltar o caráter instrumental do processo e o seu verdadeiro escopo, qual seja o de estar a serviço, em menor espaço de tempo possível, não apenas dos tradicionais direitos individuais, mas, igualmente, dos interesses metaindividuais trabalhistas.

Referências bibliográficas

ADOMOVICH, Eduardo Henrique Raymundo von. *Sistema da ação civil pública no processo do trabalho.* São Paulo: LTr, 2005.

BEDAQUE, José Roberto dos Santos. *Direito e processo: influência do direito material sobre o processo.* 3. ed. São Paulo: Malheiros, 2003.

BOBBIO, Norberto. *A era dos direitos*; trad. Carlos Nelson Coutinho. Rio de Janeiro: Campos, 1992.

______. *Teoria do ordenamento jurídico.* 10. ed.; trad. Maria Celeste C. J. Santos. Brasília: Editora Universidade de Brasília, 1997.

CAPPELLETTI, Mauro Cappelletti, GARTH, Briant. *Acesso à justiça.* Porto Alegre: Sérgio Antônio Fabris Editor, 1988.

---

(36) *Código de Processo Civil e legislação extravagante*, 8. ed., p. 724.

______. Porto Alegre: Sérgio Antônio Fabris Editor, 1993.

CARVALHO FILHO, José dos Santos. *Ação civil pública: comentário por artigo*. Rio de Janeiro: Freitas Bastos, 1995.

CASTELO, Jorge Pinheiro. *Tutela antecipada no processo do trabalho*. São Paulo: LTr, 1999, v. 2.

CUNHA, Belinda Pereira da. *Antecipação da tutela no Código de Defesa do Consumidor: tutela individual e coletiva*. São Paulo: Saraiva, 1999.

FERNANDES, Iara de Toledo. Tutela de urgência na ação civil pública. In: MAZZEI, Rodrigo; NOLASCO, Rita Dias. *Processo civil coletivo*. São Paulo: Quartier Latin, 2005.

FERRAZ, Sérgio. Provimentos antecipatórios na ação civil pública, *in Ação civil pública — Lei 7.347/85 — reminiscências e reflexões após dez anos de aplicação* / coord. Édis Milaré. São Paulo: Revista dos Tribunais, 1995.

FIORILLO, Celso Antonio Pacheco *et al*. *Direito processual ambiental brasileiro*. Belo Horizonte: Del Rey, 1996.

GIGLIO, Wagner D. *Direito processual do trabalho*. São Paulo: Saraiva, 1997.

GRINOVER, Ada *et al*. *Código brasilero de Defesa do Consumidor: comentado pelos autores do anteprojeto*. 5. ed. Rio de Janeiro: Forense Universitária, 1998.

LEAL, Márcio Flávio Mafra. *Ações coletivas: história, teoria e prática*. Porto Alegre: Sergio Antonio Fabris Editor, 1998.

LEITE, Carlos Henrique Bezerra. *Curso de direito processual do trabalho*. 4. ed. São Paulo: LTr, 2006.

______. *Ministério Público do Trabalho: doutrina, jurisprudência e prática*. São Paulo: LTr, 1998; 2. ed. 2002.

______. *Mandado de segurança no processo do trabalho*. São Paulo: LTr, 1999.

MACEDO JÚNIOR, Ronaldo Porto. *Ministério público brasileiro: um novo ator político*, in *Ministério Público II : democracia*. São Paulo : Atlas, 1999.

MACHADO, Antônio Cláudio da Costa. *Tutela antecipada*. 3. ed. São Paulo: Editora Juarez de Oliveira, 1999.

MALLET, Estêvão. *A antecipação de tutela no processo do trabalho*. São Paulo: LTr, 1998.

______. Antecipação de tutela — o processo do trabalho e o cumprimento da tutela antecipada. *Revista Síntese Trabalhista*, n. 116, fev/99, p. 13-19.

MANCUSO, Rodolfo de Camargo. *Ação civil pública*, 4. ed. São Paulo: Editora Revista dos Tribunais, 1996.

MAZZILLI, Hugo Nigro. *A defesa dos interesses difusos em juízo*, 9. ed. São Paulo: Saraiva, 1997.

MENEZES, Cláudio Armando Couce, BORGES, Leonardo Dias. *Tutela antecipada e ação monitória na justiça do trabalho*. São Paulo: LTr, 1998.

NERY JUNIOR, Nelson. *Princípios do Processo Civil na Constituição Federal*. 4. ed. São Paulo: Editora Revista dos Tribunais, 1997.

______. *Código de processo civil anotado*, 4. ed. São Paulo: Editora Revista dos Tribunais, 1999; 8. ed., 2004.

OLIVEIRA, Francisco Antonio de. *Ação civil pública: enfoques trabalhistas*. São Paulo: Editora Revista dos Tribunais, 1998.

RODRIGUES, Marcelo Abelha. *Elementos de direito processual civil*. São Paulo: Editora Revista dos Tribunais, v. 1, 2. ed., 2000, v. 2, 2000.

______. *Ação civil pública e meio ambiente*. Rio de Janeiro: Forense Universitária, 2003.

SAUWEN FILHO, João Francisco. *Ministério público brasileiro e o estado democrático de direito*. Rio de Janeiro: Renovar, 1999.

TEIXEIRA FILHO, Manoel Antonio. *Ação civil pública*. São Paulo: LTr, 1998.

VIGLIAR, José Marcelo Menezes. *Ação civil pública*. 2. ed. São Paulo: Atlas, 1998.

WATANABE, Kazuo. Apontamentos sobre tutela jurisdicional dos interesses difusos (necessidade de processo dotado de efetividade e aperfeiçoamento permanente dos juízes e apoio dos órgãos superiores da justiça em termos de infra-estrutura material e pessoal), in *Ação civil pública — Lei 7.347/85 — reminiscências e reflexões após dez anos de aplicação* / coord. Édis Milaré. São Paulo: Revista dos Tribunais, 1995.

______. *Cognição no processo civil*. São Paulo: Editora Revista dos Tribunais, 1987.

ZAVASCKI, Teori Abino. *Antecipação de tutela*. 2. ed. São Paulo: Saraiva, 1999.

A fase probatória na Ação Coletiva Trabalhista

Xisto Tiago de Medeiros Neto (*)

1. Considerações iniciais

O **momento probatório**, pelo qual envereda a marcha processual, está diretamente condicionado ao compromisso jurídico e ético do magistrado, em conjunto com as partes, de alcançar a verdade possível sobre os fatos suscitados em determinado conflito. Somente assim é que se possibilita a efetiva realização do direito material, em compasso com as garantias de acesso a uma ordem jurídica justa,(1) a refletir uma postura voltada para o imperativo de uma justiça substancial — e não meramente formalística —, que atenda aos fins da pacificação social.

O julgamento que não consegue se fundar na verdade ou mesmo dela aproximar-se — ainda que tenham as partes negligenciado quanto ao alcance desse mister —, soluciona formalmente a controvérsia, mas não espelha conteúdo real de justiça, comprometendo, em última análise, a sua própria legitimidade como dicção do regime democrático.

É inequívoca, portanto, para o objetivo maior da atividade jurisdicional, a importância e até preeminência da fase peculiar à apresentação, coleta e apreciação da **prova**.

Em outro ângulo, faz-se necessário assinalar que a alteração do perfil jurídico do Estado, ao desvencilhar-se do paradigma liberal-indi-

---

(*) Procurador Regional do Trabalho. Mestre em Direito Público. Professor do Curso de Direito da Universidade Federal do Rio Grande do Norte — UFRN (graduação e pós-graduação) e da Fundação Escola Superior do Ministério Público.

(1) Sobre o alcance da expressão "acesso a uma ordem jurídica justa", que descortina o conteúdo do direito constitucional de amplo acesso à justiça, sedimentou-se a posição doutrinária de que tal princípio transcende a idéia de mera facilitação das vias de acionamento do órgão judiciário. Kazuo Watanabe enfatiza, nessa linha, que se trata do direito a uma "Justiça adequadamente organizada", de molde a assegurar mecanismos e instrumentos processuais aptos à "efetiva realização de direitos", o que, por lógico, abrange a base e a dinâmica processual probatória. (GRINOVER, Ada Pellegrini *et al. Participação e Processo*. São Paulo: Revista dos Tribunais, 1988, p. 134).

vidualista e evoluir para uma feição social, sob o signo da prevalência do coletivo, impôs também uma sensível mudança e inovação na compreensão das regras e conceitos na órbita processual. O reconhecimento de novas dimensões aos princípios do amplo acesso à justiça e do devido processo legal, alçados ao plano das garantias e direitos fundamentais (art. 5º, XXXV e LX da Constituição Federal de 1988), consagrou a essência político-instrumental do processo, elevando-o ao plano participativo na construção do edifício democrático planificado constitucionalmente.

Nesse passo, especialmente o instituto da **prova** submeteu-se a uma "rigorosíssima reanálise valorativa",(2) envolvendo aspectos inerentes aos meios, tempo e modos de sua realização, e, também, aos **poderes instrutórios do juiz**. Todos esses pontos, com efeito, passaram a ter ampliada importância, não somente nas fronteiras das lides individuais, mas principalmente quando apreciados no universo dos processos relacionados aos **direitos coletivos** (*lato sensu*), à vista das peculiaridades de tais demandas, conduzidas sob o regramento gizado pelo sistema de tutela jurisdicional coletiva.(3)

Assim, a relevância social do direito tutelado, a sua indisponibilidade e irrenunciabilidade — expressadas na essência coletiva do bem jurídico objeto da postulação — devem orientar e direcionar a postura do magistrado na **fase probatória da ação civil pública trabalhista**. É que se abrem, neste espaço do processo coletivo, novos horizontes e

---

(2) Cf. ABELHA, Marcelo. *Ação civil pública e meio ambiente*, 2. ed. Rio de Janeiro: Forense Universitária, 2004, p. 209. Este autor também consigna, com inteira pertinência, que "a prova deve ser vista, sim, como algo intrínseco, necessário e indisponível à ordem jurídica justa" (p. 199).

(3) Em oportunidade anterior, assentei que esse sistema, em razão do qual se pode conceber uma *jurisdição civil coletiva*, encontra-se sedimentado a partir da diretriz adotada na Carta Política brasileira de 1988, que, ao albergar explícita e significativamente direitos de latitude coletiva, cuidou de valorizar de forma eminente e inovadora as garantias e os instrumentos aptos à proteção desses interesses e bens (transindividuais), ampliando as possibilidades de sua reivindicação perante o Poder Judiciário.

O sistema jurisdicional de tutela coletiva possui seus fundamentos e elementos principais gizados na Constituição Federal e se ordena instrumentalmente com a interação das normas da Lei da Ação Civil Pública (Lei n. 7.347/85) e da parte processual (Título III) do Código de Defesa do Consumidor, postando-se o Código de Processo Civil apenas como sua fonte subsidiária, restrita a aplicação naquilo em que não contrariar os princípios e disposições próprias desse específico regime processual. (MEDEIROS NETO, Xisto Tiago. *Dano moral coletivo*. São Paulo: LTr, 2004, p. 218 e 229).

balizamentos na atuação do juiz, à vista, por exemplo: da necessidade eventual de adoção de iniciativas probatórias de ofício; da consideração de provas previamente constituídas pelo Ministério Público, quando autor da ação, coligidas em Inquérito Civil; da possibilidade de inversão do ônus da prova; e, ainda, da insuficiência da prova em relação ao julgamento do pedido.

Exige-se, dessa forma, especial atenção às especificidades da **tutela coletiva trabalhista**, à sua extensão e latitude, e, como aspecto de maior realce, à sua inerência a valores e direitos sociais fundamentais do ordenamento jurídico, os quais são inequivocamente referidos às esferas de proteção alcançadas pelo princípio da dignidade humana.

Tem razão a Professora *Ada Pellegrini Grinover* ao sentenciar que, "nas demandas coletivas, o próprio papel do magistrado modifica-se, enquanto cabe a ele a decisão a respeito de conflitos de massa, por isso mesmo de índole política. Não há mais espaço, no processo moderno, para o chamado '*juiz neutro*' — expressão com que freqüentemente se mascarava a figura do juiz não comprometido com as instâncias sociais".(4)

Não é exagero conceber-se, no panorama das ações coletivas, a assunção de um novo mister pelo Poder Judiciário, a exprimir a responsabilidade do magistrado com a solução eficaz e adequada — na acepção de justa —, de conflitos qualificados pelo relevo e significação social, econômica e política, e que enseja, muitas vezes, legítima e imprescindível intervenção nos domínios das atividades privada e pública, no desiderato de garantir a prevalência e a efetivação de direitos fundamentais tutelados pelo ordenamento constitucional.

Com isso, no âmbito do processo coletivo, a **atividade probatória**, da qual participam, diretamente, o juiz e as partes que se postam como legitimadas, ganha considerável destaque, apresentando aspectos que exigem atuação e apreciação diferenciadas do órgão judicial, diante dos fins e dos efeitos próprios de uma decisão que se destina a solucionar demanda de caráter transindividual, especialmente versando sobre direitos sociais.

Surgem, então, relativamente à **fase probante nas ações coletivas trabalhistas**, questões merecedoras de um olhar cuidadoso, dado que têm sido relegadas ou mesmo incompreendidas na prática processual, e que, por isso, serão objeto de atenção neste capítulo, a saber:

(4) *A Marcha do Processo.* Rio de Janeiro: Forense Universitária, 2000, p. 57.

(a) a amplitude dos poderes instrutórios do juiz nas ações coletivas;

(b) a relevância das provas colhidas no Inquérito Civil e nos demais procedimentos de investigação do Ministério Público;

(c) os indícios e presunções e o seu valor em face do conteúdo das demandas coletivas trabalhistas;

(d) a inversão do ônus da prova no processo coletivo; e

(e) a insuficiência probatória como causa da improcedência do pedido.

2. A amplitude dos poderes instrutórios do juiz nas ações coletivas

Diante da importância da proteção assegurada constitucionalmente aos direitos sociais, a lhes imprimir a nota da *indisponibilidade*, observa-se, conforme já ressaltado, que, na seara dos direitos trabalhistas de latitude coletiva, a atuação do juiz, em sede probatória, adquire destacado relevo, impondo maior responsabilidade e participação na busca do estabelecimento da verdade,[5] com vistas a assegurar uma solução jurisdicional adequada, apta a atender, efetivamente, às exigências que a natureza dos interesses postulados requer.

Amplia-se, pois, o campo da iniciativa *ex officio* do magistrado, quanto ao poder de determinar diligências e coletar elementos de prova para solucionar a demanda, de maneira suficiente a atingir-se o grau de segurança jurídica e legitimidade reclamados pelo objetivo de realização da justiça social.

Com muito mais pertinência ganha ênfase, pois, na **fase instrutória das ações coletivas**, o direcionamento procedimental estabelecido no artigo 765 da CLT, no sentido de que "*os juízos e Tribunais do Trabalho terão ampla liberdade na direção do processo e velarão pelo andamento rápido das causas, podendo determinar qualquer diligência necessária ao esclarecimento delas*".

Disso não se distancia o preceito encartado no artigo 130 do CPC, estabelecendo que "*caberá ao juiz, de ofício ou a requerimento da parte,*

(5) Sobre esse ponto, assevera Nelson Nery Junior que "o ideal do Direito é a busca e o encontro da verdade real, material, principalmente se o direito sobre o que versam os autos for indisponível. No direito processual civil brasileiro vige o princípio do livre convencimento motivado do juiz (CPC, art. 131), mas sempre com o objetivo de buscar a verdade real". (*Código de Processual Civil Comentado e legislação extravagante.* 7. ed. rev. e ampl. São Paulo: Editora Revista dos Tribunais, 2003, p. 720, nota 7- art. 332).

determinar as provas necessárias à instrução do processo, indeferindo as diligências inúteis ou meramente protelatórias".

É certo aduzir que a amplitude das balizas demarcadas pela primeira norma referida (art. 765 da CLT), em congruência com as linhas principiológicas informadoras do processo trabalhista (em destaque o cânon da proteção ao trabalhador), respaldam a iniciativa do magistrado, sempre fundamentada (art. 93, IX, da Constituição Federal), na apuração dos fatos processualmente relevantes, devendo fazê-lo, com maior destaque, nas **demandas coletivas**.

Nessas questões de expressão metaindividual, a relevância social do interesse tutelado resulta na sensível mitigação e remodelação do princípio dispositivo(6) — de vertente liberal-individualista, em sua concepção original —, que passa a adequar-se à moderna linha instrumental do processo, como veículo e técnica de garantia da efetividade de uma justiça de matriz distributiva, que almeja a promoção da paz social, atendendo à concretização de uma ordem jurídica justa.(7)

No dizer de Ricardo Barros Leonel, "o princípio dispositivo em nada impede a iniciativa judicial probatória", e, assim, "a natureza pública da relação processual, a busca da verdade real e a necessidade de realização da justiça afastam a alegação de parcialidade, de quebra da igualdade e do equilíbrio das partes, em razão da prova *ex officio*". E, com propriedade, assevera em seguida:

> "Esta postura moderna e instrumentalista do juiz com relação à prova se potencializa no processo coletivo, em função da dimen-

---

(6) O princípio dispositivo, em sua adequada compreensão, diz respeito à disponibilidade do direito material pelas partes, e que vem a projetar efeitos em sua atuação processual, não contemplando, porém, a idéia de imobilismo e inércia da atividade judicial, após a instauração do processo, principalmente no campo probatório. Aduz acertadamente José Roberto dos Santos Bedaque, que a "denominação *'princípio dispositivo'* seja reservada tão-somente aos reflexos que a relação de direito material disponível possa produzir no processo" (*Poderes instrutórios do juiz*. São Paulo: Editora Revista dos Tribunais, 2001, p. 90).

(7) Tem-se como exemplar, a seguinte decisão, prolatada em demanda individual: "A atuação do juiz, no processo, tem seus parâmetros nas atribuições que lhe são delegadas pelo Estado e na obrigação da distribuição de Justiça. Todo conflito individual é, em sua exata medida, turbação da integridade coletiva e do bem-estar geral, cabendo ao juiz valer-se dos meios ao seu alcance e em nome do interesse de todos, para alcançar o ideal de justiça perseguido pela norma legal. Assim, não está o julgador adstrito às provas produzidas pelas partes, cabendo-lhe, em decorrência da norma do art. 765 da CLT, determinar qualquer diligência que julgar necessária ao esclarecimento da causa". (Ac. unân. n. 8.277, 2ª T., TRT 2ª Região, 26.07.1976, RO n. 2.658, Rel. Juiz Francisco Garcia Monreal Júnior).

são da situação substancial trazida a juízo, pela profusão de interessados no resultado da demanda.

Se a postura 'formalista' do juiz inerte, que se contenta com a verdade 'formal', é prejudicial na demanda individual, a gravidade das conseqüências será maior na coletiva. A 'injustiça' não será apenas voltada aos litigantes, mas a toda a coletividade. Pela própria natureza das coisas, o equívoco em uma sentença coletiva será muito mais corrosivo para a credibilidade do ordenamento, do Poder Judiciário e das demais instituições que auxiliam a atuação jurisdicional do Estado."(8)

Sem dúvida, a natureza coletiva do conflito conduzido ao Poder Judiciário e a expressão socioeconômica — e até mesmo política — que alcançará a sua solução, modulam e condicionam **o agir judicial em sede probatória**, vindo a ampliar o espaço dos seus movimentos e iniciativas necessárias à formação de um convencimento que traduza os reclamos de uma Justiça voltada à realização de direitos fundamentais sociais, o que se dá, por excelência, nas demandas que tratam sobre direitos atinentes a grupos, classes ou categorias de trabalhadores.

Gregório Assagra de Almeida, ao elevar à condição de princípio a garantia da *máxima efetividade do processo coletivo*, assinala a imprescindibilidade de que "sejam realizadas todas as diligências para que se alcance a verdade", apontando, pois, que cumpre ao magistrado, nesse desiderato, determinar "a produção de todas as provas pertinentes, a fim de que a tutela jurisdicional se esgote de forma legítima". Acrescenta o autor, em arremate, que "por força do princípio da *máxima efetividade do processo coletivo,* o Poder Judiciário tem, no direito processual coletivo comum, **poderes instrutórios amplos** e deve atuar independentemente da iniciativa das partes para a busca da verdade processual e a efetividade do processo coletivo*"*.(9)

Mais uma vez a lição doutrinária merece invocação, ao explicitar que "a visão publicista [do processo] exige um juiz comprometido com a efetivação do direito material. Isto é, o juiz pode, a qualquer momento e de ofício determinar sejam produzidas provas necessárias ao seu convencimento. Trata-se de atitude não apenas admitida pelo ordenamento, mas desejada por quem concebe o processo como instrumento efetivo de acesso à ordem jurídica justa".(10)

---

(8) *Manual do Processo Coletivo*. São Paulo: Editora Revista dos Tribunais, 2002, p. 346.

(9) *Direito processual coletivo brasileiro*. São Paulo: Saraiva, 2003, p. 576 e 577.

(10) BEDAQUE, José Roberto dos Santos. *Op. cit.*, p. 111. Assevera, ainda, este autor, que "a doutrina moderna abandonou definitivamente a concepção privatista do

Saliente-se mais que o ente legitimado legalmente para a causa (art. 5º da Lei n. 7.347/85) — especialmente o Ministério Público, cuja atribuição decorre do exercício de uma função institucional emanada diretamente da Constituição da República (art. 129, III) —, não atua em defesa de interesses materiais próprios, porém cumpre o mister de conduzir o interesse coletivo à Justiça e defendê-lo — quando ameaçado ou violado —, assim ocorrendo por força do valor e da supremacia que tais direitos gozam na órbita do ordenamento jurídico pátrio — o que tornou imperativo a sua proteção judicial —, e que ditaram a criação de um sistema apto à tutela processual de natureza coletiva.

Reconhece Cândido Rangel Dinamarco, nesse diapasão, a existência de situações, a exemplo das demandas de massa para as quais a lei titulariza o Ministério Público, "em que as omissões probatórias das partes seriam capazes de comprometer direitos sobre os quais elas não têm disponibilidade alguma, ou não têm *toda* disponibilidade", tendo-se sempre presente "o risco de perdurarem deficiências probatórias, a dano da sociedade como um todo, de comunidades inteiras ou de grupos expressivos de pessoas."(11)

Até mesmo nas hipóteses de questões individuais em que há a disponibilidade do direito material pelas partes, permitindo-se ocorra a sua renúncia ou transação — o que não é o caso dos direitos de natureza transindividual —, subsiste o dever de iniciativa do juiz quanto à atividade probatória. É que o processo constitui atividade estatal, de ordem pública, não podendo os seus atores dele dispor em face dos interesses próprios, dado que a atividade processual objetiva a realização de um fim maior que é a pacificação social, por meio de uma decisão justa. E essa característica do processo contemporâneo, de feição cada vez mais publicística, enseja a responsabilidade do magistrado atinente à investigação devida e à apuração dos fatos, inclusive por iniciativa própria, conforme autorizam os mencionados artigos 765 da CLT e 130 do CPC.

---

direito processual, que via no processo um instrumento para a proteção do direito subjetivo e, portanto, totalmente subordinado à vontade das partes litigantes. A orientação atual, de tendência nitidamente publicista, reconhece a existência de um interesse no resultado do processo que extravasa o estreito limite das relações nele discutidas. A atuação do ordenamento jurídico interessa a toda a coletividade. Por esse motivo, admite-se a ampliação dos poderes do juiz no processo, para investigação da verdade real, visto que a formal não mais satisfaz ao processualista atento aos fins sociais de sua ciência. O interesse na solução é tanto do juiz quanto das partes" (p. 133).

(11) *Instituições de Direito Processual Civil*, v. III, 4. ed. São Paulo: Malheiros Editores, 2004, p. 53.

A atuação do juiz, por lógico, não será desmedida, circunscrevendo-se aos limites impostos pelo ordenamento jurídico, relativamente à produção de provas, devendo-se afastar, assim, aquelas obtidas por meios ilícitos (art. 5º, LVI, da CF), bem como não se admitir os meios probatórios que não sejam, em face de um juízo ético-valorativo, *moralmente legítimos* (art. 332 do CPC).

O que se apresenta, com efeito, no palco da tutela dos direitos coletivos trabalhistas, diante da sua significação, é o maior compromisso do magistrado na análise e condução das iniciativas de apuração dos fatos relevantes, na busca da verdade que orientará a resposta a uma lide de envergadura coletiva, cuja solução refletir-se-á sensivelmente na órbita do interesse social. Não há de se falar, assim, em favorecimento de uma das partes, sob a forma de complacência para com o seu encargo processual, ou mesmo mediante uma pretensa substituição desse ônus probatório, em face da iniciativa adotada pelo juiz. Pondere-se, ademais, que não é possível ignorar-se que o pólo passivo das ações coletivas trabalhistas é ocupado, quase sempre, por grandes empresas, cooperativas, grupos e associações com poder econômico, ou mesmo entidades da administração direta e indireta, detendo inegável capacidade de mobilização político-jurídica, de defesa e produção de provas em favor dos seus interesses, e, ainda, de influência sobre a opinião pública.

Não haverá, de outro prisma, nenhuma quebra da garantia da imparcialidade do órgão jurisdicional, pois, além da autorização legal conferida à iniciativa probatória *ex officio* (art. 765 da CLT e art. 130 do CPC) — que visa assegurar o resultado justo baseado na verdade real — haverá de se ter necessariamente o respeito ao contraditório, assegurando-se oportunidade às partes de conhecerem, em tempo oportuno, a prova que venha a ser determinada.

A afirmação autorizada de *José Roberto dos Santos Bedaque* é digna de registro:

> "A participação do juiz na formação do conjunto probatório, determinando a realização das provas que entender necessárias ao esclarecimento dos fatos deduzidos pelas partes, de forma alguma afeta sua imparcialidade. Agindo assim, demonstra o magistrado estar atento aos fins sociais do processo. (...)
>
> Ademais, quando o juiz determina a realização de alguma prova, não tem condições de saber, de antemão, seu resultado. O aumento do

poder instrutório do julgador, na verdade, não favorece qualquer das partes. Apenas proporciona apuração mais completa dos fatos, permitindo que as normas de direito material sejam atuadas corretamente. E tem mais: não seria parcial o juiz que, tendo conhecimento de que a produção de determinada prova possibilitará o esclarecimento de um fato obscuro, deixe de fazê-lo e, com tal atitude, acabe beneficiando a parte que não tem razão? (...) [12]

Nesse sentido, o juiz, ao valer-se da prerrogativa legal de, com liberdade, dirigir e avaliar a devida produção das provas, não estará beneficiando, direta ou indiretamente, no âmbito de uma ação coletiva trabalhista, uma das partes. Na verdade, tal conduta apenas refletirá, à luz dos postulados renovadores do processo, a atenção exigida ao desígnio constitucional de distribuição de Justiça qualificada pela efetivação de direitos fundamentais, mormente os sociais, incumbência inolvidável outorgada ao Poder Judiciário, nos lindes do Estado Democrático de Direito.[13]

É preciso dizer, também, que as regras respeitantes ao ônus da prova imputado às partes somente serão consideradas pelo juiz por ocasião da prolação da sentença, após o exaurimento de toda a fase de coleta de provas. Daí por que a **iniciativa probatória** garantida pela lei ao juiz não tem relação direta nem se choca com a questão respeitante à divisão do *onus probandi* (ver item 5).

3. A relevância das provas colhidas no Inquérito Civil e nos demais procedimentos de investigação do Ministério Público

3.1. Registro Introdutório

Faz-se imprescindível, inicialmente, a apresentação de uma visão sintética dos poderes, instrumentos e iniciativas conferidas pelo

---

(12) *Poderes Instrutórios do Juiz.* São Paulo: Editora Revista dos Tribunais, 2001, p. 107-108, 110-111.

(13) A observação de João Batista Lopes, ao tratar sobre o fundamento da liberdade de instrução do juiz, merece destaque: "O fenômeno da *constitucionalização do processo civil* (...) veio contribuir ainda mais para o fortalecimento dos poderes do juiz na direção e na instrução do processo. (...) O fortalecimento dos poderes do juiz é tendência universal justificada pela necessidade de restabelecer o equilíbrio processual quebrado pela desigualdade econômica e pelo individualismo materialista" (*A prova no Direito Processual Civil*, 2. ed. São Paulo: Editora Revista dos Tribunais, 2002, p. 173-174.

ordenamento jurídico ao Ministério Público, relativamente ao manejo dos **procedimentos de investigação**, em especial o inquérito civil, a fim de se abordar o aspecto da importância da sua consideração e valoração pelo órgão judicial, em sede de apreciação probatória no processo coletivo. Assim se justificam as rápidas observações que a seguir serão expostas.

A promoção do **Inquérito Civil** alçou-se à condição de função institucional outorgada ao Ministério Público, de acordo com o comando do artigo 129, III, da Constituição Federal. Antes, o uso do mencionado instrumento de investigação fora previsto pela Lei da Ação Civil Pública (Lei n. 7.347/85), nos termos do seu artigo 8º, § 1º.(14) Posteriormente, outros diplomas normativos reforçaram a sua utilização em áreas específicas (Lei n. 7.853/89 — Proteção às Pessoas Portadoras de Deficiência; Lei n. 8.069/90 — Estatuto da Criança e do Adolescente; Lei n. 8.078/90 — Código de Defesa do Consumidor).

As Leis Orgânicas dos Ministérios Públicos dos Estados (Lei n. 8.625/93) e da União (Lei Complementar n. 75/93)(15) explicitaram ainda mais o campo temático pertinente ao manejo do Inquérito Civil, em enumeração meramente exemplificativa, abrangendo o universo da proteção dos direitos constitucionais, do patrimônio público e social, do meio ambiente, do consumidor, dos bens e direitos de valor artístico, estético, histórico, turístico e paisagístico, das comunidades indígenas, da família, da criança e do adolescente, do idoso, das minorias étnicas e dos trabalhadores, ou de quaisquer outros interesses individuais indisponíveis, homogêneos, sociais, difusos e coletivos.

---

(14) Art. 8º (...) § 1º O Ministério Público poderá instaurar, sob sua presidência, inquérito civil, ou requisitar, de qualquer organismo público ou particular, certidões, informações, exames ou perícias, no prazo que assinalar, o qual não poderá ser inferior a 10 (dez) dias".

(15) (Lei Complementar n. 75/93) "Art. 6º Compete ao Ministério Público da União: (...) VII — promover o inquérito civil e a ação civil pública para: a) a proteção dos direitos constitucionais; b) a proteção do patrimônio público e social, do meio ambiente, dos bens e direitos de valor artístico, estético, histórico, turístico e paisagístico; c) a proteção dos interesses individuais indisponíveis, difusos e coletivos, relativos às comunidades indígenas, à família, à criança, ao adolescente, ao idoso, às minorias étnicas e ao consumidor; d) outros interesses individuais indisponíveis, homogêneos, sociais, difusos e coletivos."

"Art. 7º Incumbe ao Ministério Público da União, sempre que necessário ao exercício de suas funções institucionais: I — instaurar inquérito civil e outros procedimentos administrativos correlatos."

Em relação ao **Ministério Público do Trabalho**, cumpre realçar o preceito inscrito no artigo 84, II, da referida Lei Complementar n. 75/93, que lhe confere a incumbência de "instaurar **inquérito civil e outros procedimentos administrativos**, sempre que cabíveis, para assegurar **a observância dos direitos sociais dos trabalhadores**."

Destina-se, assim, o Inquérito Civil e os demais procedimentos administrativos admitidos pela lei, à investigação direta e exclusiva do Ministério Público para apurar elementos fático-jurídicos que possam embasar as iniciativas próprias da sua atuação, especialmente a promoção da ação civil pública. É, portanto, instrumento de instauração facultativa, de natureza preparatória, uma vez que somente justifica-se a sua abertura em caso de necessidade de averiguação e esclarecimento dos fatos constitutivos da irregularidade denunciada. Apresentando a representação (denúncia) suficiência de elementos, a ação deverá ser diretamente proposta.

É consenso doutrinário e jurisprudencial que o Inquérito Civil, sendo um instrumento oficial (previsto em lei) conduzido por ente integrante da estrutura estatal (o Ministério Público, como *função essencial à Justiça* — art. 127 da Carta Magna) se reveste da condição de procedimento administrativo investigatório, de natureza inquisitiva, não ensejando, por conseqüência, o estabelecimento do contraditório,(16) com a ressalva de não se impedir, contudo, que se proporcione à parte investigada o conhecimento e a participação nos atos de coleta de informações, quando não haja, evidentemente, prejuízo para o objetivo do procedimento. A lição de *Hugo Nigro Mazzilli* é de obrigatório destaque:

> "O inquérito civil não é *processo* administrativo e, sim, mero *procedimento*; nele não há uma acusação nem nele se aplicam sanções; nele não se criam direitos (...); nele não se limitam, nem se restringem, nem se cassam direitos. Em suma, no inquérito civil não se decidem interesses; não se aplicam penalidades; ele serve apenas para colher elementos ou informações com o fim de formar-se a convicção do órgão do Ministério Público para eventual propositura ou não das ações a seu cargo.

Assim, não sendo um processo que contenha *um fim em si mesmo*, o inquérito civil não é contraditório, da mesma forma que não o é o

(16) O Superior Tribunal de Justiça tem sedimentado o entendimento de que "o princípio do contraditório não prevalece no curso das investigações preparatórias encetadas pelo Ministério Público" (STJ-ROMS 7.423-SP, DJ 03.11.97; ROMS 8.176-GO, Rel. Min. Milton Luiz Pereira, DJ 25.05.98).

inquérito policial. Nele não se aplica, portanto, o princípio da *ampla defesa*, pois nele não há, tecnicamente, uma acusação, nem sanções.

Sob a aspecto técnico, embora não haja contraditório no inquérito civil, isso não significa que nele não se deva dar azo à manifestação do investigado; ao contrário. Além de ser altamente conveniente ter importantes elementos a apresentar ao membro do Ministério Público, não raro pode ser interessante produzir a prova por ele requerida".[17]

Pode-se elencar, como síntese das características básicas de tal instrumento investigatório: (a) a titularidade exclusiva do Ministério Público; (b) a instauração facultativa; (c) a distribuição adequada, com respeito ao princípio do promotor natural; (d) a forma escrita, pois não comporta a mera manifestação oral, havendo de obedecer assim a um *princípio de documentação*[18]; (e) a formalidade restrita, pois "as normas que disciplinam a sua instauração e tramitação têm apenas um caráter administrativo, de organização interna da própria Instituição do Ministério Público"[19]; (e) a inquisitividade, por não obrigar o estabelecimento do contraditório em seus atos; (f) a publicidade mitigada, diante da possibilidade de imposição de sigilo na investigação;[20] (g) a auto-executoriedade, consideradas as iniciativas de ofício adotadas pelo membro do Ministério Público e o poder de requisição conferido legalmente.[21]

---

(17) O inquérito civil e o poder investigatório do Ministério Público. *In: A ação civil pública após 20 anos.* Coord. Édis Milaré. São Paulo: Editora Revista dos Tribunais, 2005, p. 233-234.

(18) Cf. ADAMOVICH, Eduardo Henrique Raymundo von. *Sistema da ação civil pública no processo do trabalho.* São Paulo: LTr, 2005, p. 409.

(19) PROENÇA, Luis Roberto. *Inquérito Civil.* São Paulo: Editora Revista dos Tribunais, 2001, p. 34. No ponto, acentua Hamilton Alonso Júnior que no inquérito civil são incompatíveis com a sua natureza "a formalidade, a burocracia e a lentidão", além de constituir "um risco à efetiva defesa do interesse social impor regras ao inquérito que impedissem a rápida propositura de determinada demanda, quando se sabe em perigo valores que reclamam celeridade por parte do Ministério Público". (A valoração probatória do Inquérito civil e suas conseqüências processuais. *In: Ação civil pública — 15 anos.* Coord. Édis Milaré. São Paulo: Editora Revista dos Tribunais, 2001, p. 252.

(20) Abordando o tema, é valioso o comentário de Geisa de Assis Rodrigues: "O princípio da publicidade se aplica ao inquérito civil com as ressalvas ordinárias, ou seja, não podem ser divulgadas as informações cujo sigilo deva ser mantido para proteger o interesse público e o direito à intimidade e à vida privada das pessoas. No primeiro caso, o interesse público é uma noção aberta que pode justificar, em múltiplas situações, o sigilo da investigação até mesmo para resguardar a eficácia de seus resultados. A segunda hipótese ocorre quando a divulgação de um dado apurado em sigilo represente afronta ao direito, também de dignidade constitucional, da proteção da imagem, da honra e da intimidade das pessoas" (*Ação civil pública e termo de ajustamento de conduta.* Rio de Janeiro: Forense, 2002, p. 87).

(21) Cf. PROENÇA, Luis Roberto. *Op. cit.,* p. 32-40, e SILVA, José Luiz Mônaco. *Inquérito Civil.* Bauru, SP: Edipro, 2000, p. 55-59.

No âmbito do procedimento de inquérito civil, o membro do Ministério Público possui **amplos poderes e liberdade de investigação**, mediante a adoção de medidas e providências elencadas pela lei, inclusive a de **realizar diretamente inspeções e diligências investigatórias** (art. 8º, V e VI, da Lei Complementar n. 75/93).

Nesse sentido, destaca-se a possibilidade, prevista constitucionalmente (art. 129, VI) de se expedir notificações e requisitar informações e documentos. Assim, o **Procurador do Trabalho** pode determinar, nos **procedimentos administrativos de investigação**, a requisição de (a) documentos, (b) certidões, (c) informações, (d) realização de perícias, (e) exames, (f) prestação de serviços, (g) auxílio de força policial e (h) instauração de procedimentos administrativos na órbita de outros órgãos.[22] Anote-se que há obrigação legal quanto ao atendimento da determinação enviada, inclusive porque "*a falta injustificada e o retardamento indevido do cumprimento das requisições do Ministério Público implicarão a responsabilidade de quem lhe der causa*" (art. 8º, § 3º, da Lei Complementar n. 75/93).

Além disso, estabelece o artigo 10 da Lei n. 7.347/85, que

> "constitui crime, punido com pena de reclusão de 1 (um) a 3 (três) anos, mais multa de 10 (dez) a 1.000 (mil) Obrigações do Tesouro

---

(22) De acordo com a previsão dos seguintes dispositivos da Lei n. 7.347/85 (arts. 7º e 8º) e da Lei Complementar n. 75/93 (art. 8º), respectivamente:

"Art. 7º Incumbe ao Ministério Público da União, sempre que necessário ao exercício de suas funções institucionais: (...)

III — requisitar à autoridade competente a instauração de procedimentos administrativos, ressalvados os de natureza disciplinar, podendo acompanhá-los e produzir provas.

Art. 8º (...). § 1º O Ministério Público poderá instaurar, sob sua presidência, inquérito civil, ou requisitar, de qualquer organismo público ou particular, certidões, informações, exames ou perícias, no prazo que assinalar, o qual não poderá ser inferior a 10 (dez) dias."

"Art. 8º Para o exercício de suas atribuições, o Ministério Público da União poderá, nos procedimentos de sua competência:

I — notificar testemunhas e requisitar a sua condução coercitiva, no caso de ausência injustificada; II — requisitar informações, exames, perícias e documentos de autoridades da Administração Pública direta ou indireta; III — requisitar da Administração Pública serviços temporários de seus servidores e meios materiais necessários para a realização de atividades específicas; IV — requisitar informações e documentos a entidades privadas; V — realizar inspeções e diligências investigatórias; VI — ter livre acesso a qualquer local público ou privado, respeitadas as normas constitucionais pertinentes à inviolabilidade do domicílio; VII — expedir notificações e intimações necessárias aos procedimentos e inquéritos que instaurar; VIII — ter acesso incondicional a qualquer bancos de dados de caráter público ou relativo a serviço de relevância pública; IX — requisitar o auxílio de força policial."

Nacional — OTN, a recusa, o retardamento ou a omissão de dados técnicos indispensáveis à propositura da ação civil, quando requisitados pelo Ministério Público".

3.2. A presunção de veracidade e legitimidade das provas

Considerados, então, todos esses aspectos que traduzem a natureza, as características e as possibilidades dos procedimentos oficiais de investigação facultados ao membro do Ministério Público, é forçoso concluir que a prova colhida em razão de tal atividade goza da ***presunção de veracidade e legitimidade***. E, sendo assim, esses atributos refletem-se direta e necessariamente na avaliação probatória própria à ação coletiva, de maneira até a condicionar a sua aceitação (exemplo das perícias e exames requisitados, e das inspeções requisitadas ou diretamente realizadas pelo Ministério Público, a apontar a existência de determinada situação ou fato irregular).

É que as provas obtidas no âmbito do inquérito civil ou de procedimento de investigação, pela natureza administrativa e formal de que se revestem, e estando sob condução exclusiva de órgão da estrutura do Estado (Ministério Público), ao qual a Constituição da República atribui a incumbência da defesa da ordem jurídica e do regime democrático (art. 127), traduzem a validade própria do ato administrativo, presumindo-se, pois, a sua legitimidade e verossimilhança. Não poderiam se equiparar, dessa maneira, com as provas elaboradas unilateralmente pelo particular, que é parte interessada e parcial, titular do direito material, em sede de uma demanda individual. Aponte-se, também, como fator de corroboração do valor probante dos elementos coligidos no inquérito civil e em outros procedimentos de investigação, a garantia da submissão dos atos praticados pelo membro do Ministério Público, nesse mister, ao controle jurisdicional, pela via do mandado de segurança e do *habeas corpus*. Tem-se, pois, mesmo diante da ausência do contraditório naqueles procedimentos, assegurada à parte investigada a correção judicial de eventual abuso ou ilegalidade perpetrada, o que confere ainda mais legitimidade aos procedimentos.[23] Aliás, não é despiciendo lembrar que

---

(23) São registrados casos em que a parte investigada impetra medida de segurança requerendo até mesmo o arquivamento do inquérito civil. Veja-se, como exemplar, a seguinte decisão do Superior Tribunal de Justiça: "MANDADO DE SEGURANÇA. Pedido de arquivamento de inquérito civil instaurado pelo Ministério Público. Denegação do *writ*. Recurso Especial. Alegação de violação ao art. 1º da Lei n. 7.347/85. O campo de

os atos praticados pelo *Parquet* nessa atuação investigatória guardam, por sua natureza administrativa, conformação com os limites impostos pelo ordenamento jurídico e também com os princípios constitucionais da moralidade, da impessoalidade, da publicidade (com a possibilidade de restrição motivada, em face de exigência do interesse público), da eficiência e da razoabilidade, o que se erige como ponto de contenção à discricionariedade das iniciativas, em garantia da legalidade dos objetivos almejados pela investigação.

Com efeito, o pressuposto que se estabelece, em relação às provas originadas no procedimento de investigação do Ministério Público, é de idoneidade e veracidade, a conferir-lhes ***presunção juris tantum*** de certeza. Ou seja, reconhece-se uma forte dose de vinculatividade dos dos elementos de prova apresentados pelo *Parquet*, cuja observação se exige em razão da legitimação jurídica da origem e do meio de sua apuração.

É pertinente lembrar que o **sistema de provas**, em nosso direito processual, guiando-se pelo princípio da *persuasão racional* (convicção racional), também denominado *livre convencimento motivado*, atribui ao magistrado liberdade na apreciação e definição das provas (sem estabelecer entre elas hierarquia prévia como padrão de avaliação), jungindo a decisão judicial, porém, como requisito para a sua validade, à fundamentação extraída do universo probatório identificado no processo, de forma a conferir racionalidade (motivação adequada) à posição adotada.

É inadmissível, nesse passo, que se desconsidere ou ignore, em dado processo coletivo, o valor jurídico do material probatório ofertado pelo **Ministério Público**, originário da atividade investigatória encetada no âmbito de inquérito civil ou outro procedimento similar, e que motiva e lastreia o ingresso da ação em defesa de direitos de natureza coletiva. O desprezo desses elementos de prova, sem qualquer justificativa ponderável, corresponderia, em última análise, a uma invalidação sumária e

atuação do Ministério Público foi ampliado pela Constituição de 1988, cabendo ao *Parquet* a promoção do inquérito civil e da ação civil pública para a proteção do patrimônio público e social, do meio ambiente e de outros interesses difusos e coletivos, sem a limitação imposta pelo art. 1º da Lei n. 7.347/85. Na espécie, além de ser o inquérito peça meramente informativa, tem ele tramitação autorizada pela própria Lei n. 7.347/85. A denegação da segurança era de rigor, pois a impetrante não tem o direito líquido e certo de ver arquivado o inquérito civil e muito menos de impedir seja ele construído com as informações requisitadas pelo Ministério Público". (STJ, REsp n. 31.547-9/SP, DJ 06.10.93, Rel. Min. Américo Luz).

ilegítima de atos administrativos resguardados pelos atributos que o ordenamento jurídico lhes confere.

Deve-se ter em conta a premissa de que a ausência ou insuficiência de elementos de convencimento para o membro do *Parquet* ajuizar a ação coletiva implicaria, por dever, o arquivamento do procedimento, na forma prevista pelo artigo 9º da Lei n. 7.347/85.[24] O princípio da motivação, portanto, pode ser aqui realçado como condicionante da atividade do Ministério Público, constituindo garantia constitucional para assegurar a legitimidade da sua atividade, e, em outro ângulo, circunstância geradora da presunção de veracidade das suas iniciativas e postulações.

3.3. A importância dos meios probatórios

Cumpre explicitar, que, no processo coletivo, são admitidos todos os meios probantes que o ordenamento jurídico prevê (art. 332 do CPC e art. 212 do CC), ainda que atípicos — desde que se apresentem moralmente legítimos. Há, porém, aspectos peculiares que merecem ser destacados em relação às provas (pré)constituídas normalmente originárias do inquérito civil promovido pelo Ministério Público.

Assim, os **depoimentos** colhidos por termo nos procedimentos investigatórios do Ministério Público são realizados sob o compromisso legal de enunciação da verdade, sujeitando o depoente à prática do crime de *falso testemunho* (art. 342 do Código Penal), circunstância que confere, por si, valor diferenciado às alegações apresentadas naquela órbita administrativa, a distingui-las de meras declarações extrajudiciais firmadas por pessoa interessada, sem o receio de responder imediatamente pela falsidade do conteúdo das suas afirmações ou negativas.

Tenha-se presente que o mencionado **termo de depoimento de testemunha, da parte investigada ou de terceiros**, posto que produzido no âmbito de procedimento oficial de exclusivo manejo do Ministério Público, assinado pelo próprio membro e também pelo servidor que o secretaria, reveste-se da condição de *documento público*, expressando fé pública, com a presunção de sua veracidade, sendo-lhe conferida, por dicção legal, eficácia probatória (art. 364 do CPC).

---

(24) Art. 9º Se o órgão do Ministério Público, esgotadas todas as diligências, se convencer da inexistência de fundamento para a propositura da ação civil, promoverá o arquivamento dos autos do inquérito civil ou das peças informativas, fazendo-o fundamentadamente.

O **documento público**, consigne-se, pela força probante que dele se extrai, também exige avaliação especial pelo juiz, quando apresentado com a ação coletiva, em face do valor jurídico do conteúdo das informações e dados que contém.[25] Outro exemplo típico é o relatório de fiscalização da Delegacia Regional do Trabalho, confeccionado em atenção à requisição do *Parquet.*

Quanto a eventual **confissão** da parte investigada, registrada nos autos do procedimento de investigação, tem-se que possui, legalmente, a *mesma eficácia probatória da confissão judicial*, nos termos gizados no *caput* do artigo 353 do CPC.[26] Ora, se constitui dever do juiz dispensar a produção de provas inúteis (art. 130 do CPC) e se os fatos confessados não dependem de prova (art. 334, II, do CPC), é curial que não cabe desconsiderar-se a confissão feita no procedimento do inquérito civil.

De outro lado, pontue-se que não tem aplicação, no processo coletivo, o entendimento sedimentado pela Súmula 74, I, do TST,[27] uma vez que a ausência do autor da ação — o ente legitimado pela lei — à audiência de prosseguimento, jamais poderá importar em *confissão ficta*, já que não é o titular do direito substancial, não podendo dele dispor, com efeito, em prejuízo da coletividade de trabalhadores atingida. Frise-se que o Ministério Público quando ajuíza ação civil pública, apenas conduz o direito ameaçado ou lesado ao Poder Judiciário, postulando a sua tutela em cumprimento do mister constitucional que lhe foi outorgado constitucionalmente.[28] O não-comparecimento do representante do ente

---

(25) Art. 364. O documento público faz prova não só da sua formação, mas também dos fatos que o escrivão, o tabelião, ou o funcionário declarar que ocorreram em sua presença.

(26) Art. 353. A confissão extrajudicial, feita por escrito à parte ou a quem a represente, tem a mesma eficácia probatória da judicial (...)".

(27) Súmula 74. CONFISSÃO. "I — Aplica-se a pena de confissão à parte que, expressamente, intimada com aquela cominação, não comparecer à audiência em prosseguimento, na qual deveria depor".

(28) No mesmo sentido, aduz Eduardo Henrique Raymundo von Adamovich: "Não se há de aplicar, por conseguinte, a regra do art. 844, da CLT, nem a interpretação consagrada no referido Enunciado n. 74, da Súmula do Tribunal Superior do Trabalho, porquanto, ao fazê-lo, se estaria, em outras palavras, a conceber a disponibilidade absoluta dos direitos transindividuais pelos representantes legalmente legitimados à sua tutela. Nem mesmo o arquivamento, reminiscência administrativa no processo do trabalho para significar a extinção do processo sem exame de mérito pela ausência da parte autora à audiência, parece aplicável à ação civil pública trabalhista, pois equivaleria a aceitar-se verdadeira desistência infundada da mesma ação por via transversa." (*Sistema da ação civil pública no processo do trabalho. Op. cit.*, p. 419).

legitimado à audiência de instrução, portanto, não gera o efeito da confissão, nem resulta em prejuízo ao conjunto de provas, inclusive porque nesta hipótese avulta a responsabilidade instrutória do juiz — em razão da expressão coletiva e indisponível do direito postulado —, com liberdade para determinar diligências necessárias à busca da verdade (ver item 2). E ainda que malogre este objetivo, eventual improcedência do pedido seria fundamentada na insuficiência probatória, ensejando oportunidade à repropositura posterior da demanda, valendo-se de nova prova (art. 16 da Lei n. 7.347/85 e art. 103 do CDC — ver item 6).

É dever apontar, ainda, que a atividade de coleta de elementos de convicção empreendida de maneira direta nos procedimentos investigatórios do Ministério Público, principalmente pelo impacto que a sua efetivação produz em relação à parte investigada ou mesmo às testemunhas — ainda que não haja contraditório —, muitas vezes espelha mais a verdade do que têm revelado os meios de prova utilizados na instrução processual da ação coletiva (e a experiência tem isso demonstrado), quando não é incomum o preparo, a combinação e o direcionamento dos depoimentos ou dos documentos oferecidos, como estratégia de defesa, resultando na distorção do seu conteúdo ou na sonegação dos fatos relevantes.

Até mesmo no que se refere à **prova pericial** e à **inspeção direta**, há situações em que o fator tempo é decisivo para a desconstituição ou descaracterização dos fatos e circunstâncias sob apuração, levando a que tais provas produzidas, em momento hábil, no bojo do inquérito civil ou de outro procedimento investigatório do Ministério Público, tenham de ser consideradas como essenciais, posto que a determinação de nova perícia ou inspeção, por determinação judicial, nenhum resultado útil traria, diante da desconfiguração — e mesmo do desaparecimento — do cenário ou dos elementos de necessária observação para a sua feitura. São exemplos emblemáticos dessa situação as questões respeitantes ao **meio ambiente do trabalho**, veiculadas em ações coletivas trabalhistas, quando o encerramento da atividade empresarial, ou a sua mudança em determinado setor ou a alteração física das instalações, ou mesmo o fechamento do estabelecimento, tornam inúteis e estéreis eventuais provas técnicas ou diligências presenciais, renovadas em sede de instrução processual. Invoque-se, nesta quadra, a possibilidade de aplicação, pelo órgão judicial trabalhista, do preceito do artigo 427 do CPC, *verbis*:

"Art. 427. O juiz poderá dispensar prova pericial quando as partes, na inicial e na contestação, apresentarem sobre as questões de fato pareceres técnicos ou documentos elucidativos que considerar suficientes."

Em estudo sobre as peculiaridades da **prova colhida no inquérito civil**, explicita Hamilton Alonso Júnior que, nesta seara, "não só a constatada dificuldade do efetivo resguardo ao direito material e seu valor social incomparável ditam a necessidade de tratamento especial". Aponta o autor, em seguida, a tendência crescente, sem se descurar dos princípios da ampla defesa e do contraditório, de não se desprezar a prova produzida neste procedimento de investigação, "fazendo incidir efeitos processuais em benefício do interesse social (...)". E complementa, com propriedade:

"Não se pode olvidar da peculiaridade do panorama pré-processual que aqui ganha colorido pioneiro (§ 1º, art. 8º, da LACP). Com efeito, no inquérito civil público o Promotor de Justiça se vale, no mais das vezes, como dito, de laudos, relatórios e pareceres provenientes de órgãos públicos especializados. Estes documentos *oficiais* são formulados por agentes públicos assujeitados aos deveres de fidelidade e obediência à lei. Os atos administrativos por eles formalizados possuem presunção de legitimidade. (...)

Portanto, a maioria das provas técnicas trazidas para o inquérito possui essa presunção *juris tantum* de validade, autenticidade e veracidade, sendo tal presunção decorrente também do próprio teor do artigo 364 do Código de Processo Civil, cabendo à parte contrária impugnar esses atributos de legitimidade (arts. 387 e 390 do CPC), sob pena de valorização maior ainda do panorama probatório."(29)

A natureza coletiva do direito objeto da tutela requerida, e, como antes ressaltado, a sua significação social, influenciam positiva e marcantemente a aceitação e avaliação das provas originárias do inquérito civil conduzido pelo Ministério Público, o que encontra especial importância no universo das **tutelas de urgência**, como é notório.

Há, verdadeiramente, no processo coletivo, um vetor a legitimar "**a facilitação da defesa dos direitos transindividuais**, assim como no

---

(29) *A valoração probatória do Inquérito Civil e suas conseqüências processuais. Op. cit.*, p. 255-256. Anota também o autor, que "não se prega valor absoluto ao inquérito na instrução processual", mas "ignorá-lo integralmente, como se tem presenciado, não lhe reconhecendo conteúdo probatório significativo, é um equívoco a ser corrigido" (p. 258).

Direito do Trabalho ele se dirige em favor do trabalhador hipossuficiente",[30] e a exigir uma solução célere e eficaz,[31] com o expurgo de provas inadequadas ou ineptas, principalmente em casos de ameaça ou lesão coletiva a direitos afetos diretamente à órbita da dignidade do trabalhador (saúde e segurança, liberdade, honra, vida privada, intimidade, imagem, nome, consideração social, etc.).

Não é razoável, destarte, menoscabar ou depreciar "todo o trabalho já levado a efeito pelo Ministério Público do Trabalho no inquérito, transferindo-se para ele ou qualquer outro legitimado ativo o ônus integral de provar o afirmado na petição inicial, levando-os a repetir todas as provas antes produzidas, com as esperáveis dificuldades daí advindas. Seria, com efeito, inverter a direção do vetor que regula a distribuição dos ônus da prova neste ramo do processo."[32]

Faz-se correto concluir, pois, forte nas palavras de Hamilton Alonso Júnior, que as peculiaridades da atividade própria à investigação conduzida pelo *Parquet*, por meio do inquérito civil, dado o seu caráter de "procedimento oficial público, bem como o fato de ser presidido dentro dos estritos princípios insertos no art. 37, *caput*, da Constituição Federal (legalidade, impessoalidade, moralidade, publicidade e eficiência) lhe atribuem força e confiabilidade probatória inegável, a serem levadas em consideração pelo juiz". Afinal, não é demais registrar que, "dentro da sua competência discricionária e lhe sendo dirigida a prova, cabe ao magistrado utilizando das máximas de experiência aquilatar da suficiência do que está sendo apresentado no inquérito civil, evitando-se costumeiras procrastinações com abertura inútil de dilação probatória para comprovação de fatos incontroversos, impertinentes e irrelevantes."[33]

---

(30) Expõe Eduardo Henrique Raymundo von Adamovich, nessa linha, que "o princípio da facilitação da defesa dos direitos transindividuais e dos trabalhadores é (...) resultado das dificuldades que costumeiramente são enfrentadas para defender tais direitos em juízo, seja por simples hipossuficiência econômico-financeira ou até por dificuldades objetivas na reunião dos diversos elementos de prova, em tema, *v.g.*, de direitos difusos" (*Sistema da ação civil pública no processo do trabalho, op. cit.*, p. 415).

(31) A observação de João Gilberto Gonçalves Filho é de todo pertinente: "A gravidade dos problemas sociais deduzidos judicialmente nas ações civis públicas reclama, dos operadores do direito, esforços intensos no sentido de conduzi-la a um desfecho rápido e proveitoso, o que significa tutela judicial efetiva e tempestiva para os casos de procedência". (*"O direito a uma tutela efetiva e tempestiva na ação civil pública". In: Ação Civil Pública: 20 anos da Lei n. 7.347/85*. Coord. ROCHA, João Carlos de Carvalho; HENRIQUES FILHO, Tarcísio Humberto Parreiras; CAZETTA, Ubiratan. Belo Horizonte: Del Rey, 2005, p. 168-169.

(32) ADAMOVICH, Eduardo Henrique Raymundo von. *Op. cit.*, p. 414-415.

(33) *A valoração probatória do Inquérito Civil e suas conseqüências processuais. Op. cit.*, p. 259.

4. O valor dos indícios e presunções em face do conteúdo das ações coletivas trabalhistas

As ações coletivas trabalhistas têm veiculado, reiteradamente, questões envolvendo condutas irregulares nos campos da discriminação, da fraude, da coação, do conluio, do assédio e do abuso. São áreas, segundo se observa, nas quais se apresenta difícil a **demonstração direta do fato ilícito**, uma vez que, sabidamente, possuindo o agente infrator (o empregador, a pessoa física sua representante, ou o administrador) consciência de tal tipificação, conduz a sua ação ou omissão de maneira deliberada a ocultar ou desconstituir qualquer elemento ou evidência caracterizadora do procedimento antijurídico.

Em tais situações, a prova documental é comumente inexistente e raras são as possibilidades de depoimentos de testemunhas, mercê da sua ausência nas situações invocadas, de ofensa aos interesses coletivos tutelados, pois, por exemplo, o assediador sexual não praticará o assédio na presença de terceiros ou aquele que age com intuito de discriminar não o faz por escrito. Ergue-se, dessa maneira, a necessidade de o magistrado do trabalho valer-se, com ênfase destacada, na tarefa de convencimento e deslindamento possível da verdade, das **regras de experiência comum** subministradas pela observação do que ordinariamente acontece, conforme previsão inserta no artigo 335 do CPC,(34) de autorizada e imprescindível aplicação ao processo laboral (art. 769 da CLT).

Devem ser utilizadas, assim, na atividade probatória empreendida pelo juiz, as denominadas *máximas de experiência*, que representam legítimos juízos de valores, e, além disso, "adquirem autoridade porque trazem consigo a imagem do consenso geral, pois certos fatos e certas evidências fazem parte da cultura de uma determinada esfera social".(35) São, destarte, espécies de regras utilizadas pelo magistrado, "como homem integrado ao seu universo cultural", decorrentes da vivência ou da observação "de fatos repetidos que costumam invariavelmente conduzir a determinados resultados".(36) Em outras palavras, constituem a ex-

---

(34) Art. 335. Em falta de normas jurídicas particulares, o juiz aplicará as regras de experiência comum subministradas pela observação do que ordinariamente acontece e ainda as regras de experiência técnica, ressalvado, quanto a esta, o exame pericial.

(35) NERY JUNIOR, Nelson. *Código de Processo Civil Comentado. Op. cit.*, nota 1 ao art. 335, p. 728.

(36) FABRÍCIO, Adroaldo Furtado. "Fatos notórios e máximas de experiência". *In: Estudos em homenagem à Professora Ada Pellegrini Grinover.* Coord. Flávio Luiz Yarshell e Maurício Zanoide de Moraes. São Paulo: DPJ Editora, 2005, p. 435.

pressão daquilo (realidade) que *se conhece*, baseando-se no nível de percepção do *homem médio*, de maneira indutiva e lógica.

Com efeito, nasce daí a presunção *hominis*, também chamada de presunção judicial ou presunção simples, constituindo-se processo de compreensão intelectual, portanto racional, pelo qual a existência de um determinado fato é inferida a partir do conhecimento certo de um outro fato (fato-base ou *indício*).[37]

Nesses casos de admissão da prova indireta (prova presuntiva ou indiciária), deve-se, portanto, considerar demonstrado, por tal meio, o fato relevante para a questão, do qual não se pôde ter conhecimento direto, em razão do contexto ou das circunstâncias havidas. Veja-se, sobre o tema, a inestimável análise de *Cândido Rangel Dinamarco:*

> "As presunções judiciais são inseridas no sistema do processo civil pelo art. 335 do Código de Processo Civil, que manda o juiz decidir segundo suas *máximas de experiência* — que são a expressão da cultura dos juízes como intérpretes dos valores e da experiência acumulada pela sociedade em que vivem. Atentos e sensíveis às realidades do mundo, eles têm o dever de captar pelos sentidos e desenvolver no intelecto o significado dos fatos que os circundam na vida ordinária, para traduzir em decisões sensatas aquilo que o homem comum sabe e os conhecimentos que certas técnicas elementares lhes transmitem. Na realidade da vida e às vezes do cotidiano, há fatos que ordinariamente se sucedem a outros e, tanto quanto o *homem da rua* (*Calamandrei*), o juiz não deve estar alheio a essa percepção nem decidir como se a vida não fosse assim — sob pena de transformar o processo em uma *técnica bem organizada para desconhecer o que todo mundo sabe* (*Aliomar Baleeiro*)."[38]

Essas ponderações ensejam, por lógico, a consideração do **Juiz do Trabalho** na **atividade probatória** inerente às ações coletivas, princi-

---

(37) Anotam Luiz Guilherme Marinoni e Sérgio Cruz Arenhart que a noção de *indício* é elemento indissociável da idéia da presunção judicial (*hominis*), explicando, em seguida: "Como visto, o princípio do raciocínio presuntivo calca-se na verificação concreta de outro fato (do qual se extrairá a ocorrência do fato principal). Esse fato secundário, cuja verificação é possível pelos meios probatórios normais, é que se chama de *indício* (razão pela qual as presunções também são denominadas de 'provas indiciárias', embora a presunção, em análise mais correta, não constitua *nem fato nem prova*, mas apenas a *conclusão do raciocínio* presuntivo)" (*Manual do processo de conhecimento*. 2. ed. São Paulo: Editora Revista dos Tribunais, 2003, p. 331-332).

(38) *Instituições de Direito Processual Civil. Op. cit.*, p. 122.

palmente quando ocorre a negação da irregularidade ou do dano alegado na petição inicial, referindo-se, por exemplo, à conduta fraudadora de direitos, discriminatória, abusiva ou assediadora por parte do empregador.

Conforme antes registrado, geralmente nesses casos há dissimulação do comportamento, situação que exige do órgão julgador direcionar a percepção para elementos ou dados indiretos que presumam a existência dos fatos principais que motivam a demanda, diante da responsabilidade e significação que traduz a decisão a ser proferida no processo coletivo laboral.

São aspectos, assim, a revelar, muito mais do que uma mera coincidência ou situações pontuais, verdadeiros indícios de violação a direitos coletivos, no âmbito trabalhista, e que não podem passar ao largo da visão do julgador, ou mesmo vir a ser ignorados:

(a) a desfavorabilidade, em face do empregador, de dados estatísticos oficiais, oriundos de órgãos como o INSS, o IBGE, o Ministério do Trabalho e Emprego e a Organização Internacional do Trabalho (OIT);

(b) a mudança do local de trabalho ou transferência abrupta de grupo de trabalhadores;

(c) a reiteração de afastamentos temporários ou definitivos de trabalhadores, motivados por uma determinada causa (doença, acidente, pedido de dispensa);

(d) a assinatura uniforme pelos trabalhadores, de documentos apresentados pela empresa, com conteúdo duvidoso;

(e) a existência de certo padrão de preferência ou rejeição de trabalhadores, identificados precipuamente por algum atributo pessoal (idade, cor, sexo, procedência, etnia, opção religiosa, condição social, etc.);

(f) a alteração inopinada no sistema da jornada de trabalho ou do seu registro;

(g) a rotatividade de trabalhadores em empresas ou setores não compatíveis com essa característica; e

(h) a exigência de um ou mais requisitos para a contratação de trabalhadores, sem correlação com as funções oferecidas.

Um último ponto a merecer atenção diz respeito à prova relativa ao **dano moral coletivo** postulado nas ações civis públicas. Nesta seara, evidencia-se que a lesão revela-se como *damnum in re ipsa*, ou seja, decorre do próprio fato da violação (*ipso facto*), não se cogitando da prova do prejuízo ou mesmo da existência de uma *presunção*, pois o dano é compreendido objetiva e diretamente do mesmo fato que o causa.

Enfim, há de atentar o magistrado para a circunstância de que a demonstração do dano moral coletivo **dispensa prova direta**, sendo suficiente a verificação, de *per si*, do fato concretizado, sem a necessidade de se perquirir, inclusive, a órbita de subjetividade do lesante, ou seja, a presença do elemento culpa, haja vista que a responsabilidade incidente, nesta questão, é de natureza objetiva.

Anote-se que não se comprova o dano moral em si mesmo. O sofrimento, a angústia, a aflição, o ultraje ou o constrangimento, por exemplo, infligidos à coletividade, não são nem poderiam ser objeto de prova, uma vez que se apreendem a partir da existência e decorrência lógica do ilícito praticado. O sistema jurídico, dessa maneira, contenta-se com a simples ocorrência da conduta danosa, diante da consciência que emerge de que certos fatos atingem e lesionam, pela própria ocorrência, a esfera da moralidade coletiva, inerente, por exemplo, a grupos, classes ou categorias de trabalhadores.[39]

5. *A inversão do* onus probandi *na ação coletiva*

Questão que tem suscitado interessante discussão, nas fronteiras da ação coletiva, inclusive em sede trabalhista, é a possibilidade da aplicação da regra da *inversão do ônus da prova*, a fim de nortear a posição a ser adotada na sentença, em razão da responsabilidade sobre a demonstração dos fatos relevantes para a solução da demanda.

A fixação do *onus probandi*, em conformidade com os comandos gizados nos artigos 818 da CLT e 333 do CPC, não constitui regra de procedimento, mas sim *norma de julgamento* a ser observada pelo juiz por ocasião da decisão, a implicar desvantagem para a parte sobre a qual pesava o encargo de provar determinado fato e não o fez.

Tendo-se em conta o dever de o magistrado julgar a questão — já que inadmitida em nosso ordenamento a proclamação do *non liquet*—, haverá de se valer da regra legal da distribuição do encargo das provas entre as partes, apenas se for o caso de constatar que "o material pro-

(39) Cf. MEDEIROS NETO, Xisto Tiago. *Dano moral coletivo. Op. cit.*, p. 152-154.

batório não é suficiente para esclarecer adequadamente os fatos",[40] situação em que a ausência de elementos de convencimento sobre determinado ponto, reitere-se, desfavorecerá a parte que teria o ônus de prová-lo.

É pertinente, outrossim, a crítica à posição de se emprestar rigidez à divisão do ônus da prova, como *regra de julgamento*, que não mais se justifica diante da revelação e valorização do conteúdo publicístico do processo, elevado à categoria de atividade e objetivo de interesse do Estado, após a superação da moldura privatista (o processo considerado como *coisa das partes*). Nesse passo, o compromisso e a estrita vinculação do processo com os imperativos de uma justiça substancial conduzem ao menoscabo da postura de penalizar-se a parte que não tenha satisfatoriamente se desincumbido do encargo, principalmente quando tal circunstância decorre da sua hipossuficiência social e econômica. A iniciativa probatória conferida legalmente ao juiz (ver item 2) expressa bem o direcionamento do sistema processual para a busca da verdade real, almejando, pois, mitigar as situações em que, por impossibilidade ou até mesmo desídia das partes, remanesçam dúvidas sobre os fatos relevantes para a decisão.

O processo, repise-se, por força dos seus escopos (social, político e jurídico), deve amoldar-se — incluindo, em especial, o procedimento probatório —, o quanto possível, à natureza e ao valor conferidos pelo ordenamento constitucional ao direito material sob proteção. Na feliz síntese de *Luiz Guilherme Marinoni*, "se o processo pode ser visto como instrumento, é absurdo pensar em neutralidade do processo em relação ao direito material e à realidade social. O processo não pode ser indiferente a tudo isso".[41]

Por isso, a importância reconhecida constitucionalmente aos direitos coletivos (*lato sensu*), pela sua relevância social, condiciona o juiz, em sede probatória, a uma atuação diferenciada, com vistas a garantir uma adequada solução ao conflito, como expressão de uma justiça de dimensão superlativa. Esse aspecto, então, estaria a legitimar, no plano político-instrumental, a aplicação da regra da inversão do *onus probandi* às demandas de caráter coletivo, diferentemente do parâmetro clássico estabelecido pelos mencionados artigos 818 da CLT e 333 do CPC.

---

(40) MARINONI, Luiz Guilherme; ARENHART, Sérgio Cruz. *Manual do processo de conhecimento. Op. cit.*, p. 310.

(41) *Técnica processual e tutela dos direitos*. São Paulo: Editora Revista dos Tribunais, 2004, p. 191.

É na disposição do artigo 6º, VIII, do Código de Defesa do Consumidor (Lei n. 8.078/90) que se identifica o fundamento jurídico para se conceber **a inversão do ônus da prova no processo coletivo**. A norma em foco prevê como direito básico do consumidor "a facilitação da defesa de seus direitos, inclusive com a inversão do ônus da prova, a seu favor, no processo civil, quando, a critério do juiz, for verossímil a alegação ou quando for ele hipossuficiente, segundo as regras ordinárias de experiência".

Argumenta-se, porém, em contrário à aplicação do referido preceito a outras áreas que não a das demandas decorrentes das relações individuais de consumo, que a sua posição, no corpo do CDC, integrando do Título I (Dos Direitos do Consumidor) e inserido no Capítulo II (Dos Direitos Básicos do Consumidor), seria suficiente para obstar a sua incidência no âmbito do processo coletivo em geral, uma vez que o artigo 117 do próprio CDC, ao acrescer o artigo 21 à Lei da Ação Civil Pública (Lei n. 7.347/85), literalmente circunscreveu a aplicação às demais ações coletivas apenas dos dispositivos constantes do Título III (Da Defesa do Consumidor em Juízo), que abrange os artigos 81 a 104. Considerando que o indigitado artigo 6º, VIII, do CDC, não se localiza no Título III do CDC, estaria excluída, assim, a possibilidade de sua incidência às demandas coletivas — inclusive as da órbita trabalhista.

Essa posição restritiva deve ser rechaçada, pois, aferrada ao critério puramente gramatical, não resiste a uma interpretação que se baseie numa perspectiva sistemático-teleológica. É que o artigo 6º, VIII, do CDC, traduz-se em preceito tipicamente processual, não constituindo direito material do consumidor. O legislador, ao distanciar a referida regra do *locus* das demais de idêntica natureza instrumental (Título III), não teve o condão de desnaturar o seu verdadeiro caráter. É inconcebível, afinal, que seja definida ou alterada a natureza de uma regra jurídica a partir da simples observação do seu posicionamento (local de inserção) em um diploma legal.

E se o propósito adotado por esse mesmo legislador, estampado na fórmula de integração do sistema processual de tutela coletiva (normas da Lei da ação civil pública/normas processuais do Código de Defesa do Consumidor), era harmonizar e dar unidade a esse ordenamento especial, tem-se como admissível a aplicação da disposição daquele artigo 6º, VIII, do CDC, a todas as ações coletivas, e não apenas àquelas jungidas ao universo dos direitos do consumidor.

Ao enfrentar o tema, *Ricardo de Barros Leonel* adota idêntico entendimento, sustentando que "a interpretação ampliativa — aplicação recíproca de todas as normas processuais do ordenamento coletivo — é a que melhor se amolda ao ordenamento constitucional e infraconstitucional, pois ultimamente o labor legislativo tem sido voltado à otimização e ampliação da tutela coletiva. (...) A prática também induz à solução de interação dos diplomas coletivos, e, portanto, da aplicação ampla da inversão do ônus da prova".(42)

Seguindo a mesma linha interpretativa, assinala *Marcelo Abelha*:

> "Ora, vê-se que muito embora o art. 6º, VIII, não esteja no Título III, é fora de dúvidas que *todos* os dispositivos ali presentes contêm regras de direito processual civil, e que o art. 117 (art. 21 da LACP) manda aplicar a qualquer direito difuso (...) tais dispositivos, deixando nítida a intenção de que fosse criado um *plexo jurídico* de normas processuais civis coletivas para ser imediatamente aplicado aos direitos coletivos *lato sensu*.
>
> Ora, sendo o art. 6º, VIII, uma norma de direito processual civil, é ilógico que não se entenda como contida esta regra de inversão do ônus da prova na determinação do art. 21 da LACP. Destarte, o fato de se encontrar o dispositivo fora do rol do Título III, embora ontologicamente seja também uma regra de direito processual, não afasta a premissa de que o art. 6º, VIII, do CDC, é regra principiológica do diploma que se projeta em todo o Código, inclusive sobre o referido Título que cuida do direito processual civil".(43)

É importante frisar que a regra de inversão do ônus da prova inspira-se em duas evidências: a primeira, a relevância social e a necessidade imperiosa de proteção do direito material cuja tutela se almeja; a segunda, a posição de vulnerabilidade de uma partes (a que titulariza o direito substancial), circunstância geradora de desigualdade na atuação processual. E os requisitos legais fixados para o fim de possibilitar a sua adoção, a partir de tais pontos são a identificação da verossimilhança da alegação da parte ou, alternativamente, a sua hipossuficiência (art. 6º, III, do CDC).

Pode-se dizer, assim, que, no campo das demandas coletivas trabalhistas, de maneira clara se identificam essas premissas, abrindo-se

(42) *Manual do Processo Coletivo. Op. cit.*, p. 341-342.
(43) *Ação civil pública e meio ambiente. Op. cit.*, p. 219-220.

espaço para o juiz, de acordo com a natureza e as circunstâncias presentes nesses litígios, valer-se da regra de inversão do *onus probandi*, quando do julgamento da causa, com fundamento no artigo 6º, VIII, do CDC, aplicável ao processo laboral por força da integração do sistema de tutela jurisdicional coletiva.

A possibilidade de utilização dessa regra de julgamento nas ações coletivas trabalhistas ganha relevo indiscutível nas questões em que se discutem temas cuja demonstração documental, testemunhal ou pericial, em favor da coletividade titular do direito, é de difícil consecução, o que autoriza, justificadamente, considerar o magistrado a norma de inversão do ônus probatório. É o caso, por exemplo, de situações pertinentes às seguintes práticas:

(a) discriminação a grupos de trabalhadores (por motivo de raça, sexo, idade, tempo de serviço, opção religiosa, estado de saúde, condição física ou mental, etc.);

(b) fraudes (terceirização ilícita por meio de cooperativas; desvirtuamento do estágio profissional ou do contrato de aprendizagem; assinatura de documentos em branco; sonegação de horas ou manipulação escusa dos registros de jornada de trabalho; omissão deliberada no envio da comunicação de acidente de trabalho; etc.);

(c) abuso e assédio (profissional, moral e sexual);

(d) ofensa à privacidade e a intimidade;

(e) negligência quanto ao meio ambiente do trabalho.

Como última observação, consigne-se que é no momento da decisão, quando constatar o juiz, eventualmente, a insuficiência do material probatório coletado no processo, que deverá se valer da regra da inversão do *onus probandi*, nunca em desfavor da coletividade de trabalhadores. Nada impede, entretanto, e até mesmo seria mais adequado processualmente, que o órgão judicial, de forma antecipada, em audiência ou por meio de despacho, ao visualizar no caso concreto o conteúdo do direito e os fatos alegados, decida sobre a inversão do ônus da respectiva prova, com a necessária comunicação às partes.[44]

---

(44) Cf. PACÍFICO, Luiz Eduardo Boaventura. *O ônus da prova no Direito Processual Civil*. São Paulo: Editora Revista dos Tribunais, 2001, p. 157-160.

6. A insuficiência probatória como causa da improcedência do pedido

Encerrada a fase probatória na ação coletiva, tendo o juiz se valido, inclusive, da iniciativa *ex officio* assegurada pela lei para esclarecimento da verdade — além de verificado os aspectos relativos à presença de indícios e à inversão do *ônus probandi* —, é possível que ainda assim constate que os elementos probatórios observados não tenham sido bastante para atender a uma solução de certeza e justiça.

Revela-se, diante disso, aspecto que merece atenção, em sede de ação coletiva, pertinente às conseqüências jurídicas da improcedência do pedido por **insuficiência de prova**, com previsão no artigo 16 da Lei da Ação Civil Pública (Lei n. 7.347/85), em sua parte final. Estabelece esse dispositivo que não se produzirão os efeitos da coisa julgada em caso de "*o pedido ser julgado improcedente por insuficiência de provas, hipótese em que qualquer legitimado poderá intentar outra ação com idêntico fundamento, valendo-se de nova prova*". A matéria também encontra regência explícita no artigo 103 do CDC, sem discrepar, porém, da regra sintetizada pelo preceito antes transcrito.

Aqui se identifica, sem dúvida, uma disposição especial do sistema processual coletivo, que admite uma nova propositura da ação, em caso de não se obter êxito no mister probatório direcionado ao esclarecimento dos fatos — independentemente do esforço das partes ou da iniciativa do próprio magistrado —, quando **novas provas** venham a ser invocadas pela parte autora (qualquer dos entes que a lei legitima para a apresentação da demanda).

A doutrina aponta, acertadamente, que tal regramento decorre da técnica da *'coisa julgada secundum eventum probationis'*.[45] É evidente que, não sendo os autores legitimados para a ação coletiva[46] os titulares do direito postulado, não se pode conceber que a eventual **ausência ou insuficiência de prova**, num dado momento e consideradas as circunstâncias então presentes, impeça a tutela do interesse coletivo, *a posteriori*, quando novos elementos sejam conhecidos, de maneira bastante a demonstrar a ameaça ou a lesão aos bens jurídicos cuja proteção se requer.

---

(45) Cf. LENZA, Pedro. *Teoria Geral da ação civil pública*. 2. ed. rev., atual. e amp. São Paulo: Editora Revista dos Tribunais, 2005, p. 292-209.

(46) O Ministério Público, as associações e os entes da administração pública, conforme prevêem os arts. 5º da Lei n. 7.347/85, 82 do CDC e 129, III e § 1º, da Constituição Federal.

Dessa maneira, à vista do horizonte das possibilidades probatórias, nova ação pode vir a ser proposta, invocando o autor, justificadamente, os elementos que propiciem mudança na compreensão dos fatos.

Anote-se que, apesar de essa situação não ser recorrente, é perfeitamente possível que, em sede de **ações coletivas trabalhistas** que versem sobre temas ligados a áreas de difícil comprovação da conduta ilícita — a exemplo das questões que envolvem **discriminação, assédio, coação, abuso de direito, fraude ou conluio** —, a prova dessas práticas antijurídicas possa não apresentar suficiência, aos olhos do órgão judicial, após o término da fase probante.

O correto seria, em face das disposições legais enfocadas, que a referida circunstância (**a insuficiência da prova**) fosse pronunciada na decisão, a fim de revelar inequivocamente a possibilidade de uma nova postulação. Não sendo assim, a proclamação da improcedência do pleito, com foros de definitividade sobre a inexistência do ilícito ou da lesão ao direito, configuraria injustiça e subversão dos princípios informadores do processo coletivo, em prejuízo dos próprios titulares do interesse jurídico, integrantes da coletividade que não participaram diretamente do universo probatório.

Todavia, ainda que não haja manifestação na sentença de improcedência sobre o aspecto da **não-suficiência da prova**, a sua verificação poderá decorrer, nesta hipótese, da observação direta dos termos da decisão, não prejudicando, dessa forma, a renovação da demanda e a proteção ao direito postulado. A análise incensurável de *Ricardo de Barros Leonel* reforça esta posição.

> "A viabilidade da reformulação da demanda depende da identificação da insuficiência probatória como fundamento da improcedência anterior. A concepção de '*deficiência probatória*' que melhor atende ao processo coletivo é calcada no critério '*substancial*': o que importa não é a dicção do magistrado na sentença, mas o conteúdo ou modo pelo qual o feito se encerrou. Se a discordância diz respeito a questões de fato que possam receber demonstração diversa da pretérita, inclusive em função do avanço tecnológico nos meios de prova, será possível a reformulação da ação já julgada."(47)

Imagine-se, por exemplo, a hipótese de ação coletiva proposta pelo Ministério Público do Trabalho, ou por sindical da categoria profissional,

(47) *Manual do processo coletivo.* São Paulo: Editora Revista dos Tribunais, 2002, p. 274.

visando coibir a prática de discriminação ou assédio, por parte de uma empresa, atingindo universo de trabalhadores, cujos depoimentos, constituindo a única prova possível de ser colhida, foram inibidos em face do receio justificado da perda do emprego, circunstância que resultou no julgamento improcedente dos pedidos.

Tem-se, nessa situação, caso exemplar que pode ensejar, após a extinção do processo, a repropositura da ação baseada na apresentação de declarações novas de trabalhadores dispensados, com autonomia para afirmar a verdade sobre a conduta ilícita do empregador ou sobre a lesão sofrida.

É evidente que, na questão exposta, autoriza-se a instauração de um novo processo, a coleta da nova prova indicada e, por conseguinte, a prolação de nova sentença, afastando-se qualquer argüição relativa à incidência dos efeitos da coisa julgada material, nos moldes do que se conceberia nas fronteiras das lides individuais que tratam sobre direitos disponíveis.

Nas lides coletivas, então, a coisa julgada possui natureza formal, a impedir a alteração do resultado do julgamento apenas no âmbito do mesmo processo.(48)

Repise-se, por necessário, que a decisão judicial desfavorável à coletividade titular do direito deve fazer referência ao aspecto da **deficiência probatória presente**, evitando-se o cometimento de injustiça irreparável acaso implicasse obstar, diante de uma suposta e inaceitável *preclusão máxima*, a proteção efetiva de um bem jurídico de latitude coletiva, gravado pela indisponibilidade.

Enfim, nas ações coletivas trabalhistas não haverá a formação da coisa julgada material (art. 16 da Lei n. 7.347/85 e art. 103 do CDC) quando constatada a insuficiência de prova como fundamento da improcedência do pedido, independentemente de tal aspecto ter sido objeto de consideração na sentença. Nessa linha, a lição sempre respeitável de *Ada Pellegrini Grinover* é de obrigatória menção:

---

(48) Abraçando idêntico entendimento, Ricardo Barros Leonel anota que "na hipótese de improcedência por insuficiência de provas, só ocorrerá a formação da coisa julgada formal, reconhecida a imutabilidade da sentença no mesmo processo. Não haverá coisa julgada material, pois os legitimados (inclusive o autor) poderão tomar nova iniciativa, com base em nova prova. Aqui há restrição na extensão e configuração da coisa julgada, subjetiva e objetivamente: os indivíduos legitimados e os interessados não serão atingidos; e há somente a formação da coisa julgada formal, com a possibilidade de modificação em outro processo." (*Op. cit.*, p. 274).

"a fórmula (legal) que possibilita ao legitimado ativo ajuizar nova ação, com o mesmo fundamento, quando a demanda coletiva for rejeitada em virtude da insuficiência de provas, pode ser interpretada como consagradora da coisa julgada *secundum eventum probationis*, permitindo a repropositura da ação, com base em novos elementos probatórios, não existentes à época do primeiro processo, ainda que o juiz não tenha, explícita ou implicitamente, se referido à improcedência por insuficiência de provas."(49)

Referências Bibliográficas

ABELHA, Marcelo. *Ação civil pública e meio ambiente*, 2. ed. Rio de Janeiro: Forense Universitária, 2004.

ADAMOVICH, Eduardo Henrique Raymundo von. *Sistema da ação civil pública no processo do trabalho*. São Paulo: LTr, 2005.

ALMEIDA, Gregório Assagra. *Direito processual coletivo brasileiro*. São Paulo: Saraiva, 2003.

ALONSO JÚNIOR, Hamilton. "A valoração probatória do Inquérito civil e suas conseqüências processuais". *In: Ação civil pública — 15 anos*. Coord. Édis Milaré. São Paulo: Editora Revista dos Tribunais, 2001.

BEDAQUE, José Roberto dos Santos. *Poderes instrutórios do juiz*. São Paulo: Editora Revista dos Tribunais, 2001.

DINAMARCO, Cândido Rangel. *Instituições de Direito Processual Civil*. v. III, 4. ed. São Paulo: Malheiros Editores, 2004.

FABRÍCIO, Adroaldo Furtado. Fatos notórios e máximas de experiência. *In: Estudos em homenagem à Professora Ada Pellegrini Grinover*. Coord. Fábio Luiz Yarshell e Maurício Zanoide de Moraes. São Paulo: DPJ Editora, 2005.

GONÇALVES FILHO, João Gilberto. "O direito a uma tutela efetiva e tempestiva na ação civil pública". *In: Ação Civil Pública: 20 anos da Lei n. 7.347/85*. Coord. ROCHA, João Carlos de Carvalho; HENRIQUES FILHO, Tarcísio Humberto Parreiras; CAZETTA, Ubiratan. Belo Horizonte: Del Rey, 2005.

GRINOVER, Ada Pellegrini; DINAMARCO, Cândido Rangel; WATANABE, Kazuo. *Participação e Processo*. São Paulo: Revista dos Tribunais, 1988.

---

(49) *O processo: estudos e pareceres*. São Paulo: Perfil, 2005, p. 225.

GRINOVER, Ada Pellegrini. *A marcha do Processo*. Rio de Janeiro: Forense Universitária, 2000.

______. *O processo: estudos e pareceres*. São Paulo: Perfil, 2005.

LENZA, Pedro. *Teoria Geral da ação civil pública*, 2. ed. rev., atual. e amp. São Paulo: Editora Revista dos Tribunais, 2005.

LEONEL, Ricardo Barros. *Manual do Processo Coletivo*. São Paulo: Editora Revista dos Tribunais, 2002.

LOPES, João Batista. *A prova no Direito Processual Civil*, 2. ed. São Paulo: Editora Revista dos Tribunais, 2002.

MARINONI, Luiz Guilherme; ARENHART, Sérgio Cruz. *Manual do processo de conhecimento*, 2. ed. rev., atual. e ampl. São Paulo: Editora Revista dos Tribunais, 2003.

MARINONI, Luiz Guilherme. *Técnica processual e tutela dos direitos*. São Paulo: Editora Revista dos Tribunais, 2004.

MAZZILLI, Hugo Nigro. "O inquérito civil e o poder investigatório do Ministério Público". *In: A ação civil pública após 20 anos: efetividade e desafios*. Coord. Édis Milaré. São Paulo: Editora Revista dos Tribunais, 2005.

MEDEIROS NETO, Xisto Tiago. *Dano moral coletivo*. São Paulo: LTr, 2004.

NERY JUNIOR, Nelson; NERY, Rosa Maria de Andrade. *Código de Processo Civil Comentado e legislação extravagante*, 7. ed. rev. e ampl. São Paulo: Editora Revista dos Tribunais, 2003.

PACÍFICO, Luiz Eduardo Boaventura. *O ônus da prova no Direito Processual Civil*. São Paulo: Editora Revista dos Tribunais, 2001.

PROENÇA, Luis Roberto. *Inquérito Civil*. São Paulo: Editora Revista dos Tribunais, 2001.

RODRIGUES, Geisa de Assis. *Ação Civil Pública e Termo de Ajustamento de Conduta*. Rio de Janeiro: Forense, 2002.

SILVA, José Luiz Mônaco. *Inquérito Civil*. Bauru, SP: Edipro, 2000.

Amplitude da coisa julgada nas Ações Coletivas

Ronaldo Lima dos Santos(*)

1. A coisa julgada nas ações coletivas

Embora a legislação brasileira já consagrasse algumas situações de proteção a interesses transindividuais (difusos, coletivos e individuais homogêneos), como a ação popular, a ação de proteção ambiental da Lei n. 6.938/81, a Lei Orgânica do Ministério Público — LC 40/81, a ação de cumprimento e o dissídio coletivo, foi a partir do advento da Lei da Ação Civil Pública (Lei n. 7.347/85) e do Código de Defesa do Consumidor (Lei n. 8.078/90) que se deu o passo mais relevante para a instauração de um microssistema das ações coletivas.

A imbricação entre o Código de Defesa do Consumidor e a Lei da Ação Civil Pública(1), conferiu uma sistematização aos diversos aspectos da tutela coletiva, e, com o Código de Processo Civil operando como pano de fundo e fonte subsidiária(2), formaram um verdadeiro circuito de

---

(*) Procurador do Trabalho da PRT/2ª Região — São Paulo. Mestre e Doutor em Direito do Trabalho pela Faculdade de Direito da Universidade de São Paulo (USP). Professor Universitário.

(1) A Lei n. 8.078/90, além de instituir o Código de Defesa do Consumidor, introduziu no ordenamento legal os conceitos de interesses difusos, coletivos e individuais homogêneos, e disciplinou diversos aspectos da tutela coletiva, determinando, em seu artigo 90, a aplicação às ações previstas em seu Título III, das "*normas do Código de Processo Civil e da Lei n. 7.347, de 24 de junho de 1985, inclusive no que respeita ao inquérito civil, naquilo que não contrariar suas disposições*". Por outro lado, este mesmo diploma legal, por meio do seu artigo 117, inseriu o artigo 21 na Lei da Ação Civil Pública, para determinar a *aplicação "à defesa dos direitos e interesses difusos, coletivos e individuais, no que for cabível, os dispositivos do Título III, da lei que institui o Código de Defesa do Consumidor"*, determinando, dessa forma, uma imbricação destes dois diplomas legais.

(2) A aplicação subsidiária das normas do código de processo civil às demandas coletivas é determinada pelo artigo 19 da LACP ("*Aplica-se à ação civil pública, prevista nesta Lei, o Código de Processo Civil, aprovado pela Lei n. 5.869, de 11 de janeiro de 1973, naquilo que não contrarie as suas disposições*") e pelo artigo 90 do CDC (*"Aplica-se às ações previstas neste Título as normas do Código de Processo Civil e da Lei n. 7.347, de 24 de julho de 1985, inclusive no que respeita ao inquérito civil, naquilo que não contrariar suas disposições"*).

integração e complementaridade, delineando um "microssistema processual coletivo"[3], cujas normas e princípios são aplicáveis a qualquer demanda cujo objeto consista na tutela de interesses transindividuais.

Além de conferir contornos mais precisos à ação civil pública, o Código de Defesa do Consumidor redefiniu uma série de institutos processuais, cujo espectro era estatuído pelo prisma dos conflitos individuais, para adaptá-los às peculiaridades dos conflitos de massa e das demandas vocacionadas à sua solução.

Entre as diversas ressignificações de institutos processuais, o microssistema das ações coletivas concedeu um novo regime à coisa julgada, afastando-a da tradicional regra do artigo 472 do Código de Processo Civil, reconfigurando-a para adptá-la às peculiaridades dos conflitos de massa.[4]

A principal característica da coisa julgada coletiva consiste no fato de que ela *"não respeita os limites subjetivos traçados pelo artigo 472 do CPC, tanto entre os legitimados para demandar a tutela dos interesses transindividuais como em face das pessoas individualmente lesadas. Há nesse tipo de processo, possibilidade de eficácia erga omnes (isto é, perante quem não foi parte no processo), embora nem sempre de forma plena."*[5]. Por isso, é assente na doutrina, que, nesse sistema de jurisdição, a coisa julgada, assim como a legitimação para agir, constitui um dos pontos sensíveis da regulamentação e do desenvolvimento do processo coletivo.[6]

O tratamento molecular dos litígios, em substituição ao tradicional tratamento atomizado, exigiu a revisão e adaptação de alguns institutos do direito processual clássico, em especial a legitimidade *ad causam* e os limites da *res judicata.*[7] Como ressalta *Rodolfo de Camargo Mancuso*, as *"várias soluções cogitadas para se resolver o problema da coisa julgada nas ações coletivas (secundum eventum litis; ou in utilibus; o sistema norte americano do opt in opt out etc.), derivam da seguinte*

---

(3) MANCUSO, Rodolfo de Camargo. Jurisdição coletiva e coisa julgada. Tese de Titularidade: Faculdade de Direito da Universidade de São Paulo. São Paulo, 2005, p. 7.

(4) SANTOS, Ronaldo Lima dos. Modalidades da coisa julgada coletiva. *Revista do Ministério Público do Trabalho*, São Paulo, ano 14, n. 27, mar. 2004, p. 38.

(5) JUNIOR, Humberto Theodoro. *Curso de direito processual civil*, 32. ed., vol. 1. Rio de Janeiro: Forense, 2000, p. 478.

(6) LEONEL, Ricardo de Barros. *Manual do processo coletivo.* São Paulo: Revista dos Tribunais, 2002, p. 258.

(7) DINAMARCO, Pedro da Silva. *Ação civil pública.* São Paulo: Saraiva, 2001, p. 98-9.

dificuldade: nessas ações se faz a tutela de um interesse que é metaindividual, e que, portanto, concerne a um número mais ou menos indeterminado de indivíduos; todavia, a ação é ajuizada por um 'representante institucional' (Ministério Público; associação; órgão público), que, obviamente, não pode 'consultar previamente' a coletividade, nem agir ad referendum *desta. Essa circunstância, porém, há que ser compreendida dentro da óptica da tutela jurisdicional a interesses que não são intersubjetivos: nos conflitos deste último tipo, se estabelece o binômio: 'titularidade do interesse = legitimação para agir'; já nos conflitos de massa, diverso é o enfoque: a 'representação adequada' supre a impossibilidade da presença de todos os interessados; e isso, para que a ação se torne viável.*"[8]

No regime do processo individual, a identificação entre o titular do direito material e a legitimidade processual faz com que coisa julgada produza efeitos *pro et contra*, isto é, independentemente do resultado da demanda ser favorável ou contrário aos interesses da parte ou de terceiros;[9] já no regime da coisa julgada coletiva, onde há uma desindentificação entre a titularidade do direito material e a legitimidade processual (que é exercida por um autor ideológico — associação, Ministério Público etc.), a constituição e a extensão da coisa julgada dependerão da natureza do direito material tutelado e do resultado da demanda.

Nesse contexto que a disciplina geral da coisa julgada nas ações coletivas vem traçada, de modo diferenciado, nos artigos 103 e 104 do Código de Defesa do Consumidor, *in verbis*:

> *"Art. 103. Nas ações coletivas de que trata este Código, a sentença fará coisa julgada:*
>
> *I — erga omnes, exceto se o pedido for julgado improcedente por insuficiência de provas, hipótese em que qualquer legitimado poderá intentar outra ação, com idêntico fundamento, valendo-se de nova prova, na hipótese do inciso I do parágrafo único do art. 81;*
>
> *II — ultra partes, mas limitadamente ao grupo, categoria ou classe, salvo improcedência por insuficiência de provas, nos termos do inciso anterior, quando se tratar da hipótese prevista no inciso II do parágrafo único do artigo 81;*

---

(8) MANCUSO, Rodolfo de Camargo. *Ação civil pública*. São Paulo: Revista dos Tribunais, 1999, p. 240.

(9) GIDI, Antonio. *Coisa julgada e litispendência nas ações coletivas*. São Paulo: Saraiva, 1995, p. 66.

III — erga omnes, apenas no caso de procedência do pedido, para beneficiar todas as vítimas e seus sucessores, na hipótese do inciso III do parágrafo único do art. 81.

§ 1º. Os efeitos da coisa julgada previstos nos incisos I e II não prejudicarão interesses e direitos individuais dos integrantes da coletividade, do grupo, categoria ou classe.

§ 2º. Os efeitos da coisa julgada prevista no inciso III, em caso de improcedência do pedido, os interessados que não tiverem intervindo no processo como litisconsorte poderão propor ação de indenização a título individual.

§ 3º. Os efeitos da coisa julgada de que cuida o art. 16, combinado com o art. 13 da Lei n. 7.347, de 24 de julho de 1985, não prejudicarão as ações de indenização por danos pessoalmente sofridos, propostas individualmente ou na forma prevista neste Código, mas, se procedente o pedido, beneficiarão as vítimas e seus sucessores, que poderão proceder à liquidação e à execução, nos termos dos arts. 96 a 99.

§ 4º. Aplica-se o disposto no parágrafo anterior à sentença penal condenatória.

Art. 104. As ações coletivas, previstas nos incisos I e II do parágrafo único do art. 81, não induzem litispendência para as ações individuais, mas os efeitos da coisa julgada erga omnes ou ultra partes a que aludem os incisos II e III do artigo anterior não beneficiarão os autores das ações individuais, se não for requerida sua suspensão no prazo de trinta dias, a contar da ciência nos autos do ajuizamento da ação coletiva."

O Código de Defesa do Consumidor propõe uma nova disciplina da coisa julgada, com vistas a solucionar os conflitos de massa presentes na sociedade contemporânea, ampliando-a *erga omnes* ou *ultra partes* para que possa beneficiar pessoas que se encontram na mesma situação jurídica, ainda que não constituam partes formais do processo.

Trata-se de uma mudança da política processsual, em que o garantismo processual ultrapassa a perspectiva exclusivamente individual para adquirir um espectro coletivo, em demandas em que um autor ideológico asssume a iniciativa em favor de uma coletividade (determinada ou indeterminada) de pessoas, que, via de regra, não integrarão o processo como parte, mas poderão sujeitar-se aos efeitos das sentenças nelas proferidas.[(10)]

---

(10) FERREIRA, Rony. *Coisa julgada nas ações coletivas:* restrição do artigo 16 da Lei da Ação Civil Pública. Porto Alegre: Sérgio Antonio Fabris Editor, 2004, p. 99.

2. Critérios de determinação da amplitude subjetiva da coisa julgada nas ações coletivas

Embora o Código de Defesa do Consumidor tenha disciplinado a coisa julgada praticamente em dois dos seus dispositivos, os artigos 103 e 104, a minudência de tratamento exige uma análise um tanto profunda para a real compreensão do fenômeno, em virtude da complexidade adquirida pela coisa julgada, quando transladada para o âmbito da tutela coletiva.

Pode-se dizer que, no âmbito da tutela coletiva, não existe somente uma coisa julgada, mas diversas espécies de coisa julgada, a depender da natureza do direito material litigioso e do resultado da demanda. O próprio Código de Defesa do Consumidor utiliza diversas qualificações para distinguir a coisa julgada consoante os seus efeitos em relação às partes do processo e aos titulares do direito material (coisa julgada *erga omnes* e coisa julgada *ultra partes*), sendo encontradas outras adjetivações da coisa julgada coletiva na doutrina e na jurisprudência (coisa julgada *secundum eventum litis* e coisa julgada *secundum eventus probationis).*

Por isso, os efeitos subjetivos e objetivos da coisa julgada, e a sua amplitude, somente poderão ser compreendidos levando-se em consideração diversos aspectos da demanda coletiva, como a natureza do direito transindividual tutelado (difuso, coletivo ou individual homogêneo) e o resultado da demanda (extinção sem julgamento do mérito, procedência, improcedência, improcedência por insuficiência de provas), diferenciando-se, numa e outra hipótese, a extensão dos seus efeitos perante terceiros alheios à lide, em relação aos autores legitimados para a propositura da demanda coletiva e àqueles que participaram do contraditório coletivo.

2.1. Coisa julgada nas ações coletivas fundamentadas em direitos difusos: coisa julgada *erga omnes* e *secundum eventum probationis*

Consoante o Código de Defesa do Consumidor, na hipótese de interesses difusos, a coisa julgada terá eficácia "*erga omnes, exceto se o pedido for julgado improcedente por insuficiência de provas, hipótese em que qualquer legitimado poderá intentar outra ação, com idêntico fundamento, valendo-se de nova prova...*" (artigo 103, inciso I).

A eficácia *erga omnes* dos interesses difusos decorre do fato de estes interesses estarem dispersos pela sociedade civil como um todo (tutela do meio ambiente, proteção do patrimônio histórico, cultural e artístico etc.), ou seja, referem-se a bens concernentes a uma coletividade difusa (espraiada, disseminada), de forma que a coisa julgada que se forma nas demandas que versam sobre esses interesses alcança a todos aqueles situados na sua esfera jurídica de proteção, por isso, a utilização da expressão *erga omnes*(11) (perante todos) para designar a coisa julgada nas ações coletivas que se fundamentam em interesses difusos.

Em relação aos autores ideológicos, isto é, dos entes legitimados à tutela dos interesses difusos, a eficácia *erga omnes* da decisão alcança todos os entes indicados no artigo 5º da Lei n. 7.347/85 e 82 da Lei n. 8.078/90, de modo que, uma vez proposta determinada demanda por uma das pessoas constantes do rol de legitimados, a imutabilidade da coisa julgada material estende-se a todos os demais, que não poderão propor nova demanda com o mesmo objeto e causa de pedir, mesmo que não tenham participado da demanda originária.

No entanto, com vista a resguardar os interesses difusos de demandas infrutíferas por má produção probatória por parte do ente legitimado que ingressou com a demanda, o legislador previu uma exceção à coisa julgada *erga omnes*, correspondente à hipótese de improcedência do pedido por insuficiência de provas, possibilitando a propositura da mesma demanda, com idêntico fundamento, tanto pelo autor que a havia proposto quanto pelos demais legitimados, ao que se passou denominar coisa julgada *secundum eventum probationis* (segundo a sorte das provas).

No caso de improcedência da demanda coletiva cuja decisão se fundamente em qualquer outro motivo que não a insuficiência de provas, haverá a formação da coisa julgada material, a obstar a propositura de uma nova ação coletiva com o mesmo objeto e causa de pedir por qualquer ente legitimado.

Em resumo, o quadro da coisa julgada nas demandas fundamentadas em direitos difusos fica assim estruturado:

---

(11) *Erga omnes:* expressão latina que significa perante todos, contra todos. *"Diz-se do ato, lei ou decisão que a todos obriga, ou até é oponível contra todos, ou sobre todos tem efeito"*. FERREIRA, Aurélio Buarque de Holanda. *Novo Aurélio século XXI* : o dicionário da língua portuguesa. Rio de Janeiro: Nova Fronteira, 1999, p. 784.

Natureza da decisão	Formação da coisa julgada	Conseqüências
Extinção do processo sem julgamento do mérito (artigo 267 do CPC)	Coisa julgada formal	Possibilidade de propositura de nova demanda com o mesmo objeto e causa de pedir, inclusive pelo autor que havia proposto a ação anterior.
Procedência do pedido	Coisa julgada material	Eficácia *erga omnes*. Impossibilidade de propositura de nova demanda com o mesmo objeto e causa de pedir, por qualquer ente legitimado.
Improcedência do pedido por qualquer motivo que não a insuficiência de provas	Coisa julgada material	Eficácia *erga omnes*. Impossibilidade de propositura de nova demanda com o mesmo objeto e causa de pedir, por qualquer ente legitimado.
Improcedência do pedido por insuficiência de provas	Coisa julgada *secundum eventum probationis*	Possibilidade de propositura de nova demanda com o mesmo objeto e causa de pedir,basead em novas provas, inclusive pelo autor que havia proposto a ação anterior.

2.2. Coisa julgada nas ações coletivas fundamentadas em direitos coletivos: coisa julgada *ultra partes* e coisa julgada *secundum eventum probationis*

Nas demandas fundamentadas em direitos coletivos, a coisa julgada terá eficácia "*ultra partes, mas limitadamente ao grupo, categoria ou classe, salvo improcedência por insuficiência de provas*" (artigo 103, inciso II, do CDC), hipótese em que, nos mesmos moldes previstos para os interesses difusos, qualquer legitimado poderá intentar outra ação, com idêntico fundamento, valendo-se de nova prova

O regime da coisa julgada nas ações para a tutela de interesses coletivos distingue-se do previsto para os direitos difusos apenas em relação à natureza da eficácia, que será *ultra partes* em se tratando dos primeiros, e não *erga omnes* como nos segundos. A diferença de tratamento decorre da própria diversidade de natureza de ambos os interesses, pois, ao passo que os interesses difusos têm como titulares pessoas indeterminadas e ligadas por circunstâncias de fato, os interesses coletivos são titularizados por grupo, categoria ou classe de pessoas ligadas entre si ou com a parte contrária por uma relação jurídica básica. Exatamente a presença de uma relação jurídica básica permite tornar determinável a extensão da coletividade, sendo que a eficácia subjetiva da demanda limitar-se-á aos membros da coletividade, isto é, àqueles que possuem um vínculo jurídico básico entre si ou com a parte contrária; por isso o emprego da expressão *ultra partes* em vez de *erga omnes*, pois aquele pressupõe uma maior delimitação do âmbito de abrangência que esta.

No mais, a eficácia subjetiva da coisa julgada nas ações para a tutela de interesses coletivos segue a mesma disciplina prevista para os interesses difusos, inclusive no que respeita à coisa julgada *secundum eventum probationis* (segundo a sorte das provas), como delineado no quadro a seguir:

Natureza da decisão	Formação da coisa julgada	Conseqüências
Extinção do processo sem julgamento do mérito (artigo 267 do CPC)	Coisa julgada formal	Possibilidade de propositura de nova demanda com o mesmo objeto e causa de pedir, inclusive pelo autor que havia proposto a ação anterior.
Procedência do pedido	Coisa julgada material	Eficácia *ultra partes*. Impossibilidade de propositura de nova demanda com o mesmo objeto e causa de pedir, por qualquer ente legitimado.
Improcedência do pedido por qualquer motivo que não a insuficiência de provas	Coisa julgada material	Eficácia *ultra partes*. Impossibilidade de propositura de nova demanda com o mesmo objeto e causa de pedir, por qualquer ente legitimado.
Improcedência do pedido por insuficiência de provas	Coisa julgada *secundum eventum probationis*	Possibilidade de propositura de nova demanda com o mesmo objeto e causa de pedir, baseada em novas provas, inclusive pelo autor que havia proposto a ação anterior.

2.3. Coisa julgada nas ações coletivas fundamentadas em direitos individuais homogêneos: coisa julgada *erga omnes* e coisa julgada *secundum eventum litis*

A disciplina da coisa julgada nas ações coletivas fundamentadas em direitos individuais homogêneos é distinta daquela prevista para as demandas referentes a interesses difusos e coletivos.

Essa distinção de tratamento quanto aos efeitos da coisa julgada decorre da própria dessemelhança de natureza dos interesses individuais homogêneos em relação aos difusos e coletivos, pois, ao passo que estes constituem interesses essencialmente transindividuais, cuja tutela somente pode ser realizada por um ente ideológico por meio de uma ação coletiva, aqueles não são transindividuais em sua essência, tendo em vista que constituem interesses individuais que, somente em razão da sua origem comum, da homegeneidade de natureza e da conotação social que adquirem, podem ser tutelados por uma via processual coletiva.

Os direitos individuais homogêneos, assim, são individuais em sua essência (com titulares determinados, divisíveis, de fruição singular e disponíveis), sendo que somente adquire feição coletiva a forma processual pela qual podem ser tratados, dada a sua homogeneidade decorrente da origem comum e a expressão social que adquirem.[12]

Diversamente dos interesses difusos e coletivos cuja guarida processual encontra-se jungida a uma tutela coletiva, proposta por um autor ideológico, os interesses individuais homogêneos podem ser tutelados tanto pela via coletiva quanto pela individual, justificando o tratamento peculiar da coisa julgada que se forma nas demandas que os tenham como objeto.

Em virtude dessa peculiaridade, tanto o pedido quanto o conteúdo da decisão serão distintos consoante se tratem de interesses difusos e coletivos ou de interesses individuais homogêneos. Na hipótese de interesses difusos e coletivos, o pedido deverá ser certo e determinado, devendo a ação ter por objeto uma tutela específica (artigo 3º da Lei n. 7.347/85) de sorte que o conteúdo da decisão também será específico (reparação do bem histórico, pagamento de indenização para o Fundo etc); já nas ações referentes a interesses individuais homogêneos, em caso de procedência do pedido, a condenação será genérica, com a fixação da responsabilidade do réu pelos danos causados (artigo 95 da Lei n. 8.078/90), devendo o *quantur debeatur* ser apurado em liquidação e/ou execução coletiva, em que serão identificados os beneficiários, ou em liquidação e/ou execução propostas pelos próprios interessados individuais (artigos 97 e 98 da Lei n. 8.078/90). Na liquidação, além do *quantum debeatur,* cada liquidante deverá provar, por artigos, a existência do seu dano pessoal e o nexo etiológico com o dano reconhecido na demanda coletiva.

---

(12) SANTOS, Ronaldo Lima dos. *Sindicato e ações coletivas: acesso à justiça, jurisdição coletiva e tutela dos interesses difusos, coletivos e individuais homogêneos.* São Paulo: LTr, 2003, p. 98-9.

Com base nessas peculiaridades, previu-se que nas demandas coletivas fundadas em direitos individuais homogêneos a sentença fará coisa julgada "*erga omnes, apenas no caso de procedência do pedido, para beneficiar todas as vítimas e seus sucessores*" (artigo 103, inciso III, da Lei n. 8.078/90).

Desse modo, além do caráter *erga omnes* da coisa julgada, as ações coletivas para a tutela dos interesses individuais homogêneos caracterizam-se pela presença da coisa julgada *secundum eventum litis* (segundo a sorte da lide), isto é, o conteúdo da sentença somente atingirá os titulares dos interesses individuais na hipótese de procedência da demanda (sorte da lide), circunstância que os habilita a beneficiar-se da decisão favorável, procedendo-se diretamente à execução dos seus direitos, sem a necessidade de prévio processo de conhecimento.

Por outro lado, eventual decreto de improcedência da ação coletiva não possui eficácia *erga omnes* em relação aos titulares singulares, que poderão propor ações individuais para a proteção dos seus direitos, desde que preenchida uma condição: não tenham integrado a demanda coletiva como litisconsortes do autor ideológico, pois nesse caso, uma vez que participaram do contraditório, serão abrangidos pela coisa julgada, restando prejudicada qualquer ação individual com o mesmo título (artigo 103, § 2º, da Lei n. 8.078/90).

Em resumo, consoante o fenômeno da coisa julgada *secundum eventum litis*, as pretensões individuais dos particulares beneficiam-se das vantagens advindas com o proferimento de eventual sentença de procedência em ação coletiva, de modo que a coisa julgada possuirá efeitos *erga omnes*. Em sentido contrário, as pretensões individuais dos particulares não são prejudicadas pelo advento de sentença desfavorável, ou seja, somente são abrangidos *secundum eventum litis*; nesse caso, a existência de sentença coletiva desfavorável não obsta que os indivíduos enquadrados na hipótese fática ou jurídica que fora objeto da ação coletiva promovam suas ações individuais.[13]

---

(13) Como exemplifica Humberto Theodoro Junior, "*numa demanda coletiva foi declarado improcedente o pedido de retirada do mercado de um produto medicinal por nocividade à saúde pública, tendo a sentença proclamado que o medicamento não era danoso. Haverá coisa julgada suficiente para impedir que qualquer nova ação coletiva venha a ser aforada contra o fabricante em torno do aludido produto, mesmo que outro seja o legitimado. Isto, todavia, não impedirá que um determinado consumidor, reputando-se lesado pelo medicamento, venha a ajuizar uma ação indenizatória individual.*" (THEODORO JUNIOR, Humberto. *Op. cit.*, p. 479).

Mesmo na hipótese de sentença favorável há uma exceção à regra do beneficiamento do interesse individual: trata-se da situação em que o indivíduo possuía uma ação individual e, ao tomar ciência da propositura da demanda coletiva com o mesmo objeto, não requereu a suspensão da respectiva ação individual no prazo de trinta dias, a contar da ciência dos autos do ajuizamento da ação coletiva (artigo 104 da Lei n. 8.078/90). Assim, em não havendo a suspensão do processo individual, eventual sentença coletiva favorável não beneficiará o autor da demanda individual, que ficará à mercê da decisão a ser proferida no processo em que figura como parte.

Para elucidar esses aspectos, na prática, tome-se como exemplo uma ação coletiva proposta por uma entidade sindical pleiteando o pagamento do adicional de insalubridade aos empregados de determinada empresa, cujos aspectos ficarão assim delineados: a) **Pedido certo e determinado, mas genérico**: responsabilização do réu pelo pagamento do adicional de insalubridade aos empregados sujeitos aos agentes insalutíferos; b) **Sentença genérica de procedência**: reconhece a insalubridade e condena o réu ao pagamento do adicional de insalubridade aos trabalhadores que exerceram suas atividades no estabelecimento X durante o período Y; c) **Efeitos *erga omnes* e *secundum eventus litis:*** a sentença favorável aproveita a todos os trabalhadores individuais, que poderão promover, coletiva (com identificação dos substituídos) ou individualmente a execução, que se processará por artigos. O reconhecimento da insalubridade a todos beneficia. Na liquidação o trabalhador demonstrará que laborava no estabelecimento X no período Y; d) **Exceção aos efeitos *erga omnes* e *secundum eventum litis*:** o trabalhador que mantinha uma reclamação trabalhista com pedido de adicional de insalubridade contra a empresa e não requereu a suspensão do processo, no prazo de 30 dias, a contar da ciência dos autos do ajuizamento da ação coletiva, não se beneficiará da decisão coletiva, podendo, inclusive ter sentença desfavorável na ação individual, que por qualquer motivo, não reconheça a insalubridade; e) **Sentença genérica de improcedência:** não reconheceu a insalubridade e julgou desfavoravelmente a ação coletiva. Os trabalhadores poderão rediscutir a existência ou não de insalubridade em processos individuais, podendo haver reconhecimento pelo juízo da insalubridade, independentemente da sentença desfavorável proferida na ação coletiva. Somente o (s) trabalhador (es) que interveio (vieram) na ação coletiva estará (ao) obstado (s) de rediscutir a matéria por meio de ações individuais.

Em relação aos entes legitimados para a tutela dos interesses individuais homogêneos, nas hipóteses de procedência ou improcedência do pedido, haverá sempre coisa julgada material, inclusive nos casos de improcedência por insuficiência de provas, o que obstará a propositura de nova demanda com o mesmo objeto e causa de pedir por qualquer autor ideológico, tenha ou não participado da demanda coletiva.

Desse modo, fica assim delineado o quadro da coisa julgada nas demandas coletivas fundamentadas em direitos individuais homogêneos:

Natureza da decisão	Formação da coisa julgada	Conseqüências
Extinção do processo sem julgamento do mérito (artigo 267 do CPC)	Coisa julgada formal	Possibilidade de propositura de nova demanda com o mesmo objeto e causa de pedir, inclusive pelo autor que havia proposto a ação anterior.
Procedência do pedido	Coisa julgada material	Eficácia *erga omnes*. Impossibilidade de propositura de nova demanda com o mesmo objeto e causa de pedir, por qualquer ente legitimado. A execução poderá ser efetuada a título coletivo ou individual. Não será beneficiado pela coisa julgada coletiva o indivíduo que não requereu a suspensão do processo individual (artigo 104 do CDC).
Improcedência do pedido, inclusive por insuficiência de provas	Coisa julgada material	Impossibilidade de propositura de nova demanda com o mesmo objeto e causa de pedir, por qualquer ente legitimado. Os interessados individuais que não tiverem intervindo no processo poderão pleitear seus direitos em ações individuais.

2.4. Transporte *in utilibus* da coisa julgada coletiva

Como visto, os interesses individuais homogêneos não são transindividuais em sua essência, mas somente a forma da sua tutela processual é que adquire caráter coletivo. Os interesses individuais homogêneos não perdem a nota da sua individualidade (continuando com titulares determinados, divisíveis, disponíveis e de fruição singular), mas, por serem uniformes, possuírem a mesma natureza e decorrerem de uma origem comum, adquirem uma expressiva dimensão social, justificando o seu tratamento molecular, máxime em prol da segurança e da celeridade das decisões judiciais, evitando-se o tratamento desigual de situações iguais, com decisões conflitantes. Por isso, a demanda coletiva tem como objeto principal, por via coletiva, a satisfação de interesses individuais, cujos titulares poderão promover diretamente a execução do seu direito com fulcro em decisão favorável na demanda coletiva.

Ao contrário dos individuais homogêneos, os interesses difusos e coletivos são marcados pela nota da indivisibilidade e da indeterminabilidade (ou determinabilidade) dos membros da coletividade. O pedido na ação coletiva para a tutela desses direitos não tem como objetivo a reversão direta para os sujeitos singulares do resultado favorável da demanda, como ocorre em relação aos interesses individuais homogêneos, mas a proteção específica do bem difuso ou coletivo; bem este que constitui uma síntese das pretensões da coletividade, por isso mesmo sendo indivisível.

Embora as ações coletivas para a tutela dos direitos difusos e coletivos não tenham como objeto imediato a satisfação de interesses individuais, não fugiu ao legislador a possibilidade de eventual decisão favorável à tutela de um bem difuso ou coletivo poder beneficiar indiretamente as pretensões dos sujeitos singulares, razão pela qual previu o instituto do transporte *in utilibus* da coisa julgada coletiva, previsto no § 3º do artigo 103 do CDC.

O transporte *in utilibus* da coisa julgada favorável nas ações para a tutela de interesses difusos e coletivos dependerá do requerimento da suspensão do processo individual, no prazo de trinta dias, a contar da ciência dos autos do ajuizamento da ação coletiva. Há um erro de remissão no artigo 104 do CDC, que, na sua segunda parte, refere-se aos *"efeitos da coisa julgada erga omnes ou ultra partes a que aludem os incisos II e III do artigo anterior"*, quando a coerência sistemática entre a primeira e a segunda remissão exige que se leia na segunda a referência ao inciso I.

Tome-se como exemplo, uma ação civil pública proposta pelo Ministério Público do Trabalho cujo objetivo é a eliminação da insalubridade no estabelecimento de determinada empresa. Embora o pedido seja a proteção de um bem essencialmente coletivo (meio ambiente do trabalho), em sendo julgada procedente a demanda, o reconhecimento da insalubridade do meio ambiente daquele estabelecimento, e dos danos reais ou potenciais à saúde dos trabalhadores, aproveita *in utilibus* os trabalhadores individuais, que não necessitarão discutir novamente a salubridade daquele ambiente, podendo promover diretamente a execução do julgado, demonstrando na liquidação, que se processará por artigos, os elementos necessários à fixação do adicional de insalubridade. Dá-se, *in casu*, nos dizeres de *Ada Pellegrini Grinover*, uma ampliação do objeto do processo coletivo.(14)

3. Amplitude objetiva (territorial) da coisa julgada nas ações coletivas: a ineficácia da limitação do artigo 16 da Lei n. 7.347/85

A extensão objetiva (territorial) dos efeitos da coisa julgada coletiva, em princípio, confunde-se com a sua amplitude subjetiva, isto é, a eficácia da tutela coletiva expande-se por todo o âmbito territorial pelo qual se espraiam os sujeitos ou os bens objetos da sua respectiva tutela.

No entanto, como assevera *Rodolfo de Camargo Mancuso*, diversos problemas e incompreensões na *praxis* judiciária das demandas coletivas, principalmente no que se refere à eficácia expandida da coisa julgada coletiva, originam-se da resistência em se admitir que a jurisdição entre nós é de âmbito nacional.(15)

(14) GRINOVER, Ada Pellegrini *et al. Código de defesa do consumidor comentado pelos autores do anteprojeto*, 8. ed. Rio de Janeiro: Forense, 2004, p. 934. Marcos Flávio Mafra Leal nos concede o seguinte exemplo: numa ação coletiva para a defesa de direitos difusos *"requer-se a responsabilização do réu por danos ambientais (com o resultado da indenização se destinando para o fundo do art. 13 da Lei n. 7.347/85). A coisa julgada formada nessa ação, segundo a concepção* in utilibus, *aproveitará os indivíduos que experimentaram danos pessoais em decorrência do fato ambiental, podendo de pronto liquidar e executar a sentença, sem necessidade de conhecimento individual."* (LEAL, Márcio Flávio Mafra. *Ações coletivas: história, teoria e prática.* Porto Alegre: Sérgio Antonio Fabris Editor, 1998, p. 206). Vale apresentar a ressalva formulada por Luiz Paulo da Silva Araújo Filho no sentido de que *"essa extensão favorável da coisa julgada da ação coletiva, ademais, e a despeito da redação do § 3º do art. 103, não se dá exclusivamente em relação à típica ação civil pública, mas sim com relação a qualquer decisão típica de direitos difusos ou de direitos coletivos, mesmo que formada à luz dos incisos I e II do art. 103 do CDC, uma vez que* ubi eadem ratio, ibi eadem legis dispositio, *e, afinal, julgado procedente o pedido coletivo, a decisão faz coisa julgada* erga omnes *ou* ultra partes, *beneficiando, assim, a coletividade, o grupo, a categoria ou a classe interessados (arg. ex. incisos I e II do art. 103)."* (ARAÚJO FILHO, Luiz Paulo da Silva. *Ações coletivas: A tutela jurisdicional dos direitos individuais homogêneos.* Rio de Janeiro: Forense, 2000, p.13).

(15) MANCUSO, Rodolfo de Camargo. Jurisdição coletiva e coisa julgada. Tese de Titularidade: Faculdade de Direito da Universidade de São Paulo. São Paulo, 2005, p. 446.

A despeito de toda a doutrina processual sobre a função das regras de competência, o Poder Executivo, com vistas à proteção de seus interesses, por meio da Medida Provisória n. 1.570, de 26 de março de 1997, posteriormente transformada na Lei n. 9.494, de 10 de setembro do mesmo ano, alterou a redação do artigo 16 da Lei n. 7.347/85[16] com a pretensão de limitar os efeitos da coisa julgada aos limites da competência territorial do órgão prolator.

Embora objetivasse limitar a abrangência da coisa julgada nas ações coletivas por meio da utilização de regras de competência, o Poder Executivo *"pecou pela imcompetência"*, pois o acréscimo introduzido no artigo 16 da Lei n. 7.347/85 é totalmente ineficaz, tendo em vista a relação de integração e complementariedade da Lei da Ação Civil Pública com o Código de Defesa do Consumidor, cujos artigos 93 e 103, que tratam, respectivamente, da competência e dos efeitos da coisa julgada, continuam em vigor, sobrepondo-se à alteração perpetrada.[17]

A competência constitui mero critério de repartição do trabalho judiciário, que opera mediante a disponibilização de determinados conjuntos de processos, a partir de critérios distintos (determinativos ou modificativos), a certos órgãos jurisdicionais. Conquanto seja bastante extenso o território nacional, em virtude do nosso desenho jurídico-político republicano-federativo, uma vez fixado o órgão jurisdicional, federal (comum e especial, estruturada em seções, e distribuída por regiões ou estados) ou estadual (estrutura em comarcas reunidas em entrâncias) seu julgado produzirá efeitos na razão direta da dimensão do conflito, não cabendo ao legislador e nem ao juiz restringir ou exacerbar esses parâmetros. Uma vez definido o órgão jurisdicional, cessa a utilidade da regra de competência, razão pela qual não se justifica o seu emprego para questões de outra ordem, como para determinar quais sujeitos estarão suscetíveis aos efeitos do comando judicial.[18]

Além de incongruente, por confundir competência e jurisdição, o acréscimo ao artigo 16 da Lei n. 7.347/85, apresenta-se totalmente ineficaz por diversos aspectos.

---

(16) Lei n. 7.347/85. *"Art. 16. A sentença civil fará coisa julgada erga omnes, nos limites da competência territorial do órgão prolator, exceto se o pedido for julgado improcedente por insuficiência de provas, hipótese em que qualquer legitimado poderá intentar outra ação com idêntico fundamento, valendo-se de novas provas".*

(17) GRINOVER, Ada Pellegrini *et al. Op. cit.*, p. 920.

(18) MANCUSO, Rodolfo de Camargo. Jurisdição coletiva e coisa julgada. Tese de Titularidade: Faculdade de Direito da Universidade de São Paulo. São Paulo, 2005, p. 446-449.

Ao se referir à coisa julgada *erga omnes*, a nova redação do artigo 16 afastou, desde logo, a sua aplicação às demandas que versam sobre interesses coletivos, uma vez que, como exposto alhures, estas produzem eficácia *ultra partes*, e não *erga omnes*. Por outro lado, a referência à coisa julgada *secundum eventum probationis*, exclui automaticamente as demandas fundamentadas em direitos individuais homogêneos, pois a eficácia subjetiva do julgado, nesse caso, independe da sorte das provas, isto é, se a ação foi julgada improcedente por insuficiência de provas ou não.

Por sua vez, a alteração incrementada no artigo 16 da LACP, ao confundir competência e extensão dos efeitos da coisa julgada, é ineficaz mesmo em relação aos interesses difusos, uma vez que a amplitude da coisa julgada é determinada pelo pedido. Em sendo amplo o pedido (*erga omnes*), o juízo competente o será para julgar com relação a todo o objeto do processo.[19]

Em se tratando de interesses difusos, a restrição imposta é igualmente inoperante, pois a competência territorial das ações coletivas é regulada expressamente pelo artigo 93 da Lei n. 8.078/90, sendo que a regra expressa nessa *lex specialis* é da competência da Capital do Estado ou do Distrito Federal nas hipóteses de dano regional ou nacional. Dessa forma, fixar que a coisa julgada se restringe *"aos limites da competência do órgão prolator"*, nada mais indica de que se deve seguir os parâmetros do Código de Defesa do Consumidor, que prevê as hipóteses de decisões com extensão regional e nacional.[20]

Essa inoperância da alteração introduzida no artigo 16 da LACP decorre igualmente da própria natureza indivisível dos interesses tutelados, os quais não encontram fronteiras em regras de competência. Como acentua *Ricardo Barros Leonel*, a extensão da coisa julgada coletiva decorre da peculiar natureza da relação jurídica material trazida a juízo. A amplitude da *res iudicata* coletiva é conseqüência da indivisibilidade dos interesses tutelados (material ou processual), tornando a decisão judicial insuscetível de cisão, uma vez que a lesão a um interessado implica lesão a todos, e o proveito a um a todos beneficia, de forma que a indivisibilidade do objeto é o que realmente determina a extensão dos efeitos do julgado.[21] Como assinala *Rony Ferreira*, *"como os direitos*

(19) GRINOVER, Ada Pellegrini *et al. Op. cit.*, p. 923.

(20) *Idem, ibidem*, p. 921.

(21) LEONEL, Ricardo de Barros. *Op. cit.*, p. 284.

versados são transindividuais, a extensão subjetiva da coisa julgada, que conforme a situação concreta será ultra partes ou erga omnes, também será transindividual", sendo inidônea qualquer tentativa de limitação da eficácia da prestação jurisdicional por meio do critério de competência.(22) A tentativa de limitação perpetrada pelo Poder Executivo, além de ilegítima, é impossível de atendimento nos planos lógico, fático e concreto, uma vez que essa alteração não tem o condão de alterar a natureza das coisas.(23)

Em relação à alteração introduzida no dispositivo legal em comento, parte da doutrina vislumbra, além da sua ineficácia, a sua inconstitucionalidade formal e material, decorrente do fato de ela originar-se de Medida Provisória destituída dos necessários caracteres de relevância e urgência, além de afrontar a norma do artigo 5º, XXXV, da Constituição Federal de 1988.(24)

Em síntese, as regras de competência do artigo 2º da Lei n. 7.347/85 e artigo 93 da Lei n. 8.078/90, constituem meras regras de divisão do trabalho judiciário, com vistas à sua maior eficiência, nada representando sob o ponto de vista dos limites subjetivos da coisa julgada, cuja amplitude territorial será delimitada pelo alcance e indivisibilidade do dano (ou da ameaça deste).(25) A extensão da coisa julgada é determinada pelo pedido e não pela competência, que corresponde a uma simples adequação entre processo e juiz, sem nenhuma influência sobre o objeto do processo.(26)

---

(22) FERREIRA, Rony. *Op. cit.*, p. 144.

(23) SILVA, Bruno Ferreira e. A ineficácia da tentativa de limitação territorial dos efeitos da coisa julgada na ação civil pública. *In:* MAZZEI, Rodrigo; NOLASCO, Rita Dias (Coord.). *Processo Civil Coletivo.* São Paulo: *Quartier Latin,* 2005, p. 338.

(24) Nesse sentido expõe Nelson Nery Junior: *"A norma, na redação dada pela L. 9494/97, é inconstitucional por ferir os princípios do direito de ação (CF 5º, XXXV), da razoabilidade e da proporcionalidade e proque o Presidente da República a editou, por meio de medida provisória, sem que houvesse autorização constitucional para tanto, pois não havia urgência (o texto anterior vigorava há doze anos, sem oposição ou impugnação), nem relevância, requisitos exigidos pela CF 62 caput."* NERY JUNIOR, Nelson; NERY, Rosa Maria Andrade. *Código de Processo Civil comentado e legislação processual civil em vigor,* 4. ed. São Paulo: Ed. Revista dos Tribunais, 1999, p. 1.540-1.Também: SILVA, Bruno Ferreira e. "A ineficácia da tentativa de limitação territorial dos efeitos da coisa julgada na ação civil pública". *In:* MAZZEI, Rodrigo; NOLASCO, Rita Dias (Coord.). *Processo Civil Coletivo.* São Paulo: Quartier Latin, 2005, p. 340; LENZA, Pedro. Teoria geral da ação civil pública. São Paulo: Revista dos Tribunais, 2003, p. 276.

(25) MANCUSO, Rodolfo de Camargo. *Op. cit.*, p. 448.

(26) GRINOVER, Ada Pellegrini *et al. Op. cit.*, p. 922.

4. Amplitude subjetiva das demandas fundamentadas em direitos individuais homogêneos: ineficácia do artigo 2º-A da Lei n. 9.494/97

Novamente com o objetivo de obstar a efetividade das ações coletivas, o Poder Executivo por meio da Medida Provisória n. 2.180-35, de 24 de agosto de 2001, inseriu o artigo 2º-A na Lei n. 9.494/97, com vistas a obstar a extensão subjetiva do julgado proferido em ações para a tutela de interesses individuais homogêneos, prescrevendo, *in verbis*: *"A sentença civil prolatada em ação de caráter coletivo proposta por entidade associativa na defesa de interesses e direitos dos seus associados, abrangerá apenas os substituídos que tenham na data da propositura da ação, domicílio no âmbito da competência territorial do órgão prolator."*

Também com relação a mais esta tentativa de limitação dos efeitos da coisa julgada coletiva, o Poder Executivo mostrou-se inábil, inserindo mais uma regra ineficaz no microssistema das ações coletivas. Como pondera *Ada Pellegrini Grinover*, todas as considerações expendidas com relação à alteração do artigo 16 da Lei n. 7.347/85 aplicam-se ao novo dispositivo, pois o problema não é de eficácia da decisão, mas de amplitude do pedido.[27]

Acrescente-se que a exigência de apresentação de rol de substituídos é ineficaz, e desnecessária, tendo em vista a vigência dos artigos 103, inciso I, 95 e 96 do Código de Defesa do Consumidor, que prevêem, respectivamente, a eficácia *erga omnes* da decisão (que abrangerá todos

---

(27) *Idem, ibidem,* p. 924. Em relação à indivisibilidade dos interesses, embora os interesses individuais homogêneos sejam divisíveis, a sua tutela processual dá-se de modo molecular, ao menos na sua primeira parte, isto é, no processo de conhecimento, com o proferimento de uma decisão genérica, razão pela qual a natureza desses interesses determinam, conjuntamente com os outros fatores, expendidos em relação à alteração do artigo 16 da Lei n. 7.347/85, a inoperância da regra do artigo 2º-A da Lei n. 9494/97. Como exemplifica Pedro Lenza: *"... quando certa associação de consumidores propõe uma ação coletiva, para, por exemplo, exigir que determinada fábrica de automóveis substitua todos os cintos de segurança de um certa série de chassis de um veículo automotor, não se pode entender que aquela sentença velha somente para os associados que tenham, na data da propositura da ação, domicílio no âmbito de competência territorial do órgão prolator, já que o direito, muito embora individualmente disponível, em sede coletiva, quando molecularizado, deve, necessariamente ser tratado de forma homogênea e comum, indivisivelmente na sentença genérica a ser proferida, já que postulado por um representante adequado de toda a coletividade."* LENZA, Pedro. *Teoria geral da ação civil pública.* São Paulo: Revista dos Tribunais, 2003, p. 278.

os lesados, independentemente de constar ou não de eventual rol de substituídos), a prolação de sentença genérica (cujo conteúdo não nomeará os beneficiados) e a possibilidade de execução por todos os lesados. Do mesmo modo, é inoperante a exigência de autorização assemblear, em se tratando de legitimação para agir no âmbito das ações coletivas basta o preenchimento dos requisitos dos artigos 5º da LACP e 82 do CDC, referentes à pertinência temática e à pré-constituição. A satisfação da pertinência temática perfaz-se pela simples autorização estatutária, com a dispensa de autorização assemblear, esta aplicável somente nos casos de representação processual e não à legitimação para agir em sede de ações coletivas.

Por sua vez, o parágrafo único deste artigo, ao dispor que *"Nas ações coletivas propostas contra a União, os Estados, o Distrito Federal, os Municípios e suas autarquias e fundações, a petição inicial deverá obrigatoriamente estar instruída com a ata da assembléia da entidade associativa que a autorizou, acompanhada da relação nominal dos seus associados e indicação dos respectivos endereços"*, é plenamente inconstitucional por imputar uma regra de privilegiamento de entes públicos, nas ações propostas contra eles, de forma a violar o princípio da igualdade, por meio da criação de uma discriminação injustificada. A discriminação injustificada demonstra-se também em relação ao pólo ativo, uma vez que referida norma imputa uma obrigação somente nas ações propostas pelas associações, excluindo, injustificadamente, os demais legitimados para as ações coletivas.

5. Bibliografia

ARAÚJO FILHO, Luiz Paulo da Silva. *Ações coletivas: A tutela jurisdicional dos direitos individuais homogêneos.* Rio de Janeiro: Forense, 2000.

DINAMARCO, Pedro da Silva. *Ação civil pública.* São Paulo: Saraiva, 2001.

FERREIRA, Aurélio Buarque de Holanda. *Novo Aurélio século XXI*: o dicionário da língua portuguesa. Rio de Janeiro: Nova Fronteira, 1999.

FERREIRA, Rony. *Coisa julgada nas ações coletivas:* restrição do artigo 16 da Lei da Ação Civil Pública. Porto Alegre: Sérgio Antonio Fabris Editor, 2004.

GIDI, Antonio. *Coisa Julgada e Litispendência em ações coletivas.* São Paulo: Saraiva, 1995.

GRINOVER, Ada Pellegrini *et al. Código de defesa do consumidor comentado pelos autores do anteprojeto*, 8. ed. Rio de Janeiro: Forense, 2004.

LEAL, Márcio Flávio Mafra. *Ações coletivas: história, teoria e prática.* Porto Alegre: Sérgio Antonio Fabris Editor, 1998.

LENZA, Pedro. *Teoria geral da ação civil pública.* São Paulo: Revista dos Tribunais, 2003.

LEONEL, Ricardo de Barros. *Manual do processo coletivo.* São Paulo: Editora Revista dos Tribunais, 2002.

MANCUSO, Rodolfo de Camargo. *Jurisdição coletiva e coisa julgada.* Tese de Titularidade: Faculdade de Direito da Universidade de São Paulo. São Paulo, 2005.

______. *Ação civil pública.* São Paulo: Ed. Revista dos Tribunais, 1999.

NERY JUNIOR, Nelson; NERY, Rosa Maria Andrade. *Código de Processo Civil comentado e legislação processual civil em vigor*, 4. ed. São Paulo: Ed. Revista dos Tribunais, 1999.

SANTOS, Ronaldo Lima dos. Modalidades da coisa julgada coletiva. *Revista do Ministério Público do Trabalho*, São Paulo, ano 14, n. 27, p. 37-54, mar. 2004.

______. *Sindicato e ações coletivas: acesso à justiça, jurisdição coletiva e tutela dos interesses difusos, coletivos e individuais homogêneos.* São Paulo: LTr, 2003.

SILVA, Bruno Ferreira e. "A ineficácia da tentativa de limitação territorial dos efeitos da coisa julgada na ação civil pública". *In:* MAZZEI, Rodrigo; NOLASCO, Rita Dias (Coord.). *Processo Civil Coletivo.* São Paulo: Quartier Latin, 2005.

THEODORO JUNIOR, Humberto. *Curso de direito processual civil.* 32. ed., vol. 1. Rio de Janeiro: Forense, 2000.

Meios de impugnação das decisões em Ação Coletiva

Edilton Meireles (*)

1. Introdução

No presente trabalho, de uma forma bastante suscinta, pretendemos abordar os meios de impugnação das decisões em ação coletiva.

Cabe destacar, desde logo, que a impugnação tanto pode ocorrer no mesmo feito, como através de ação autônoma (mandado de segurança, rescisória, etc).

Óbvio, ainda, que não iremos abordar em detalhe cada espécie recursal cabível na ação coletiva. Iremos, sim, traçar o panorama geral das impugnações cabíveis, abordando, mais pormenorizadamente, os aspectos polêmicos e as regras especiais em relação às ações individuais.

2. Das impugnações cabíveis

À ação coletiva (ou processo coletivo) se aplica a sistemática recursal estabelecida tanto na CLT, como no CPC, com poucas e raras modificações estabelecidas na legislação específica.

Assim, se se entender que são aplicáveis às regras da CLT, a depender da decisão, cabe recurso ordinário, recurso de revista, embargos, agravo de instrumento, etc. Se, por outro lado, se entender que se aplicam as regras próprias da legislação processual civil, a depender da decisão, cabe apelação, embargos infringentes, agravos, etc.

(*) Juiz do Trabalho da 34ª Vara do Trabalho/SSa/Ba. Mestre e Doutor em Direito (PUC/SP). Professor de Processo Civil na UNIFACS/Ba. Professor no Mestrado e Doutorado na UFBa. Membro da Associacion Iberoamericana de Derecho del Trabajo, do Instituto Baiano de Direito do Trabalho, do Instituto Brasileiro de Direito Social Cesarino Júnior, do Instituto Brasileiro de Direito Processual e da Academia Brasileira de Direito Processual Civil.

Especificamente quanto aos aspectos polêmicos dos recursos nas ações coletivas e as regras mais especiais, trataremos adiante.

Do mesmo modo, em relação às ações autônomas que visam a impugnar a decisão proferida na ação coletiva, também se aplicam as regras gerais estabelecidas na legislação específica, que cuida de cada um desses instrumentos processuais (mandado de segurança, ação rescisória, etc).

Aqui não se tem qualquer novidade.

3. Do procedimento a ser adotado nas ações coletivas

Antes de avançarmos, no entanto, cabe uma explicação a respeito do que já deixamos em aberto anteriormente, no que se refere à aplicação da sistemática recursal da CLT ou do CPC.

Somos daqueles que entendem que não é por simplesmente ser da competência da Justiça do Trabalho uma determinada espécie de ação que se deva adotar o procedimento previsto na CLT, inclusive em relação ao sistema recursal. Isso porque, por óbvio, se se adotar o rito da CLT para as ações que possuem um rito mais especial (consignação, possessórias, etc), ao certo nos afastaremos das razões e das finalidades que justificaram a criação desse procedimento mais especial.

Sem querer se aprofundar nas diversas teorias que definem o processo e o procedimento, podemos ter este último, para fins de compreensão do que se fala, como o rito processual a ser observado em cada processo judicial, a partir da propositura da ação.

Os procedimentos civis, por sua vez, dividem-se em comum e especial. Por força de lei, aquele primeiro, subdivide-se em ordinário e sumário (art. 272 do CPC); o segundo, em procedimentos especiais de jurisdição voluntária e de jurisdição contenciosa (arts. 890 a 1.210 do CPC).

Ensina, sinteticamente, *Adroaldo Fabrício Furtado*, que, *"em tema de procedimento (ou rito, ou forma do processo), a técnica legislativa usual é a de começar-se pela definição de um modelo procedimental básico, destinado à adoção na generalidade dos casos, verdadeiro rito-padrão, para se estabelecerem depois, com base nele, as variações por supressão, acréscimo ou modificação de atos, donde resultarão procedimentos mais ou menos distanciados do modelo fundamental, segundo a intensidade e número dessas alterações.*

Em regra, o procedimento-tipo é formal e solene, procurando cercar o exercício da função jurisdicional das mais amplas garantias e franquear às partes os mais largos caminhos de discussão, de prova e de impugnação das decisões. O procedimento assim estruturado — geralmente denominado comum ou ordinário — serve ao volume maior e principal das causas, às situações mais freqüentes e destituídas de peculiaridades aptas a justificar um tratamento diferenciado... Esse procedimento por assim dizer genérico funciona também como um standard básico, seja no sentido de que a partir dele se constroem os outros, específicos, seja porque em numerosos casos a diversidade destes em confronto com aquele é parcial e condicionada, de tal sorte que o trâmite processual, iniciado em forma diferenciada, retorna ao leito comum do rito básico a partir de certo momento ou a depender de uma dada condição. A tudo isso se acresça que, exatamente por terem sido fixados como um modelo, os termos do procedimento especial prevalecem também no especial, na medida em que as regras jurídicas a este pertinentes sejam omissas: vale dizer, as normas do rito genérico enchem os vazios da regulação dos especiais, a estes aplicando-se subsidiariamente"(1).

Neste sentido, basta lembrar o disposto do parágrafo único do art. 272 do CPC, que impõe a regra subsidiária de aplicação das disposições que regem o procedimento ordinário.

E aqui cabe outra ressalva para melhor compreensão do debate.

A partir do disposto no parágrafo único do art. 272 do CPC podemos, doutrinariamente e para fins didáticos, incluir o procedimento ordinário na categoria de procedimento comum. Já o procedimento sumário (que o CPC, no art. 272, *caput*, inclui dentre os procedimentos comuns) na categoria de procedimentos especiais. Procedimento especial, nesta nossa classificação, entendido como sendo aquele que não adota o rito comum-ordinário, valendo de suas disposições como regras subsidiárias.

Em suma, todos os procedimentos previstos em lei que não adota o rito do procedimento comum-ordinário, tendo as disposições que regem este último procedimento como fonte subsidiária, são classificados como de rito especial neste trabalho, para fins didáticos e de compreensão do que se segue.

---

(1) "Justificação teórica dos procedimentos especiais". *In* http://www.abdpc.org.br/artigos/artigo57.htm, acessado em 13.02.2005, p. 4.

Assim, considerando apenas a jurisdição civil, devemos incluir entre as ações com ritos especiais não só o procedimento sumário e os procedimentos especiais tratados no Livro IV do CPC, como, também, todas as outras ações de natureza civil que possuem ritos específicos, tratados na legislação esparsa e mesmo no CPC, e que têm as regras do procedimento comum-ordinário como fontes subsidiárias. Aqui, portanto, incluímos, dentre outros, o mandado de segurança, a ação rescisória, a ação cautelar, a ação de execução, a ação judicial que corre perante a Justiça Eleitoral e a ação trabalhista (reclamação trabalhista, inquérito judicial, ação de cumprimento, procedimento sumaríssimo e dissídio coletivo).

Neste sentido, a ação trabalhista, em verdade, é um procedimento especial, disciplinado em legislação específica (esparsa, em relação ao CPC). Ela tem, inclusive, expressamente, as regras do procedimento ordinário regido pelo CPC como fonte subsidiária (art. 769 da CLT), desde a teoria geral do processo aos meios de impugnação às decisões judiciais, tal como ocorre em relação aos demais procedimentos especiais disciplinados por outras leis.

Os motivos que induzem a criação dos procedimentos especiais são diversos. Eles podem ser desde a modesta expressão econômica ou jurídica, a fatores de ordem política, social, vinculadas ao próprio direito material, etc., ou, ainda, dadas as peculiaridades que cercam a tutela jurisdicional pretendida.

Em regra, os ordenamentos jurídicos criam um procedimento sumário para atender situações especiais, que dispensam a cognição exauriente. Ela é sumária, limitada, daí por que se dispensa solenidades, abreviam-se prazos, restringem-se a atuação das partes, podam-se recursos, etc.

Como ensina *Cândido Rangel Dinamarco*, *"a realidade dos conflitos e das variadas crises jurídicas em que eles se traduzem gera a necessidade de instituir procedimentos diferentes entre si, segundo peculiaridades de diversas ordens, colhidos no modo-de-ser dos próprios conflitos, na natureza das soluções ditadas pelo direito substancial e nos resultados que cada espécie de processo propõe-se a realizar"*(2).

Em suma, por ser o processo instrumental, *"sempre, o procedimento deve ser adaptado à realidade dos conflitos e das soluções buscadas"*(3).

---

(2) *Instituições de direito processual civil*, III v. São Paulo: Malheiros, 2001, p. 332-333.
(3) *Ibidem*, p. 333.

3.1. Do procedimento da CLT

O direito do trabalho surgiu a partir de sua separação do direito civil. E este divórcio decorreu do fato do direito do trabalho ser dotado de um princípio incompatível com a relação jurídica disciplinada, em regra, pelo direito civil: o princípio da proteção.

Alcançada sua autonomia, inclusive com a expedição de um diploma legal próprio, disciplinador das regras pertinentes e mais especiais, o legislador percebeu que, ao lado do direito material, haveria de ser criado um procedimento judicial próprio para tratar dos litígios decorrentes da relação de emprego. E não só um procedimento especial, mas também um órgão judicial especializado, formado por juízes dotados de capacidade adequada e compatível com o novo direito surgido, impregnado de normas de caráter social.

De nada adiantaria, portanto, criar o direito material do trabalho e deixar que o litígio respectivo fosse apreciado através do procedimento civil-ordinário e por juízes impregnados da doutrina individualista, que pautava o direito material até então. Aliás, a própria evolução do direito do trabalho no Brasil é fato revelador do quanto foi correta a decisão de se criar um procedimento especial próprio para esses litígios (a reclamação trabalhista) e o órgão judicial especializado (a Justiça do Trabalho).

Assim, fácil concluir que o procedimento da ação trabalhista é fruto de uma decisão político-legislativa, tendo em vista, ainda, o próprio direito material subjacente ao conflito judicial respectivo.

É preciso destacar, ainda, que esse procedimento trabalhista (a ação trabalhista) se deixou contaminar pelo principal princípio regente da relação jurídica de emprego: o princípio protetor. Só ele justifica as regras de inversão do ônus da prova, da dispensa do depósito recursal por parte do empregado, do encurtamento dos prazos processuais, da concentração dos atos, etc., que imperam na ação trabalhista[4].

E nisto não há qualquer novidade ou regra de natureza extraordinária. Isso porque esse mesmo princípio protetor é inerente ao processo do consumidor. Sim. Porque, da mesma forma que o princípio da proteção ao hipossuficiente na relação de emprego contagia o processo do trabalho, a ponto deste ter regras que visam a compensar a inferioridade

(4) Neste sentido, por todos, cf. FERRAZ, Sérgio A norma processual trabalhista. São Paulo: Revista dos Tribunais, 1983, p. 24-64.

do trabalhador, mesmo na relação processual, ele mesmo (o princípio protetor) é encontrado na ação civil que tem por objeto a relação jurídica de consumo.

Tanto isso é verdade que o princípio de direito material de proteção ao consumidor contamina a ação civil que cuida dos seus litígios, o que se exemplifica com a regra de inversão do ônus da prova.

Dessa forma, podemos concluir, nesta quadra, que o procedimento da ação trabalhista, disciplinado na legislação respectiva (CLT), tem por fundamento valorativo a relação de direito material subjacente (a relação de emprego).

Neste sentido, dispõe o art. 643 da CLT que *"os dissídios oriundos das relações entre empregados e empregadores, bem como de trabalhadores avulsos e seus tomadores de serviços em atividades reguladas na legislação social, serão dirimidos pela Justiça do Trabalho, de acordo com o presente título e na forma estabelecida pelo processo judiciário do trabalho"*.

Tal regra, por sua vez, foi repetida no art. 763 da CLT, quando ela se refere aos dissídios individuais e coletivos tratados neste diploma legal, o que acobertaria as ações de pequena empreitada (art. 652, alínea *a*, inciso III, da CLT).

Assim, por expressa menção legal, apenas os dissídios oriundos das relações de emprego, das relações travadas pelo trabalhador avulso e, ainda, a ação relativa à pequena empreitada, estão submetidas ao rito procedimental estabelecido na CLT.

É bem verdade, no entanto, que, apesar de restritivo esses preceitos, sempre se adotou o mesmo procedimento para as ações proposta pelos sindicatos cobrando suas contribuições sindicais em face do empregador (litígio entre sindicato e empresa e não, entre empregado e empregador) e em outras que historicamente tiveram curso na Justiça do Trabalho.

Aqui, no entanto, seja por comodidade, praxe judiciária ou por razões teleológicas, considerando que esses outros conflitos giram em torno da relação de emprego, adotou-se o rito da reclamação trabalhista.

É certo, porém, que essas exceções não desmentem a regra geral de que somente estão submetidas ao rito da CLT as ações oriundas das relações de emprego, das relações travadas pelo trabalhador avulso e, ainda, a ação relativa à pequena empreitada, por expressa previsão legal.

É preciso, no entanto, ressaltar que mesmo que a ação seja oriunda da relação de emprego, é preciso se respeitar o rito mais especial previsto na legislação específica, quando se trate de questões que, por expressão econômica ou jurídica, devidos a fatores de ordem política, social ou vinculadas ao próprio direito material, ou, ainda, dadas as peculiaridades que cercam a tutela jurisdicional pretendida, mereceram do legislador uma atenção distinta.

E é o que ocorre com a ação coletiva. Ela está sujeita as regras mais específicas, justamente em face da expressão jurídica e devido a fatores de ordem política e social da tutela pretendida e do interesse defendido.

Parece-nos, então, ser inteiramente descabida a aplicação do rito da CLT para essas ações coletivas, pois sua razão e finalidade são incompatíveis com o procedimento consolidado.

Basta mencionar, por exemplo, que na ação coletiva para defesa de interesse difuso não pode o legitimado conciliar. O mesmo se diga, ainda, em relação à ação para defesa de interesse individual homogêneo ou coletivo. Logo, pergunta-se: qual o objetivo de designação de audiência de conciliação? Apenas para o réu oferecer sua defesa oral?

Assim, em tais hipóteses, mais razoável seria a aplicação da regra processual subsidiária, por inteiro. Ou seja, não só se aceitar a ação coletiva na Justiça do Trabalho, em aplicação subsidiária da legislação processual específica, como aplicar à mesma o procedimento tal como previsto na legislação processual específica (repetição proposital).

Por via de conseqüência, adotado o rito da legislação processual civil, às ações coletivas incidiriam, também, as regras do CPC e das leis específicas em matéria recursal.

3.2. Procedimento na ação de cumprimento

Seria razoável, no entanto, excepcionar desse entendimento a ação de cumprimento (que é uma ação coletiva como outra qualquer), já que a CLT contém regra própria mandando ser adotado o rito da reclamação trabalhista (parágrafo único do art. 872 da CLT).

Tendemos, hoje, no entanto, a entender que essa regra da CLT está superada pelo disposto no inciso IV do art. 1º da Lei n. 7.347/85, com a redação dada pela Lei n. 8.078/90, já que ali restou estabelecido que às ações coletivas para tutela de interesses difusos e coletivos (inclusive individuais homogêneos) se aplicam as regras que disciplinam a ação civil pública.

E, como dito, a ação de cumprimento é uma ação coletiva (civil pública), pois ajuizada por uma associação para defesa de interesses difusos, coletivos ou individuais homogêneos.

4. Aspectos polêmicos e regras especiais

De qualquer modo, cabe-nos tratar, como proposto inicialmente, dos temas polêmicos e das regras mais especiais aplicáveis aos recursos cabíveis na ação coletiva, pouco interessando quais são as suas espécies cabíveis (apelação ou recurso ordinário, recurso de revista ou especial, etc).

Cuidaremos, ainda, de modo especial, do meio de impugnação à decisão interlocutória.

4.1. Da renúncia e da desistência do recurso

As leis que cuidam das ações coletivas estabelecem, de um modo geral, que se o autor da demanda desistir infundadamente ou abandonar a causa, qualquer outro legitimados poderá prosseguir no feito (§ 3º do art. 5º da Lei n. 7.347/85).

A legislação esparsa não cuida, especificamente, da renúncia do direito de recorrer ou da desistência do recurso. A hipótese, no entanto, parece ser de aplicável analógica.

Ora, se qualquer legitimado pode prosseguir no feito, diante da desistência infundada ou do abandono da causa, pelas mesmas razões teleológicas, há se se permitir que ele possa prosseguir no feito quando o autor renuncia o direito de recorrer ou desiste do recurso interposto.

No caso específico da renúncia ao direito de recorrer, é preciso lembrar, ainda, que qualquer legitimado pode atuar no feito como litisconsorte (§ 2º do art. 5º da Lei n. 7.347/85). Logo, a renúncia ao direito de recorrer por parte do autor da ação não impedirá que outro legitimado ingresse no feito, como litisconsorte, apenas no momento de recorrer.

4.2. Da remessa necessária

Excepcionalmente, na Lei n. 7.853/89 que dispõe sobre o apoio dado às pessoas portadoras de deficiência, resta estabelecida uma regra bem específica: a da remessa necessária (§ 1º do art. 4º).

A peculiaridade dessa remessa necessária é que ela é cabível em qualquer demanda que vise a proteção dos interesses das pessoas portadoras de deficiência, ainda que as partes sejam particulares, quando a ação for julgada improcedente ou o autor for considerado carecedor de ação.

A remessa é necessária não quando há condenação, mas, sim, quando improcedente ou carecedor de ação o autor. Neste caso, então, a decisão somente produzira seus efeitos depois de confirmada pelo tribunal.

4.3. Das decisões interlocutórias

Se se adotar o entendimento acima mencionado quanto as regras procedimentais aplicáveis às ações coletivas, quais sejam, as normas do CPC e da legislação esparsa específica, não se tem como controverso o cabimento do agravo de instrumento em face da decisão interlocutória.

Podemos, no entanto, controverter o cabimento do recurso de agravo de instrumento nas ações coletivas se se adotar nas mesmas o procedimento previsto na CLT, inclusive quanto à sistemática recursal.

A controvérsia decorre do fato da CLT conter regra específica estabelecendo que somente quando da sentença é que cabe impugnar a decisão interlocutória (§ 1º do art. 893). Em outras palavras, admite-se o agravo retido (o conhecido "protesto" da praxe laborista), cuja apreciação somente se dará quando do apelo (recurso ordinário).

Contudo, ao se aplicar essa regra, de forma automática, sem qualquer ponderação, acabamos por adotar um procedimento de impugnação à decisão interlocutória mais formalista, burocrática, custosa e menos célere. Isso porque nada impede que a parte possa ajuizar a ação de segurança para atacar a decisão interlocutória.

Vale observar, inclusive e de logo, que, diante da atual sistemática do agravo de instrumento, previsto no CPC, as suas hipóteses de cabimento são mais restritas das que do mandado de segurança. Basta lembrar que o agravo de instrumento, como regra geral, somente tem cabimento quando a decisão interlocutória for suscetível de causar lesão grave ou de difícil reparação (deixamos de fora as hipóteses de inadmissão da apelação e da decisão quanto aos efeitos em que esta é recebida por serem impertinentes para o nosso raciocínio).

Já o mandado de segurança tem cabimento quando se alega violação a direito líquido e certo, ainda que não suscetível de causar lesão grave ou de difícil reparação. Não custa lembrar, ainda, que quando a lei menciona "direito líquido e certo", ela se refere à prova "líquida e certa", já que o direito, em sim, pode ser controvertido (Súmula n. 625 do STF). E no agravo de instrumento, a prova também é "líquida e certa" (incisos I e II do art. 525 do CPC).

Ora, diante de tal situação, seria mais razoável e compatível com os princípios da efetividade da justiça e da duração razoável do feito, admitir a interposição do agravo de instrumento, ao invés do cabimento do mandado de segurança, considerando que ambos instrumentos são meios de impugnação à decisão judicial (apenas mudam os nomes). Isso porque, ao admitir o mandado de segurança, além de outras dificuldades técnicas, o tribunal regional irá apreciar a causa em primeiro grau, cabendo de sua decisão, recurso ordinário para o TST. Logo, a decisão interlocutória trabalhista fica sujeito três graus de apreciação: pelo juiz da causa, pelo tribunal no mandado de segurança e pelo TST em recurso ordinário em mandado de segurança.

Se se admitir, no entanto, a interposição do agravo de instrumento, além de mais restrita sua hipótese de cabimento, a decisão interlocutória ficará sujeita apenas a dois graus de apreciação judicial de imediato: pelo juiz da causa e pelo tribunal regional, já que da decisão em agravo de instrumento não cabe recurso de revista (sendo este cabível, apenas, de decisão proferida em recurso ordinário ou agravo de petição — art. 896 da CLT).

Assim, parece-nos mais compatível com o procedimento trabalhista admitir a interposição do agravo de instrumento contra decisão interlocutória do que negar esse direito, admitindo o mandado de segurança como sucedâneo recursal.

De qualquer modo, cabe destacar que a legislação esparsa prevê, expressamente, o cabimento do agravo das decisões que concedem ou não a medida liminar (como regra geral: art. 12 da Lei n. 7.347/85).

Assim, da mesma forma que o TST admite a interposição de agravo das decisões monocráticas dos relatores, em aplicação subsidiária do art. 557 do CPC (vide Instrução Normativa n. 17/2000 do Colendo TST), a hipótese também é de aceitação do agravo contra a decisão que aprecia o pedido de concessão da medida liminar, *concessia venia*.

4.4. Suspensão da liminar

De qualquer modo, cabível ou não o agravo para atacar a decisão liminar, a legislação estabelece a possibilidade de suspensão da liminar em pedido dirigido ao Presidente do Tribunal a quem compete conhecer do recurso, sempre que em jogo interesse da pessoa jurídica de direito público.

Assim, compete ao Presidente do Tribunal "nas ações movidas contra o Poder Público ou seus agentes, a requerimento do Ministério Público ou da pessoa jurídica de direito público interessada, em caso de manifesto interesse público ou de flagrante ilegitimidade, e para evitar lesão à ordem, à saúde, à segurança e à economia públicas" conceder a suspensão da liminar (art. 4º da Lei n. 8.437/92).

O pedido de suspensão da liminar é dirigido diretamente ao Presidente do Tribunal, discrepando a doutrina quanto a sua natureza. É certo, no entanto, que ele é meio de impugnação à decisão liminar, regendo-se pelo disposto no art. 4º da Lei n. 8.437/92 quando se trata de ação coletiva (§ 1º do art. 4º), inclusive quanto às suas hipóteses de cabimento e quanto aos recursos oponíveis contra a decisão do Presidente do Tribunal.

4.5. Efeito dos recursos

No que se refere aos efeitos em que é recebido o recurso, a Lei n. 7.347/85 estabelece expressamente que somente deve ser dado o efeito devolutivo (art. 14).

Contudo, também há previsão para o próprio juiz conceder o efeito suspensivo "para evitar dano irreparável à parte" (art. 14, in fine).

Entendemos, portanto, que, em face dessa regra mais especial, mesmo às ações coletivas de competência da Justiça do Trabalho, ainda que adotado o rito da CLT, é possível a concessão desse efeito suspensivo.

5. Conclusão

Finalizando, cabe-nos resumir as teses defendidas acima:

a) nas ações coletivas são cabíveis os mesmos recursos interponíveis nas ações individuais;

b) as espécies de recursos cabíveis dependem do procedimento adotado na ação coletiva: do rito da CLT ou do procedimento da legislação processual civil;

c) por ser regida por legislação mais especial e dada a tutela pretendida e aos fatores de ordem política e social, aplicam-se às ações coletivas o procedimento da legislação processual civil específica;

d) à ação de cumprimento se aplica o procedimento da legislação processual civil específica por se tratar de outra espécie de ação coletiva;

e) em caso de renúncia do direito de recorrer e da desistência do recurso por parte do autor da demanda coletiva, qualquer legitimado está autorizado a prosseguir no feito;

f) cabe a remessa necessária quando o autor for considerado carecedor de ação ou quando julgada improcedente a ação coletiva ajuizada em defesa dos interesses das pessoas portadoras de deficiência;

g) contra as decisões interlocutórias cabe recurso de agravo de instrumento, na forma da legislação processual civil;

h) cabe agravo contra a decisão que aprecia o pedido de concessão da medida liminar na ação coletiva;

i) cabe o pedido de suspensão da liminar *"nas ações movidas contra o Poder Público ou seus agentes, a requerimento do Ministério Público ou da pessoa jurídica de direito público interessada, em caso de manifesto interesse público ou de flagrante ilegitimidade, e para evitar lesão á ordem, à saúde, á segurança e à economia públicas"*;

j) os recursos nas ações coletivas são recebidos no efeito devolutivo; e,

k) pode o juiz conceder efeito suspensivo ao recurso ordinário ou apelação "para evitar dano irreparável à parte".

Salvador, 03 de março de 2006.

A delimitação procedimental da Liquidação das Sentenças de Tutela de Direitos Individuais Homogêneos no Processo do Trabalho

Wolney de Macedo Cordeiro(*)

1. Colocação do tema

O direito brasileiro construiu uma imponente doutrina acerca das formas de tutela dos direitos metaindividuais. Adaptando os conceitos básicos da *class action* americana a um sistema jurídico de índole romano germânica, montamos um eficiente arcabouço normativo de tutela daquilo que se convencionou chamar de direitos coletivos, difusos e individuais homogêneos, por intermédio das Leis n. 7.347, de 24 de julho de 1985 (Lei da Ação Civil Pública) e n. 8.078, de 11 de setembro de 1990 (Código de Defesa do Consumidor)(1).

Muito embora não exista uma regulamentação própria da tutela de direitos metaindividuais em matéria trabalhista(2), não há mais qualquer dúvida quanto à possibilidade de identificação de direitos coletivos, difusos e individuais homogêneos laborais e a aplicação subsidiária dos institutos processuais proconizados pela Lei de Ação Civil Pública e o Código de Defesa do Consumidor.

(*) Juiz do Trabalho da 13ª Região. Mestre em Direito e Professor do UNIPÊ e da Escola Superior da Magistratura Trabalhista da Paraíba — ESMAT/PB.

(1) Especialmente em relação aos dispositivos contidos nos Capítulos I e II do Título III do referido código (arts. 81 a 100).

(2) Não podemos deixar de mencionar a referência explícita que a Lei Orgânica do Ministério Público da União (Lei Complementar n. 75, de 20 de maio de 1993) faz em seu art. 83, III, *verbis: "Compete ao Ministério Público do Trabalho o exercício das seguintes atribuições junto aos órgãos da Justiça do Trabalho:...III — promover a ação civil pública no âmbito da Justiça do Trabalho, para a defesa de interesses coletivos, quando desrespeitados os direitos sociais constitucionalmente garantidos."* Essa normatização, no entanto, apenas explicita uma atribuição natural à atuação do Ministério Público Trabalhista, não contribuindo em nada para a construção de uma estrutura procedimental própria das ações civis públicas e coletivas destinadas à tutela de interesses metaindividuais.

Sabe-se, no entanto, que a aplicação subsidiária das normas de direito processual comum ao processo do trabalho apresenta naturais dificuldades, tanto no que concerne ao direito a ser manejado, como também em relação à particularidade das pretensões veiculadas perante a Justiça do Trabalho. Poder-se-ia até afirmar que esse problema não existiria em relação às normas reguladoras da tutela de direitos metaindividuais, tendo em vista que os referidos instrumentos normativos foram forjados, do ponto de vista ideológico, dentro do enfoque de efetividade e proteção que norteiam o direito processual do trabalho. Essa assertiva, no entanto, revela-se válida quando nos deparamos com a tutela dos direitos coletivos e difusos. Neste caso, a estrutura de regulação não foge dos parâmetros fixados para a tutela em relação aos demais setores da sociedade, regrados de forma expressa pela Lei da Ação Civil Pública(3).

A regulação procedimental da tutela dos direitos individuais homogêneos, no entanto, exaure-se na aplicação subsidiária do Código de Defesa do Consumidor que, obviamente, tem por objetivo traçar as diretrizes dos litígios metaindividuais que envolvam os consumidores. Em tais condições, as chamadas sentenças genéricas prolatadas no âmbito da jurisdição consumerista apresentam as particularidades desse ramo, especialmente no que concerne às condenações que, via de regra, resumem-se à reparações pecuniárias atribuíveis a um determinado universo de pessoas. No caso da tutela dos direitos individuais homogêneos trabalhistas, a atuação jurisdicional implica em múltiplas condenações, até porque são diversas as obrigações decorrentes de contratos de trabalho.

Essa diferença pontual, embora não afaste, nem impeça a aplicação dos dispositivos próprios do direito do consumidor, demonstra, no mínimo, a necessidade de serem apresentadas adequações procedimentais compatíveis com essa realidade diferenciada. De fato esse é o objetivo do presente trabalho, ou seja, tentar delimitar as principais bases conceituais que permitam a correta adequação do procedimento de efetivação da tutela dos direitos individuais homogêneos, especialmente no que concerne à liquidação das chamadas sentenças genéricas.

(3) Conforme dispõe o seu art. 1º, *verbis*: *"Art. 1º Regem-se pelas disposições desta Lei, sem prejuízo da ação popular, as ações de responsabilidade por danos morais e patrimoniais causados: I — ao meio-ambiente; II — ao consumidor; III — à ordem urbanística; IV — a bens e direitos de valor artístico, estético, histórico, turístico e paisagístico; V — a qualquer outro interesse difuso ou coletivo; VI — por infração da ordem econômica; VII — à ordem urbanística."*

2. *O papel tradicional da liquidação e seu anacronismo diante da efetivação das tutelas dos direitos individuais homogêneos*

O sistema de efetivação das sentenças proferidas no âmbito da tutela dos direitos individuais homogêneos nutre-se da idéia básica de que os substituídos processualmente na demanda coletiva, podem buscar a satisfação de sua lesão individual por intermédio do pedido de liquidação e posterior execução da sentença genérica em seu favor. Nesse sentido, dispõe de maneira clara e inequívoca os arts. 95 e 97 do Código de Defesa do Consumidor[4] que as sentenças proferidas no âmbito da tutela dos direitos individuais homogêneos devam ser proferidas de maneira genérica, não só em relação ao montante estipulado para as reparações individuais, mas também em relação aos eventuais beneficiários. É importante destacar que, nessa hipótese, não se busca apenas disciplinar o montante integral da obrigação (*quantum debeatur*), mas sim os próprios beneficiários da tutela (*cui deabeatur*), conforme defende brilhantemente o juslaboralista *Carlos Henrique Bezerra Leite.*[5]

Vê-se, pois, que a chamada liquidação conduzida de forma tradicional não se enquadra com facilidade no procedimento liquidatório reclamado para as sentenças tuteladoras de direitos individuais homogêneos. Com efeito, a tarefa ortodoxa da atividade cognitiva liquidatória consiste em determinar o *quantum debeatur* das obrigações contempladas em títulos executivos judiciais, conforme preconiza de maneira inequívoca o grande mestre paulista *Cândido Rangel Dinamarco*[6]. A atividade de

---

(4) "*Art. 95. Em caso de procedência do pedido, a condenação será genérica, fixando a responsabilidade do réu pelos danos causados.*

....

Art. 97. A liquidação e a execução de sentença poderão ser promovidas pela vítima e seus sucessores, assim como pelos legitimados de que trata o art. 82."

(5) "*...em nosso ordenamento jurídico, diferentemente do que ocorre com as ações individuais tradicionais, ou mesmo com as ações coletivas em defesa de interesses difusos ou coeltivos, não há qualquer possibilidade legal de que as pessoas ou entes coletivos legitimados para a defesa judicial dos interesses individuais homogêneos possam obter sentença condenatória que já determine o* quantum *(valor devido) e o* cui debeatur *(a quem é devido). In: Liquidação na ação civil pública — o processo e a efetividade dos direitos humanos — enfoques civis e trabalhistas.* São Paulo, LTr, 2004, p. 155.

(6)" *...liquidação e liquidar são palavras que se referem sempre à sentença a que falte a determinação do* quantum debeatur. *Onde não houver liquidez, trata-se de produzi-la. Não é 'liquidação', portanto, a atividade destinada a conferir certeza a uma obrigação, nos casos em que a sentença condenatória não a produza desde logo. Trata-se de incidentes destinados à concentração das obrigações, previstos nos arts. 571 e 629 do Código de Processo Civil, dos quais já se disse o necessário nesse estudo." In: Execução civil, 7. ed.* São Paulo: Malheiros, 2000, p. 519.

cognição da liquidação sempre foi voltada para verter em pecúnia ou mesmo "objetivar" o comando constante no provimento jurisdicional. Nunca a doutrina processual estabeleceu estruturas lógicas que permitissem o alargamento da atividade cognitiva da liquidação, a ponto de se imiscuir nos domínios da delimitação obrigacional feita pela própria sentença. Aliás, não se alberga a possibilidade de que o comando jurisdicional, pelo mesmo em sede de tutela de direitos individuais, dependa de atividade cognitiva complementar destinada a aferir os verdadeiros beneficiários da obrigação. Os atributos básicos da obrigação devem ser definidos juntamente com o *an debeatur* no comando sentencial, até porque a relação obrigacional deve ser plenamente delimitada para que se afigure exeqüível o título, conforme já prelecionava o saudoso *José Frederico Marques*(7).

Ora, a visão tradicional da liquidação estabelece a atividade jurisdicional limitada à concretização do *quatum debeatur* (valor da obrigação) e, eventualmente do *quid debeatur* (delimitação do objeto da obrigação)(8). A fixação do *cui debeatur* (beneficiário da obrigação) atividade estaria circunscrita aos limites do processo cognitivo gerador da sentença, sendo, portanto, atributo próprio do comando jurisdicional, conforme ensinamentos do emérito *José Carlos Barbosa Moreira*(9).

---

(7) "*A liquidação prepara o título executivo, complementando a sentença condenatória, e não o processo executivo. Errôneo, pois, afirmar-se que se trata de processo preparatório da execução. A liquidação é realizada porque a sentença não determinou o valor da condenação, nem lhe individuou o objeto — é o que diz o art. 603. Logo, a sua* causa finalis *é a de determinar o valor da condenação, ou a de lhe individuar o objeto, o que significa complementar a sentença condenatória, como título executivo.*" *In: Manual de direito processual civil, v. 04.* São Paulo: Saraiva, 1974, p. 67.

(8) Modernamente a individualização da coisa ou o chamado incidente de concentração não pode ser concebido como objeto da liquidação, tendo em vista o disposto no Código de Processo Civil, art. 461-A, § 1º. Para os que entendem o incidente de concentração como atividade incidental de liquidação, esta modalidade permaneceria apenas em relação aos títulos executivos extrajudiciais, nos termos do Código de Processo Civil, art. 630.

(9) "*...caracteriza-se a liquidação da sentença como procedimento prévio, preparatório da execução, podendo em certos casos, conforme oportunamente se assinalará, inserir-se no curso desta como procedimento incidente; a atividade nela realizada é, por natureza, cognitiva, constituindo verdadeira complementação do processo de conhecimento, embora dele formalmente separado. Seu objeto é, porém, limitado à apuração do quantum ou à discriminação da coisa ou fato exigível; nela não se abre a discussão da lide julgada pela sentença ilíquida, nem se pode modificar o teor desta, para excluir qualquer das parcelas ali porventura contempladas, ou para incluir parcela nova (art. 610).*" *In:. O novo processo civil brasileiro, v. 02.* Rio de Janeiro: Forense, 1976, p. 14.

Resta clara a impossibilidade de, no âmbito da ortodoxia do processo, se alargarem os limites da liquidação além da fixação do *quantum* e do *quid debeatur* dos títulos executivos. Diante desta constatação, é possível conceber que a liquidação dos comandos sentenciais de interesses individuais homogêneos, preconizados pelos arts. 95 e 97 do Código de Defesa do Consumidor, apresenta a mesma natureza jurídica do procedimento liquidatório dos processos individuais? Entendemos que não.

O escopo da liquidação dos provimentos de tutela dos interesses individuais homogêneos é bem mais amplo do que o dos demais provimentos liquidatórios. Nela a própria essência do provimento vincula-se à concretização do procedimento de liquidação, e, neste caso não apenas para a fixação do *quatum debeatur*, mas sim para delimitar o universo dos beneficiários da tutela coletiva. Sem essa determinação, desaparece a razão de ser da própria decisão jurisdicional coletiva, que só irá se concretizar plenamente com a identificação dos credores e a satisfação do respectivo crédito.

É certo que a sentença genérica proveniente de litígio de natureza individual padece do mesmo mal da inexeqüibilidade. Nesta hipótese, no entanto, a tessitura da relação executiva encontra-se plenamente formada, restando, tão-somente, a integração plena do comando, por intermédio do estabelecimento do *quantum debeatur*. Tragamos a questão para o campo da realidade.

Imaginemos que, por intermédio de uma ação trabalhista plúrima[(10)], algumas dezenas de empregados tenham sido contemplados com o pagamento de uma determinada diferença salarial, pendente, no entanto, de apuração em liquidação. Tratando-se de provimento de natureza individual[(11)], as relações obrigacionais estão devidamente edificadas, sendo possível identificar o credor e o devedor, estando apenas pendente a fixação do *quantum debeatur*. Na situação descrita, temos a constituição de "crédito" para cada um dos litisconsortes ativos, todavia ainda não dotados de exeqüibilidade, tendo em vista a falta de liquidez. Nesse caso, a ocorrência da atividade cognitiva de liquidação limita-se a into-

---

(10) Terminologia que, sem qualquer razão palpável, substitui o termo litisconsórcio ativo no âmbito do direito processual do trabalho.

(11) Neste caso não é o número de litigantes envolvidos que vai determinar a natureza metaindividual do conflito, mas sim o fato de que todas as relações processuais foram devidamente edificadas de forma individual, mas, por conveniência vieram a ser agrupadas em um único processo.

grar a sentença, estabelecendo o requisito da liquidez e, conseqüentemente, da exeqüibilidade.

Imaginemos outra situação. Nesta, o Ministério Público do Trabalho ajuíza ação coletiva(12) onde propugna pelo reconhecimento da existência de atividade insalubre por parte de empregados de uma determinada empresa, tendo em vista o manuseio de determinado agente químico. Como se trata de tutela de direitos individuais homogêneos, a procedência da pretensão coletiva implica na declaração da existência de atividade insalubre e no pagamento do respectivo adicional aos empregados afetados pelo referido agente químico. Neste caso, a sentença é ilíquida, por óbvio, posto que não delimita o *quantum debeatur* da condenação, mas também será genérica no que concerne aos titulares do crédito reconhecido em juízo. A generalidade da sentença da referida ação coletiva evidencia-se, portanto, não apenas em relação ao montante do débito, mas também em relação ao próprio credor legitimado para promover a execução.

Na situação acima apontada, a atividade de liquidação não se exaure na fixação do *quantum* da condenação, mediante a delimitação dos valores concernente à aplicação do adicional de insalubridade. A cognição proveniente do procedimento liquidatório é mais ampla, posto que deverá determinar o próprio titular da relação obrigacional que não foi descrito previamente no comando jurisdicional. Ora, essa "função" da liquidação não existe em relação aos provimentos de jurisdição individual que trazem em sua essência a obrigatoriedade de indicação dos beneficiários da condenação. A generalização dos sujeitos ativos da relação obrigacional é típica de atividade jurisdicional metaindividual, o que revela uma dimensão diferente da liquidação neste tipo procedimental.

(12) Não é determinante a nomenclatura utilizada para designar o meio processual de defesa dos interesses metaindividuais. Não existe qualquer irregularidade no manejo de ação civil pública para a defesa de interesses individuais homogêneos, a despeito da explícita indicação do Código de Defesa do Consumidor ao termo ação coletiva (art. 91). A jurisprudência dominante do Supremo Tribunal Federal consagrou o princípio pelo qual a terminologia adotada é irrelevante diante do interesse metaindividual tutelado. Precedente: RE 424048 AgR / SC-Santa Catarina — Relator: Ministro Sepúlveda Pertence, DJU 25.11.2005; RE 204200 AgR / SP-São Paulo — Relator Ministro Carlos Velos, DJU 08.10.2002; RE 213015 / DF-Distrito Federal — Relator: Ministro Néri da Silveira, DJU 24.05.2002.

É certo que parte da doutrina processual contemporânea admite que a liquidação pode servir para a determinação do *cui debeatur* da obrigação reconhecida na sentença, como enuncia o eminente processualista *Teori Albino Zavascki*(13). No entanto, o próprio autor, com o esmero doutrinário que lhe é peculiar, deixa claro que a atuação da liquidação como forma de identificar o *cui debeatur* da relação obrigacional é típica das ações de natureza coletiva(14).

Resta claro que, em nosso direito, a identificação dos titulares da relação obrigacional não é atividade típica do procedimento de liquidação. De fato, a liquidação das sentenças provenientes das ações de tutela de direitos individuais homogêneos apresenta natureza jurídica absolutamente diferente da chamada liquidação tradicional. Nesta, conforme já exaustivamente expusemos, já há uma perfeita delimitação do sujeito ativo da obrigação, enquanto naquela a atividade jurisdicional é mais ampla, pois há uma verdadeira inserção do beneficiário na relação processual.

Podemos dizer, de forma mais didática, que a liquidação das sentenças tuteladoras de interesses individuais homogêneos é a "porta de entrada" dos beneficiários na relação obrigacional reconhecida judicialmente. Não se limita, portanto, a descrever o montante da reparação, mas sim a reconhecer a própria legitimidade daquele que se diz beneficiário da pretensão coletiva. A típica liquidação, por outro lado, não enfrenta o problema da legitimidade ativa da pretensão executiva, tendo em vista que a relação se encontra perfeitamente delimitada pelo título.

---

(13) *"...as situações de iliquidez são de variado grau. Considerando-se título apto a ensejar a tutela executiva o que traz a representação documental de uma norma jurídica concreta da qual decorre uma relação obrigacional, hão de se ter nele identificados os seguintes elementos: (a) o* an debeatur *(existência da dívida); (b) o* cui debeatur *(a quem é devido); (c)o* quis debeat *(quem deve); (d) o* quid debeatur *(o que é devido); (e) o* quantum debeatur *(a quantia devida)". In: Título executivo e liquidação.* São Paulo: Revista dos Tribunais, 1999, p. 175.

(14) *"...há sentenças com grau de generalidade ainda mais elevado, faltando lhe inclusive a identificação do titular do direito à prestação. É o que ocorre nas ações intentadas em regime de substituição processual, quando a lei não exige do autor (substituto) a qualificação na petição inicial, de cada um dos substituídos titulares do direito material afirmado. Assim, por exemplo, na ação coletiva para a tutela de direitos individuais homogêneos de consumidores (Lei n. 8.078, de 11 de setembro de 1990, art. 91)".* ZAVASCKI, Teori Albino. *Comentários ao Código de Processo Civil, v. 08 — Do processo de execução — arts. 566 a 645.* São Paulo: Revista dos Tribunais, 2000, p. 328.

3. *Em busca do estabelecimento da natureza jurídica da liquidação da sentença de tutela de interesses individuais homogêneos*

Já estabelecemos a premissa básica de que o procedimento de liquidação das sentenças garantidoras de interesses individuais homogêneos não se reveste da mesma natureza jurídica das demais formas de liquidação. Essa constatação tem como argumento fundamental o fato de que a liquidação das sentenças genéricas coletivas implica na delimitação do *cui debeatur*, o que em outras palavras significa externar o próprio pólo ativo da pretensão executiva. Ora, se não se enquadra no âmbito do conceito geral da liquidação, qual seria a natureza jurídica dessa modalidade de liquidação?

É importante ressaltar que a pesquisa quanto à natureza jurídica dessa modalidade de liquidação não apresenta interesse apenas acadêmico. De fato, a delimitação conceitual da liquidação da sentença tuteladora de interesses individuais homogêneos é condição *sine qua non* para que possamos delimitar de forma concreta seu procedimento no âmbito do direito processual do trabalho.

De início é importante observar que a discussão acerca da autonomia ou incidentalidade do procedimento liquidatório é questão ultrapassada no âmbito da processualística. O advento da Lei n. 11.232, de 22 de dezembro de 2005 extirpou de nosso ordenamento jurídico processual a liquidação como ação autônoma, mesmo em relação às modalidades por arbitramento e por artigos(15).

Ressalte-se, no entanto, que mesmo antes da contundente modificação do Código de Processo Civil já era consagrada a idéia, no âmbito da processualística laboral, da incidentalidade do procedimento de liquidação, conforme firmes posicionamentos de *Manoel Antonio Teixeira Filho*(16),

---

(15) O objetivo da mencionada norma processual foi eliminar o processo autônomo de execução de títulos judiciais; com isso foram revogados os arts. 603 a 611 do Código de Processo Civil e a matéria atinente à liquidação passou a ser tratada como incidente que antecede o "cumprimento da sentença", nos termos dos novos arts. 475-A a 475-H. O caráter meramente incidental de todas as modalidades de liquidação restou inconteste pela própria redação do novo art. 475-H que consagra o agravo como meio de impugnação própria da decisão interlocutória que decide a liquidação.

(16) *In: Liquidação da sentença no processo do trabalho, 3. ed.* São Paulo, LTr, 1991, p. 170 e *Execução no processo do trabalho, 7. ed.* São Paulo, LTr, 2001, p. 331. O mestre paranaense, embora negue a autonomia do processo de liquidação, não admite a incidentalidade em relação ao processo executivo.

Amauri Mascaro do Nascimento[17], *Carlos Henrique Bezerra Leite*[18], entre outros.

A questão que nos interessa, no entanto, refoge à simples análise da incidentalidade da liquidação e foca-se em relação à própria tessitura processual do enigmático instituto processual preconizado pelo Código de Defesa do Consumidor, art. 97. A hipótese, ora em análise, pressupõe o ingresso de um verdadeiro legitimado no âmbito da relação processual, diferentemente do que ocorre em relação às liquidações convencionais, quando a relação processual já se acha cabalmente delimitada.

De fato, na liquidação de sentença que tutela interesses individuais homogêneos, a fixação do *quantum debeatur* é tarefa secundária para o condutor do processo. O elemento principal dessa forma de liquidação é o estabelecimento dos legitimados ativamente para a pretensão de caráter executivo. A cognição do Juiz, em tais modalidades de liquidação, prende-se, precipuamente, a identificação dos beneficiários e do reconhecimento de sua legitimidade. É óbvio que, nessas situações, a liquidação assume o papel de uma verdadeira intervenção de terceiros.

Embora a "promiscuidade de institutos" proposta possa causar um certo desconforto inicial, não vemos como afastar a natureza de intervenção de terceiro na hipótese liquidatória ora analisada. Sabe-se que o instituto da intervenção de terceiros visa a possibilitar o ingresso de entidades estranhas à relação processual, quanto estiver caracterizado algum interesses jurídico, ou mesmo legitimidade *ad causam*. Nessas hipóteses, o interesse ou a legitimidade do terceiro interveniente pode ser harmônica em relação a uma das partes ou contraposta a ambos os litigantes. Em todo o caso, o objetivo da intervenção de terceiros é permitir que sejam tutelados os efeitos diretos ou reflexos da sentença sobre terceiros[19].

---

(17) *In: Direito processual do trabalho, 21. ed.* São Paulo: Saraiva, 2002, p. 561.

(18) *In: Curso de direito processual do trabalho, 3. ed.* São Paulo: LTr, 2005, p. 694.

(19) É importante destacar a lição do eminente processualista Ovídio Baptista sobre a questão, *verbis:" ...há intervenção de terceiros no processo quando alguém dele participa sem ser parte na causa, com o fim de auxiliar ou excluir os litigantes, para defender algum direito ou interesse próprio que possa ser prejudicado pela sentença....Conforme o terceiro ingresse no processo para defender um interesse próprio dependente da relação jurídica objeto do litígio, com o fim de auxiliar na vitória da parte a que seu direito se liga, ou, ao contrário nele ingresse para contrapor-se a uma ou a ambas as partes, diz-se, no primeiro caso, que a intervenção é* ad adiuvandum, *enquanto no último será* ad excludendum." *In: Curso de direito processual civil, v. 01, 5. ed.* São Paulo: Revista dos Tribunais, 2000, p. 271.

A atuação do legitimado para ação coletiva sob o rótulo de substituto processual[20] foi a forma mais adequada encontrada pela doutrina para esclarecer a posição do autor no âmbito das demandas coletivas de defesa dos interesses individuais homogêneos. Tratando-se de tutela de interesses divisíveis, a legitimação do substituto processual não pode afastar a do substituído, que poderá ajuizar demanda individual tutelando o mesmo interesse da ação coletiva. Ora, se é possível a tutela por intermédio das ações individuais, não se pode afastar a possibilidade de o substituído processualmente ingressar na demanda coletiva por intermédio da assistência litisconsorcial, como bem pontifica o mestre *Hugo Nigro Mazzilli*[21].

Como se trata de hipótese de legitimação extraordinária de caráter concorrente[22], existe a possibilidade de o substituído ingressar a qualquer tempo no âmbito da relação processual. Como os substituídos também são detentores de legitimidade, a inserção no processo dar-se-á sob o rótulo de uma assistência litisconsorcial, prevista no Código de Processo Civil, art. 54. Nesse caso, os substituídos ingressam no processo na fase em que se encontra, podendo praticar os atos ne-

---

(20) Nessa situação há de se equiparar a atuação do Ministério Público do Trabalho (Lei Complementar n. 75, de 20 de maio de 1993, art. 6º, XII e 83,III) e dos sindicatos (Constituição Federal, art. 8º, III) na defesa dos interesses individuais homogêneos de trabalhadores integrantes de determinada categoria profissional.

(21) *"Se o objeto das ações civis públicas ou coletivas consistir na defesa de interesses coletivos ou individuais homogêneos, e, certos casos, até quando esse objeto consista na tutela de interesses difusos, não haverá como negar a possibilidade de intervenção do lesado no processo coletivo. Afinal, poderia ele ter ação individual em andamento para resolver a sua parte na lesão ou na ameaça de lesão, quando sobreviesse o ajuizamento de ação coletiva ao englobar todo o dano efetivo ou potencial. Para tanto, a lei admite sua intervenção no processo coletivo."* (*In: A defesa dos interesses difusos em juízo — meio ambiente, consumidor, patrimônio cultural, patrimônio público e outros interesses, 18. ed.* São Paulo: Saraiva, 2005, p. 309).

(22) Já nos manifestamos no sentido de que a concorrência como característica básica da substituição trabalhista não pode ser absoluta a ponto de impedir a fruição do direito do substituído (como aliás era a tese do revogado Enunciado N. 310 do TST).*"Ora, se, como já vimos anteriormente, o escopo da substituição processual trabalhista é inteiramente protetivo, visando a facilitar o acesso do trabalhador ao Poder Judiciário, não é possível concebê-lo no seu caráter estritamente concorrente. Se as ações coletivas de índole trabalhista objetivam a tutela dos direitos coletivos ou individuais homogêneos, não se pode admitir que a manifestação de vontade individual possa interromper o curso da demanda."* (CORDEIRO, Wolney de Macedo. *Fundamentos do direito processual do trabalho brasileiro.* São Paulo: LTr, 2005, p. 139).

cessários à defesa de seu direito. Essa possibilidade, aliás, sempre foi admitida pela nossa jurisprudência, conforme dispunha o item VI[(23)] do revogado Enunciado[(24)] n. 310 do Tribunal Superior do Trabalho, muito embora o enfoque fosse todo em relação à substituição processual promovida pelo sindicato.

Conforme já expusemos anteriormente, a chamada liquidação das sentenças proferidas no âmbito da ação coletiva representa, em primeiro lugar, a maneira de determinar os beneficiários da obrigação reconhecida em juízo e posteriormente a investigação em relação ao *quantum debeatur* propriamente dito. Nesse caso, o procedimento de liquidação nada mais é do que uma verdadeira assistência litisconsorcial, onde o assistente busca ostentar a qualidade de litisconsorte ativo na demanda coletiva, habilitando-se na pretensão executiva.

A diferença basilar em relação às formas tradicionais de liquidação, reside na necessidade de, no âmbito das ações coletivas, ser delimitada a legitimidade daquele que se apresenta como titular da obrigação reconhecida em juízo. Observe-se que não se confere a legitimidade para que o substituto ajuíze a própria ação coletiva, mas apenas que provoque a tutela cognitiva concernente no incidente de liquidação.[(25)] Não tendo o substituído participado da relação processual até a prolação da sentença, sua integração para o fim de desencadear o incidente de liquidação, conseqüentemente, só pode ser autorizada por intermédio de um incidente interventivo de assistência litisconsorcial. Nesse caso, a própria delimitação do *cui debeatur* já estaria concretizada com

---

(23) *"VI — É lícito aos substituídos integrar a lide como assistente litisconsorcial, acordar, transigir e renunciar, independentemente de autorização ou anuência do substituído."*

(24) O verberte em questão foi revogado antes da edição da Resolução n. 129/2005 do Tribunal Superior do Trabalho que alterou a terminologia para "Súmula".

(25) *"A posição mais presente na doutrina é a de que a figura interventiva ora analisada mais se aproxima da assistência litisconsorcial, prevista no art. 54 do CPC. De acordo com respeitáveis lições doutrinárias, a 'assistência litisconsorcial' permite que alguém intervenha em processo já pendente, para assistir uma das partes, em razão de que a sentença a ser proferida poderá influir na relação jurídica existente entre o interveniente e o réu. Portanto, e sempre considerando, preponderantemente, a influência da decisão na sorte do direito material, tem entendido a grande maioria dos doutrinadores que a figura da assistência litisconsorcial é a que mais se assemelharia com a hipótese prevista no art. 94 do CDC, já que o titular do direito individual tem sua relação jurídica com o réu julgada pela ação coletiva."* SPADONI, Joaquim Felipe. Assistência coletiva simples: a intervenção dos substituídos nas ações coletivas para a defesa de direitos individuais homogêneos. *In: Revista de processo.* São Paulo: Revista dos Tribunais, ano 29, julho-agosto de 2004, p. 40-53 (45).

o deferimento da assistência litisconsorcial pretendida, tendo em vista que o ingresso na demanda coletiva só seria viável diante da demonstração de titularidade do crédito por parte do substituído.

4. Do procedimento da liquidação de sentença de interesses individuais homogêneos de índole trabalhista

Estabelecida a natureza jurídica da liquidação das sentenças tuteladoras de direitos individuais homogêneos, é possível pesquisar acerca de sua delimitação procedimental. Utilizamos a terminologia *delimitação procedimental* para descrever a atividade do intérprete de construir uma tramitação processual própria, a partir da aplicação subsidiária de normas diversas. Na verdade, essa atividade de delimitação procedimental sempre fez parte do mister dos processualistas laborais, quando buscaram construir o processo do trabalho, a partir das escassas regulações da Consolidação das Leis do Trabalho acerca da matéria processual.

Na hipótese em análise, enfrentamos o mesmo problema, no entanto, com implicações até mais graves. É que mesmo o diploma processual consumerista, único subsistema normativo regulador da liquidação das ações coletivas, não dedica uma única linha para estabelecer o procedimento de fixação do *cui debeatur* das obrigações enfeixadas nas sentenças coletivas genéricas. Nesse caso, devemos estabelecer um procedimento próprio e adequá-lo à sistemática do processo do trabalho.

Passemos a analisar as principais questões concernentes à construção do procedimento de liquidação.

4.1. Da forma de provocação da liquidação

Como restou evidenciado nos tópicos anteriores, a liquidação a que se reporta o texto do Código de Defesa do Consumidor, tendo em vista seu flagrante caráter incidental, resume-se, na realidade, a um incidente de intervenção de terceiro que se assemelha mais à hipótese de assistência litisconsorcial, nos precisos termos do Código de Processo Civil, art. 54.

Nessa situação, o substituído processualmente, ciente da existência de sentença que lhe beneficie de forma individual, poderá dirigir requerimento ao juiz condutor do processo coletivo pugnando por sua habilitação e, conseqüentemente, pela apuração de seu crédito. Ressalte-se que, em tal hipótese, a provocação do interessado é essencial para que haja a prestação da tutela executiva, já que a determinação de ofício (Consolidação das Leis do Trabalho, art. 879, *caput*) esbarraria na própria impossibilidade material, tendo em vista o próprio desconhecimento do juízo acerca dos detalhes dos beneficiários do título.

Muito embora a provocação do interessado seja indispensável para desencadear a atividade cognitiva de liquidação, não há como serem exigidas maiores formalidades para a sua concretização. A característica basilar do direito processual do trabalho, também desejável no sistema de tutela dos interesses metaindividuais, é possibilitar o acesso ao Poder Judiciário diretamente pelo trabalhador, sem os entraves do processo ortodoxo. Nesse sentido, pela aplicação do contido na Consolidação das Leis do Trabalho, arts. 791 e 840, *caput* e § 2º, a provocação ao Poder Judiciário pode ser feita sem a assistência do advogado e até verbalmente, desde que o terceiro traga aos autos elementos probatórios necessários à liquidação do feito.

Como o objetivo primordial dessa modalidade de liquidação é a fixação do *cui debeatur*, a única exigência que se afigura plausível para o pedido de assistência é o fornecimento de informações suficientes para justificar a integração no âmbito da relação processual. Notem que a apresentação dos fatos que determinam a assistência é indispensável igualmente nas formas regulares de assistência litisconsorcial, pois, nessa hipótese interventiva, não é necessário um simples interesse jurídico (conforme enuncia o art. 50 do Código de Processo Civil), mas verdadeiramente legitimidade do assistente em relação ao direito controvertido.

É óbvio que a assistência ocorrerá após a prolação da sentença e buscará, tão-somente, a integração no âmbito da tutela executiva. Mesmo assim, não se pode negar que o beneficiário da sentença coletiva busca o reconhecimento da legitimidade para o processo executivo. A noção de legitimidade não se exaure no processo cognitivo, transbordando igualmente para o âmbito da tutela executiva, em que ressurge a possibilidade de tipificação do titular da relação jurídica objeto da tutela estatal, conforme atesta, com sua habitual eloqüência, o processualista *Araken de Assis*(26).

---

(26) *"...A legitimação extraordinária subordinada explica o instituto da assistência. Faculta a situação legitimadora a intervenção, no processo de que não é titular do*

Ingressando com o pedido de assistência, o substituído vindicará o enquadramento na situação jurídica reconhecida na sentença coletiva, sendo que, conforme veremos adiante, o seu deferimento implica no reconhecimento da qualidade de litisconsorte ativo da demanda executiva. Ilustremos a assertiva com um exemplo concreto.

Ao acolher pretensão do Ministério Público do Trabalho, o juiz sentencia reconhecendo a existência de atrasos significativos nos depósitos do Fundo de Garantia do Tempo de Serviço e condena a empresa a regularizar os respectivos valores em relação aos empregados, inclusive aqueles já desligados. Na hipótese, como resta claro, a lesão ocorreu em relação a direitos individuais, mas que foram afetados por ato omissivo único do empregador. A tutela jurisdicional, nesse caso, é genérica, inclusive em relação aos próprios beneficiários da relação obrigacional. Assim, o ex-empregado que porventura se enquadre nos limites apresentados na decisão coletiva deve proceder ao pedido de assistência, a fim de ter reconhecida a sua situação de beneficiário da tutela coletiva de caráter condenatório. Ao postular essa inserção, o substituído processual deverá fazer prova de sua condição de ex-empregado, a fim de que possa se beneficiar da condenação em questão. Na hipótese específica, a simples apresentação da Carteira de Trabalho e Previdência Social já seria suficiente para o Juiz decidir quanto à condição de titular do crédito da ação coletiva.

Como os exemplos de tutela coletiva de direitos individuais homogêneos na seara trabalhista vão se multiplicando, não é possível estabelecer um rol definitivo de provas de que o substituído deve instruir o pedido. Dependendo da natureza do direito tutelado, a prova a ser promovida pelo substituído pode se resumir à simples apresentação da Carteira de Trabalho e Previdência Social, ou mesmo à prova pericial destinada a aferir determinado grau de insalubridade. Observe que neste último caso, a necessidade de prova técnica demandaria uma verdadeira liquidação por arbitramento (Código de Processo Civil, art. 475-C), no entanto sempre precedida da fixação da legitimação ativa.

---

direito litigioso, em posição auxiliar e secundária, porque figurante em relação jurídica dependente daquela transformada em objeto do processo...Legitimidade autônoma concorrente possui o Ministério Público na execução de sentença condenatória proferida em ação popular (art. 16 da Lei n. 4.717/65) ou da que condenou a indenizar dano a interesse coletivo ou difuso (art. 100, caput, *da Lei n. 8.708/90). E, por fim, a legitimidade extraordinária subordinada requer a admissão no processo, da assistência." In: Manual do processo de execução,* 5ª ed. São Paulo, Revista dos Tribunais, 1998, p. 216.

4.2. Da competência territorial para o conhecimento do procedimento de liquidação

Outro tema instigante no âmbito da delimitação procedimental da liquidação de sentenças de interesses individuais homogêneos diz respeito à competência territorial para conduzir o respectivo incidente. Em princípio não haveria maiores problemas na fixação dessa competência territorial, tendo em vista que, em se tratando de prestação da tutela executiva decorrente de comando jurisdicional, a competência é o próprio juízo prolator da decisão, conforme resta claro do contido na Consolidação das Leis do Trabalho, art. 877. Acontece que, em se tratando de demandas coletivas que buscam as reparações das lesões de direitos individuais homogêneos, a fixação da competência territorial não se apresenta tão simples. Nesse caso, hão de ser separadas as situações nas quais se buscam as reparações coletivas ou de caráter individual. No primeiro caso, não há dúvidas de que a competência recai sobre o próprio juízo prolator da decisão (Código de Defesa do Consumidor, art. 98, § 2º, I). Quanto ao segundo, a competência não se firma exclusivamente em relação ao juízo prolator do comando condenatório, mas sim levando em consideração as regras próprias de fixação da competência, como bem assevera o magistrado trabalhista *Marcos Neves Fava*(27).

Nesse caso, o beneficiário poderá intentar o pedido de liquidação seguindo as regras gerais de fixação da competência territorial. Assim sendo, em se tratando de demanda de caráter trabalhista, as regras de fixação da competência territorial são aquelas preconizadas no âmbito da Consolidação das Leis do Trabalho, art. 651, onde se privilegia o local da prestação dos serviços e, excepcionalmente, o domicílio (art. 651, § 1º).

Essa discussão reveste-se de relevância prática quando nos defrontamos com decisões coletivas de âmbito nacional, ajuizadas perante o foro do Distrito Federal(28). Em se tratando de tutela de direitos indivi-

---

(27) *"Já a liquidação individual, promovida pelo lesado, tem o seu regramento no art. 97 do Código de Defesa do Consumidor, que deve ser interpretado em consonância com o inciso I do § 2º do art. 98 do mesmo ordenamento. Com efeito, preceitua este último artigo que o foro competente para a execução será o da liquidação, deixando claramente permitido aquilo que o veto presidencial tentou evitar com a supressão do parágrafo único do art. 97, o deslocamento da competência inicial, em exceção ao princípio da perpetuação da jurisdição."*

(28) Conforme entendimento preconizado pela Orientação Jurisprudencial n. 130 da SDI-2 do Tribunal Superior do Trabalho: "*Para a fixação da competência territorial em sede de ação civil pública, cumpre tomar em conta a extensão do dano causado ou*

duais homogêneos, os interessados que residissem em outras localidades, caso prevalecesse a regra geral da perpetuação da jurisdição, não disporiam de condições materiais para integrar a lide. Restaria, portanto, a reparação por intermédio de demandas individuais, caindo por terra todo o escopo da coletivização das ações. Nesse caso, a provocação da tutela executiva deve ser operada em função das regras de competência aplicáveis aos beneficiários da decisão, conforme lição de *Hugo Nigro Mazzilli*[29].

Em conclusão, podemos afirmar que nada impede que o pedido de liquidação se dirija ao próprio Juiz prolator da decisão coletiva. Aliás, tendo em vista o particularismo dos direitos laborais tutelados, não é comum a existência de um comando coletivo de abrangência maior que a jurisdição de um único juízo. No entanto, tratando-se dessa hipótese, a regra processual definidora da competência é aquela prevista no âmbito da Consolidação das Leis do Trabalho, art. 651, ocasião em que o beneficiário, munido de certidão do julgamento da ação coletiva, poderá intentar o pedido de liquidação, que nada mais significa do que o reconhecimento da sua legitimidade para a tutela executiva.

Obviamente, em se tratando de ato praticado fora da jurisdição do Juiz prolator da decisão coletiva, a liquidação deverá ser processada em autos apartados, conforme preleciona *Carlos Henrique Bezerra Leite*[30].

---

a ser reparado, pautando-se pela incidência analógica do art. 93 do Código de Defesa do Consumidor. Assim, se a extensão do dano a ser reparado limitar-se ao âmbito regional, a competência é de uma das Varas do Trabalho da Capital do Estado; se for do âmbito supra regional ou nacional, o foro é o do Distrito Federal."

(29) *"...o processo coletivo não é juízo universal; nele não ocorre concurso de credores; ao contrário. Para o juízo do processo coletivo não devem acorrer os lesados individuais, salvo se quiserem intervir na ação civil pública ou coletiva como assistentes litisconsorciais. Fora dessa hipótese, os lesados deverão propor suas ações individuais no foro adequado para isso, o qual será determinado de acordo com as regras processuais de competência. Mesmo a liquidação e a execução individuais, ainda que fundadas em título obtido na ação coletiva, não são atraídas pelo juízo da ação coletiva...". Op. cit., p. 477.*

(30) *"Já na liquidação individual, tendo em vista o juízo competente do processo de conhecimento não será necessariamente o da liquidação, poderão as liquidações individuais tramitar em autos diversos da ação coletiva condenatória..." In: Liquidação na ação civil pública.* São Paulo: LTr, 2004, p. 198.

4.3. Da necessidade do estabelecimento do contraditório prévio

A idéia da formação do contraditório preliminar não existe em relação ao procedimento de liquidação trabalhista convencional. Em situações convencionais, a liquidação pode ser inteiramente conduzida sem a participação do devedor, conforme se evidencia da redação da Consolidação das Leis do Trabalho, art. 879, § 2º e 884, § 3º. Essa conduta, no entanto, não pode ser configurada em relação à liquidação das sentenças coletivas de tutela de interesses individuais homogêneos.

Com efeito, sendo função basilar da liquidação a delimitação do *cui debeatur* da obrigação, não é admissível que o devedor não venha a opinar previamente sobre a eventual legitimidade do credor. Entender em contrário significa comprometer o milenar princípio do devido processo legal, tendo em vista a ausência de indicação precisa do credor no título originário.

Assim sendo, ao se pugnar pela liquidação, o Juiz não pode, de logo, considerar o beneficiário legitimado para tutela executiva. Tratando-se de uma verdadeira assistência litisconsorcial, é imperioso o conhecimento do devedor quanto à postulação de inserção na lide. Não se argumente que a natureza da execução trabalhista, ao admitir a atuação de ofício do juiz, albergaria a decisão do pedido de liquidação sem a prévia audiência da parte contrária. Nesse caso, estaríamos admitindo a reformulação da relação processual sem que uma das partes tivesse oportunidade de manifestação. O estabelecimento do contraditório, portanto, nessa fase processual é indispensável, tendo em vista que ainda não se trata da tutela executiva propriamente dita, mas tão-somente o aperfeiçoamento do título.

Sendo assim, aplicando-se de forma subsidiária o contido no Código de Processo Civil, arts. 51 e 54, parágrafo único, depois de requerida a liquidação, deverá o juiz conceder prazo de 05 (cinco) dias para que o réu da ação coletiva possa se pronunciar acerca do pedido. Note-se que, mesmo havendo uma eventual recusa por parte do devedor em reconhecer o beneficiário, o incidente será resolvido nos próprios autos da ação coletiva, sem que exista a necessidade de formação de autuação do incidente em apenso (Código de Processo Civil, art. 51, I), por absoluta incompatibilidade com a dinâmica do direito processual do trabalho.

4.4. Da decisão judicial que analisa o pedido de liquidação

Já vimos exaustivamente que a modalidade de liquidação, objeto de nosso estudo, não se enquadra de forma confortável em nenhuma das categorias processuais ortodoxas. Obviamente, a decisão judicial que decide o referido incidente também deverá fugir dos paradigmas processuais tradicionais. De fato, havendo ou não manifestação da parte contrária quanto ao pedido, o juiz decidirá. Nesse caso, ao decidir a questão, analisará de forma prejudicial a fixação do *cui debeatur* da obrigação contida na sentença coletiva, que é, em última análise, a aferição da existência da legitimidade para a tutela executiva.

De fato, a primeira questão na qual o magistrado deve se debruçar diz respeito à legitimidade. Caso conclua ser a parte beneficiária da tutela coletiva, determinará o magistrado a prática dos atos processuais necessários à fixação do *quantum debeatur*. Na maioria dos casos, ao reconhecer a legitimidade para a tutela executiva, o passo seguinte será a determinação para a elaboração dos cálculos correspondentes, conforme já se encontra devidamente regulamentado pela Consolidação das Leis do Trabalho, art. 879, *caput*. No entanto, a atividade jurisdicional para determinar a liquidez integral do título pode não se resumir apenas à elaboração de cálculos aritméticos, sendo necessária, eventualmente, a produção de prova técnica ou mesmo a demonstração da existência de um fato novo indispensável para a fixação do *quantum debeatur*. Nas duas últimas hipóteses, o procedimento a ser seguido é aquele preconizado para as liquidações por arbitramento e por artigos pelo vigente Código de Processo Civil, art. 475-D e 475-F.

É importante destacar que a decisão preliminar do juiz em relação ao *cui debeatur* da obrigação prevista na sentença coletiva vem a se constituir em provimento jurisdicional próprio de resolução da liquidação ora analisada, tendo em vista que se resume a identificar o legitimado da pretensão executiva. Os atos seguintes destinados à pesquisa do *quantum debeatur* da liquidação seguem a regulamentação geral para a liquidação dos títulos executivos judiciais, resultado da combinação do contido na Consolidação das Leis do Trabalho, art. 879 e Código de Processo Civil, arts. 475-A *usque* 475-H. O ato judicial que acolhe a integração do beneficiário na lide é de caráter interlocutório, pois resolve apenas um incidente processual, não prestando qualquer tutela jurisdicional definitiva ou terminativa.

Também será interlocutória a decisão do juiz que, porventura, negue o pedido de integração na lide do pretenso beneficiário. Nesse caso, o indeferimento da liquidação corresponde à declaração da inexistência de legitimidade para a tutela executiva, não havendo, portanto, a possibilidade da prática de qualquer ato destinado à fixação do *quantum debeatur* da obrigação.

4.5. Dos meios de impugnação da liquidação

Em se tratando da liquidação convencional de títulos executivos trabalhistas, a questão da recorribilidade encontra-se resolvida, muito embora sem a técnica necessária. Com efeito, a "sentença" de liquidação só pode ser atacada por intermédio dos "embargos à penhora", conforme dispõe a Consolidação das Leis do Trabalho, art. 884, § 3º.

É óbvio que a natureza híbrida do procedimento de liquidação das sentenças tuteladoras de direitos individuais homogêneos não se coaduna com um sistema impugnativo tão lacunoso. Não se pode deixar de afirmar que, ao contrário do que ocorre no sistema convencional, na liquidação da sentença coletiva é possível haver a rejeição do pedido de integração na lide. Nesse caso, o ingresso do beneficiário poderia ser liminarmente impedido pelo juízo que entendesse, por exemplo, a inexistência de legitimidade ou mesmo a ausência de enquadramento nos limites da tutela cognitiva. Cassar o direito de atacar essa modalidade de decisão é, portanto, afrontar o próprio princípio do devido processo legal. Sendo assim, a despeito dos judiciosos argumentos em favor da irrecorribilidade imediata dessas decisões(31), não se pode afastar a possibilidade do manejo do agravo de petição.

Em se tratando da decisão que acolhe a postulação do beneficiário, é certo que, determinada a sua integração na lide e, posteriormente, a apuração do *quantum debeatur,* é possível a aplicação do regramento preconizado pela Consolidação das Leis do Trabalho, art. 884, § § 3º e 4º. Nesse caso, o executado, no momento processual próprio de manejo dos embargos do devedor, poderá se insurgir não apenas contra o acolhimento do beneficiário no âmbito da tutela executiva, como também atacar os elementos utilizados pelo juízo para determinar o *quantum debeatur* das obrigações. Excepcionalmente, quando a decisão que acolhe a integração do beneficiário ferir de modo inequívoco as diretrizes fixadas na sentença coletiva é possível o manejo da objeção de

(31) É essa a opinião do insígne juslaboralista e representante do Ministério Público Carlos Henrique Bezerra Leite, *verbis*: *"Fincada a tese de que é sentença o ato*

pré-executividade com o fito de se evitar a execução nitidamente prejudicada em face da ilegitimidade ativa do postulante[32].

Situação absolutamente diferente se afigura quando se nega ao pretenso beneficiário o ingresso na relação processual, cassando-lhe qualquer possibilidade de concretizar o comando de natureza coletiva. Observe-se que, nesse caso, embora a decisão judicial impeça a continuidade da tutela executiva, se trata nitidamente de uma decisão de caráter interlocutório, não sendo a solução mais justa simplesmente negar o manejo de qualquer meio impugnativo pelo credor frustrado na sua pretensão.

Não se pode deixar de observar que a decisão denegatória do ingresso do beneficiário do comando coletivo é, em relação a este, de cunho terminativo. Ou seja, após a concretização da decisão, não restaria ao prejudicado qualquer meio de impugnativo próprio, salvo desafiar a deliberação jurisdicional através do heróico remédio do mandado de segurança. É importante lembrar que a regra prevalecente no âmbito do direito processual do trabalho não é a da irrecorribilidade das decisões interlocutórias como pode se pensar preliminarmente, mas sim da irrecorribilidade *imediata*, conforme se observa da própria redação da Consolidação das Leis do Trabalho, art. 893, § 1º[33]. Nessa sistemática de ataque às decisões interlocutórias, é indispensável a permissibilidade de manejo de recurso contra a decisão principal. Assim, quando se nega

---

judicial que julga a liquidação individual na ação civil pública 'trabalhista' em defesa de interesses individuais homogêneos, será que tal sentença está sujeita a recurso? Parece-nos que a resposta é negativa, uma vez que, no processo do trabalho, há norma específica que impede a interposição imediata de recurso da sentença que julga a liquidação. É o que deflui do art. 884, §§ 3º e 4º da CLT, ou seja, somente através da ação incidental de embargos do executado ou do incidente de impugnação instaurado pelo exeqüente poderá ser impugnada a (aqui verdadeira) 'sentença' que julga a (ação de) liquidação, sendo certo que tanto os embargos quanto a impugnação serão decididos simultaneamente na mesma sentença." In: Liquidação na ação civil pública. São Paulo: LTr, 2004, p. 208.

(32) Quanto à admissibilidade da objeção (para muitos exceção) de pré-executividade para a discussão das condições da ação executiva, merece ser transcrito o escólio de Júlio César Bebber: *"Nenhuma dúvida assalta os que admitem a exceção de pré-executividade quanto à sua utilização para ventilar questões processuais relativas aos pressupostos de admissibilidade do provimento jurisdicional do processo de execução (pressupostos processuais e condições da ação)". In: Exceção de pré-executividade no processo do trabalho.* São Paulo: LTr, 2005, p. 131.

(33) Aliás, procedimento assimilado pelo direito processual civil ao tornar regra geral a figura do agravo retido nos autos, conforme alterações promovidas pela Lei n. 11.187, de 19 de outubro de 2005.

a possibilidade de ingresso do âmbito da relação processual, não vemos como afastar a possibilidade do manejo do agravo de petição por parte do trabalhador que teve sua pretensão interventiva negada(34).

4.6. Prazo para provocação da liquidação

Questão ainda mais complexa gravita em torno do prazo de que dispõe o beneficiário para proceder à provocação da liquidação. O Código de Defesa do Consumidor, em seu art. 100(35), prevê a possibilidade de, após um ano da prolação da sentença coletiva, a liquidação e a execução serem promovidas diretamente pelos legitimados para a ação coletiva. Estaria aí concretizado o prazo decandencial para a integração dos beneficiários?

O art. 100 do Código de Defesa do Consumidor não contempla prazo decandecial ou prescricional para o exercício da atividade interventiva atípica, mas tão-somente, estabelece limite temporal para que os entes legitimados para a ação coletiva, possam promover a liquidação e execução em favor da massa de substituídos, no que concerne às pretensões individuais(36). O lapso temporal preconizado pelo artigo em questão, no entanto, não pode ser entendido como marco preclusivo para o exercício do direito subjetivo de inserção na lide coletiva, mas sim norma dirigida aos próprios legitimados para o *fluid recovery*, conforme lição de *Carlos Henrique Bezerra Leite*(37).

---

(34) Registre-se que, em diversos julgados, o Tribunal Superior do Trabalho tem admitido o manejo do agravo de petição em face das decisões interlocutórias da execução, quando indisponíveis os meios impugnativos próprios. Vide precedentes: TST ROMS — 631/2001-909-09-00 — Relator Ministro José Simpliciano — DJU: 22.04.2005; TST RXOFMS - 35625/2002-900-12-00 — Relator Ministro Renato de Lacerda Paiva — DJU: 15.04.2005; TST ROMS — 144415/2004-900-02-00 — Relator Ministro José Simpliciano — DJU: 01.04.2005: TST-RR-575.414/1999.3 — Relatora: Juíza Convocada Dora Maria da Costa — DJU: 27.08.2004,

(35) *"Art. 100. Decorrido o prazo de um ano sem habilitação de interessados em número compatível com a gravidade do dano, poderão os legitimados do art. 82 promover a liquidação e execução da indenização devida."*

(36) Com algumas alterações, trata-se da aplicação ao direito do instituto denominado de *"fluid recovery"* (indenização fluida, em uma interpretação livre) no qual se admite a possibilidade de cobrança de indenizações individuais modestas, mas numerosas. Não há consenso entre os consumeristas quanto ao procedimento da *fluid recovery* brasileira.

(37) *"Em nossa opinião, pois, o prazo de que cuida o art. 100 do CDC nada mais é do que simples condição suspensiva para que os entes coletivos tenham autorização para ajuizarem a liquidação coletiva. Em outros termos, se não houver, no prazo de*

Nessa situação não haveria a caracterização de decadência ou mesmo de prescrição, tendo em vista que não se trata de ação autônoma, mas sim de procedimento incidental em relação à demanda coletiva. De fato, a lesão de direito já é reconhecida no âmbito da sentença coletiva, não se podendo falar em prescrição ou mesmo em decadência para a provocação da liquidação[38]. Não há, igualmente, preclusão para o pedido de liquidação, tendo em vista que a falta de integração pretérita do beneficiário não possibilita a concretização do referido fenômeno processual. Daí se concluir que não existe a imposição de qualquer prazo para o requerimento da liquidação das sentenças tuteladoras de direitos individuais homogêneos.

---

um ano, a critério do juiz liquidações individuais em número compatível com a gravidade do dano, estará satisfeita aquela condição que suspendia temporariamente a legitimidade legal para os entes coletivos do art. 82 do CDC promoverem a liquidação coletiva". In: Liquidação na ação civil pública trabalhista. São Paulo: LTr, 2004, p. 204.

(38) Deve-se mencionar, no entanto, que há opiniões de peso entre os consumeristas que vindicam a aplicação do prazo prescricional próprio para as reparações de direito material em relação ao pedido de liquidação. *"Em cada caso será o Direito Material que fixará o prazo prescricional para o exercício da pretensão individualizada à reparação, que ocorre exatamente por intermédio da habilitação no processo de liquidação. Tratando-se de dados decorrentes do fato do produto ou do serviço, por exemplo, encontrará aplicação à espécie o disposto no art. 27 do Código, que fixa o prazo prescricional em cinco anos, a partir do conhecimento do dano e de sua autora"* (GRINOVER, Ada Pellegrini *et al. Código brasileiro de defesa do consumidor: comentado pelos autores do anteprojeto.* Rio de Janeiro: Forense Universitária, 2001, p. 691).

Ação Coletiva à luz da Jurisprudência

Neste capítulo, busca-se a sistematização de decisões judiciais sobre vários dos temas tratados ao longo dos demais, com o objetivo de concretizar, pelas hipóteses, a teoria até aqui desenvolvida.

A) INQUÉRITO CIVIL E A PROVA NA AÇÃO COLETIVA

AÇÃO CIVIL PÚBLICA. TRABALHO ESCRAVO. Ajuizada a ação instituída com os autos do procedimento investigatório denunciando sua existência, através de arregimentação de trabalhadores em diversos Estados da Federação, inclusive no nordeste, desnecessária a prova nos autos do processo judicial quando não existe contestação. O procedimento investigatório constitui um ato administrativo que prevalece quando não contestado e essa prova se robustece quando o acusado da prática do trabalho escravo foge do local do delito e os litisconsortes passivos não negam os fatos, mas apenas as respectivas responsabilidades. (TRT — 1ª Região, RO 20006/2001 — 7ª Turma, Rel. Juiz Guilbert Vieira Peixoto, Publ. 08.04.2003)

INQUÉRITO CIVIL PÚBLICO. VALOR DAS PROVAS. O "... inquérito civil é procedimento pré-processual que se insere na esfera do direito processual civil como procedimento, à semelhança do que sucede com relação ao inquérito policial em face do direito processual penal...." (STF-ADI 1285 MC/SP. Min. MOREIRA ALVES). Aplicado às relações de trabalho, tem a finalidade de investigar "... a ocorrência de lesão à ordem jurídica laboral, fornecendo elementos para uma possível ação civil pública" (Ives Gandra Martins Filho, em Ação Civil Pública Trabalhista, p. 41). Em face de sua natureza essencialmente inquisitiva, os elementos probatórios colhidos no curso do Inquérito têm valor relativo. Porém, só poderão ser desconsiderados se superados por outras provas produzidas perante o Juiz. Precedente do STJ. PODER DIRETIVO PATRONAL. ABUSO DO DIREITO. Restando provado pelos depoimentos no Inquérito Civil Público e ante a admissão da própria empresa que esta pressionou funcionários a desistirem de ação trabalhista, que demitiu e transferiu empregados em função dessa situação e que outros perderam cargo comissionado pelo mesmo motivo, conclui-se que houve abuso no poder diretivo patronal, que tal comportamento ofende, por extensão, toda a coletividade dos traba-

lhadores e que a empresa também agiu com violência ao direito subjetivo de postular a tutela jurisdicional, constitucionalmente assegurado como garantia fundamental. (TRT — 10ª Região, RO 00249-2004-002-10-00-5, Rel. Juíza Flávia Simões Falcão, Publ. 02.09.2005)

MANDADO DE SEGURANÇA CONTRA LIMINAR CONCEDIDA EM AÇÃO CIVIL PÚBLICA — AUSÊNCIA DE DIREITO LÍQUIDO E CERTO. Não há direito líquido e certo a embasar mandado de segurança contra decisão judicial que concedeu liminar em ação civil pública proposta pelo Ministério Público do Trabalho, visando à proteção da ordem jurídica e dos direitos sociais indisponíveis. O artigo 127 da Constituição Federal impõe este poder-dever ao "parquet", especialmente se constatada em inquérito civil a tentativa de malferimento da legislação laboral, sob a designação de "trabalho cooperado". Segurança que se denega, para que a ação civil pública tenha regular prosseguimento, como exige a lei. (TRT — 2ª Região, MS 11641-2003-000-02-00-0, Rel. Juiz Nelson Nazar, Publ. 13/01/2004)

AGRAVO DE PETIÇÃO — EXECUÇÃO DE TERMO DE COMPROMISSO DE AJUSTAMENTO DE CONDUTA — FISCALIZAÇÃO DA DELEGACIA REGIONAL DO TRABALHO — INFRIGÊNCIA ÀS CLÁUSULAS ESTABELECIDAS — INTERPRETAÇÃO TELEOLÓGICA. A fiscalização realizada pelo Auditor Fiscal do Trabalho é suficiente para caracterizar a situação factual de inobservância a disposições de cláusulas insertas em termo de compromisso de ajustamento de conduta, devendo a esta ser dada interpretação teleológica de forma a minimizar atos que visam atentar contra os preceitos da organização do trabalho e dignidade humana, bem como manter os empregados em condição análoga ao de trabalho escravo. (TRT — 23ª Região, AP 00154-2004-036-23-00-8, Rel. Juiz Paulo Brescovici, Publ. 31.01.2006)

I. AÇÃO CIVIL PÚBLICA. COMPETÊNCIA. João Oreste Dalazen leciona que: "... o critério determinante da competência material da Justiça do Trabalho para a ação civil pública não é a existência atual, ou pretérita, da relação de emprego, tampouco emergir a lide entre os respectivos sujeitos. Nisto reside a especificidade ou o traço sui generis *de tal competência material: não é 'material' a competência pela natureza e existência da relação jurídica em si, onde brota o litígio, mas pela natureza da prestação ou do bem jurídico objeto de disputa, sempre referida ou referível a um contrato de trabalho" (apud COSTA, Diana Isis Penna da. Ação Civil Pública Trabalhista in SÍNTESE TRABALHISTA N. 69, Março de 1995, p. 11). II. PROVA. MEIOS. LICITUDE. Nada há de ilegal, arbitrário ou injurídico na conduta do* parquet *laboral, pois o § 3º do artigo 150 do Código Penal estatui que: "não constitui crime a entrada ou permanência em casa alheia ou em suas dependências: I- durante o dia, com observância das formalidades legais, para efetuar prisão ou outra diligência; II- a qualquer hora do dia ou da noite, quando algum crime está sendo ali praticado ou na iminência de o ser." Logo, coberta de liceidade a obtenção das provas que instruíram o procedimento investigatório e o inquérito civil que tramitaram na Douta Procuradoria Regional do Trabalho da 17.ª Região e que nortearam o ajuizamento da presente ação. (TRT — 17ª Região, RO 02637.1997.007.00-0, Rel. Juíza Maria de Lourdes Vanderlei e Sousa, Publ. 11.06.1999).*

B) LIMITES DA LEGITIMIDADE ATIVA DO MPT EM AÇÃO COLETIVA

B.1.) Acórdãos do Tribunal Superior do Trabalho

CABIMENTO DA AÇÃO CIVIL PÚBLICA NO PROCESSO DO TRABALHO. DEFESA DE INTERESSES E DIREITOS INDIVIDUAIS HOMOGÊNEOS. A ação civil pública na Justiça do Trabalho decorre da tutela de direitos e interesses individuais homogêneos, provenientes de causa comum, que atinge uniformemente o universo de trabalhadores. O órgão do judiciário, consciente da relevância social do tema relacionado à utilização de mão-de-obra de trabalhadores rurais, de forma fraudulenta, via cooperativas de trabalho, deve recepcionar a tutela pretendida pelo Douto Ministério Público, cuja legitimidade para o ajuizamento da Ação Civil Pública está prevista tanto na Constituição Federal, art. 127 c/c art. 129, inc. II, quanto na LC 75/93, que conferiu legitimidade ao parquet para a defesa de interesses difusos e coletivos na Justiça do Trabalho. Constatando-se o bem tutelado, direitos trabalhistas negados a trabalhadores rurais que atuam na coleta de laranja, é de se verificar que encontra-se a matéria inserida naqueles direitos que visam a defesa da ordem jurídica e dos interesses sociais e individuais indisponíveis, o que torna legitimado o douto Ministério Público. (TST-RR 724.248/2001.9, Rel. Juiz convocado Aloysio Correa da Veiga, DJU 14.02.2003)

EMBARGOS. VIOLAÇÃO AO ART. 896, "C", DA CLT. LEGITIMIDADE ATIVA DO MINISTÉRIO PÚBLICO DO TRABALHO. INTERESSE SOCIAL RELEVANTE. DIREITOS INDIVIDUAIS HOMOGÊNEOS. O Ministério Público do Trabalho tem legitimidade ativa para ajuizar ação civil pública em defesa de interesses individuais homogêneos. A situação da sociedade cooperativa, em que se denuncia a fraude no propósito de intermediação de mão-de-obra, com a não formação do vínculo empregatício, configura direito individual homogêneo revestido de interesse social relevante. Embargos conhecidos e providos. (ERR573110/98, Subseção I Especializada em Dissídios Individuais, Rel. Juiz Convocado Vieira de Mello Filho, DJU 13.12.2002)

DIREITOS DIFUSOS — CONFIGURAÇÃO — MINISTÉRIO PÚBLICO DO TRABALHO — LEGITIMIDADE PARA PLEITEAR SUA TUTELA. O ilícito comportamento da empresa, consistente no fato de não registrar seus empregados, projeta seus efeitos num universo que abrange inclusive seus possíveis novos empregados, embora ainda não determinados, que serão igualmente atingidos em sua esfera jurídica protegida por normas de natureza indisponível e, portanto, de ordem pública, e que se inserem no amplo contexto dos direitos sociais previstos no art. 6º da Constituição Federal. Inteligência que se extrai dos arts. 129, III, da Constituição Federal, e 83, III, da Lei Complementar n. 75/93. Recurso de Revista conhecido e parcialmente provido. (TST-RR 706.205/2000.0, Rel. Min. Milton de Moura França, DJU 06.08.2004)

AGRAVO DE INSTRUMENTO. RECURSO DE REVISTA. MINISTÉRIO PÚBLICO DO TRABALHO. LEGITIMIDADE PARA PROPOR AÇÃO CIVIL PÚBLICA EM DEFESA DE INTERESSES COLETIVOS. Por expressa disposição constitucional (CF, art. 129, III), o Ministério Público do Trabalho é parte legítima para propor ação civil pública com o fim de defender interesses coletivos, assim entendidos os transindividuais de natureza indivisível de que seja titular grupo, categoria ou classe de pessoas ligadas entre si ou com a parte contrária por uma relação jurídica-base (CDC, art. 81, parágrafo único, II). Agravo de instrumento conhecido e desprovido. (TST-AIRR 09459-2002-900-02-00.1, 3ª Turma, Relator Juiz Convocado Alberto Bresciani, DJU 22.08.2003)

MINISTÉRIO PÚBLICO DO TRABALHO. LEGITIMIDADE ATIVA. AÇÃO CIVIL PÚBLICA.DIREITOS COLETIVOS E DIREITOS INDIVIDUAIS HOMOGÊNEOS INDISPONÍVEIS. Na dicção da jurisprudência corrente do exc. Supremo Tribunal Federal, os direitos individuais homogêneos nada mais são senão direitos coletivos em sentido lato, uma vez que todas as formas de direitos metaindividuais (difusos, coletivos e individuais homogêneos) passíveis de tutela mediante ação civil pública, são coletivos. Consagrando interpretação sistêmica e harmônica às leis que tratam da legitimidade do Ministério Público do Trabalho (artigos 6º, VII, letras c *e* d*, 83 e 84 da LC 75/93), não há como negar a sua legitimidade para propor ação civil pública para tutelar direito individual homogêneo. Imperioso observar, apenas, em razão do disposto no artigo 127 da Constituição Federal, que o direito a ser tutelado deve revestir-se do caráter de indisponibilidade. Recurso de Embargos conhecido e provido. (TST, E-RR-379.855/1997.1, Ministro Lélio Bentes Corrêa, DJU 25.06.2004)*

I — AGRAVO DE INSTRUMENTO DO RECLAMADO. MINISTÉRIO PÚBLICO DO TRABALHO. LEGITIMIDADE. INTERESSES INDIVIDUAIS HOMOGÊNEOS. A Constituição Federal confere relevo ao Ministério Público como instituição permanente, essencial à função jurisdicio-

nal do Estado, incumbindo-lhe a defesa da ordem jurídica, do regime democrático e dos interesses sociais e individuais indisponíveis (art. 127 da CF/1988). Por isso mesmo, detém o Ministério Público capacidade postulatória não só para a abertura do inquérito civil, da ação penal pública e da ação civil pública para a proteção do patrimônio público e social, do meio ambiente, mas também de outros interesses difusos e coletivos (art. 129, I e II, da CF/1988). No campo das relações de trabalho, ao Parquet *compete promover a ação civil pública no âmbito desta Justiça para a defesa de interesses coletivos, quando desrespeitados os direitos sociais constitucionalmente garantidos, bem assim outros interesses individuais indisponíveis, homogêneos, sociais, difusos e coletivos (arts. 6º, VII, d, e 83, III, da LC 75/93). A conceituação desses institutos se encontra no art. 81 da Lei n. 8.078/90, em que por "interesses difusos" entendem-se os transindividuais, de natureza indivisível, de que sejam titulares pessoas indeterminadas e ligadas por circunstâncias de fato, ao passo que os interesses coletivos podem ser tanto os transindividuais, de natureza indivisível, de que seja titular grupo, categoria ou classe de pessoas ligadas entre si ou com a parte contrária por relação jurídica-base, como os interesses individuais homogêneos, subespécie daquele, decorrentes de origem comum no tocante aos fatos geradores de tais direitos, que recomenda a defesa de todos a um só tempo. Assim, a indeterminação é a característica fundamental dos interesses difusos e a determinação é a daqueles interesses que envolvem os coletivos. Nesse passo, na hipótese dos autos, em que se verifica terceirização de serviços com denúncia de fraude no propósito de intermediação de mão-de-obra, com a não-formação do vínculo empregatício e dos direitos corolários, pleiteando-se obrigação de fazer e não fazer, os interesses são individuais, mas a origem única recomenda a sua defesa coletiva em um só processo, pela relevância social atribuída aos interesses homogêneos, equiparados aos coletivos, não se perseguindo aqui a reparação de interesse puramente individual. Agravo a que se nega provimento. (TST, 4ª Turma, Ministro Barros Levenhagen, AIRR e RR — 1715/2000-003-18-00, DJ 15.10.2004)*

RECURSOS DAS RECLAMADAS COINARA COOPERATIVA INDUSTRIAL ARACATI LTDA. E ARACATI CALÇADOS LTDA. — NULIDADE DO JULGAMENTO (RECURSO DA ARACATI CALÇADOS LTDA.). — Apesar da interposição dos embargos de declaração, constata-se ter o acórdão regional permanecido silente quanto às circunstâncias do voto de desempate dado pelo Juiz Presidente, se exercido na condição de voto minerva ou para o desempate dos votos dados pelos demais juízes participantes do julgamento, bem como quanto à ausência de voto do Juiz Jefferson sobre determinados pontos. Desse modo, o desempate na votação pelo Juiz Presidente e o fato de o Juiz Jeffer-

son ter ficado vencido, tal como consignado na parte conclusiva do acórdão recorrido, não configura ofensa aos arts. 672, caput, *§§ 2º e 3º, e 794 da CLT. Recurso não conhecido. ILEGITIMIDADE ATIVA DO MINISTÉRIO PÚBLICO DO TRABALHO. A Constituição Federal confere relevo ao Ministério Público como instituição permanente, essencial à função jurisdicional do Estado, incumbindo-lhe a defesa da ordem jurídica, do regime democrático e dos interesses sociais e individuais indisponíveis (art. 127 da CF/1988). Por isso mesmo, detém o Ministério Público capacidade postulatória não só para a abertura do inquérito civil, da ação penal pública e da ação civil pública para a proteção do patrimônio público e social e do meio ambiente, mas também de outros interesses difusos e coletivos (art. 129, I e II, da CF/1988). No campo das relações de trabalho, ao* Parquet *compete promover a ação civil pública no âmbito desta Justiça para a defesa de interesses coletivos, quando desrespeitados os direitos sociais constitucionalmente garantidos, bem assim outros interesses individuais indisponíveis, homogêneos, sociais, difusos e coletivos (arts. 6º, VII, "d", e 83, III, da LC 75/93). A conceituação desses institutos se encontra no art. 81 da Lei n. 8.078/90, em que por interesses difusos entende-se os transindividuais, de natureza indivisível, de que sejam titulares pessoas indeterminadas e ligadas por circunstâncias de fato, ao passo que os interesses coletivos podem ser tanto os transindividuais, de natureza indivisível, de que seja titular grupo, categoria ou classe de pessoas ligadas entre si ou com a parte contrária por relação jurídica base, como os interesses individuais homogêneos, subespécie daquele, decorrentes de origem comum no tocante aos fatos geradores de tais direitos, origem idêntica essa que recomenda a defesa de todos a um só tempo. Assim, a indeterminação é a característica fundamental dos interesses difusos e a determinação é a daqueles interesses que envolvem os coletivos. Na hipótese dos autos, em que se verifica sociedade cooperativa com denúncia de fraude no propósito de intermediação de mão-de-obra, com a não-formação do vínculo empregatício, pleiteando-se obrigação de fazer e não fazer, os interesses são individuais, mas a origem única recomenda a sua defesa coletiva em um só processo, pela relevância social atribuída aos interesses homogêneos, equiparados aos coletivos, não se perseguindo aqui a reparação de interesse puramente individual. No que respeita à invocação de ilegitimidade passiva da recorrente, tendo sido a ela atribuída a lesão a direitos coletivos por estar se valendo de intermediação ilegal para contratação de empregados, é ululante a sua legitimidade para figurar no pólo passivo da demanda, não havendo cogitar em afronta ao art. 267, VI, do CPC. Já no que concerne ao pedido de reconhecimento de vínculo e do adimplemento de todas as obrigações trabalhistas daí advindas, evidencia-se a ilegitimidade ativa* ad causam *do*

Ministério Público do Trabalho para propor ação civil pública, tendo em vista que a pretensão formulada não se reporta a interesses coletivos, interesses difusos ou individuais homogêneos, e principalmente considerando a sua incontrastável disponibilidade, é forçoso tê-la em consideração para identificar a falta de legitimidade ativa do Ministério Público. Recurso conhecido parcialmente e provido. (TST, 4ª Turma, RR - 12089/2002-900-07-00, Ministro Barros Levenhagen, DJ 17.09.2004)

AÇÃO CIVIL PÚBLICA — TERCEIRIZAÇÃO DE ATIVIDADE-FIM — DEFESA DE INTERESSES DIFUSOS E COLETIVOS — LEGITIMIDADE DO MINISTÉRIO PÚBLICO

1. Tanto a Lei n. 7.347/85 (Lei da Ação Civil Pública) quanto a Lei n. 8.078/90 (Código de Defesa do Consumidor) introduziram em nosso ordenamento jurídico as figuras dos interesses difusos, coletivos e individuais homogêneos (com características próprias e distintivas uns dos outros, ainda que semelhantes), ensejadores da defesa de causas que envolvam elevado número de pessoas, sem, no entanto, afetarem a sociedade como um todo (intermediários entre o interesse público e o meramente individual privado).

2. Os interesses difusos, definidos legalmente como aqueles transindividuais de natureza indivisível, de que sejam titulares pessoas indeterminadas e ligadas por circunstâncias de fato (CDC, art. 81, parágrafo único, I), supõem a existência de uma lesão a um bem usufruído por muitos, sem que se possa definir previamente os lesados. Assim, as lesões ao meio ambiente, ao patrimônio histórico, artístico, estético, turístico ou paisagístico, bem como aos direitos do consumidor, são típicas lesões de caráter difuso, na medida em que o bem lesado é indivisível (um rio contaminado, um monumento destruído, um remédio ineficaz, um posto de trabalho com discriminação no preenchimento) e as pessoas afetadas não são passíveis de imediata identificação, uma vez que, potencialmente, aqueles que utilizam os produtos de um determinado fabricante, freqüentam um determinado lugar ou ambicionam um determinado emprego compõem o conjunto (fluido) dos afetados (ligados, pois, apenas pela circunstância do fato de usufruírem ou pretenderem usufruir do bem lesado) pelo descumprimento do ordenamento jurídico protetivo desses bens.

3. Os interesses coletivos, cuja definição legal os identifica como os transindividuais de natureza indivisível de que seja titular grupo, categoria ou classe de pessoas ligadas entre si ou com a parte contrária por uma relação jurídica-base (CDC, art. 81, parágrafo único, II), distinguem-se dos difusos pela possibilidade de determinação do conjunto dos potencialmente lesados, uma vez que não se ligam por mera circunstância de fato, mas por relação jurídica, tanto entre si (associados de um sindicato) como com a parte contrária (empregados de uma empresa).

4. Quanto aos interesses individuais homogêneos, a lei singelamente os define como aqueles decorrentes de origem comum (CDC, art. 81, parágrafo único, III). Essa definição, substancialmente distinta das demais, pois não traz em seu bojo a característica da indivisibilidade, denota que, nessa hipótese, a lesão não é potencial, mas efetiva (empregados que não receberam horas extras e que efetivamente as prestaram, quando a empresa não admite a realização de sobrejornada), a demandar uma reparação determinada.

5. No caso da ação civil pública, tanto a Carta Magna (CF, art. 129, III) quanto a Lei n. 7.347/85 apenas admitem o seu uso para a defesa de interesses difusos e coletivos, comportando (pela lei da ação civil pública) provimento jurisdicional meramente cominatório ou condenatório genérico (reversível a um fundo de reparação dos bens lesados e não diretamente aos indivíduos lesados), tendo em vista a inviabilização da execução, em sede de ação civil pública, de qualquer sentença condenatória em favor dos lesados diretamente.

6. A postulação do Ministério Público na presente ação civil pública, tal como deferida pela Vara, continha quase que exclusivamente pedidos de natureza cominatória, no sentido de impor obrigações de fazer (registro de empregados, fornecimento de EPI, implantação do PCMSO e da CIPA, fornecimento de água potável, instalação de abrigos, alojamentos e sanitários dignos e adequados, fornecimento de material de primeiros socorros e realização de exames médicos periódicos) e de não fazer (terceirização de mão-de-obra para atividades-fim da empresa e exploração de trabalho infantil), sob pena de pagamento de multa diária reversível ao FAT (R$ 1.000,00). A única postulação de natureza efetivamente condenatória (dano moral coletivo), que poderia reverter em favor dos lesados (caracterizando interesses individuais homogêneos foi extirpada pela decisão recorrida. Assim, tal como acolhida pelo Regional, a ação civil pública em exame alberga tão somente interesses difusos e coletivos, passíveis de tutela pela via eleita. Nesse sentido, o provimento jurisdicional oriundo do TRT diz respeito ao futuro (obrigações de fazer e não fazer) e não ao passado (indenização ou salários), a par de não reverter ao trabalhador lesado, mas ao FAT, o que enquadra a ação civil pública em tela estritamente nos cânones dos arts. 129, III, da Constituição Federal e 1º da Lei n. 7.347/85, que admitem à ação civil pública a veiculação de interesses difusos e coletivos. Daí a legitimidade ativa do Ministério Público do Trabalho para a defesa dos referidos interesses em juízo e pela via eleita.

7. Quanto à matéria de fundo, referente à proibição de contratação de terceiros para a prestação de serviços relacionados à atividade de produção de carvão, a revista patronal esbarra no óbice das Súmulas nos 126 e 331 do TST, tendo em vista que a premissa fática da qual partiu o TRT, no sentido da terceirização de atividade-fim da Recorrente, já não pode ser mais rediscutida em sede de revista. E quanto à conclusão jurídica, da ilegalidade de terceirização permanente de atividade-fim, sob a modalidade de intermediação de mão-de-obra, a decisão regional guarda consonância com a jurisprudência sumulada desta Corte. Recurso de revista não conhecido. (TST, 4ª Turma, Ministro Ives Gandra Martins Filho, RR - 971/2002-067-03-00, publicado em 06.08.2004).

RECURSO DE REVISTA — AÇÃO CIVIL PÚBLICA — MINISTÉRIO PÚBLICO DO TRABALHO — OBRIGAÇÃO DE FAZER — CUMPRIMENTO DE NORMAS SOBRE MEDICINA E SEGURANÇA DO TRABALHO — COMPETÊNCIA DA JUSTIÇA DO TRABALHO. Diferentemente do entendimento adotado pelo Tribunal Regional do Trabalho de São Paulo, é manifesta a competência da Justiça do Trabalho para instruir e julgar ação civil pública proposta pelo Ministério Público em defesa da ordem jurídica trabalhista, consubstanciada na tutela coletiva do direito dos empregados da empresa Recorrida ao cumprimento de normas sobre segurança e medicina do trabalho. Regra geral, é pela natureza da relação jurídica substancial litigiosa que se faz a distinção entre as várias Justiças do sistema judiciário nacional, sendo atribuído constitucionalmente à Justiça do Trabalho a competência para julgar, na forma da lei, outras controvérsias decorrentes da relação de trabalho, a teor do art. 114, 2ª parte, da Constituição da República, de 1988. Por sua vez, o art. 129 da Carta Magna estabelece, como função institucional do Ministério Público, promover ação civil pública para a proteção do meio ambiente e de outros interesses difusos e coletivos. E, a Lei Complementar n. 75, de 20 de maio de 1993, atribuiu ao Ministério Público do Trabalho, expressamente, a legitimação ordinária para promover a ação civil pública no âmbito da Justiça do Trabalho, para defesa de interesses coletivos, quando desrespeitados os direitos sociais constitucionalmente garantidos (art. 83, caput, *e inc. III). Trata-se, na espécie, de direito coletivo de índole trabalhista, estando o Ministério Público do Trabalho legitimado à sua defesa por via da ação civil pública, que será proposta em Vara da Justiça do Trabalho (art. 2º da Lei n. 7.347, de 24.7.1985 LACP). Precedentes do TST e do STF. (TST, RR — 488652/1998, Juiz Convocado Walmir Oliveira da Costa DJ — 28.06.2002)*

RECURSO DE REVISTA. MINISTÉRIO PÚBLICO DO TRABALHO. ILEGITIMIDADE ATIVA. AÇÃO CIVIL PÚBLICA. CONTRIBUIÇÃO CONFEDERATIVA. DISSENSO PRETORIANO HÁBIL NÃO DEMONSTRADO. ARESTOS INSERVÍVEIS, PORQUANTO ORIUNDOS DA SEÇÃO DE DISSÍDIOS COLETIVOS DESTA CORTE, EM DESACORDO COM O DISPOSTO NO ART. 896, "A" DA CLT. VIOLAÇÃO DO ART. 83, IV,

DA LEI COMPLEMENTAR N. 75/93 NÃO CONFIGURADA. LEGITIMIDADE DO MINISTÉRIO PÚBLICO PARA AJUIZAR AÇÃO CIVIL PÚBLICA OBJETIVANDO A DECLARAÇÃO DE INEXIGIBILIDADE DE CONTRIBUIÇÃO CONFEDERATIVA FIXADA EM ASSEMBLÉIA GERAL E IMPOSTA, MEDIANTE CONVENÇÃO COLETIVA, AOS INTEGRANTES DA CATEGORIA PROFISSIONAL, REMETIDO O DEBATE À INTANGIBILIDADE SALARIAL E AO PRINCÍPIO DA LIVRE ASSOCIAÇÃO, INTERESSES COLETIVOS CONSTITUCIONALMENTE GARANTIDOS, A CONTAGIAR O PLEITO DE DEVOLUÇÃO DE VALORES ACASO RECEBIDOS, PERTINENTE, EM QUALQUER HIPÓTESE, A DIREITOS INDIVIDUAIS HOMOGÊNEOS TAMBÉM POR ELA ABRANGIDOS, À LUZ DO ORDENAMENTO JURÍDICO VIGENTE. CONTRIBUIÇÃO CONFEDERATIVA. PRECEDENTE NORMATIVO 119 DO TST. TRABALHADORES NÃO ASSOCIADOS. DECISÃO REGIONAL EM HARMONIA COM O ENTENDIMENTO VERTIDO NA ORIENTAÇÃO JURISPRUDENCIAL 17 DA SDC/TST E NO PRECEDENTE NORMATIVO 119/TST. APLICAÇÃO DO ART. 896, § 4º, DA CLT E DO ENUNCIADO 333/TST. RECURSO DE REVISTA DE QUE NÃO SE CONHECE. (TST-RR-33573/2002-900-02-00.2, REL. JUÍZA CONVOCADA ROSA MARIA WEBER CANDIOTA DA ROSA, PUBL. 20.05.2005)

RECURSO DE REVISTA. ILEGITIMIDADE "AD CAUSAM" DO MINISTÉRIO PÚBLICO DO TRABALHO. AÇÃO CIVIL PÚBLICA. CONTRATAÇÃO IRREGULAR DE MÃO-DE-OBRA. VÍNCULO DE EMPREGO. INCISO III DO ARTIGO 83 DA LEI COMPLEMENTAR N. 75/93.PROVIMENTO. A Lei Complementar n. 75, de 20 de maio de 1993, atribui ao Ministério Público a competência para promover Ação Civil Pública para a proteção de interesses individuais indisponíveis, homogêneos, sociais, difusos e coletivos (artigo 6º, alínea "d"). No entanto, especificamente quanto ao Ministério Público do Trabalho, estabelece o artigo 83, em seu inciso III, da Lei Complementar n. 75/93, que "compete a este Órgão promover a Ação Civil Pública no âmbito da Justiça do Trabalho, para defesa de interesses coletivos, quando desrespeitados os direitos sociais, constitucionalmente garantidos". A hipótese dos autos revela-se bastante peculiar, já que remete à utilização de empresa interposta para fins de contratação de pessoal, em completo desrespeito à legislação que trata da intermediação de mão-de-obra, ficando patente a tentativa da Reclamada em utilizar tal expediente para burlar os direitos trabalhistas dos envolvidos (arts. 6º e 7º da Constituição Federal). Portanto, havendo previsão legal expressa atribuindo legitimidade do Ministério Público do Trabalho para a defesa dos direitos levados a efeito na presente Reclamatória, deve a Revista ser provida, afastando-se a extinção do processo declarada pela instância julgadora regional e determinando-se o retorno dos autos à origem, para que prossiga no julgamento do apelo ordinário da Recla-

mada, superada a questão relativa à legitimidade do "Parquet" para propor a presente Ação Civil Pública. (PROC. N. TST-RR-774132/ 2001.3, 4ª turma, JUÍZA CONVOCADA MARIA DE ASSIS CALSING, DJ — 07.10.2005)

AÇÃO CIVIL PÚBLICA. ANOTAÇÃO NA CTPS E FÉRIAS. ILEGITIMIDADE DO MINISTÉRIO PÚBLICO DO TRABALHO. Com a Constituição Federal de 1988 foi alargada a instrumentalidade da ação civil pública para a defesa de quaisquer interesses metaindividuais da sociedade, bem como conferiu-se ao Ministério Público a condição de legitimado por excelência para propor a referida ação coletiva, ao incumbir-lhe a defesa dos interesses sociais e individuais indisponíveis. Assim, é o Ministério Público do Trabalho parte legítima para propor ação civil pública que tem por objeto a defesa de direitos sociais, constitucionalmente assegurados, relativos a férias e anotação da CTPS, cujo descumprimento atinge uma coletividade de trabalhadores. Recurso conhecido e provido. (TST-RR-712104/2000.3, publicação: DJ — 10.02.2006, Relator Ministro JOSÉ SIMPLICIANO FONTES DE F. FERNANDES)

B.2.) Acórdãos do Supremo Tribunal Federal

Recurso Extraordinário. Trabalhista. Ação Civil Pública. 2. Acórdão que rejeitou embargos infringentes, assentando que ação civil pública trabalhista não é o meio adequado para a defesa de interesses que não possuem natureza coletiva. 3. Alegação de ofensa ao disposto no art. 129, inc. III, da Carta Magna. Postulação de comando sentencial que vedasse a exigência de jornada de trabalho superior a seis horas diárias. 4. A Lei Complementar n. 75/93 conferiu ao Ministério Público do Trabalho legitimidade ativa, no campo da defesa dos interesses difusos e coletivos, no âmbito trabalhista. 5. Independentemente da própria lei fixar o conceito de interesse coletivo, é conceito de Direito Constitucional, na medida que a Carta Política dele faz uso para especificar as espécies de interesse que compete ao Ministério Público defender (CF, art. 129, III). 6. Recurso conhecido e provido para afastar a ilegitimidade ativa do Ministério Público do Trabalho. (STF, RE 213.015-0, Rel. Ministro Néri da Silveira, DJU 24.05.2002.)

(...)O E. Supremo Tribunal Federal, por ocasião do julgamento do Recurso Extraordinário 213.015-0, Relator Ministro NERI DA SILVEIRA, DJ de 24.05.2002, fixou o entendimento de que, independentemente da própria lei fixar o conceito interesse coletivo, ele é conceito de direito constitucional, na medida em que a Carta Política dele faz uso para especificar as espécies de interesses que compete ao Ministério Público defender (CF, art. 129, III). Reportando-se ao RE 163.231- 3/SP, o E. Ministro NERI DA SILVEIRA recordou que, naquele julgado, a Corte

havia fixado o entendimento de que são direitos .... coletivos aqueles pertencentes a grupos, categorias ou classes de pessoas determináveis, ligadas entre si ou com a parte contrária por uma relação jurídica base e que os Direitos ou interesses homogêneos são os que têm a mesma origem comum (art. 81, III, da Lei n. 8.078, de 11 de setembro de 1990) constituindo-se uma subespécie de direitos coletivos. (fls. 543). O acórdão recorrido está em confronto. Dou provimento ao RE. Publique-se. Brasília, 17 de dezembro de 2003. Ministro NELSON JOBIM Relator" (STF, RE n. 393.229-2, Ministro Nelson Jobim, publicado no DJU, seção 1, de 02.02.2004, p. 157)

"Recurso Extraordinário. 1. Trata-se de recurso extraordinário interposto com fundamento no art. 102, III, "a", da Constituição Federal, contra acórdão proferido pela Subseção I Especializada em Dissídios Individuais do Tribunal Superior do Trabalho que, por unanimidade, não conheceu os embargos opostos pelo Ministério Público do Trabalho, mantendo a decisão do acórdão proferido no recurso de revista, segundo o qual o Parquet *Trabalhista não possui legitimidade para ajuizar ação civil pública na defesa de interesses individuais homogêneos. 2. Sustenta, o ora recorrente, que o acórdão recorrido violou o disposto nos arts. 127,* caput *e 129, III e IX, da Constituição Federal, assentando que a ação visou a defesa do interesse de origem comum da categoria, na medida em que postulava um comando sentencial que vedasse a exigência de transferências compulsórias realizadas pelo Banco do Brasil no Estado do Ceará. 3. Contra-razões apresentadas às fls. 637/642. 4. O despacho proferido pelo presidente do Tribunal Superior do Trabalho, de fls. 644/645, admitiu o recurso, ao fundamento que "É cabível o recurso extraordinário, tendo em vista o preenchimento dos pressupostos a sua admissibilidade, uma vez que o tema constitucional foi objeto de enfrentamento direto na decisão recorrida. (...) ficou prequestionada a matéria trazida a juízo, não havendo dúvida quanto a sua discussão. (...) Existe, em tese, a possibilidade de afronta a dispositivo constitucional invocado como motivação para o entendimento expresso no texto do acórdão recorrido, cuja avaliação é de competência do egrégio Supremo Tribunal Federal". 5. A Procuradoria-Geral da República, em parecer de fls. 654/655, opinou pelo provimento do recurso. 6. Com relação a legitimidade do Ministério Público do Trabalho para ajuizar ação civil pública de natureza não coletiva, o Tribunal a quo divergiu da orientação fixada pelo Supremo Tribunal Federal, conforme se verifica do seguinte julgado: "Recurso Extraordinário. Trabalhista. Ação Civil Pública. 2. Acórdão que rejeitou embargos infringentes, assentando que a ação civil pública trabalhista não é o meio adequado para a defesa de interesses que não possuem natureza coletiva. 3. Alegação de ofensa ao disposto no art. 129, III, da Carta Magna. Postulação de comando sentencial que*

vedasse a exigência de jornada de trabalho superior a 6 horas diárias. 4. A Lei Complementar n. 75/93 conferiu ao Ministério Público do Trabalho legitimidade ativa, no campo da defesa dos interesses difusos e coletivos, no âmbito trabalhista. 5. Independentemente de a própria lei fixar o conceito de interesse coletivo, é conceito de Direito Constitucional, na medida em que a Carta Política dele faz uso para especificar as espécies de interesses que compete ao Ministério Público defender (CF, art. 129, III). 6. Recurso conhecido e provido, para afastar a ilegitimidade ativa do Ministério Público do Trabalho" (RE n. 213.015-0, Rel. Min. Néri da Silveira, DJ 24.05.2002. 8. Outrossim, no mesmo sentido, aponta o RE 163.231-3, Rel. Min. Mauricio Correa, Plenário, unânime, DJ de 29.06.01. 9. Diante do exposto, com fundamento no art. 557, § 1º-A do CPC, dou provimento ao recurso extraordinário para assentar a legitimidade do Ministério Público do Trabalho, devendo a Corte de origem prosseguir no julgamento da presente ação civil pública como entender de direito. Publique-se. Brasília, 02 de agosto de 2004. Ministra Ellen Gracie, Relatora" (Recurso Extraordinário 394180, DJ 19.08.2004, p. 75).

C) AMPLITUDE DA COISA JULGADA NAS AÇÕES COLETIVAS

"AÇÃO CIVIL PÚBLICA — EFEITOS DA COISA JULGADA — REVOGAÇÃO DO ART. 16 DA LEI 7.347/95 — INADEQUAÇÃO SISTEMÁTICA E INCOMPATIBILIDADE DOGMÁTICA — A decisão proferida em Ação Civil Pública faz coisa julgada erga omnes e ultra partes, limitadamente ao grupo, categoria ou classe atingida, independentemente de se localizarem fora da competência territorial do órgão prolator, nos termos do parágrafo único do artigo 2º da Lei 7.347/95, que revogou, por incompatibilidade, o artigo 16 do mesmo estatuto legal — inteligência do par. 1º do art. 2º da Lei de Introdução do Código Civil. A alteração legislativa do artigo 16 da Lei de Ação Civil Pública, levada a efeito pela Lei 9.494/97, é absolutamente assistemática, e até incompatível com o complexo normativo de defesa dos direitos transindividuais, cuja tutela desafia, ao revés, abordagem holística e isonômica. Fragmentar a tutela coletiva significa retroceder todo o sistema, e incutir no seio da ação coletiva os ranços individualistas, que, com muito custo, a ciência contemporânea do processo procura transcender. O mencionado artigo 16 se revela incompatível inclusive com a própria dogmática interna da Lei 7.347/85, mormente após a alteração legislativa posterior à da Lei 9.494/97, qual seja, a da Medida Provisória 2.180-35/2001, cujo escopo se justifica à vista da própria pragmática da ação coletiva, já que se em sede individual mero timor ne varie dicetur não impõe a formação nem mesmo de listisconsórcio, sendo, dessa forma, admissível, em tese, o conflito lógico entre decisões, no

plano coletivo, ao contrário, o caráter erga omnes *do julgado impõe maiores cuidado, preocupação e cautela com a isonomia de tratamento entre os beneficiados pela tutela judicial'. (TRT — 3ª Região, RO 00813-2002-017-03-00-5, Rel. Juiz José Eduardo de Resende Chaves Júnior, Publ. 20.08.2004)*

D) AÇÃO COLETIVA NO COMBATE AO TRABALHO ESCRAVO

'DANO MORAL. TRABALHO EM CONDIÇÕES ANÁLOGAS À DE ESCRAVO. Além de justa a reparação do dano moral requerida, bem como da procedência das verbas rescisórias trabalhistas reivindicadas em conseqüência do aludido dano, também justificador da extinção das relações empregatícias, torna-se impostergável um indispensável e inadiável "Basta!" à intolerável e nefasta ofensa social e retorno urgente à decência das relações humanas de trabalho. Torna-se, portanto, urgente a extirpação desse cancro do trabalho forçado análogo à de escravo que infeccionou as relações normais de trabalho, sob condições repulsivas da prestação de serviços tão ofensivas à reputação do cidadão brasileiro com negativa imagem do país, perante o mundo civilizado.

RELATÓRIO. O Exmo. Juiz Titular da Vara de Gurupi, Dr. Francisco Rodrigues de Barros, pronunciou a ilegitimidade ativa do Ministério Público do Trabalho para propor ação postulando o pagamento de verbas resilitórias em favor de pessoas supostamente sujeitas ao regime de trabalho escravo. No mais, considerou não provado o trabalho nas condições anteriormente mencionadas, julgando improcedentes os pedidos formulados na petição inicial, à luz dos fundamentos gizados na sentença de fls. 229/236. Inconformado, o autor interpôs recurso ordinário por transmissão via fac-símile, ratificada pela peça de fls. 265/285, almejando a reforma da decisão não apenas no aspecto da legitimidade ativa, como também em face do mérito. Argumenta, nesse sentido, que os elementos probatórios colhidos são suficientes para comprovar os fatos articulados na peça propedêutica. Pugna, outrossim, pela nulidade do julgado em razão do cerceamento de defesa cometido pelo juízo de origem, ao desconsiderar o conteúdo da prova documental produzida. O réu não produziu contra-razões. O Ministério Público do Trabalho absteve-se de apresentar manifestação, por entender que o órgão, ao propor a ação, já atua como fiscal da lei. Em apertada síntese, este é o relatório. VOTO ADMISSIBILIDADE. Presentes os pressupostos objetivos e subjetivos de admissibilidade, conheço do recurso. PRELIMINAR DE NULIDADE. CERCEAMENTO DE DEFESA. A prefacial suscitada pelo autor vem impulsionada pela compreensão de que o juízo de origem negou-se a analisar a prova produ-

zida no âmbito administrativo, quando da instrução do inquérito civil, optando por prestigiar a prova oral. Data venia, a hipótese guarda sintonia com a adequada avaliação do conjunto probatório, horizonte no qual desponta a plena liberdade conferida ao julgador para construir o seu convencimento acerca da controvérsia posta em julgamento (CPC, artigo 131). Eventual equívoco no exame desses elementos não detém idoneidade para gerar a nulidade do processo. Nessa esteira, afasto a preliminar suscitada. MÉRITO. I - DA LEGITIMIDADE DO MINISTÉRIO PÚBLICO. A legitimidade do Parquet para o ajuizamento de ação civil coletiva, na defesa de interesses individuais homogêneos, não está em discussão, pois deriva de expressa previsão legal (art. 6º, 127, 129, III, da CF/88; do art. 83, I, da LC n. 75/93; e dos arts. 81, 91, 95, 98, e 100, do CDC (Lei n. 8.078/90). Dessa concepção não dissente o julgado, pois a r. sentença limitou a declaração de ilegitimidade ativa ao pleito de pagamento de verbas resilitórias trabalhistas. Fê-lo por entender que a pretensão somente poderia ser deduzida em sede de reclamação trabalhista, ainda assim, por iniciativa dos próprios empregados. Tenho compreensão diversa. O fundamento básico que estimula o manejo da ação coletiva é a defesa de interesses ou direitos individuais homogêneos. A essa ação, como já mencionado, está legitimado o Ministério Público para postular "em nome próprio e no interesse das vítimas ou seus sucessores, ação coletiva de responsabilidade pelos danos individuais sofrido..."(Lei n. 8.078/90, art. 91). Indubitável a conclusão de que há ambiente para caracterização de interesses ou direitos individuais homogêneos, pois emanados de uma realidade comum : a nociva submissão dos trabalhadores à condição análoga à de escravo. Reconhecer a legitimidade do Ministério Público para ação coletiva, obstando-lhe, porém, idêntica legitimidade para reclamar, em favor desses mesmos trabalhadores, direitos trabalhistas sonegados, data venia, *importaria na frustração desse importante instrumento, que, em última análise, preserva a incolumidade das vítimas, oprimidas pelas situações degradantes a que, em determinadas situações, encontram-se submetidas. Nesse estágio, comporta assinalar que, dentre os direitos fundamentais da pessoa humana, destacam-se a conservação dos valores sociais do trabalho e a liberdade na construção de uma sociedade livre, justa e solidária. Donde o direito de promoção do bem de todos, sem preconceitos de qualquer ordem, bem como o do exercício livre de qualquer trabalho, ofício ou profissão, aliado ao de erradicação da pobreza e a marginalização, com redução das desigualdades sociais e regionais, correspondem a direitos protegidos pela Constituição Federal com a qualificação de direitos e garantias fundamentais dos brasileiros e residentes no País, sendo exemplos os direitos à vida, à liberdade, à segurança e à propriedade (art. 5º,* caput *e, especificamente, os Itens n.s III e XIII. Esses foram, portanto, os direitos lesados na* hipothesi sub iudice *pela ocor-*

rência dos crimes capitulados no Código Penal: redução da pessoa humana à "condição análoga à de escravo" Art. 149), "aliciamento de trabalhadores" (art. 207), "constrangimento ilegal" (Art. 197); "frustração do direito do trabalho" (Art. 203). O ato de lesão ou violação aos direitos constitucionais apenas dá origem ao direito processual de ação do ofendido para defender seus incontestáveis direitos fundamentais, entre os quais, é de ser ressaltado de imediato, o de trabalhar legal, humana e decentemente, como garante a Constituição da República e a Legislação Laboral. E, como se viu, direitos estes então lesados pela prática do ato ilícito penal do trabalho forçado, como precisamente tipifica o Decreto-lei n. 2.848, de 07 de dezembro de 1940, que aprovou o "Código Penal" (alterado pelas Leis ns. 9.777, de 29.12.1998, e 9.777, de 30.12.1998), em seus arts. 293, I e II, 207, §1º, e 132, 203, §1º, I e II, e § 2º, e 207, §§1º e 2º. Depois de afirmar que: "É importante destacar que a expressão origem comum não significa necessariamente, que os interesses individuais homogêneos estejam sempre submetidos a uma unidade factual e temporal." O jurista Rodolfo de Camargo MANCUSO, esclarece de modo mais claro e positivo: "Dito de outro modo, a lesão a interesses individuais homogêneos pode ocorrer repetidas vezes num largo espaço de tempo e em vários lugares sem que isto desnature a homogeneidade ínsita a essa espécie de interesse metaindividual" (Cf. c/ MANCUSO, Rodolfo de Camargo, "Sobre a Legitimação do Ministério Público em Matéria de Interesses Individuais Homogêneos." In *Ob. col. "Ação Civil Pública — Lei n. 7.347/85 — Reminiscências e Reflexões após Dez Anos de Aplicação", Coordenada por Édis Milaré, S. Paulo, Ed. Revista dos Tribunais, 1996; "Interesses Difusos — Conceito e Legitimação para Agir", 3ª ed. ver. e at., S. Paulo, Ed. Revista dos Tribunais, 1994; "Ação Civil Pública", 4ª ed., S. Paulo, Ed. Revista dos Tribunais, 1996; e "Manual do Consumidor em Juízo", S. Paulo, Saraiva, 1994. o maiúsculo e o sublinhado são nossos). E acrescente-se, ademais, que tais direitos além de homogêneos são divisíveis e de titulares determináveis. E, mais ainda: são direitos indisponíveis e de nítido caráter reparatório. Como já dito, são direitos do homem e do cidadão, cuja defesa é, principalmente, do interesse de determinado grupo, de uma comunidade. Por isso sua proteção interessa, principalmente, à sociedade como um todo. A referida "ação civil coletiva", necessariamente, objetiva proteger simultaneamente todos direitos fundamentais constitucionais, ainda que uns deles se destaquem mais que outros, como se enfatiza, na presente situação, o direito ao livre exercício do trabalho digno, protegido pelo Direito, ofendidos pelos crimes alegados. Isto porque sempre estará posta em questão a validade, vigência e eficácia dos interesses e direitos humanos, sociais, econômicos, políticos, sob a rota do Estado de Direito e sob a égide da Justiça Social, com vista à efetivação do novo Estado de Justiça Social. Matéria de suprema relevância social requer prioridade jurídica insuperável. Razões suficientes para que os direitos laborais não sejam excluídos da defesa por meio da "ação civil coletiva" protagonizada e prestigiada pelo autorizado Ministério Público. Certo, portanto, que esta especial ação judicial não comporta exceções de quaisquer direitos fundamentais constitucionais por se co-implicarem, numa induvidosa unidade dialética. Demais, assim, melhor atende o princípio da celeridade processual. Ressalta-se aqui, ainda uma vez mais e com solar evidência, o incontestável interesse público a transbordar de uma ocorrência tão repugnante como a do "trabalho forçado", aviltante do trabalhador. Seja ou não o mais simples e humilde deles. Como se fossem os trabalhadores pessoas destituídas de toda dignidade humana. E de tal modo o execrável quadro fere a vista e o sentido da vida, que — por si só — está a reclamar a intervenção juridicamente mais que legítima do D. Ministério Público para obter imperiosa volta ao* status quo *laboral comprometido com a dignidade humana. E mais, intervenção ministerial legítima para buscar os conseqüentes e indescartáveis efeitos remuneratórios de natureza trabalhista legalmente devidos. Isto além da indenização punitiva pelo DANO MORAL causado a todos os membros da sociedade brasileira. Toda a humanidade é ferida quando violados seus direitos e interesses individuais homogêneos ("interesses metaindividuais" — entre os indivíduos), consubstanciados pela normatividade jurídica em direitos fundamentais constitucionais — como já enfocados. Ainda que* ad argumentandum *tantum houvesse um pretenso obstáculo como,* v. g.*, um tênue fio de um mínimo formalismo, caberia ao Ministério Público, em defesa da sociedade insultada, a iniciativa de exigir, perante a Justiça, que seja dado um imediato paradeiro à situação denunciada. Com bem colocado pelo D. Ministério Público, despropósito seria a declaração de sua ilegitimidade ativa somente pelo simples fato de ter sido especificada a pretensão condenatória na peça de acesso em juízo. Sem dúvida, o momento processual próprio para a apresentação de tais esclarecimentos é na fase do procedimento declaratório de liquidação de sentença, para a execução de sentença proferida na "ação civil coletiva", como soa o figurino legal traçado nos artigos 97 e 98 da Lei de Proteção do Consumidor (Lei n. 8.078, de 11 de setembro de 1990. Segundo o texto legal: "Art. 97. A liquidação e a execução de sentença poderão ser promovidas pela vítima e seus sucessores, assim como pelos legitimados de que trata o art. 82"; e "Art. 98. A execução poderá ser coletiva, sendo promovida pelos legitimados de que trata o art. 82, abrangendo as vítimas cujas indenizações já tiverem sido fixadas em sentença de liquidação, sem prejuízo do ajuizamento de outras execuções." Certamente, a razão está com o Ministério Público, quando assevera ser a reparação de direito individual homogê-*

neo de caráter metaindividual na forma judicial de seu exercício, à diferença do direito difuso e coletivo. Estes metaindividuais na sua essência e na forma judicial de exercício (para adotar a distinção de MANCUSO). Por todos os títulos — como se vê — a legitimidade do Ministério Público é até ampliada além do que supõe a v. sentença apelada, abrangendo toda a tramitação da ação coletiva. Dito de outro modo, não somente legitimidade para o processo de cognição, mas, também, para o procedimento autônomo de liquidação de sentença e para o final processo de execução (ação de execução), cuja existência é condicionada a do antecedente e, pois, indispensável processo de conhecimento anterior. Como resultado lógico, considero o Ministério Público parte legítima para reivindicar subsidiariamente — mesmo no bojo da presente "ação civil coletiva" — as verbas indenizatórias de natureza trabalhista resultantes da mesma causa de pedir a reparação do dano moral, uma vez comprovado este. Reformo, pois, a decisão que considerou o Ministério Público do Trabalho parte ilegítima para propor a presente ação no tocante às verbas resilitórias. II — REDUÇÃO DO TRABALHADOR A CONDIÇÃO ANÁLOGA À DE ESCRAVO. CARACTERIZAÇÃO. DANO MORAL. Para a exata compreensão da matéria submetida a julgamento, torna-se necessário um retrospecto dos fatos relevantes até então colhidos. Trata-se de ação civil coletiva, proposta pelo Ministério Público, para a defesa coletiva de interesses individualizados homogêneos, com base na Constituição Federal (art. 127, caput*), da Lei Complementar n. 75/93 (arts. 5º, inciso I; 6º, inciso XII; e 83, inciso I); e Lei n. 8.078 (arts. 81 e segs. —* ex vi *do art. 21, da Lei n. 7.347/85), ou seja, em defesa dos interesses e direitos de uma comunidade determinada, com caráter reparatório, especificados na petição inaugural, a fim de erradicar o chamado "trabalho escravo", ocorrido e que vem ocorrendo na "Fazenda Minas Gerais", na zona rural da cidade de Presidente Kennedy-TO, de propriedade do Réu Jesus José Ribeiro, devidamente identificado na exordial. Em defesa da Moral e da Justiça vilipendiadas e em obediência às formalidades traçadas pelas normas tutelares do Direito Laboral, vindicou o D. Parquet — no pleno exercício de sua competência constitucional: 1º) O reconhecimento das relações de emprego dos trabalhadores, e conseqüente condenação do Réu nas indenizações legais de natureza trabalhista dos empregados sem carteira profissional — conforme verbas especificadas às fls. 25* usque *31 — decorrentes da rescisão contratual, em virtude das condições ilegais e injustas da execução do trabalho em condições análogas à de escravo. 2) ainda, a título de dano moral dos trabalhadores submetidos pelo empregador, por fraude e coação, à condições análogas ao "regime de escravidão". Como advoga o D. Ministério Público, há mais de um século a "escravidão" foi extinta pela Lei Áurea (13.5.1888) e, desde o Código*

Penal, a hipótese passou a ser configurada como infração penal (arts. 149; 132, parágrafo único; 203 e 207). Contra o fazendeiro empregador, acusado, pois, de prática de ilícito penal, requereu o D. Ministério Público a necessária reparação pelas lesões a interesses difusos e homogêneos que afetam a toda a sociedade, consistente em "indenização genérica" por seu efeito punitivo, não confundida esta com a de natureza trabalhista e independentemente de quaisquer outras indenizações individuais, ou despesas processuais. À essa condenação, deve ser acrescida a do pagamento das indenizações aos trabalhadores rurais, identificados na inicial. Estas últimas revertidas ao Fundo gerido por um Conselho Federal ou Estadual, com participação do Ministério Público e representantes da comunidade, "sendo seus recursos destinados à reconstituição dos bens lesados", conforme o caput do art. 13, da Lei n. 7.347/85 (que disciplina a ação civil pública), cujo parágrafo único autoriza que: "enquanto o fundo não for regulamentado, o dinheiro ficará depositado em estabelecimento oficial de crédito, em conta com correção monetária." Tudo na forma ditada pela redação do parágrafo único do art. 100 da LPC (8.078/90), ipsis verbis: *"Art. 100. (...) Parágrafo Único. O produto da indenização devida reverterá para o Fundo criado pela Lei n. 7.347, de 24 de julho de 1985." (reversível ao Fundo de Amparo ao Trabalhador — FAT, como têm decidido os Tribunais Regionais — v. cit. à fl. 24 dos autos. Em defesa (fls. 83 a 92 — com docs. de fls. 93 a 96), além das preliminares de incompetência do primeiro grau de jurisdição trabalhista; de inépcia da inicial; de ilegitimidade ativa do Ministério Público, acenou o réu com a existência de um contrato de empreitada celebrado como o Sr. José Barbosa Trajano, pessoa responsável pela contratação de mão-de-obra destinada à realização dos trabalhos. Asseverou, ainda, que "todos os trabalhadores que prestaram seus serviços junto à propriedade do Requerido foram devidamente pagos pelo seu verdadeiro empregador, ou seja, o Sr. Trajano." [e que] "O Requerido pagou a quantia de R$15.000,00 (quinze mil reais) à pessoa do Sr. Trajano, para que este efetuasse a realização do trabalho, sendo que todos os encargos referentes à contratação de mão-de-obra era por única e exclusiva responsabilidade deste." Negou a existência de violação a normas trabalhistas durante a prestação laboral, rechaçando a alegação de trabalho forçado. Realizada a audiência de instrução (Ata de fls. 75 a 80), pelo Ministério Público foi requerida a aplicação da revelia e pena de confissão ficta ao proprietário da fazenda Requerido ausente, tendo comparecido seu "gerente" (c/ procuração por instrumento público — do Cartório do 2º Ofício de Notas de Unaí (fl. 81), como "preposto". Este, em depoimento, reconheceu não ser empregado do Requerido (a teor do art. 843, §1º, da CLT c/c a Orientação Jurisprudencial n. 99, da SDI do C. TST), sobretudo "por se tratar de pessoa* *física que não admite gerencia". Foram colhidos depoimentos testemunhais e encerrada a instrução processual, após o que sobreveio a v. sentença de fls. 229/236, que, no mérito, julgou improcedente o pedido por danos morais coletivos. Ao fundamentar a sua decisão, o nobre julgador louvou-se nos depoimentos testemunhais colhidos, os quais não retratariam o quadro fático ventilado na exordial. Insatisfeito com o aludido pronunciamento, o autor, em suas razões de recurso, assevera que a prova documental retratada nos autos do inquérito civil público não mereceu a atenção do julgador de primeiro grau, o qual optou por formar o seu convencimento no depoimento de uma testemunha apresentada pelo réu, cujas declarações não representariam a verdade dos fatos. Vejo próspero o inconformismo deduzido pelo autor. A própria decisão combatida deixa entrever o quadro desenhado na petição inicial, ao pontificar: "...Portanto, ao afirmar que não houve o trabalho escravo, no sentido estrito da expressão, não pretende este magistrado dizer que se trata de algo normal ou legal." [para taxativamente reconhecer que] 'a exploração indevida de trabalhadores existe. Os contratos inadimplidos também existiram, já que o Sr. Trajano fazia aos trabalhadores uma promessa de retirada mínima e não cumpria. O descumprimento de toda a legislação trabalhista também é manifesto, de vez que, verdadeiramente, aqueles trabalhadores eram empregados e jamais foram reconhecidos como tal. A responsabilidade tanto do prestador de serviços ("gato"), quanto do tomador, a nosso ver, é manifesta. Entendo, porém, que a reparação de todas essas lesões deve ser buscada pelo meio adequado."(fl. 136) São convincentes as razões jurídicas apresentadas pelo Ministério Público, na inicial, nas razões finais e no recurso ordinário. Apresentam-se elas com base no exame das provas constantes dos autos e do inquérito ministerial quanto à comprovação do alegado "aliciamento dos trabalhadores de uma localidade a outra distante". Por igual, comprovada restou a condição análoga à de escravo no curso da prestação do serviço. E, mais, as precárias, repulsivas e revoltantes condições de trabalho às quais foram submetidos os trabalhadores sem carteiras, na fazenda do Réu, comprovam a mais completa frustração dos direitos assegurados pela legislação do trabalho, totalmente burlada e descumprida. Em primeiro lugar, refuto o entendimento consagrado na origem, segundo o qual, a situação objeto de exame não configuraria trabalho escravo, pois não demonstrado "o enclausuramento e nem endividamento dos trabalhadores", nem mesmo que tais trabalhadores permaneciam acorrentados e sob "vigilância ostensiva e armada". Como bem reconheceu o próprio juízo, não se trata de pressupostos para configuração da redução do trabalhador à condição análoga à de escravo. O tipo legal inscrito no artigo 149, do CP, não traz como requisito para a sua configuração a presença de tais elementos. Os crimes cuja prática é atribuída ao réu são capitulados pelo Código Penal como crimes "Contra a Organização do Trabalho" (Título IV, Arts. 197 a 207 do Código Penal). Já a escravidão mais corresponderia ao crime diverso de privação da liberdade mediante cárcere privado, qualificado (Art. 148, §2º do CP), tratado em outro Título do Código Penal, como "Crime contra a Pessoa", Título I, Capítulo VI, "Dos Crimes contra a Liberdade Individual", Seção I, "Dos Crimes conta a Liberdade Pessoal" (Arts 146 a 149). E estes crimes (do Título I) nada têm a ver com aqueles (do Título IV). As situações aventadas na decisão para excluir os crimes alegados na petição inicial não constituem causas, condições ou pressupostos para a sua configuração. Nem mesmo a necessidade do "isolamento geográfico", ou a "impossibilidade de deslocamento" (impossibilidade física ou por meio de cercas, grades, muros, etc.). Bastante para a caracterização de qualquer um deles é, por exemplo, a ocorrência de certas hipóteses, tais como,* v. g.*, a falta de condução, a falta de dinheiro, carência de alimentação, da longa distância ou difícil acesso ao local de trabalho, além de seu afastamento das autoridades fiscalizadoras — como no caso dos autos. Pois bem, ante a inexigibilidade legal de tais pressupostos — mencionados na v. sentença impugnada — releva notar que, nesta, merecem ser destacados o reconhecimento do julgador de que, ipsis verbis: "Merece destaque apenas a constatação de que, realmente, não restam dúvidas de que houve trabalho em condições precárias e desumanas." (fl. 235) E assim bem justifica: "Parece ser prática rotineira do Sr. José Barbosa Trajano, um pequeno comerciante da cidade de Balsas, no Estado do Maranhão, explorar a mão-de-obra de pessoas de poucos recursos naquelas proximidades, para alocá-las, na condição de locador de mão-de-obra, a fazendas da região, no intuito de ter lucros exorbitantes com tal intermediação. Por outro lado, os tomadores do serviço, como é o caso do Sr. Jesus José Ribeiro, se aproveitam do estado de sujeição de tais trabalhadores, ante o desemprego que assola o País, para obter a realização dos serviços por um custo baixo e sem se sujeitar ao recolhimento de qualquer encargo trabalhista." O trabalho escravo no sentido estrito da expressão corresponde àquele que, lamentavelmente, habitou o nosso país ao tempo do Brasil colônia, tendo continuado no Brasil Império, até que foi declarada extinta pela Lei n. 3.353, de 13 de maio de 1888, decretada pela Assembléia Geral e foi sancionada pela Princesa Regente Imperial Isabel, em nome de Sua Majestade o Imperador, Senhor D. Pedro II. Triste página de nossa história, com lamentáveis repercussões para as gerações posteriores. Nos tempos modernos, o conceito já é bem outro, aquele que permanece no Direito Penal, já anteriormente referido aqui, por diversas vezes, expresso no artigo 149 do Código Penal, ou seja, a redução de alguém "a condição análoga à de escravo". Não prevalece mais o "sentido estrito da expressão" (trabalho escravo), que exigia o preenchimento daqueles pressupostos referidos na decisão vergastada. A verdade é* *que o Ministério Público postulou como causa de pedir o fato da "REDUÇÃO À CONDIÇÃO ANÁLOGA DE ESCRAVO" — de acordo com texto legal do precitado dispositivo penal. Vide a PETIÇÃO INICIAL (fls. 18 a 16). E é o que resultou comprovado nos autos. Em primeiro lugar, o aliciamento de trabalhadores de uma localidade para outra (Art. 207 — CP), que — por si só — já seria suficiente para a procedência integral do pedido. E o aliciamento foi reconhecido pela v. sentença (fls.235/6) — de modo expresso e claro, quando bem retrata ser o Réu, Jesus José Ribeiro, na ocasião, um dos tomadores do serviço do pequeno comerciante de Balsas-MA, Sr. José Barbosa Trajano, no desempenho de seu papel de "gato", e que: "...se aproveitam do estado de sujeição de tais trabalhadores", acrescendo: "ante o desemprego que assola o País, para obter a realização dos serviços por um custo baixo e sem sujeitar ao recolhimento de qualquer encargo trabalhista" — o que configura a frustração fraudulenta dos direitos assegurados na legislação de trabalho, a justificar a incidência,* in casu, *da sanção prevista para este delito capitulado no art. 203. Além dos depoimentos dos trabalhadores (no inquérito do MP-fls. 378 e segs.), tal fato está cabalmente comprovado pela confissão do Réu, através do depoimento pessoal prestado pelo seu PREPOSTO, quando reconheceu que* verbis: *"QUE o depoente trabalha com o Requerido à base de parceria; QUE foi o depoente quem contratou os serviços do Sr. José Trajano, sob a forma de empreitada; QUE a empreitada se deu por preço certo e trabalho determinado; QUE o depoente já tinha ciência de que o empreiteiro se utilizaria dos serviços de outros trabalhadores para o desenvolvimento do mister;" (...) "QUE o empreiteiro reside na cidade de Balsas/MA, de onde trouxe todos os trabalhadores; QUE existiam em média 40 trabalhadores que foram trazidos pelo Sr. José Barbosa Trajano, em duas etapas; QUE o pessoal era trazido de Van, Veraneio e camionete;" E a "Fazenda Minas Gerais II" do réu , para onde foram levados os trabalhadores aliciados em Balsas, no Maranhão, dista desta cidade cerca de 400 kms., caracterizando cabalmente o crime de "aliciamento com o fim de levá-los de uma para outra localidade do território nacional" previsto no Art. 207 do C. P. A redução dos trabalhadores à condição análoga à de escravo pode ser mensurada pelo depoimento da testemunha Paulo Sérgio Pereira da Silva, do qual se destacam as seguintes passagens: "... que chegou-se a um ponto em que os trabalhadores apenas conseguiam ganhar R$ 2,00 ou R$ 3,00 por dia; que havia uma cantina do Sr. Trajano; que o Sr. Trajano não cobrava comida dos trabalhadores; que os trabalhadores pediam ao Sr. Trajano para levá-los até a cidade para comprar mantimentos, o que era negado por ele, sob a alegação de que lá existiam produtos; que realmente haviam produtos a serem adquiridos, mas por preço impraticável, ou seja, um pacote de biscoito consumiria um dia de trabalho; que se o depoente quisesse se dirigir à cidade poderia* *fazê-lo, mas por conta própria, sendo que esta ficava cerca de 15Km da fazenda; que o Sr. Trajano fornecia duas refeições por dia, compostas de arroz, carne e feijão, mas às vezes a comida estava estragada por ser feita com até 3 dias de antecedência, sendo que alguns trabalhadores chegaram a passar mal; que era servido café, almoço e jantar; que o café da manhã era feito com restos misturados do jantar; que o depoente trabalhou 60 dias e recebeu ao final um total de R$ 12,00; que a comida servida chegava a vir com "bichos" dentro; que por isso se os trabalhadores quisessem comer alguma coisa melhor teriam que adquirir do próprio Sr. José Trajano, inclusive a carne, por preços abusivos e que era descontado do seu salário, razão pela qual a irrisória importância recebida; que após voltar para a sua casa em Balsas/ MA, o depoente sofreu várias ameaças..." A afirmação da testemunha de que o proprietário da fazenda comia a mesma comida servida aos trabalhadores não pode ser entendida como sendo aquela alimentação às vezes estragada e composta por "bichos", mas sim aquela fornecida pelo Sr. Trajano, de melhor qualidade, mas com pagamento. O sistema de endividamento e o fornecimento de comidas estragadas também foram retratados pela testemunha Edmilson de Sousa Rocha. No confronto dos depoimentos perdem crédito as declarações prestadas pelas duas testemunhas apresentadas pelo réu, quando cotejas com a firmeza e o poder de convencimento das testemunhas apresentadas pelo autor. Enfim, pelo exame e reexame da prova carreada aos autos, inclusive das peças do inquérito civil procedido pelo diligente Ministério Público, resulta por demais comprovados todos os crimes alegados na petição inicial, na seguinte ordem de importância — cronológica e lógica — "aliciamento de trabalhadores" (Art. 207 do CP); redução dos mesmos "a condição análoga à de escravo" (Art. 149 do CP); "constrangimento dos trabalhadores mediante violência ou grave ameaça" (Art. 197 do CP); e "frustração de direitos assegurados pela legislação do trabalho", mediante a fraude e violência contra os trabalhadores em regime de trabalho análogo ao de escravo; donde — ressaltando que bastaria apenas a configuração de qualquer um desses crimes para justificar a inteira procedência da ação. Dentro de todo este contexto, voto pela procedência do pedido de reparação do dano moral coletivo ou difuso, causados por violação em dimensão metaindividual dos interesses e direitos de personalidade, acolhendo-se a multa sugerida pelo Autor, de R$ 5.000,00 (cinco mil reais), por trabalhador, mas a ser reversível ao Fundo de Amparo ao Trabalhador (FAT), conforme apuração em processo declaratório de liquidação de sentença. III — DA RELAÇÃO DE EMPREGO — A relação de emprego resulta absolutamente comprovada pela prova produzida, inclusive nos depoimentos contidos no inquérito civil efetivado pelo Ministério Público, consoante documentação trazida à colação (já* *mencionadas no Relatório supra). O alegado contrato de empreitada entre o procurador do Réu, Sr. Antonio de Sousa Souto Filho e o Sr. José Barbosa Trajano (fls. 93 e 94) não é de ser jurídica e legalmente tido, eis que — ainda que o pretenso empreiteiro fosse o que não é em virtude de sua comprovada qualidade de "aliciador de trabalhadores" ("gato"),— não poderia ele assumir o papel de empregador, por jamais ter sido a pessoa que se apropriava do resultado do trabalho dos trabalhadores que levou para a fazenda do Réu, quesito este essencial e indispensável ao conceito de "empregador" — consoante a CLT. Empregador é quem se apropria do resultado do trabalho contínuo do obreiro, indescartável da contraprestação do pagamento do salário, que é pago juridicamente pelo patrão, não importando a que outro título este dê a esta retribuição. E quem sempre se apropriava e se beneficiava do resultado da prestação de serviços era o Réu, Sr. Jesus José Ribeiro, proprietário da "Fazenda Minas Gerais II", local onde laboravam os trabalhadores, aliciados na distante cidade maranhense de Balsas, situada a 400 kms. dali. Trata-se de evidente intermediação indevida de mão-de-obra, figurino a atrair a previsão contida no enunciado n. 331, inciso I, do Colendo TST. O juízo de primeiro grau identificou com precisão a situação vivenciada pela massa de trabalhadores, ao pontificar: "A exploração indevida de trabalhadores existe." "Os contratos inadimplidos também existiram, já que o Sr. Trajano fazia os trabalhadores uma promessa de retirada mínima e não cumpria." "O descumprimento de toda a legislação trabalhista também é manifesto, de vez que, verdadeiramente, aqueles trabalhadores eram empregados e jamais foram reconhecidos como tal." "A responsabilidade tanto do prestador de serviços ("gato"), quanto do tomador, ao nosso ver, é manifesta."* (sic) *Declaro, pois, existente o vínculo de emprego entre o réu e os trabalhadores que se encontravam na situação descrita na petição inicial. VERBAS RESCISÓRIAS TRABALHISTAS. Quanto ao direito pleiteado dos empregados, relativo às verbas rescisórias decorrentes da justa extinção de contrato, por afronta aos direitos humanos, sociais e de cidadania dos trabalhadores, protegidos e garantidos pela Constituição Federal, como direitos fundamentais do homem e do cidadão, já nos posicionamos pela legitimidade do Ministério Público para postulá-lo, conforme mencionamos na nossa exposição supra. É que a presente "ação civil coletiva" engloba necessariamente o pedido de verbas trabalhistas — como já anteriormente sustentamos — dada a natureza da causa de pedir, ou seja, a prática de "ilícitos penais" que implicam em dano moral à sociedade como um todo, justificando a presença do Ministério Público como parte legítima, na forma da legislação pertinente — já citada em nossas análises das preliminares supra, especificamente quando rechaçamos a alegada ilegitimidade do* Parquet. *Na hipótese em tela, além do alicia-*

mento de trabalhadores (Art. 207, do CP) — comprovado nos autos pelo depoimento (de fls. 93 e 94) do próprio aliciador, o "gato" José Barbosa Trajano, além das testemunhas do Requerente, ouvidas em juízo e no inquérito do Ministério Público — deve ser considerada a prestação de serviços de forma análoga à de escravo (Art. 149, do CP), trabalho sob constrangimento ilegal (Art. 197 do CP), e, como conseqüência, a frustração de direito trabalhista (Art. 203 do CP), além da agressão ao preceito do Item III, do Art. 5º da Constituição Federal. Este último consubstanciado na situação desumana, degradante, de quase completa impotência física e mental. A prática de qualquer um desses crimes já seria suficiente para configurar o dano moral causado a toda sociedade, de modo justificar a ação coletiva na busca da reparação de sua justa reparação. Com certeza, a ocorrência de tais crimes fere o mais profundo sentimento dos valores de moralidade, decência e respeito humano a de miséria ultrajante a que foram submetidos trabalhadores, como os empregados rurais na fazenda do Réu, constrangidos a laborarem em condições desumanas de trabalho "análogo ao de escravo". Não bastasse o aliciamento dos trabalhadores, o trabalho forçado que se seguiu é bastante demonstrativo do impedimento do livre exercício do trabalho por parte dos trabalhadores aliciados e, ainda, de seu direito de liberdade de ir e vir. Releva repetir aqui que os fatos que deram origem ao dano moral são os mesmos que geram o direito às verbas rescisórias trabalhistas, bem representados pelo trabalho análogo ao do escravo. Após o aliciamento inicial, bastaria constatar — como bem frisa o Ministério Público — que estes pobres e explorados cidadãos, em permanente situação de penúria, praticamente nada recebendo em troca de seu trabalho a não ser apenas uma parca refeição diária, não tinham disposição física nem condições financeiras para se dirigirem à cidade mais próxima, de Presidente Kennedy, distante mais de 15 kms da fazenda onde — devido a estas condições — se achavam praticamente retidos. Começa afirmando que: "considerando-se que em dois meses de labor receberam alguns apenas R$3,00 (três reais)." (fl. 274) Esse fato torna dispensável a existência de porteiras, cercas "de concentração" e vigilância armada para evitar possível fuga do distante local inóspito onde se dava o humilhante trabalho forçado. De efeito, nas condições de trabalho escravo, tornam-se inúteis e mesmo onerosas as cercas e a vigilância armada para impedirem o obreiro de afastar-se do local da prestação de serviços. Para tanto, basta o puro e simples fato de a fazenda do Réu (onde laboravam) distar cerca de 400 kms da cidade de Balsas, no Maranhão (cidade onde residiam antes de serem aliciados). Além do que não dispunham os empregados de condução — região sem transporte coletivo público regular. Viviam na fazenda do proprietário, sem teto adequado, dormindo em redes ou em camas improvisadas de madeira no interior de barracos de lona e, às *vezes, ao relento. Sem alimentação suficiente, bebendo água do riacho. Num trabalho diário, sem descanso, no horário de 06:00 horas da manhã às 18:30 da noite, com um só intervalo de 0:30 minutos para parco e frugal almoço. Gente sem dinheiro, de pés descalços ou mal calçados. Enfraquecidos pela carência da alimentação e ao calor dos dias ensolarados da imensa região quente equatorial. Como caminhar cerca de 15 km, ou mais, e outros 15, na volta, para fazer o quê na cidade, famintos, sedentos, e sem dinheiro? Eis aí, pois, a "natureza das coisas" a constituir fato impeditivo, intransponível à efetivação de vontade consciente, livre e espontânea, de locomoção dos empregados. Trabalhavam eles submetidos a um perverso e condenável sistema de recrutamento e endividamento de mão-de-obra barata e servil, sem carteira assinada e constantemente ameaçados — conforme atestou a auditora fiscal do trabalho, 1ª testemunha do Autor, em seu depoimento à fl. 77,* in fine. *Situação essa fartamente documentada nas peças do inquérito civil (Art. 129, III, da C.F.), trazidas à colação com a inicial, e que não foram apreciadas pelo meritíssimo julgador, em manifesto cerceamento de defesa. Daí mais uma imbatível justificativa para o desempenho da nobre missão do D. Ministério Público, de liquidar rápido e pronto, de uma vez por todas com esse tão revoltante espetáculo de degradação do homem, que atinge e agride todos os seres humanos. Os salários e as verbas rescisórias são devidas em sua integralidade, sob o fundamento de ter resultado comprovado nos autos os crimes de "aliciamento dos trabalhadores", sujeição dos mesmos à condição de trabalho análogo à de escravo, constrangimento mediante violência e ameaças, e frustração, mediante fraude e violência, de direito assegurado pela legislação do trabalho (respectivamente, Arts. 207, 149, 197 e 203, da Lei n. 8.078/90), pelo que não podem subsistir como válidos os recibos de fls. 95 e 96 dos autos, em virtude das comprovadas condições análogas à de escravidão impedirem a livre e consciente manifestação da vontade dos trabalhadores aliciados. Como natural conseqüência da prova dos autos, através do reconhecimento do aliciamento pelo Réu na contestação escrita, pelo depoimento de seu preposto (fls. 76 e 77) e pelo depoimento das testemunhas do Requerente (fls. 77 e 78) e, mesmo do depoimento do comerciante Sr. José Barbosa Trajano, que confessou o aliciamento dos trabalhadores para conduzi-los à fazenda do Réu, no Tocantins, onde a prestação de serviços se deu em "condições análogas à de escravo", com a frustração fraudulenta dos direitos trabalhistas. Sem dúvida, em assim sendo, resultam devidos os salários e as verbas rescisórias trabalhistas. Inclusive de modo senão a impossibilitar, pelo menos a dificultar os empregados subjugados o exercício de seu direito constitucional ao acesso à Justiça, dada as suas condições de miserabilidade e dependência de precária alimentação gratuita de um empregador que não lhes paga seus salários devidos. Por último, deve ser consignado aqui que, além de justa a reparação do dano moral requerida, bem como da procedência das verbas rescisórias trabalhistas reivindicadas em conseqüência do aludido dano, também justificador da extinção das relações empregatícias, torna-se impostergável um indispensável e inadiável "Basta!" à intolerável e nefasta ofensa social e retorno urgente à decência das relações humanas de trabalho. Torna-se, portanto, urgente a extirpação desse cancro do trabalho forçado análogo à de escravo que infeccionou as relações normais de trabalho, sob condições repulsivas da prestação de serviços tão ofensivas à reputação do cidadão brasileiro com negativa imagem do país, perante o mundo civilizado. Entendo, ainda, improcedentes quaisquer descontos, nenhum valor podendo ser atribuído aos recibos de (fls. 95 e 96), anexados aos autos pelo Réu com a contestação, ou quaisquer outros que mencionem verbas salariais ou indenizatórias contidos nos autos, por dedução obviamente implícita e invencível, emanada do fato de que da comprovada prestação de seus serviços em condições análogas à de escravo não pode ser admitida emanação de vontade livre e consciente por parte dos trabalhadores quanto aos seus direitos trabalhistas. Fica, aqui, integrada toda a fundamentação que tecemos ao apreciar e caracterizar o dano moral, com base na prova produzida, e, também, configurador da justa causa trabalhista para a procedência das verbas rescisórias trabalhistas, na forma pertinente reclamada, consoante razões também já anteriormente expostas, bem como nas análises anteriores que envolvem apreciação da matéria trabalhista. CONCLUSÃO. Isto posto, conheço do recurso, rejeito as preliminares argüidas e no mérito, dou-lhe integral provimento, para julgar totalmente procedente o pedido de reparação do dano moral — reversível ao FAT — e o pedido de verbas rescisórias, conforme especificadas pelo Digno Ministério Público, na inicial, às fls. 25 a 32, cujos totais parciais relativo a cada trabalhador identificado deverão ser atualizados monetariamente, acrescendo-se juros e custas processuais, tudo conforme apuração em procedimento declaratório de liquidação de sentença. É o meu voto. Por tais fundamentos, ACORDAM os Juízes da Segunda Turma do Egrégio Tribunal Regional do Trabalho da Décima Região, em Sessão Ordinária, à vista do contido na certidão de julgamento (fl.* retro*), conhecer do recurso, rejeitar as preliminares argüidas e no mérito, dar-lhe integral provimento, nos termos da fundamentação'. (TRT — 10ª Região, RO 00073/2002 — 2ª Turma, Rel. Juiz José Ribamar O. Lima Júnior, Julg. 30.05.2003)*

Roberto Rangel Marcondes
Procurador Chefe do Ministério Público do Trabalho da Segunda Região

Lizete Belido Barreto Rocha
Juíza do Tribunal Regional do Trabalho da Segunda Região

